dtv

20 Tage im 20. Jahrhundert

Herausgegeben von
Norbert Frei
Klaus-Dietmar Henke
Hans Woller

Wilfried Loth

Helsinki, 1. August 1975 Entspannung und Abrüstung

Deutscher Taschenbuch Verlag

Ein Überblick über die gesamte Reihe findet sich auf S. 318/319

Originalausgabe
September 1998
© 1998 Deutscher Taschenbuch Verlag GmbH & Co. KG,
München
Umschlaggestaltung: christof berndt & simone fischer
Umschlagfoto: Handschlag zwischen Leonid Breschnew
und Gerald Ford, Helsinki 1975
(© Ullstein Bilderdienst / UPI)
Satz: Oreos GmbH, Waakirchen
Druck und Bindung: C. H. Beck'sche Buchdruckerei, Nördlingen
Gedruckt auf säurefreiem, chlorfrei gebleichtem Papier
Printed in Germany · ISBN 3-423-30614-9

Inhalt

Helsinki, 1. August 1975

D ie Zeremonie dauerte 17 Minuten. Am 1. August 1975, nachmittags kurz nach 17 Uhr Ortszeit, unterzeichneten 35 Staats-und Regierungschefs aus Europa, den USA und Kanada in der Finlandia-Halle im Zentrum von Helsinki die Schlußakte der »Konferenz über Sicherheit und Zusammenarbeit in Europa«, in einer Kurzformel KSZE genannt. Da das Protokoll die Delegationsleiter in alphabetischer Reihenfolge nach der französischen Bezeichnung der Teilnehmerländer plaziert hatte, an einem langen, leicht gerundeten Tisch gegenüber dem Auditorium, leisteten die Repräsentanten der beiden deutschen Staaten (»Allemagne«) als erste ihre Unterschrift, zunächst Bundeskanzler Helmut Schmidt und dann der Erste Sekretär der SED Erich Honecker. Weiter ging es mit US-Präsident Gerald Ford (»Amérique«) und dem österreichischen Bundeskanzler Bruno Kreisky (»Autriche«). Während ein Regierungschef nach dem anderen das in grünes Leder gebundene hundertseitige Dokument unterschrieb, jeder auf einer neuen Seite, herrschte im Saal gespannte Stille, unterlegt vom Blitzlichtgewitter der Fotografen. Nachdem als letzter der jugoslawische Präsident Josip Broz Tito (»Yougoslavie«) seinen Namen unter das Dokument gesetzt hatte, erklärte der gastgebende finnische Staatspräsident Urho Kekkonen den Unterzeichnungsakt für beendet. Die Delegierten erhoben sich von ihren Sitzen, lang anhaltender Beifall setzte ein, dann schloß Kekkonen die Konferenz mit einem Appell an die Teilnehmerstaaten, die in der Schlußakte festgehaltenen Absichtserklärungen auch in die Tat umzusetzen.

Damit fand ein Unternehmen seinen vorläufigen Abschluß, auf das die Sowjetunion lange Jahre vergeblich hingearbeitet hatte. Im Januar 1954 hatte der damalige sowjetische Außenminister Wjatscheslaw Molotow zum ersten Mal eine Europäische Sicherheitskonferenz vorgeschlagen, die eine Lösung der Streitfragen europäischer Sicherheit auf der Grundlage des Status quo der Nachkriegsordnung bringen sollte. 1965 hatte der Warschauer Pakt dazu aufgefordert, in einer gemeinsamen Konferenz »Maßnahmen zu erörtern, die die kollektive Sicherheit in Europa gewährleisten«[1]. 1966 hatte er seinen Vorschlag mit Anregungen zum Rückzug der Militärbündnisse und zur wissenschaftlichen, technologischen und kulturellen Zusammenarbeit verbunden. 1969, im »Budapester Appell« des Politischen Beratenden Ausschusses der Warschauer-Pakt-Staaten, war betont worden, daß diese Zusammenarbeit der europäischen Staaten »unabhängig von ihrer Gesellschaftsordnung« erfolgen solle und »auf der Grundlage der Gleichberechtigung, der Achtung der Unabhängigkeit und der Souveränität der Staaten«[2].

Der Westen hatte sich zu einer solchen Konferenz aber erst bereit gefunden, nachdem die Bundesrepublik Deutschland in den Verträgen von Moskau und Warschau 1970 den Verzicht auf Gewaltanwendung und die Anerkennung der Unverletzlichkeit der bestehenden Grenzen in Europa mit der Sowjetunion und der Volksrepublik Polen bilateral geregelt hatte und 1971 auch eine Berlin-Regelung gefunden worden war, die den Status quo der westlichen Enklave inmitten der DDR sicherte. Außerdem hatten die Westmächte durchgesetzt, daß über einen zentralen Aspekt der europäischen Sicherheit separat verhandelt wurde: die Reduzierung der Truppenbestände in Mitteleuropa, über die die betroffenen Staaten der NATO und des Warschauer Pakts seit 1973 auf der Konferenz über »Mutual Balanced Force Reduction« (abgekürzt MBFR) in Wien verhandelten.

Bei der Festlegung der Tagesordnung der KSZE im Winter 1972/73 hatten die Westmächte darüber hinaus erreicht, daß nicht nur Fragen der Sicherheit und der Zusammenarbeit im wirtschaftlichen, wissenschaftlichen und technischen Bereich behandelt wurden, sondern auch Fragen der Freizügigkeit, der Verbesserung der Kontaktmöglichkeiten zwischen Ost und West, humanitäre Probleme und eine Verbesserung des Informationsflusses. In dem Schlußdokument, das den Staats-und Regierungschefs im Sommer 1975 zur Unterzeichnung vorlag[3], wurden die hier zu treffenden Maßnahmen dann ziemlich konkret beschrieben: »wohlwollende Prüfung« von Anträgen auf Verwandtenbesuche und Familienzusammenführung, allgemeine Erleichterung von Reisen und Gruppenbegegnungen, verbesserter Austausch von Printmedien, Rundfunk-, Fernseh-und Filmproduktionen, bessere Arbeitsbedingungen für ausländische Journalisten, breiter Austausch in allen Bereichen der Kultur.

Für die kommunistischen Regime war die Zustimmung zu diesen Grundsätzen äußerst heikel. Sie konnte nur erreicht werden, weil der sowjetische Parteichef Leonid Breschnew unbedingt einen positiven Abschluß der Konferenz zustande bringen wollte – ein Dokument, mit dem er den Westen auf das Prinzip der Entspannung und der wirtschaftlichen Kooperation verpflichtete und das er auch zu Hause als Erfolg präsentieren konnte, möglichst noch vor dem 22. Parteitag der KPdSU, der für den Februar 1976 vorgesehen war. Die sowjetische Seite akzeptierte daher auch, daß in den einleitenden zehn Grundsätzen zur Regelung der Beziehungen zwischen den Teilnehmerstaaten ausdrücklich die »Enthaltung von Androhung oder Anwendung von Gewalt« untereinander genannt wurde – eine Barriere gegen jede militärische Intervention nach Art der Niederschlagung des »Prager Frühlings« im August 1968, auf deren Errichtung insbesondere Rumänien gedrängt hatte. Ebenso nahm sie nach langem Widerstreben schließlich hin, daß ein Recht auf Veränderung der Grenzen »durch friedliche Mittel und durch Vereinbarung« festgehalten wurde – eine Bestimmung, ohne die die Bundesrepublik die Vereinbarung nicht unterzeichnen wollte, weil sonst die Zustimmung zur Unverletzlichkeit der Grenzen und die Bestätigung der territorialen Integrität der Staaten als eine definitive Besiegelung der deutschen Teilung gedeutet werden konnte.

Hinsichtlich der Sicherheit vor einem bewaffneten Konflikt wurden über die Festlegung von Grundsätzen hinaus nur die vorherige Ankündigung von größeren militärischen Manövern und die Möglichkeit eines Austauschs von Manöver-Beobachtern vereinbart. Weitere vertrauensbildende Maßnahmen blieben Folgeverhandlungen vorbehalten. Im übrigen hielten die Teilnehmerstaaten ausdrücklich fest, daß die Schlußakte von Helsinki bestehende Abkommen nicht berührte. Die Verpflichtungen im Warschauer Pakt, in der NATO und in der Europäischen Gemeinschaft galten also unverändert weiter. Die Schlußakte von Helsinki war völkerrechtlich nicht bindend, und es wurde auch keine Institution geschaffen, die die Einhaltung der Vereinbarung überwachen sollte. Moskau hatte ursprünglich auf die

Einrichtung eines »Europäischen Sicherheitsrates« gedrängt. Als aber deutlich geworden war, daß eine solche Einrichtung auch zur ständigen Überprüfung des Verhaltens hinsichtlich der Menschenrechte und der Freizügigkeit führen mußte, hatte die sowjetische Delegation den Vorschlag selbst wieder fallengelassen.

So enthielt die Schlußakte hinsichtlich des weiteren Verfahrens nur die Verpflichtung zur Einberufung von weiteren gesamteuropäischen Konferenzen. Eine erste Folgekonferenz wurde für 1977 vereinbart; sie sollte in Belgrad stattfinden. Gegen langes Sträuben der sowjetischen Seite verpflichteten sich die Teilnehmer außerdem, die Schlußakte in jedem Teilnehmerstaat ungekürzt zu veröffentlichen und sie »so umfassend wie möglich« zu verbreiten. Die Bürger der Staaten des Sowjetblocks bekamen damit ein Dokument mit Grundsätzen in die Hand, auf die sie sich gegenüber ihren Regierungen jederzeit berufen konnten. Die Regime des Ostblocks stimmten implizit zu, sich unabhängig vom Parteistandpunkt an den Grundsätzen von Helsinki messen zu lassen.

Die Verhandlungen über die KSZE-Schlußakte hatten fast zwei Jahre gedauert. 375 Diplomaten aus allen europäischen Staaten mit der Ausnahme von Albanien, dazu die Vertreter der USA und Kanadas als NATO-Mächte hatten in 2341 Sitzungen in Genf über Inhalt und Form des Dokuments gestritten. Zum Schluß war unter großem Zeitdruck gearbeitet worden, mit einer Sitzungsdauer von 18 Stunden pro Tag. Um das festgesetzte Schlußdatum 18. Juli 1975 einzuhalten, hatte man die Uhren anhalten müssen; erst um 2.42 Uhr des nächsten Tages war bezüglich der letzten strittigen Formulierungen Einvernehmen erzielt worden.

Bevor die 35 Staats-und Regierungschefs dann im sommerlichen Helsinki das Verhandlungsergebnis besiegelten, gaben sie Erklärungen ab. Bei Außentemperaturen von 28°C (von denen in der klimatisierten Halle allerdings wenig zu spüren war), hatten sie dazu jeweils 20 Minuten Zeit, wobei die Reihenfolge der Erklärungen per Los festgelegt wurde. Tatsächlich brauchte Ford 28 Minuten, während der britische Premierminister Harold Wilson, der nach den Eingangsstatements von Gastgeber Kekkonen und UN-Generalsekretär Kurt Waldheim als erster sprach, es in 15 Minuten schaffte. Insgesamt dauerte das Treffen zweieinhalb Tage, vom Mittag des 30. Juli, einem Mittwoch, bis zum Spätnachmittag des 1. August. Die finnische Polizei traf strenge Sicherheitsvorkehrungen, die die Arbeit der Journalisten zur Tortur werden ließ. Viermal am Tag, jeweils zu Beginn und zum Ende der Sitzungen, wurde die gesamte Innenstadt hermetisch abgeriegelt, ebenso die Ausfallstraßen. Entsprechend groß war das Verkehrschaos.

Kekkonen, der im Mai 1969 als erster Vertreter eines Staates außerhalb des Warschauer Vertrags positiv auf den Vorschlag der Sicherheitskonferenz reagiert und damals Helsinki als Verhandlungsort vorgeschlagen hatte, stellte die Unterzeichnung der Schlußakte in seiner Eröffnungsansprache als einen Wendepunkt in der Geschichte Europas dar: »Wir haben allen Grund zu glauben, daß eine neue Ära in unseren gegenseitigen Beziehungen anbricht und daß wir zu einer Reise durch Entspannung zu Stabilität und dauerhaftem Frieden aufgebrochen sind.«[4] Ähnlich zuversichtlich äußerte sich Tito, der am zweiten Konferenztag sprach: »Wenn künftige Historiker auf diese Konferenz zurückblicken, werden sie diese mit Sicherheit als einen Wendepunkt, als die Hinwendung Europas zur Koexistenz und zum Frieden bewerten.«

Waldheim war wesentlich zurückhaltender. Er betonte, »daß der erfolgreiche Abschluß dieser Konferenz eher einen Anfang als ein Ende darstellt«. Ford mahnte: »Die Geschichte wird diese Konferenz nicht aufgrund dessen beurteilen, was wir heute hier sagen, sondern aufgrund dessen, was wir morgen tun werden, nicht aufgrund der Versprechen, die wir eingehen, sondern aufgrund der Versprechen, die wir auch einhalten.« Wilson zitierte Clement Attlees Diktum: »Die einzige Alternative zur Ko-Existenz ist der Ko-Tod«; dann forderte er die Einlösung der Zusagen hinsichtlich der Freizügigkeit ein: »Entspannung bedeutet wenig, wenn sie sich nicht im täglichen Leben unserer Völker widerspiegelt. Ich sehe keinen Grund, weshalb im Jahre 1975 die Europäer nicht die Möglichkeit haben sollten, zu heiraten, wen sie wollen, zu hören und zu lesen, wen sie wollen, und hinzureisen, wohin sie wollen. Wenn man das streitig machen würde, wäre das nicht ein Zeichen von Stärke, sondern von Schwäche.«

Demgegenüber betonte Honecker, der als erster Vertreter eines »sozialistischen« Staates sprach, »das Entscheidende« sei »die Anerkennung des Prinzips der Unverletzlichkeit der Grenzen«. Freizügigkeit und Menschenrechte erwähnte er mit keinem Wort; statt dessen definierte er die Fortsetzung der Entspannung als »weitere Arbeit an einem stabilen Fundament der kollektiven Sicherheit in Europa«. Breschnew warnte, niemand dürfe versuchen, »auf Grund der einen oder anderen außenpolitischen Erwägung anderen Völkern vorzuschreiben, wie sie ihre inneren Angelegenheiten zu ordnen haben. Das Volk eines jeden Staates – und nur das Volk – hat das souveräne Recht, seine inneren Angelegenheiten selbst zu regeln, seine innerstaatlichen Gesetze selbst zu verabschieden.« Auch für ihn war das die »wichtigste Schlußfolgerung aus den Erfahrungen der Arbeit der Konferenz«.

Immerhin sprach er dabei, deutlich aufgeschlossener als Honekker, von der Souveränität des Volkes, nicht einfach nur von der staatlichen Souveränität. Man konnte das auch als eine Absage an die »Breschnew-Doktrin« verstehen, wie die westliche Seite die Inanspruchnahme eines angeblichen Rechts auf Interventionen zur Rettung des Sozialismus bezeichnet hatte. Breschnew sprach auch davon, daß man Kompromisse habe schließen müssen, und er begrüßte den vereinbarten »breiteren Austausch von Informationen im Interesse des Friedens und der Freundschaft zwischen den Völkern«. Den »Vereinbarungen ihre volle Wirksamkeit zu verleihen«, bezeichnete er uneingeschränkt als »unsere gemeinsame und wichtigste Aufgabe«. Darüber hinaus versprach er, sich für »wirkliche Ergebnisse bei der Abrüstung« einzusetzen. Insbesondere galt es, »Wege zur Verminderung der Streitkräfte und der Rüstungen in Mitteleuropa zu finden, ohne daß dabei irgend jemandes Sicherheit beeinträchtigt wird«.

Die gegensätzlichsten Auffassungen waren in der letzten Arbeitssitzung am Freitagnachmittag zu hören. Rumäniens Partei-und Staatschef Nicolaie Ceauşescu erinnerte daran, daß es »Demokratie und Demokratie gibt – in dieser oder in jener Weise«. Dann machte er unmißverständlich deutlich, daß er die kommunistische Form von »Demokratie« für die höhere hielt, die darum von den westlichen Demokratien nichts anzunehmen brauche: »Die Demokratie, die wir in Rumänien realisieren, ist viel hochwertiger als die Demokratie, von der einige Sprecher gesprochen haben.« Demgegenüber verwies der Vertreter des Vatikans, Erzbischof Agostino Casaroli, der als letzter sprach, auf den unauflöslichen Zusammenhang von Frieden und Menschenrechten: »Wenn der Friede Wahrheit ist – selbstverständlich nicht der Friede der Gräber, der Versklavung oder des Zwanges – , dann setzt er eine gerechte, richtige und weise Ordnung der Rechte und der legitimen Interessen der einzelnen Parteien voraus, seien sie auch unterschiedlich oder stünden sie zueinander im Gegensatz. Dies ist das Ergebnis des Sieges der Vernunft und des guten Willens über die alleinige Konfrontation der Kräfte.«

Die Reden der 34 Kollegen anzuhören, bedeutete für die Staats- und Regierungschefs natürlich eine mehr oder minder lästige Pflichtübung. Viel wichtiger waren ihnen die bi- und multilateralen Gespräche untereinander am Rande der Konferenz. Bis tief in die Nacht hinein fanden solche Begegnungen statt, vom Vorabend der Eröffnung der Konferenz bis zum Abend nach deren Abschluß. Manche waren reine Routinetreffen, so zahlreiche Gespräche zwischen den osteuropäischen Führern. Es gab aber auch erstmalige Begegnungen und intensive Verhandlungen.

So bemühte sich Gerald Ford in zwei langen Gesprächen mit Leonid Breschnew, Schwierigkeiten bei den laufenden Verhandlungen über ein zweites Abkommen zur Begrenzung der strategischen Atomrüstung (SALT II) und die Truppenreduzierung in Mitteleuropa zu überwinden. Dabei erzielten sie eine Reihe von Fortschritten. Breschnew stimmte zu, daß Raketen mit Mehrfachsprengköpfen pauschal gezählt würden, und Ford akzeptierte Begrenzungen der Reichweite von Marschflugkörpern. Als es darum ging, die Einhaltung dieser Begrenzungen sicherzustellen, wußten sie jedoch nicht weiter. Ebenso wenig konnten sich die Führer der beiden Weltmächte über die Einordnung der sowjetischen »Backfire«-Bomber verständigen: Die Verteidigungsminister hatten ihnen dazu unterschiedliche technische Daten mitgegeben, die nicht in Einklang zu bringen waren. So blieb zum Schluß nur die Feststellung, daß es nicht einfach sei, in den Fragen der Rüstungsbegrenzung zu einer Verständigung zu gelangen. Sowohl Ford als auch Breschnew fügten aber hinzu, daß sie sich weiterhin intensiv um einen baldigen Durchbruch bemühen wollten.[5]

Helmut Schmidt führte unter anderem zwei lange Besprechungen mit Erich Honecker – die erste Begegnung der beiden deutschen Staatsmänner. Dabei wurde weiterentwickelt, was sich seit dem Spätherbst des vergangenen Jahres als tragfähige Grundlage einer

Verbesserung der deutsch-deutschen Beziehungen abzeichnete: finanzielle Zugeständnisse der Bundesrepublik, die Honecker zur Absicherung seiner Herrschaft brauchte, gegen eine größere Durchlässigkeit der innerdeutschen Grenze und eine Verbesserung der Verbindungen zwischen Westdeutschland und West-Berlin. Diskutiert wurde über die Erhöhung der Pauschale, die die Bundesrepublik für die Benutzung der Transitstrecken zahlte, die Sanierung der Autobahn Helmstedt – Berlin, die Wiederingangsetzung des Teltow-Kanals, über den die kürzeste Schiffahrtsstraße zwischen West-Berlin und dem Bundesgebiet führte, und andere Maßnahmen zur Verbesserung des Reiseverkehrs. Schmidt signalisierte Bereitschaft zur Erhöhung der Transitpauschale, soweit sie plausibel gemacht werden konnte. Honeckers Vorschlag, die Kosten für die Autobahn-Erneuerung im Verhältnis 70 zu 30 zu teilen (70 Prozent für die Bundesrepublik, 30 für die DDR), wollte er von den Experten prüfen lassen. Zugleich machte er deutlich, daß er dafür Gegenleistungen erwartete – insbesondere eine Senkung des Mindestalters bei der Genehmigung von West-Reisen von DDR-Bürgern und die Vereinbarung von Folgeabkommen zum Grundlagenvertrag über die innerdeutschen Beziehungen. Beide Politiker wollten sich noch nicht auf verbindliche Zusagen festlegen, sahen aber eine reale Perspektive.[6]

Verhandlungsfortschritte dieser Art wurden freilich nicht sogleich sichtbar. Die Unterzeichnung der Helsinki-Akte stieß darum auch nicht überall auf Gegenliebe. In den USA sorgten sich Bürger baltischer Abstammung, daß mit dem Bekenntnis zur Unverletzlichkeit der Grenzen die Annexion Estlands, Lettlands und Litauens durch die Sowjetunion endgültig sanktioniert werde. Alexander Solschenyzin, der 1974 aus der Sowjetunion ausgebürgert worden war, warf Ford vor, mit seiner Unterschrift unter die KSZE-Schlußakte »die Völker Osteuropas zu verraten« und ihre »Versklavung auf immer offiziell zu besiegeln«[7]. Und Ronald Reagan, schon in den Startlöchern, um Ford die Kandidatur für die Präsidentschaftswahlen 1976 streitig zu machen, stellte die Vereinbarung mit den kommunistischen Regimen als etwas völlig Unamerikanisches dar: »Ich bin dagegen, und ich denke, daß alle Amerikaner dagegen sein sollten.«[8] Innenpolitisch zahlte sich die Reise nach Europa für Ford nicht aus.

Auch unter den Europäern gab es Kritik. Raymond Aron in Paris nannte die KSZE eine »Komödie«: Nie sei ein so ungeheurer Aufwand betrieben worden, »um solch lächerliche Ergebnisse zu erzielen«. Bislang hätten es die westlichen Nationen immer vermieden, die Teilung Europas moralisch zu ratifizieren. »In Helsinki haben sie offensichtlich nachgegeben.« Robert Conquest, britischer Sowjetexperte, beklagte, die Unterzeichnung der Schlußakte befördere das trügerische Bild von einer friedliebenden und liberalen Sowjetunion und unterminiere so den Verteidigungswillen des Westens: »Die Atmosphäre, die so geschaffen wird, ist schlecht.«[9] Ähnlich sah es die CDU/CSU-Opposition im Deutschen Bundestag: »Maßgebliche Inhalte des Schlußdokuments der Konferenz über Sicherheit und Zusammenarbeit in Europa«, hieß es in einem Entschließungsantrag, mit dem die Oppositionsfraktion die Bundesregierung aufforderte, die Akte nicht zu unterzeichnen, »dienen einer weltweiten Täuschung über die wahre Sicherheitslage in der Welt.« Entspannungspolitik sei »nach östlicher Auffassung ein offensives, ein expansives, ein aggressives Konzept«, führte Fraktionsvorsitzender Karl Carstens zur Begründung aus, »und dem stellt der Westen nichts entgegen, nichts, was damit vergleichbar wäre«[10].

In Moskau wurden hinter verschlossenen Türen die entgegengesetzten Befürchtungen laut. Viele Mitglieder des Politbüros, berichtet der langjährige Botschafter der Sowjetunion in Washington, Anatolij Dobrynin, »hatten schwere Bedenken, internationale Verpflichtungen einzugehen, die den Weg zu auswärtiger Einmischung in unser politisches Leben öffnen konnten. Viele Sowjetbotschafter äußerten Zweifel, weil sie richtig voraussahen, daß die Vereinbarungen schwierige internationale Dispute nach sich ziehen würden. Moskau hatte wegen des Liberalisierungsprozesses, der mit Helsinki verbunden war, eine grundlegende Entscheidung mit weitreichenden innenpolitischen Folgen zu treffen.«[11]

Tatsächlich war die Unterzeichnung der Schlußakte von Helsinki weniger ein Wendepunkt in der Geschichte der Ost-West-Beziehungen als ein Anlaß, über die Möglichkeiten der Entspannungspolitik nachzudenken, und ein Moment ihrer Bekräftigung. Entspannungspolitik gab es seit Beginn des Kalten Krieges. Immer wieder machten sich Zweifel bemerkbar, ob die Gegenseite wirklich so aggressiv und so mächtig war, wie es die Thesen vom sowjetischen Expansionismus wie vom westlichen Imperialismus behaupteten. Immer wieder waren Stimmen zu hören, die auf die Kosten der Ost-West-Konfrontation hinwiesen: die Notwendigkeit, erhebliche Ressourcen in die militärische Rüstung zu stecken, ohne je ganz sicher sein zu können, daß die Abschreckung des Gegners wirklich funktionierte; die Tendenzen zu autoritärer Verhärtung der eigenen Gesellschaft; das wachsende Risiko einer atomaren Katastrophe. Immer wieder setzten sich diejenigen zur Wehr, die unter der Blockkonfrontation besonders zu leiden hatten – die Deutschen, die die Teilung ihrer Nation erdulden mußten; die kleineren Staaten, die sich durch die Abhängigkeit von den Weltmächten eingeengt fühlten; die innenpolitischen Verlierer der Konfrontation.

Chancen zu einem Abbau der Konfrontation gab es insofern, als sich Ost und West, anders als es die Metapher vom Kalten Krieg nahelegt, nicht wirklich existentiell bedrohten. Die Machthaber des Ostblocks hatten zwar andere Zukunftsvorstellungen als die Bürger des Westens – die einen erwarteten, daß sich der »Sozialismus«, wie sie ihn verstanden, früher oder später auch im Westen durchsetzen würde; die anderen wünschten, daß die Diktaturen des Ostens eines Tages freiheitlichen Regimen wichen. Doch weder die einen noch die anderen waren bereit, für die Durchsetzung dieser Vorstellungen einen Krieg zu riskieren. Dazu waren diese Ziele nicht existentiell genug, und der Preis, der dafür zu zahlen gewesen wäre, war viel zu hoch. Mit dem Aufbau der atomaren Arsenale war er in keinem Fall mehr zu verantworten. Die sowjetischen Führer betrachteten es auch nicht als ihr vordringlichstes Ziel, ihren Machtbereich mit politischem Druck auf das westliche Europa auszudehnen, und der Westen verfügte hinsichtlich der Befreiung des östlichen Europas nur über sehr begrenzte Mittel.

Hinderlich war nur, daß es darüber keine Gewißheit gab. Die Brutalitäten kommunistischer Regime und die aggressive Propagandasprache ihrer Führer riefen im Westen Zweifel und Ängste hervor; die ständigen Schwierigkeiten, sich zu behaupten, und das klassenkämpferische Weltbild, das sie dabei entwickelten, hatten die gleichen Effekte bei den Kommunisten des Ostens. Dieses Mißtrauen hatte nach dem Zweiten Weltkrieg dazu geführt, daß die Bemühungen um eine gemeinsame Nachkriegsordnung gescheitert und zwei gegensätzliche Machtblöcke entstanden waren, die sich wechselseitig bedrohten. Aus dieser Bedrohungssituation gab es keinen leichten Ausstieg. Jede Seite mußte mit präventiven Sicherheitsmaßnahmen der Gegenseite rechnen und sich dagegen wappnen. Um das ständige Kräfteringen einzudämmen, das daraus resultierte, mußte man übertriebene Ängste überwinden, ideologische Scheuklappen ablegen und sich gegen jene breite Koalition von Kräften durchsetzen, die von der Konfrontation profitierten und damit – bewußt oder unbewußt – zu sekundären Verursachern des Kalten Krieges geworden waren.

Weil diese Bedingungen nicht so leicht zu erfüllen und dann auch nur schwer durchzuhalten waren, wurden Bemühungen zum Abbau der Konfrontation, zur Sicherung einer friedlichen Austragung des Systemgegensatzes und zur Stärkung der Kooperation zwischen Ost und West immer wieder von neuen Spannungsschüben, von Abkapselung und Verhärtung unterbrochen. Mit der Zeit wuchs allerdings der Realismus; Maßnahmen der Rückversicherung halfen der Vernunft, über die Angst zu siegen. Das bedeutete auch, daß die leninistische Ideologie im Laufe der Zeit an Bedeutung verlor, nicht kontinuierlich, aber in der Tendenz – bis sie schließlich in einem Akt der Selbstbefreiung ganz über Bord geworfen wurde.

Ost und West verfolgten in der Entspannungspolitik weitgehend übereinstimmende Ziele: Sicherung des Friedens, Minderung der Rüstungslasten, Zusammenarbeit zum wechselseitigen Vorteil. In einem Punkt aber schlossen sich die Erwartungen, die mit der Entspannungspolitik verbunden waren, gegenseitig aus: Während man in Moskau und den anderen Hauptstädten des Ostblocks darauf bedacht war, durch die Vereinbarungen mit dem Westen die eigene Herrschaft abzusichern, zielte die westliche Entspannungspolitik auch darauf, die Freiheitsbeschränkungen im Osten zu überwinden. Insofern war die östliche Entspannungspolitik zumindest nach Stalin in der Anlage defensiv, die westliche dagegen in unterschiedlicher Intensität offensiv. Bei der Konferenz über Sicherheit und Zusammenarbeit in Europa wurden beide Momente sehr deutlich spürbar. Es war – im Osten wie im Westen – eine Frage des Selbstvertrauens, welchen man für stärker hielt.

Kapitel 1

Zwischen Neutralisierung und Blockbildung

In den fünfziger Jahren waren Entspannungsbemühungen zunächst mit dem Versuch verbunden, den Prozeß der Ost-West-Blockbildung, der seit dem Ende des Zweiten Weltkriegs im Gang war, im letzten Moment noch einmal zu stoppen. Im westlichen Vorfeld der Sowjetunion hatten sich unter dem Schutz der Roten Armee und der informellen Einflußsphären-Teilung der Siegermächte kommunistische Regime etabliert, das westliche Europa hatte den Wiederaufbau im Zeichen des Marshall-Plans gemeinschaftlich und unter amerikanischer Führung organisiert, auf deutschem Boden waren, weil die Verständigung der Besatzungsmächte über eine gemeinsame Deutschland-Regelung nicht gelang, zwei separate Staaten entstanden, die in enger Abhängigkeit von der östlichen beziehungsweise westlichen Führungsmacht den gegensätzlichen weltpolitischen Lagern zuzurechnen waren. Aber noch war das Problem eines Verteidigungsbeitrags der westdeutschen Bundesrepublik nicht gelöst und damit die Struktur des westlichen Verteidigungsbündnisses ebenso ungewiß wie die Art der amerikanischen Präsenz in Europa. Ebensowenig war die DDR in ein östliches Verteidigungsbündnis eingebunden, und es gab auch noch keine Zusage, daß die sowjetische Schutzmacht auf Dauer für die »sozialistische Ordnung« im östlichen Deutschland einstehen würde.

Die Alternative zum Abschluß der Blockbildung durch die militärische Integration der beiden deutschen Staaten in die gegensätzlichen Bündnissysteme des Ostens und des Westens lautete Neutralisierung, genauer gesagt: die Verständigung über einen Friedensvertrag, der einem wiedervereinten Deutschland untersagte, sich einem Militärbündnis anzuschließen, das sich gegen eine der Siegermächte richtete, gefolgt von dem Abzug aller Besatzungstruppen aus Deutschland. Was unter solchen Umständen aus der NATO werden würde, war ziemlich offen; aber mindestens ebenso offen war die Zukunft der »sozialistischen« Revolution, die die SED-Kommunisten unter tatkräftiger Mithilfe ihrer sowjetischen »Freunde« in der östlichen Besatzungszone auf den Weg gebracht hatten. Der Ost-West-Gegensatz mußte bei einer solchen Konstruktion in jedem Fall erheblich an Bedeutung verlieren.

Stalins Notenoffensive

Propagiert wurde die Neutralisierung Deutschlands in erster Linie von der sowjetischen Führung. Zwar hatten sich ursprünglich auch westliche Experten für diese Alternative ausgesprochen – so unter dem Eindruck der Berliner Blockade im Sommer 1948 George F. Kennan, der Leiter des Politischen Planungsstabs im amerikanischen Außenministerium, und Brian Robertson, der britische Militärgouverneur in Deutschland.[1] Seit den Verantwortlichen in Washington klar geworden war, daß West-Berlin durch die Luftbrücke gehalten werden konnte, überwog jedoch im Westen die Vorstellung, das westliche Deutschland zu einem Bollwerk gegen sowjetische Expansion ausbauen zu müssen. Die drei westlichen Besatzungsmächte hielten an ihrem Entschluß fest, auf dem Territorium ihrer Besatzungszonen in Deutschland einen Staat westlicher Prägung zu errichten; und nachdem die nordkoreanischen Kommunisten am 25. Juni 1950 mit ihrem Angriff auf das südliche Korea begonnen hatten, verständigten sich die Westmächte darauf, den jungen westdeutschen Staat in die gemeinsamen Verteidigungsanstrengungen des atlantischen Bündnisses einzubeziehen und auf dem europäischen Bündnisgebiet eine integrierte Streitmacht unter amerikanischem Oberbefehl zu errichten.

Für Stalin war das eine höchst beunruhigende Entwicklung. Nicht nur, daß er die Kontrolle des deutschen Industriepotentials an der Ruhr – in seiner Sicht eine der wesentlichen Ursachen der nationalsozialistischen Expansion – nicht den westlichen »Imperialisten« allein überlassen wollte. Er beobachtete auch mit Sorge, daß die westlichen Industrienationen ihre Kräfte in der

NATO und in der entstehenden Europäischen Gemeinschaft vereinigten – ganz anders, als es nach Lenins Prophezeiung weiterer Kriege zwischen den imperialistischen Mächten zu erwarten war. Und er sah, daß die USA, der Sowjetunion an Wirtschaftskraft und in der atomaren Rüstung immer noch weit überlegen, eine Militärorganisation auf dem europäischen Kontinent aufbauten, die gewaltige Dimensionen anzunehmen drohte. Unter dem Eindruck der Kampagne für ein »roll back« des Kommunismus, die der populäre amerikanische Oberbefehlshaber im Korea-Krieg, General Douglas MacArthur Ende 1950 entfacht hatte, rechnete er zeitweilig mit einem westlichen Angriff in zwei bis drei Jahren.[2]

Gegenüber der Kriegsgefahr, die in sowjetischer Sicht von der Westintegration der Bundesrepublik ausging, mußte die Förderung der sozialistischen Revolution im sowjetisch besetzten Teil Deutschlands zurückstehen. Vermutlich hat sich Stalin eine Revolution in einem »halben Land« gar nicht vorstellen können. Jedenfalls schärfte er den deutschen Genossen immer ein, daß zunächst die Einheit Deutschlands wiederhergestellt werden müsse, bevor man zum Aufbau des Sozialismus übergehen könne. Der Status einer »Volksdemokratie« blieb der DDR verwehrt, ihre Zukunft ungesichert. Stalin beharrte darauf, daß die »Lage« in Deutschland eine ganz andere sei als in den östlichen Volksdemokratien[3], und er hütete sich peinlich, dem Provisorium DDR das Attribut »sozialistisch« zuzugestehen.

Bei der Operationalisierung seiner Pläne für ein geeintes Deutschland unter Abzug aller Besatzungstruppen setzte Stalin in erster Linie auf den Willen zur Einheit im deutschen Volk. Er sollte die westlichen Besatzungsmächte zwingen, an den Verhandlungstisch zurückzukehren und sich mit der Sowjetunion über den Abschluß eines Friedensvertrages mit Deutschland zu verständigen. Da dieser Wille zur Einheit nicht so ausgeprägt war, wie er ursprünglich gehofft hatte, mußte er den Deutschen notgedrungen immer mehr entgegenkommen, gingen seine Angebote immer weiter. Hatte er zunächst geglaubt, bloße Aufrufe zur Bildung einer »Nationalen Front« der Deutschen könnten die Konstituierung der Bundesrepublik verhindern oder der Regierung Adenauer die Grundlagen entziehen, so sah er sich nach der Grundsatzentscheidung der Westmächte zur Aufstellung westdeutscher Truppen genötigt, die Repräsentanten der Bundesrepublik als Verhandlungspartner anzuerkennen, die den Vertretern der DDR zumindest gleichberechtigt waren. Am 21. Oktober 1950 traten die Außenminister der Ostblock-Staaten nach einer Zusammenkunft in Prag mit dem Vorschlag an die Öffentlichkeit, einen »Gesamtdeutschen Konstituierenden Rat« zu bilden, der von Vertretern der DDR und der Bundesrepublik paritätisch besetzt werden sollte; dieser sollte die Bildung einer gesamtdeutschen Regierung vorbereiten. DDR-Ministerpräsident Otto Grotewohl präzisierte drei Wochen später, dieser Rat könne auch »die Vorbereitung der Bedingungen zur Durchführung freier gesamtdeutscher Wahlen übernehmen«[4].

Als die im Bundestag vertretenen Parteien diesen Vorschlag unter Hinweis auf die mangelnde demokratische Legitimation der DDR-Organe zurückwiesen, rückte Stalin nach einigem Zögern von der Forderung nach paritätischer Zusammensetzung des Vorbereitungsgremiums ab. In einem neuen Verfahrensvorschlag, den Grotewohl der DDR-Volkskammer am 15. September 1951 vorlegte, war nur noch allgemein von einer »gemeinsamen gesamtdeutschen Beratung der Vertreter Ost- und Westdeutschlands« die Rede, die »erstens über die Abhaltung freier gesamtdeutscher Wahlen« und »zweitens über die Beschleunigung des Abschlusses eines Friedensvertrages mit Deutschland« entscheiden sollte. DDR-Staatspräsident Wilhelm Pieck ergänzte in einem Schreiben an den westdeutschen Bundespräsidenten Theodor Heuss, daß die Regierung der DDR mit einer »Überprüfung der Voraussetzungen für die Durchführung freier Wahlen [...] in allen Teilen Deutschlands einverstanden« sei.[5] Gleichzeitig arbeitete das sowjetische Außenministerium Grundsätze für einen Friedensvertrag mit Deutschland aus, die die Sowjetregierung als Reaktion auf einen gemeinsamen Appell der beiden deutschen Regierungen veröffentlichen wollte.[6]

Als Bundesregierung und Bundestag ihre Mitwirkung auch auf dieser Grundlage versagten, trat die DDR-Regierung am 16. Februar 1952 notgedrungen allein mit einem Appell an die vier Siegermächte heran, möglichst bald einen Friedensvertrag mit Deutschland zu schließen. Die Sowjetregierung veröffentlichte ihren »Entwurf für die Grundlagen eines Friedensvertrages mit Deutschland« daraufhin als Anlage zu einer Note, die sie am 10. März 1952 an die Regierungen der drei Westmächte schickte. Darin kam sie den Deutschen auch inhaltlich in einem Maße entgegen, das deutlich über die bisherige Linie der sowjetischen Deutschlandpolitik hinausging. Von Reparationen und »demokratischen Umwandlungen« in der Wirtschaft war nicht mehr die Rede; statt dessen wurde versichert, daß der Entwicklung der Friedenswirtschaft und des Außenhandels »keinerlei Beschränkung auferlegt« werden sollte, und die Entnazifizierung wurde als abgeschlossen dargestellt. Darüber hinaus wurde dem vereinten Deutschland gestattet, »eigene nationale Streitkräfte (Land-, Luft- und Seestreitkräfte) zu besitzen, die für die Verteidigung des Landes notwendig sind« und das dazu erforderliche »Kriegsmaterial« zu produzieren. Spätestens ein Jahr nach Inkrafttreten des Friedensvertrags sollten alle Besatzungstruppen das Land verlassen haben und ihre Stützpunkte aufgelöst worden sein, und schließlich wurde dem vereinten Deutschland auch noch die gleichberechtigte Mitgliedschaft in den Vereinten Nationen in Aussicht gestellt.

Eingeschränkt wurde die Handlungsfreiheit der Deutschen vor allem durch die Auflage, »keinerlei Koalitionen oder Militärbündnisse einzugehen, die sich gegen irgendeinen Staat richten, der mit seinen Streitkräften am Krieg gegen Deutschland teilgenommen hat« – also weder ein einseitiges Militärbündnis mit den Westmächten noch einen bilateralen Pakt mit der Sowjetunion nach Art des Rapallo-Vertrages. Im übrigen sollten »Organisationen, die der Demokratie und der Sache der Erhaltung des Friedens feindlich sind«, in Deutschland verboten sein. Als deutsches Territorium sollten die Gebiete gelten, die auf der Potsdamer Konferenz im Sommer 1945 als Besatzungsgebiet definiert worden waren – also ein Deutschland ohne die Gebiete jenseits von Oder und Neiße, aber unter Einschluß des Saarlandes, das die Franzosen unterdessen einem Spezialregime unterstellt hatten.[7]

In den westlichen Hauptstädten löste diese Initiative vielfach Besorgnis aus: Wenn die Westdeutschen darauf bestanden, daß über das sowjetische Angebot verhandelt würde, dann war der

Weg zur Verwirklichung der Europäischen Verteidigungsgemeinschaft erst einmal gestoppt; und wenn die Verhandlungen dann tatsächlich zur Etablierung eines blockfreien Deutschlands führten, war das ganze westliche Verteidigungskonzept, wie es sich seit den Anfängen des Korea-Krieges herausgebildet hatte, im Kern getroffen. Manche sahen darin auch eine Chance für einen Abbau der Ost-West-Konfrontation, die die Aussicht eröffnete, die als problematisch angesehene Bewaffnung der Bundesrepublik im letzten Moment doch noch zu vermeiden. Der Politische Planungsstab des amerikanischen State Department, jetzt unter der Leitung von Paul M. Nitze, warb sogar dafür, eine Neutralisierung Deutschlands als Auftakt zu einer – friedlichen – Zurückdrängung des Kommunismus zu begreifen. Um die Ernsthaftigkeit des sowjetischen Angebots zu testen, empfahlen die Beamten des Planungsstabs, sogleich die Bildung eines gemeinsamen Wahl-Kontrollgremiums durch die vier Alliierten vorzuschlagen und einen Termin für gesamtdeutsche Wahlen – spätestens im November 1952 – vorzugeben.[8]

In der britischen und in der französischen Regierung überwog hingegen die Furcht vor einem Rückzug der amerikanischen Verbündeten und der darauf folgenden Konfrontation mit einem offensichtlich wieder starken Deutschland. Da die Flexibilität des amerikanischen Planungsstabs nicht sogleich von allen Abteilungen der Truman-Administration geteilt wurde und zudem der westdeutsche Bundeskanzler Konrad Adenauer dringend davor warnte, sich auf Vier-Mächte-Verhandlungen einzulassen, konnten die europäischen Verbündeten eine gemeinsame Antwortnote der drei Westmächte durchsetzen, in der eine Neutralisierung Deutschlands als Verhandlungsziel von vornherein ausgeschlossen wurde. Einer gesamtdeutschen Regierung müsse es »freistehen«, hieß es in der Antwortnote vom 25. März 1952, »Bündnisse einzugehen, die mit den Grundsätzen und Zielen der Vereinten Nationen in Einklang stehen«. Außerdem wurde verlangt, die Sowjetunion müsse zunächst einer Untersuchung der politischen Verhältnisse in der »Sowjetzone« durch eine Kommission der Vereinten Nationen zustimmen; und es wurde mit demagogischem Seitenblick auf die Deutschen darauf verwiesen, daß nach westlicher Auffassung in Potsdam noch keine endgültige Entscheidung in der Frage der Grenzen Deutschlands getroffen worden sei.[9]

Für Adenauer war eine Neutralisierung Deutschlands gleichbedeutend mit dem Auftakt zur Sowjetisierung ganz Deutschlands. Die Amerikaner, so fürchtete er, würden sich dann ganz aus Europa zurückziehen; und unbedarfte Nationalisten würden den Kommunisten helfen, »das freie Deutschland zusammen mit der Ostzone in die Sklaverei [zu] bringen«[10]. Wiedervereinigung ohne Fortdauer der Westbindung war für ihn daher kein erstrebenswertes Ziel, sondern eine Gefahr, die unter allen Umständen abgewehrt werden mußte. Als die Sowjetregierung in einer Antwort auf die westliche Note am 9. April meinte, »freie gesamtdeutsche Wahlen« könnten »in kürzester Zeit« durchgeführt werden (freilich unter der Kontrolle der Vier Mächte, nicht erst nach einer Prüfung durch die Vereinten Nationen), und der amerikanische Außenminister Dean Acheson daraufhin eine Verhandlung auf der Ebene der vier Hochkommissare für unumgänglich hielt, warnte Adenauer darum abermals vor einem solchen Schritt. Gleichzeitig hielt er die eigene Öffentlichkeit mit dem Versprechen hin, wenn der Westen jetzt nur fest bleibe, werde die Sowjetunion bald (»nicht viele Jahre«) ein noch viel weitergehendes Angebot machen: die Entlassung des »ganzen europäischen Ostens« in die Freiheit.[11]

Auf diese Weise gelang es ihm, die Forderung des gesamtdeutschen Flügels seiner Regierungskoalition und der SPD-Opposition nach einem »Ausloten« der sowjetischen Initiative ins Leere laufen zu lassen, und das ermöglichte es der britischen und französischen Regierung einmal mehr, Verhandlungen zu vertagen und auf dem Recht eines vereinten Deutschlands zu bestehen, »sich mit anderen Nationen zu friedlichen Zwecken zu verbinden« – so die Formulierung in der zweiten westlichen Antwortnote vom 13. Mai.[12] Am 26. Mai wurde in Bonn der sogenannte »Generalvertrag« zur Ablösung des Besatzungsstatuts der Bundesrepublik unterzeichnet. Einen Tag später unterschrieb Adenauer in Paris zusammen mit den Vertretern Frankreichs, Italiens und der Benelux-Staaten den Vertrag über die Bildung der Europäischen Verteidigungsgemeinschaft.

Als die französische Regierung mit Rücksicht auf die Entwicklung der öffentlichen Meinung in Frankreich wie in der Bundesrepublik Anfang Juni doch noch Verhandlungen über den sowjetischen Vorschlag zugestehen wollte (wenn auch nur in taktischer Absicht, um den Gegnern der Europäischen Verteidigungsgemeinschaft die Unmöglichkeit einer Verständigung mit der Sowjetunion vor Augen zu führen), bestand Acheson auf einer vorherigen Anerkennung der westlichen Verfahrensvorschläge für freie Wahlen durch die Sowjetregierung. Ihm war die Ratifizierung der Westverträge jetzt wichtiger als jedes mögliche »roll back« des Kommunismus, und im Gegensatz zu seinem französischen Kollegen Robert Schuman schien ihm eine neue Verhandlungsrunde mit den Sowjets dieses Ziel nur zu gefährden. Nach langwierigen Verhandlungen, in denen auch Adenauer noch einmal heftig gegen jede Vier-Mächte-Beratung opponierte, einigte man sich auf das Angebot einer Beratung über Zusammensetzung und Funktionen einer Untersuchungskommission, betonte aber gleichzeitig, daß Wahlen erst dann abgehalten werden könnten, wenn man »Übereinstimmung über das Programm zur Bildung einer gesamtdeutschen Regierung« erzielt habe. Mit dieser dritten westlichen Antwortnote, die am 10. Juli veröffentlicht wurde[13], war der Dialog über den Neutralisierungsvorschlag endgültig auf einem toten Gleis angelangt.

Stalin hatte die Hoffnung auf eine Einigung mit den Westmächten schon nach der ersten westlichen Antwortnote weitgehend aufgegeben. »Zu denken, daß es einen Kompromiß geben oder die Amerikaner den vorgeschlagenen Friedensvertrag akzeptieren könnten, wäre ein großer Irrtum,« antwortete er Pieck am 7. April, als dieser sich nach seiner Einschätzung der Chancen für eine neue Vier-Mächte-Konferenz erkundigte.[14] Um so wichtiger wurde ihm jetzt die Sicherung der innerdeutschen Grenze und der Aufbau einer DDR-Armee, die die offensichtlich nicht mehr zu verhindernde westdeutsche Armee in Schach halten sollte. Unter diesen Voraussetzungen schien es ihm hinnehmbar, »daß die Teilung Deutschlands noch etliche Zeit andauerte«. Er sei »bereit«, sagte er dem italienischen Sozialistenführer Pietro Nenni in einer Unterredung am 17. Juli 1952, »zehn oder fünfzehn Jahre einen Kalten Krieg hinzunehmen, da er darauf vertraue, daß der Ostblock die dadurch bedingte wirtschaftliche Anspannung besser ertrage als der Westen«[15].

In der Tat wurden gleich nach der Rückkehr der SED-Delegation aus Moskau in der zweiten Aprilwoche große Anstrengungen zum Ausbau der kasernierten Volkspolizei der DDR zu einer regulären Armee unternommen. Um die DDR straffer zu organisieren, wie Stalin angeordnet hatte, wurden die bestehenden Länderhoheiten ganz aufgehoben und durch vierzehn Verwaltungsbezirke ersetzt. Am 26. Mai, dem gleichen Tag, an dem in Bonn die Außenminister der drei Westmächte und Adenauer den Generalvertrag unterzeichneten, wurde die bis dahin weitgehend durchlässige Zonengrenze zwischen der Bundesrepublik und der DDR durch einen 5 Kilometer breiten Sperrstreifen abgeriegelt; von den etwa zweihundert Übergängen zwischen Ost- und West-Berlin wurden hundertzwanzig geschlossen. Anfang Juli erwirkte der Erste SED-Sekretär Walter Ulbricht bei Stalin zudem die Erlaubnis, den »Aufbau des Sozialismus« in der DDR ankündigen zu dürfen. Nach einem entsprechenden Grundsatzbeschluß der 2. Parteikonferenz der SED vom 9. bis 12. Juli wurde starker Druck auf Bauern und sonstige Selbständige ausgeübt, sich Kollektiv-Genossenschaften anzuschließen; bekennende Christen und Intellektuelle wurden bedrängt; Schulen, Universitäten und staatliche Verwaltungen mußten der »führenden Rolle der Partei der Arbeiterklasse« Rechnung tragen.

Das Angebot der Neutralisierung hielt Stalin gleichwohl weiter aufrecht, und er sah auch weiterhin davon ab, die DDR dem sozialistischen Lager zuzurechnen. Er unternahm jedoch keine weiteren Anstrengungen mehr, dem Westen einen Meinungsumschwung zu erleichtern. Auf die Frage nach dem Status einer gewählten gesamtdeutschen Regierung in der Phase bis zum Inkrafttreten des Friedensvertrages, die die Westmächte in ihrer Note vom 13. Mai gestellt hatten, antwortete die sowjetische Seite in ihrer dritten Note am 24. Mai ganz unverstellt, es verstehe sich »von selbst, daß sich diese Regierung ebenfalls von den Bestimmungen des Potsdamer Abkommens und nach dem Abschluß eines Friedensvertrages von den Bestimmungen des Friedensvertrages [...] leiten lassen muß«[16]. Das eröffnete den Gegnern der Neutralisierung im Westen die Möglichkeit, das sowjetische Angebot in den Augen der westdeutschen Bevölkerung als angebliche Rückkehr zum Kontrollratsregime zu diskreditieren. Die Unterzeichnung der Westverträge ließ sich damit nicht aufhalten.

Auf das verklausulierte westliche Angebot, zumindest über die Zusammensetzung einer Untersuchungskommission verhandeln zu wollen, antwortete die Sowjetregierung am 23. August mit dem Vorschlag, die Überprüfung der Verhältnisse in der Bundesrepublik und in der DDR könne von einer Kommission aus Vertretern des Bundestages und der Volkskammer vorgenommen werden. Gleichzeitig empfahl sie, Vertreter der beiden deutschen Staaten an der Vier-Mächte-Konferenz über den Friedensvertrag zu beteiligen. Damit wurde das SED-Regime ausgerechnet zu einem Zeitpunkt optisch aufgewertet, da es sich ganz offenkundig und forciert von einer demokratischen Ordnung im westlichen Sinne entfernte und die Glaubwürdigkeit des sowjetischen Angebots weiter untergrub. Die vierte westliche Antwortnote vom 23. September, die demgegenüber noch einmal die Notwendigkeit freier Wahlen und absoluter Handlungsfreiheit der daraus hervorgehenden gesamtdeutschen Regierung in den Mittelpunkt stellte, blieb ganz ohne sowjetische Erwiderung. Stalins gesamtdeutsche Strategie verkümmerte zu einer vagen Hoffnung auf einen »Sturz Adenauers«, über deren Verwirklichung nicht mehr weiter nachgedacht wurde.

Berija und Churchill im Tauwetter

Bewegung kam in die sowjetische Deutschlandpolitik erst wieder nach Stalins Tod am 5. März 1953. Das Nachfolger-Kollektiv – Lawrentij Berija als Sicherheitschef und Innenminister, der die Nachfolge organisiert hatte, Nikita Chruschtschow als Parteisekretär und Georgij Malenkow als Ministerpräsident, dazu Wjatscheslaw Molotow, der in das Außenministerium zurückkehrte, und Marschall Nikolaj Bulganin als Repräsentant der Armee – fühlte sich »schrecklich verletzlich«, wie Chruschtschow später bekannte[17], und suchte darum die Westmächte sogleich von seiner Bereitschaft zu friedlicher Zusammenarbeit zu überzeugen. Schon bei den Begräbnisfeierlichkeiten für Stalin am 9. März sprach Malenkow nachdrücklich von den »Möglichkeiten einer dauernden Koexistenz und eines friedlichen Wettbewerbs der beiden verschiedenen Systeme«, während Berija eine »Politik der Befestigung des Friedens, des Kampfes gegen die Vorbereitung und Entfesselung eines neuen Krieges, eine Politik der internationalen Zusammenarbeit und der Entwicklung von praktischen Verbindungen mit allen Ländern auf der Grundlage der Gegenseitigkeit« ankündigte.[18] Am 15. März erklärte Malenkow vor dem Obersten Sowjet, die Sowjetunion befinde sich mit keinem anderen Land in einem Disput, »der nicht auf friedlichem Wege, auf der Grundlage wechselseitiger Verständigung, beigelegt werden könnte«[19].

Den demonstrativen Worten folgten bald erste Taten. Die heftige antiwestliche Polemik in der sowjetischen Presse wurde eingestellt, westliche Diplomaten in der Sowjetunion erhielten größere Bewegungsfreiheit, Moskau verwandte sich für die Freilassung britischer und amerikanischer Staatsbürger, die in nordkoreanische Gefangenschaft geraten waren. Die sowjetische Führung sperrte sich nicht länger gegen das chinesische Verlangen nach einem Waffenstillstand in Korea, so daß die Verhandlungen über eine Einstellung der Kämpfe nach halbjähriger Unterbrechung Ende April wieder aufgenommen werden konnten. Sodann nahm die Sowjetregierung die diplomatischen Beziehungen mit Jugoslawien, Griechenland und Israel wieder auf, und der Regierung der Türkei wurde mitgeteilt, daß die Sowjetunion keine territorialen Forderungen mehr gegen ihr Land erhebe.

In der zweiten Aprilhälfte 1953 begannen die Stalin-Nachfolger mit der Vorbereitung einer neuen Initiative in der deutschen Frage. Die Barriere gegen das Neutralisierungsprojekt, die die Westmächte mit der Forderung nach vorheriger Untersuchung der Voraussetzungen für freie Wahlen errichtet hatten, sollte nun dadurch beiseite geräumt werden, daß die Sowjetregierung die unmittelbare Bildung einer Provisorischen Gesamtdeutschen Regierung durch die beiden deutschen Parlamente vorschlug. Diese hätte die Organisation der Wahlen selbst in die Hand zu nehmen, und um ihre Handlungsfreiheit sicherzustellen, sollten die alliierten Truppen schon zum Zeitpunkt der Konstituierung dieser Regierung das Land verlassen und alle Militärstützpunkte in Deutschland aufgeben. Für die regulären Regierungsgeschäfte würden bis zum Inkrafttreten einer neuen Verfassung die bisherigen Regierungen weiter zuständig sein. Die Experten des Moskauer Außenministeriums hielten es zwar nicht für sehr wahrscheinlich, daß die Westmächte mit dem sofortigen Truppenabzug einverstanden sein würden; sie waren sich aber sicher, daß der Vorschlag »breite Unterstützung im deutschen Volk finden wird, auch in Westdeutschland und in den repräsentativen Kreisen der deutschen Bourgeoisie«. Entsprechend gingen sie davon aus, daß eine Vier-Mächte-Konferenz zur Verabschiedung des Friedensvertrags bereits im kommenden Juni zusammentreten könnte.[20]

Nach einem Bericht des damaligen Chefs des Ersten Büros im Ministerium für Staatssicherheit, Pawel Sudoplatow, hoffte Berija, die Bereinigung der deutschen Frage mit einer Unterstützung bei der Bewältigung der ökonomischen Krisensituation in der Sowjetunion verbinden zu können. »Für die Sondierungsgespräche«, so Sudoplatow, »stellte er folgende Punkte heraus: 1. eine Verlängerung der deutschen Reparationen an die Sowjetunion; 2. ein Wiederaufbauprogramm für Rußland, die Ukraine, Weißrußland und das Baltikum; die Kosten sollten westliche Sponsoren, in erster Linie die Deutschen, aufbringen. Es sollten neue Industriebetriebe geschaffen und ein großes Eisenbahn- und Autobahnnetz in der Sowjetunion angelegt werden. Berija dachte an eine technische Hilfe mit deutscher Beteiligung in einer Höhe von 10 Milliarden Dollar. Wenn die Sowjets den illusorischen sozialistischen Aufbau der DDR unterstützen wollten, argumentierte er, müßten sie binnen zehn Jahren nicht weniger als 20 Milliarden Dollar investieren, inklusive Belieferung der DDR und Polens mit Rohstoffen und Lebensmitteln. Die schwere Bürde wollte er loswerden. Statt dessen strebte er ein breitangelegtes Wirtschaftsabkommen mit dem Westen an. Dieses Abkommen wollte er durch politische Absprachen mit Amerika, England und Frankreich unter der Schirmherrschaft der Vereinten Nationen absegnen lassen.« Ende April wurde Sudoplatow von Berija beauftragt, über vertrauliche Kanäle in Bonn und Washington zu sondieren, ob für ein solches Programm Unterstützung im Westen zu gewinnen wäre.[21]

Außerdem begriff Berija sehr schnell die Notwendigkeit grundlegender Kurskorrekturen in der DDR, wenn das Vereinigungsprogramm wirklich Aussicht auf Erfolg haben sollte. Während sich das Außenministerium zunächst damit begnügte, eine Aufhebung der Sowjetischen Kontroll-Kommission in der DDR, die Halbierung ihrer Reparationslasten und die Entlassung verurteilter deutscher Kriegsgefangener aus sowjetischer Haft zu empfehlen, legte Berija dem Präsidium des Ministerrats am 27. Mai einen Beschlußentwurf vor, der zusammen mit der neuen deutschlandpolitischen Initiative den Abbruch des »auf den Aufbau des Sozialismus gerichteten Kurses« der DDR-Führung verlangte.[22] Der späteren Kritik an Berija nach zu urteilen, stieß die Geringschätzung für den DDR-Sozialismus, den er dabei an den Tag legte, nicht auf die ungeteilte Zustimmung seiner Präsidiumskollegen, so daß das Gremium schließlich nur den Kurs auf »die *Forcierung* des Aufbaus des Sozialismus« verurteilte. Inhaltlich blieb damit aber uneingeschränkt das Programm verstärkter Kollektivierung und verschärfter Repressalien gemeint, das Ulbricht nach Billigung durch Stalin auf der 2. Parteikonferenz der SED auf die Tagesordnung gesetzt hatte. Begründet wurde die Notwendigkeit seiner Zurücknahme mit der »Sicherstellung und Ausbreitung der Basis einer Massenbewegung für die Schaffung eines einheitlichen, friedliebenden, unabhängigen Deutschlands«[23] .

Die Kurskorrektur wurde den nach Moskau zitierten SED-Genossen am 2. Juni in drastischen Worten verkündet und dann unter tatkräftiger Mitwirkung des sowjetischen Hochkommissars Wladimir Semjonow umgesetzt. Am 9. Juni beschloß das Politbüro der SED die Zurücknahme aller Maßnahmen gegen die Existenz der Einzelbauern und der privaten Handwerker sowie gegen die Freiheit der Kulturproduktion und der Kirchen, die Aufhebung bestimmter Beschränkungen des Interzonenverkehrs, die Rücknahme von Beschlagnahmeverfügungen und Relegationen sowie eine Reihe von Amnestien und Steuererlassen. Die Parteiführung bekannte öffentlich, »eine Reihe von Fehlern begangen« zu haben, und kündigte eine umfassende Neuorientierung an, die »das große Ziel der Herstellung der Einheit Deutschlands« näher bringen sollte.[24] Nach weiteren turbulenten Diskussionen billigte das Politbüro am Abend des 16. Juni einen – im wesentlichen von dem Ulbricht-Kritiker Rudolf Herrnstadt formulierten – Entwurf für einen ZK-Beschluß, der den »neuen Kurs« mit dem Ziel der »baldigen Herstellung eines einheitlichen, demokratischen, fortschrittlichen Deutschlands« begründete: »Es geht darum, eine Deutsche Demokratische Republik zu schaffen, die für ihren Wohlstand, ihre soziale Gerechtigkeit, ihre Rechtssicherheit, ihre zutiefst nationalen Wesenszüge und ihre freiheitliche Atmosphäre die Zustimmung aller ehrlichen Deutschen findet. Das wird wirksamer als alle Deklarationen [...] eine solide Basis für Verhandlungen über das neue einheitliche Deutschland schaffen.«[25]

Die Entwicklung, die sich hier anbahnte, war um so erfolgversprechender, als zur gleichen Zeit auch der britische Premierminister Winston Churchill auf einen Ausgleich in der Deutschlandfrage zusteuerte. Der letzte Überlebende der »Großen Drei« des Zweiten Weltkriegs war seit langem von der Notwendigkeit überzeugt, auf die Eindämmung kommunistischer Expansion, für die er sich seit Kriegsende stark gemacht hatte, eine Verständigung mit der Sowjetunion über eine dauerhafte Friedensregelung folgen zu lassen. Nach seiner Rückkehr an die Regierung im Oktober 1951 hatte ihn aber zunächst die Skepsis gebremst, ob eine solche Verständigung mit dem alternden Stalin zu erzielen war. Mit dem Auftreten der neuen Führungsmannschaft in Moskau sah er die Gelegenheit zu einem umfassenden Ausgleich endlich gekommen. Sie zu ergreifen, schien ihm um so mehr geboten, als er nicht sicher war, ob die neue amerikanische Administration unter General Eisenhower der »roll-back«-Rhetorik des Wahlkampfs nicht Taten folgen lassen würde. Die Gefahr eines amerikanischen Präventivschlags auf der Grundlage des Vorsprungs in der Entwicklung der Wasserstoffbombe beschäftigte ihn jedenfalls sehr. Im übrigen sah er natürlich, daß eine Entspannung Voraussetzung für die Behauptung der britischen Großmachtrolle war; und es faszinierte ihn auch die Vorstellung, nunmehr 78 Jahre alt, als Friedensarchitekt in die Geschichte eingehen zu können.

Die Einsicht, daß bei einem Ausgleich zwischen Ost und West elementare Sicherheitsinteressen der Sowjetunion gewahrt sein mußten, fuhrte ihn dazu, »die Möglichkeit eines wiedervereinigten und neutralisierten Deutschlands« ernsthaft ins Auge zu fassen.[26] Eine Neutralisierung Deutschlands unter Anerkennung der Oder-Neiße-Grenze schien ihm nicht nur die einzige Form, in der eine Wiedervereinigung für die Sowjetunion akzeptabel sein würde; je länger er darüber nachdachte, für desto unausweichlicher hielt er sie auch, um einen gefährlichen Unruheherd in der Mitte Europas zu beseitigen. »Nichts wird das deutsche Volk von der Wiederherstellung seiner Einheit abhalten können«, schrieb er Anfang Juli 1953 an seinen Außenminister.[27] Die Gefahr eines Abdriftens eines neutralisierten Deutschlands in den sowjetischen Machtbereich, die mit Adenauer unterdessen auch die meisten Experten in den westlichen Außenministerien an die Wand malten, sah er absolut nicht als gegeben an: Dagegen stand nach seiner Überzeugung die abgrundtief antikommunistische Einstellung der Deutschen, die durch die Erfahrung mit sowjetischer Besatzung und kommunistischer Herrschaftspraxis in der Ostzone noch bestärkt worden war.

Unmittelbar nach den ersten Kooperationsofferten der neuen sowjetischen Führer am 9. März brachte er gegenüber Eisenhower seine Hoffnung zum Ausdruck, daß nun im Kalten Krieg die Zeit gekommen sei, »das Blatt zu wenden«, und regte dazu ein Treffen mit den Stalin-Erben auf Spitzenebene an.[28] Als dieser zögernd reagierte, drohte er ihm in der dritten Aprilwoche an, notfalls auch allein die Initiative zu ergreifen und zu einer ersten Vorklärung nach Moskau zu reisen. Am 11. Mai sprach er sich in einer Unterhausrede öffentlich für die Einberufung einer Gipfelkonferenz »in kurzer Frist« aus und deutete zugleich seine Vorstellungen über eine Friedensregelung an: »Das ungeheure Problem, die Sicherheit Rußlands mit der Freiheit und Sicherheit Westeuropas in Einklang zu bringen« sei »nicht unlösbar«; Rußland habe »ein Recht darauf, sichergehen zu können, daß sich die furchtbaren Geschehnisse der Hitlerinvasion nie wiederholen und daß Polen ein befreundeter Staat bleibt«; dazu sollte der Grundgedanke des Locarno-Vertragswerks von 1925 aufgegriffen werden, bei dem Großbritannien den Frieden zwischen

Frankreich und Deutschland garantiert hatte.[29] Frankreichs Ministerpräsident René Mayer regte daraufhin, um bei dem sich anbahnenden Ost-West-Dialog nicht zu kurz zu kommen, ein vorbereitendes Gipfeltreffen der drei Westmächte an; Eisenhower stimmte dem am 21. Mai zu.

In den folgenden Wochen wurde die Entwicklung zu einem Ausgleich in der deutschen Frage freilich durch eine Reihe unvorhergesehener Ereignisse gestört. Zunächst stürzte in Frankreich die Regierung, und es dauerte über fünf Wochen, bis ein Nachfolgekabinett die nötige Mehrheit im Parlament fand – wertvolle Zeit, in der den Verbündeten die Hände gebunden waren. Dann brach am 17. Juni ein Aufstand in der DDR los, der nur unter Einsatz sowjetischer Panzer niedergeschlagen werden konnte – eine Demonstration der Brutalität des Sowjetregimes, die die von Churchill verlangte Bereitschaft, auf sowjetische Sicherheitsinteressen Rücksicht zu nehmen, gewiß nicht förderte. Am 23. Juni erlitt Churchill einen Schlaganfall, der ihn für einige Wochen hinderte, seine Amtsgeschäfte aktiv zu führen. Drei Tage später wurde mit Berija der agilste Verfechter eines Ausgleichs mit den Westmächten im Kreml gestürzt, und auf der Suche nach Argumenten, mit denen dieser Schritt im innersowjetischen Machtkampf gerechtfertigt werden konnte, griffen seine siegreichen Rivalen unter anderem zu der Behauptung, der entlarvte »Staats- und Parteifeind« habe die DDR den »imperialistischen Kräften« ausliefern wollen. Schließlich nutzte Ulbricht, dem die Politbüro-Genossen ebenfalls am 26. Juni praktisch schon den Stuhl vor die Tür gestellt hatten, die Desorientiertheit des sowjetischen Apparats nach Berijas Verhaftung, um sich im letzten Moment als Generalsekretär der SED zu behaupten. Am 26. Juli verloren seine Kritiker Rudolf Herrnstadt und Wilhelm Zaisser alle Parteiämter; damit waren der Liberalisierung des SED-Regimes engste Grenzen gesetzt.

Berijas Entmachtung und Ulbrichts Rettung bedeuteten noch nicht, daß die östliche Seite definitiv von dem Neutralisierungsprojekt Abstand nahm. Doch standen seiner Verwirklichung fortan Machtinteressen in Ost-Berlin wie in Moskau entgegen, die nicht mehr so leicht zu überwinden waren. Zudem hielt die Erfahrung mit Berija seine verbliebenen Rivalen vorerst von spektakulären Initiativen ab, mit denen sie sich gefährlicher Kritik aussetzen konnten. Als die Sowjetregierung den Vorschlag, eine Provisorische Gesamtdeutsche Regierung zur Organisation der Wahlen zu einer verfassunggebenden Nationalversammlung zu bilden, am 15. August endlich der Öffentlichkeit vorlegte, war darin von einem gleichzeitigen Abzug aller Besatzungstruppen nicht mehr die Rede. Die Gesamtdeutsche Regierung sollte nicht nur die Wahlen organisieren und die Deutschen bei der Vorbereitung des Friedensvertrags repräsentieren, sondern auch für die Zulassung oder das Verbot von Parteien und anderen gesellschaftlichen Organisationen zuständig sein. Statt vertrauliche Kontakte zu den westlichen Regierungen aufzunehmen, begnügte sich Moskau damit, den Status der DDR aufzubessern: Am 22. August wurden die beiderseitigen Diplomatischen Missionen zu Botschaften erhoben und die finanziellen Verpflichtungen der DDR zugunsten der Sowjetmacht beträchtlich reduziert.

Noch zurückhaltender fiel die westliche Positionsbestimmung aus. Wegen Churchills Erkrankung konnte statt des vereinbarten Gipfeltreffens der Westmächte nur eine Außenministerkonferenz stattfinden. In Washington, wo sich die drei westlichen Außenminister vom 10. bis 14. Juli trafen, gab sich selbst der britische Vertreter Lord Salisbury als ein Gegner des Neutralisierungsgedankens zu erkennen und akzeptierte dann eine im wesentlichen vom amerikanischen State Department entwickelte Verhandlungslinie, die darauf hinauslief, die Sowjetregierung zu einem Vier-Mächte-Treffen auf Außenministerebene einzuladen, zugleich aber festzuhalten, daß eine Einigung in der Deutschlandfrage nur auf der Grundlage der westlichen Vorstellungen erfolgen solle. Die Note vom 15. Juli, mit der diese Einladung ausgesprochen wurde, ließ keinerlei Kompromißbereitschaft hinsichtlich der Handlungsfreiheit einer gesamtdeutschen Regierung erkennen; statt dessen knüpfte sie explizit an die Vorschläge der westlichen Note vom 23. September 1952 an.

Schrittweises Scheitern

Infolgedessen blieb der Abschluß eines Waffenstillstands in Korea vorerst das einzige konkrete Resultat der sowjetischen Entspannungsoffensive. In den Verhandlungen war zuletzt nur noch das Schicksal jener Kriegsgefangenen aus Nordkorea und China umstritten, die nicht in ihre Heimat zurückkehren wollten. Während die kommunistische Seite zuletzt ihre Verbringung in ein neutrales Land bis zur endgültigen Regelung des Problems vorschlug, bestanden die Vereinten Nationen in Übereinstimmung mit der amerikanischen Regierung auf dem Recht auf freie Wahl ihres künftigen Aufenthaltsortes. Als die westlichen Unterhändler deutlich machten, daß an ihrer Position nicht mehr zu rütteln sei, lenkten die kommunistischen Regierungen Anfang Juni schließlich ein. Am 27. Juli konnte daraufhin das Waffenstillstandsabkommen unterzeichnet werden. Es bestätigte die Teilung des Landes entlang des 38. Breitengrades, wie sie vor dem nordkoreanischen Überfall vom Juni 1950 geherrscht hatte, und verstärkte sie durch eine 2 Kilometer breite entmilitarisierte Zone entlang der Demarkationslinie.

Hinsichtlich der deutschen Frage blieb lange unklar, ob überhaupt ein Vier-Mächte-Treffen zustande kommen würde. Die Sowjetregierung erklärte sich zwar grundsätzlich zu Gesprächen über das Deutschlandproblem und auch zu einem Gipfeltreffen bereit, machte aber in ihrer Antwort vom 4. August darauf aufmerksam, daß die westliche Verhandlungsposition, wie sie in der Einladung vom 15. Juli skizziert worden war, wenig geeignet war, Fortschritte zu erzielen. Gleichzeitig regte sie an, unter Hinzuziehung Chinas zu den Gesprächen auch über andere Themen zu verhandeln. Darauf wollte sich die amerikanische Regierung freilich noch weniger einlassen, und so zog sich der erneute Notenwechsel zwischen der Sowjetunion und den Westmächten über vier Monate ergebnislos hin. Erst als man in Moskau erkannte, daß das Beharren auf chinesischer Beteiligung die Sowjetführung in Gefahr brachte, jeden Einfluß auf die Ratifizierung der Westverträge zu verlieren, willigte sie Ende November in ein Außenministertreffen allein zur Behandlung der deutschen und österreichischen Frage ein; einzige Bedingung blieb, daß dabei auch über die Einberufung einer Fünferkonferenz mit China über Friedens-regelungen für Korea und Indochina gesprochen werden konnte.

Nach dem sowjetischen Rückzug konnten nun die Westmächte ein Treffen nicht länger blockieren, wenn sie nicht ihrerseits als Gegner einer Verständigung dastehen wollten. Sie stimmten dem sowjetischen Vorschlag daher zu und nutzten das westliche Gipfeltreffen auf Bermuda vom 4. bis 8. Dezember, das auf Betreiben Churchills nun doch noch zustande gekommen war, zur Abstimmung ihrer Verhandlungsposition. Ein inhaltliches Entgegenkommen wurde freilich auch jetzt nicht ins Auge gefaßt. Churchill versuchte vergeblich, wenigstens einige allgemeine Festlegungen auf Sicherheitsgarantien für die Sowjetunion zu erreichen. Sein Plan für ein Gipfeltreffen mit Malenkow wurde noch nicht einmal diskutiert. Nachdem Eisenhower seine Auffassung, die sowjetische Politik habe sich gewandelt, brüsk zurückgewiesen hatte, wagte er es nicht mehr, das Thema auch nur zur Sprache zu bringen.

In Berlin, wo die vier Außenminister dem sowjetischen Vorschlag entsprechend vom 25. Januar bis 18. Februar 1954 tagten, präsentierten sich die Westmächte folglich als unbeirrte Verfechter der Westintegration. Ihr gemeinsamer Plan zur Wiedervereinigung, vom britischen Außenminister Anthony Eden gleich zu Konferenzbeginn offensiv vorgetragen und daher »Eden-Plan« genannt, sah wohl – anders als die Noten von 1952 – eine Überwachung der Wahlen zur verfassunggebenden Nationalversammlung durch eine Kommission der Vier Mächte vor. Es wurde jedoch betont, daß diese nach dem Mehrheitsprinzip entscheiden sollte; und der künftigen gesamtdeutschen Regierung wurde das Recht zugebilligt, sowohl bestehende internationale Verpflichtungen der Bundesrepublik und der DDR zu übernehmen als auch sich mit anderen Staaten »zu friedlichen Zwecken« zusammenzuschließen. Das lief darauf hinaus, den Vertrag über die Europäische Verteidigungsgemeinschaft (EVG) über die Wiedervereinigung hinaus zu retten und die DDR in ihren Geltungsbereich einzubeziehen. Die Ablehnung der Westintegration durch ein vereintes Deutschland blieb eine theoretische Möglichkeit, für die der Sowjetunion keinerlei Garantien gegeben wurden.

Molotow zeigte sich demgegenüber wieder etwas flexibler. Der Provisorischen Gesamtdeutschen Regierung gestand er jetzt – anders als ein zeitgleiches Memorandum der DDR-Regierung, das sich an der sowjetischen Note vom 15. August 1953 orientierte – keine innenpolitischen Kontrollfunktionen mehr zu. Statt dessen präsentierte er den im vergangenen Sommer zurückgehaltenen Vorschlag eines Abzugs der Besatzungstruppen vor den Wahlen, wenn auch mit der Einschränkung, daß »Kontingente« zur Wahrnehmung der »Kontrollaufgaben« der Vier Mächte zurückgelassen werden sollten.[30] Westliche Befürchtungen, daß die Einsetzung einer Provisorischen Regierung nur dazu dienen solle, die Wiederbewaffnung der Bundesrepublik zu verhindern, suchte er durch das Angebot zu zerstreuen, einen Mindestzeitraum festzulegen, innerhalb dessen die gesamtdeutschen Wahlen stattzufinden hätten. In bilateralen vertraulichen Gesprächen am Rande der Konferenz beteuerte er, »daß er in der Tat eine Vereinbarung wolle«[31], und suchte seinen westlichen Gesprächspartnern begreiflich zu machen, daß man die Sicherheit vor Deutschland nicht allein der Entscheidung der Deutschen überlassen dürfe.

Diese blieben jedoch darauf fixiert, das Treffen »möglichst ohne Schaden« für das westliche Verteidigungsprogramm »zu überstehen«[32], und spielten daher die Einbindung bundesdeutscher Truppen in die EVG gegen den sowjetischen Vorschlag einer deutschen Nationalarmee aus. Öffentlicher Druck auf die westlichen Delegationen blieb ebenfalls aus: Der Vorschlag des Truppenabzugs erwies sich, zumal in der eingeschränkten Form, in der er vorgetragen wurde, als bei weitem nicht spektakulär genug, um den Eindruck zu konterkarieren, den die Niederschlagung des Aufstands vom 17. Juni in der westdeutschen und europäischen Öffentlichkeit hervorgerufen hatte.

Als Molotow merkte, daß seine westlichen Kollegen auf die simple Feststellung einer Unvereinbarkeit der Standpunkte zusteuerten, präsentierte er am 10. Februar, auf ein Scheitern der Verhandlungen in der Hauptsache offensichtlich schon vorbereitet, einen Entwurf für einen Vertrag über die kollektive Sicherheit für Gesamteuropa. Er sah, solange die Wiedervereinigung noch nicht erfolgt war, die Mitgliedschaft beider deutscher Staaten vor. Den USA wurde dagegen nur ein Beobachterstatus zugebilligt, ebenso wie China als weiterem ständigen Mitglied des UN-Sicherheitsrates. Wenn die Neutralisierung Deutschlands auf absehbare Zeit nicht zu erreichen war, sollte wenigstens die Position der DDR stabilisiert und eine anderweitige Garantie gegen eine westdeutsche Aggression geschaffen werden. Außerdem erschien nach den Äußerungen Churchills und angesichts des erkennbaren Widerstands der französischen Öffentlichkeit gegen eine Ratifizierung des EVG-Vertrags die Hoffnung nicht unbegründet, mit dem Angebot eines umfassenderen europäischen Sicherheitspakts die EVG doch noch zu Fall bringen zu können. Ein Hinausdrängen der USA aus den europäischen Angelegenheiten gehörte dagegen nicht zu den vorrangigen Zielen der neuen sowjetischen Initiative. Auf einen entsprechenden Vorwurf seines amerikanischen Kollegen John Foster Dulles beeilte sich Molotow zu versichern, daß die NATO nicht notwendigerweise mit dem vorgeschlagenen Sicherheitspakt unvereinbar sei und die diesbezüglichen Passagen des sowjetischen Entwurfs noch einmal überarbeitet werden könnten.[33]

Die westlichen Außenminister waren freilich nicht bereit, die EVG wegen des gesamteuropäischen Sicherheitspaktes ohne weiteres fallen zu lassen. So endete die Konferenz auch in dieser Hinsicht ohne greifbares Ergebnis. Ebensowenig gab es Fortschritte bei den Verhandlungen über den österreichischen Staatsvertrag. Nach Molotows Meinung sollten die alliierten Truppen bis zum Abschluß des Friedensvertrags mit Deutschland in Österreich bleiben und so machte er die Lösung des Österreich-Problems von der Regelung der deutschen Frage abhängig. Allein in der Frage einer Konferenz über Korea und Indochina gab es einen bescheidenen Durchbruch: Die französische Regierung war so dringend an einer Internationalisierung des Indochinakrieges interessiert, daß Dulles seinen Widerstand gegen eine Konferenz unter Beteiligung Chinas schließlich aufgeben mußte.

Die Aussichten auf eine Neutralisierung Deutschlands verflüchtigten sich damit zugunsten eines stillschweigenden Arrangements auf der Basis des Status quo. Churchill gab den Neutralisierungsgedanken als offensichtlich impraktikabel auf und konzentrierte seine Energie statt dessen, durch Nachrichten über die enorme Explosionskraft der amerikanischen Wasserstoffbomben im Februar 1954 zusätzlich aufgestört, auf die Herbeiführung eines Abrüstungsabkommens. Adenauer, der die westlichen Alliierten beständig vor irgendwelchen Zugeständnissen an die sowjetische Seite gewarnt hatte, war über den Ausgang der Berliner Konferenz sehr erleichtert, und Ulbricht fühlte sich sicherer denn je. Nachdem die DDR mit einer Erklärung der Sowjetregierung vom 25. März 1954 »erweiterte Souveränitätsrechte« erhalten hatte, behauptete er auf dem IV. Parteitag der SED eine Woche später erneut, der deutsche Friedensstaat sei »nunmehr zur Schaffung der Grundlagen des Sozialismus übergegangen«[34].

Die sowjetische Entspannungsinitiative war nur insofern erfolgreich, als sie dazu beitrug, daß das Projekt der Europäischen Verteidigungsgemeinschaft schließlich doch noch scheiterte. Insbesondere die Propagierung eines kollektiven Sicherheitpakts für Europa weckte in Frankreich soviel Hoffnung auf einen Ost-West-Ausgleich, der einen Ausweg aus der ungeliebten Kombination von deutscher Wiederbewaffnung und eigenem Souveränitätsverzicht ermöglichte, daß das gleichzeitige Drängen der amerikanischen Regierung auf Ratifizierung des EVG-Vertrags kontraproduktiv wirkte. Eine parlamentarische Mehrheit für das Vertragswerk war folglich nicht zu finden. Die häufig wechselnden Pariser Regierungen verschoben die Ratifizierung immer weiter und bestürmten ihre Verbündeten, Vertragsergänzungen zuzugestehen, die die Aussicht auf eine Zustimmung der Nationalversammlung verbesserten; diese aber ließen sich auf eine Modifizierung des Verhandlungsergebnisses von 1952 nicht ein.

Nachdem das Tauziehen um die Ratifizierung oder Modifizierung des EVG-Vertrags schon über zwei Jahre angedauert hatte, entschloß sich Pierre Mendès-France, Ministerpräsident seit dem 18. Juni 1954, die Dinge zur Entscheidung zu bringen. Entweder die Vertragspartner akzeptierten substantielle Änderungen zugunsten der französischen Handlungsfreiheit oder er würde den Vertrag seinem parlamentarischen Schicksal überlassen – das hieß: zur Abstimmung stellen, ohne daß eine positive Mehrheit im Parlament gesichert war. Am 14. August präsentierte er den Partnern – der Bundesrepublik, Italien und den Benelux-Staaten – ein »Anwendungsprotokoll«, das auf eine weitgehende Ausdünnung der EVG hinauslief: Suspendierung der supranationalen Elemente des Vertragswerks für einen Zeitraum von acht Jahren, Verknüpfung der Entscheidungen von EVG und NATO, Beschränkung der Integration auf die in der Bundesrepublik stationierten Truppen, Befreiung atomarer Kernbrennstoff-Produktion von der Genehmigung durch das EVG-Kommissariat.

Unterdessen hatte Molotow auf der Genfer Indochinakonferenz für eine glimpfliche Behandlung Frankreichs gesorgt. Vietnam war in dem Abkommen vom 21. Juli entlang des 17. Breitengrades geteilt worden, weitaus höher im Norden des Landes, als nach der Kapitulation der französischen Truppen in der Festung Dien Bien Phu am 7. Mai zu erwarten gewesen war. Drei Tage später hatte die Sowjetregierung erneut ihr Angebot eines europäischen Sicherheitspakts präsentiert, diesmal verbunden mit dem Vorschlag, eine Konferenz aller 32 europäischen Staaten zuzüglich der USA und Chinas zu Beratungen über das Sicherheitssystem einzuberufen. Zuvor sollten, wie in einer weiteren Note am 4. August präzisiert worden war, die vier alliierten Außenminister erneut zusammenkommen, um den Weg zu dieser allgemeinen Sicherheitskonferenz zu ebnen und dabei auch noch einmal über die Lösung der Deutschlandfrage zu beraten.

Am Schicksal der EVG konnte es unter diesen Umständen keinen Zweifel mehr geben. Die Vertragspartner lehnten die französischen Änderungsvorschläge auf einem eilig einberufenen Treffen der Außenminister der Sechs vom 19. bis 22. August entgeistert ab, und die französische Nationalversammlung verwarf daraufhin das gesamte Vertragswerk. Am 30. August lehnte es eine Mehrheit von 319 gegen 264 Abgeordnete ab, überhaupt in die Diskussion des Vertrages einzutreten. Die Zahl der Vertragsgegner war sogar noch größer, doch nicht wenige von ihnen wollten die Gründe für ihre Ablehnung im Parlament noch darlegen, ehe sie der supranationalen Verteidigungsgemeinschaft den Garaus machten.

Das Siegesgefühl der Sowjetunion über das Scheitern der EVG schrumpfte allerdings sehr bald auf ein geringes Maß. Mendès-France und Churchill hatten ihre Ablehnung durch das französische Parlament nur in Kauf genommen, weil sie davon überzeugt waren, daß dann alternative Formen der Bewaffnung der Bundesrepublik durchsetzbar sein würden. In der Tat fanden sich nun alle Verhandlungspartner, die Gefahr eines vollständigen Zusammenbruchs des westlichen Sicherheitssystems vor Augen, zu Zugeständnissen bereit, die sie bislang immer vermieden hatten. Mendès-France akzeptierte einen direkten Beitritt der Bundesrepublik zur NATO, der durch die Ausweitung des Brüsseler Paktes zur Westeuropäischen Union (WEU) – unter Hinzutreten der Bundesrepublik und Italiens – nur wenig kaschiert wurde. Dulles fand sich nach heftigem Widerstand bereit, diese wenig integrierte Form westeuropäischer Gemeinsamkeit hinzunehmen und die militärische Präsenz der USA auf dem europäischen Kontinent zu verstärken. Eden akzeptierte ein weitgehendes Vetorecht der WEU gegen einen Abzug britischer Truppen aus Nordwestdeutschland. Adenauer bekräftigte den Verzicht der Bundesrepublik auf die Herstellung von ABC-Waffen und anderem strategischen Kriegsgerät, der implizit schon im EVG-Vertrag enthalten war, und stimmte zudem einem Saar-Statut zu, das die wirtschaftlichen Bindungen des Saarlandes an Frankreich bis zu einem Friedensvertrag festschrieb. Am 23. Oktober unterzeichneten die westlichen Außenminister die »Pariser Verträge«, die diese Vereinbarungen festhielten.

Die sowjetische Führung sah dem hektischen Krisenmanagement der Westmächte lange Zeit untätig zu. Durch die fortdauernden Auseinandersetzungen um die Führung des Regimes weiter behindert, beharrte sie auf ihren Positionen statt, wie es von den Anwälten der Westintegration befürchtet wurde, das Angebot einer kollektiven Sicherheitsorganisation für Europa so zu präzisieren, daß es für eine Mehrheit der Franzosen akzeptabel würde. Molotow hatte mit der Terminierung seines Konferenzvorschlags, der ganz offenkundig auf eine Verschleppung der EVG zielte, sogar einen unmittelbar bevorstehenden Besuch Churchills bei Malenkow vereitelt. Erst am Tag der Unterzeichnung der »Pariser Verträge« ging die Sowjetregierung ein wenig über ihre bisherigen Angebote hinaus, indem sie sich in einer neuen Note bereit erklärte, den Eden-Plan zur Organisation gesamtdeutscher Wahlen und einer gesamtdeutschen Regierungsbildung als »Diskussionsgrundlage« zu akzeptieren. Am 15. Januar 1955 versprach sie in einer Regierungserklärung noch etwas deutlicher, es sei »möglich, sich über die Einrichtung einer entsprechenden internationalen Aufsicht über die Durchführung der gesamtdeutschen Wahlen zu einigen«[35].

Indessen war dieser Verzicht auf die Gesamtdeutsche Provisorische Regierung als Wahlvorbereitungsorgan zu unverbindlich formuliert, um die Mehrheit der Westdeutschen dazu verleiten zu können, das Maß an Sicherheit und Gleichberechtigung noch einmal in Frage zu stellen, das sie mit den »Pariser Verträgen« erreicht hatten. Er kam auch zu spät, erst nachdem die gravierende Verhandlungs- und Vertrauenskrise im westlichen Bündnis schon überwunden war. Außerdem zielte er mit der Betonung der Freiheit der Deutschen taktisch in die falsche Richtung – wie bisher auf das deutsche Nationalgefühl statt auf die Friedenssehnsucht der Franzosen, die nach Lage der Dinge unterdessen eher zu mobilisieren gewesen wäre.

Mendès-France schaffte es daher, wenn auch unter Aufbietung aller Kräfte, der französischen Nationalversammlung ein positives Votum zu den »Pariser Verträgen« abzuringen. Am 30. Dezember 1954 billigte sie mit einer relativen Mehrheit von 287 gegen 260 Stimmen bei 79 Enthaltungen die Aufnahme der Bundesrepublik in die WEU, nachdem sie tags zuvor schon ihrem Beitritt zur NATO zugestimmt hatte. Das Unternehmen geriet noch einmal in Gefahr, als Mendès-France daraufhin auf eine Viererkonferenz noch vor der Billigung der Verträge durch die zweite französische Kammer, den Rat der Republik, zusteuerte. Nachdem die Verbündeten diese Forderung abgelehnt hatten und Mendès-France Anfang Februar 1955 gestürzt war, ratifizierte der Rat der Republik das Vertragswerk aber auch so. Am 27. März 1955 fand die Aufnahme der Bundesrepublik in die NATO nicht nur die nötige, sondern sogar eine breite Mehrheit.

Nachdem alle Unterzeichnerstaaten ihre Ratifikationsurkunden hinterlegt hatten, traten die Verträge am 5. Mai 1955 in Kraft. Vier Tage später nahmen Vertreter der Bundesrepublik zum ersten Mal an einer Sitzung der NATO teil.

Chruschtschow, seit Malenkows Degradierung im Februar 1955 stärkste Figur im Moskauer Führungskollektiv, suchte die

Westintegration der Bundesrepublik in letzter Minute mit unkonventionellen Manövern zu stoppen, die er gegen den Widerstand Molotows durchsetzte. Ende März gab die Sowjetregierung in einer Note an die österreichische Regierung die Bindung des Rückzugs ihrer Truppen aus Österreich an die Regelung der Deutschlandfrage auf. Da diese von sich aus eine bewaffnete Neutralität des Alpenstaates anbot, wurde damit der Abschluß des österreichischen Staatsvertrags in kürzester Frist möglich. Am 15. Mai wurde er in Wien unterzeichnet, die sowjetischen Truppen begannen, sich aus dem östlichen Landesteil zurückzuziehen, und die sowjetischen Medien wurden nicht müde zu betonen, daß Gleiches auch in Deutschland geschehen könne. Anfang Juni wurde Bundeskanzler Adenauer zu einem Staatsbesuch nach Moskau eingeladen; dabei äußerte die Sowjetregierung nicht nur den Wunsch nach Aufnahme normaler diplomatischer Beziehungen, sondern betonte auch im Widerspruch zu ihren vorherigen Drohungen, daß diese der »Wiederherstellung der Einheit eines deutschen demokratischen Staates« dienen könnten.[36] In vertraulichen Unterredungen, zuletzt zu Beginn der Gipfelkonferenz im Juli 1955 in Genf, zu der die Westmächte nach der Ratifizierung der Westverträge eingeladen hatten, suchten die sowjetischen Führer ihre westlichen Gesprächspartner erneut von der Notwendigkeit einer Neutralisierung Deutschlands zu überzeugen.[37]

Nachdem aber auch diese Demonstrationen ohne den gewünschten Effekt geblieben waren, lenkte Chruschtschow um so energischer auf jene Linie um, die in den sowjetischen Vorschlägen seit dem August 1953 immer schon als Alternative angeklungen war: Stabilisierung der DDR und Entspannung auf der Grundlage des deutschlandpolitischen Status quo. »Ob einem das nun gefalle oder nicht,« argumentierte er im Moskauer Führungszirkel, »jedenfalls sehe die Wirklichkeit so aus, daß zwei deutsche Staaten existierten und jetzt zwei einander sich feindlich gegenüberstehenden Blöcken angehörten. Auf dieser Grundlage müsse Moskau seine Europapolitik aufbauen und sich um die Anerkennung der DDR bemühen.«[38]

Als die Regierungschefs des östlichen Machtblocks am 14. Mai 1955 in Warschau einen »Vertrag über Freundschaft, Zusammenarbeit und gegenseitigen Beistand« unterzeichneten, war auch der DDR-Ministerpräsident dabei; die DDR wurde, wenn auch vorerst nur mit einem Beobachterstatus, an der Organisation des neuen Paktes beteiligt. In Genf betonte Bulganin, seit Februar 1955 Malenkows Nachfolger als Ministerpräsident, nach der abermaligen Zurückweisung der sowjetischen Neutralisierungsforderung, daß sich »inzwischen zwei Deutschlands gebildet« hätten, deren »mechanische Verschmelzung« nicht zur Diskussion stehe.[39] Chruschtschow erklärte auf der Rückreise von der Genfer Konferenz am 26. Juli auf einer Massenkundgebung in Ost-Berlin, man könne »die deutsche Frage nicht auf Kosten der Interessen der Deutschen Demokratischen Republik lösen«; eine »Beseitigung all ihrer politischen und sozialen Errungenschaften« sei nicht möglich.[40]

Damit verfügte das SED-Regime in der DDR zum ersten Mal über eine Bestandsgarantie seiner Schutzmacht. Die deutsche Einheit war aus sowjetischer Sicht zu einer Angelegenheit geworden, über die sich die beiden gegensätzlichen Regime in Deutschland zunächst einmal selbst verständigen mußten. Eine solche Verständigung mochte durch die Schaffung eines kollektiven Sicherheitssystems in Europa gefördert werden, wie es jetzt zum erklärten Hauptziel sowjetischer Politik wurde. Es war aber unübersehbar, daß die Etablierung eines derartigen Sicherheitssystems, dem die DDR als gleichberechtigtes Mitglied angehörte, auch die Anerkennung des »deutschen Arbeiter- und Bauernstaates« durch den Westen implizierte und damit zunächst einmal der Konsolidierung des sowjetischen Blocks diente. Entspannung war jetzt auch für die sowjetische Seite nur noch auf der Grundlage der wechselseitigen Respektierung der Blöcke möglich.

Die Abkehr der Sowjetführung von den Plänen für eine Neutralisierung Deutschlands war in erster Linie Ausdruck einer Niederlage, eine Folge des Umstands, daß es ihr nicht gelungen war, den Abschluß der westlichen Blockbildung unter Einbeziehung der Bundesrepublik zu verhindern. Zugleich spiegelte sich in ihr aber auch ein Nachlassen der Furcht vor den Folgen der Westintegration wider. Nicht nur Berija, auch Malenkow und Chruschtschow sahen die Dinge nüchterner als der bisweilen in seinen eigenen ideologischen Wahnvorstellungen gefangene Stalin. In gewissem Maße trug auch die erste erfolgreiche Zündung einer sowjetischen Wasserstoffbombe im August 1953 zu größerer Gelassenheit bei. Die sowjetischen Führer waren sich nun sicher, daß sie nicht mehr so einfach mit einem konventionellen Krieg überzogen werden konnten, der erneut von deutschem Boden ausging. Mit den Bedingungen des atomaren Zeitalters waren sie freilich noch ebensowenig vertraut wie ihre westlichen Gegenspieler.

Kapitel 2

Entspannung im Kalten Krieg

Anders als es Verfechter des Neutralisierungsprojekts in Ost und West befürchtet hatten, resultierte aus der Vollendung der Blockbildung keine unmittelbare Verschärfung der Spannungen. Da die Ausdehnung des eigenen Machtbereichs in Europa weder für das westliche Bündnis noch für Moskau zu den vordringlichen Zielen zählte, erhielten vielmehr Tendenzen Auftrieb, sich auf der Grundlage des Status quo zu arrangieren. »Wir sollten uns nicht selbst belügen«, setzte Chruschtschow seinen Mitarbeitern im Frühjahr 1959 auseinander: »Der Kapitalismus ist in Europa fest verwurzelt. Natürlich ist das eine vorübergehende Erscheinung. Aber wir müssen diese Verschnaufpause wahrnehmen, um uns fest in unseren Stellungen in Europa einzugraben, um den Druck der Militärausgaben auf unsere Wirtschaft zu verringern und den Sowjetmenschen endlich zu einem besseren Leben zu verhelfen. Ihr Wohlstand wird die westliche Welt viel zuverlässiger zerstören als Panzer.«[1]

Hinzu kam mit dem Durchbruch der Wasserstoffbomben Technik ein weiteres mächtiges Motiv, den Ost-West-Konflikt zu entschärfen. Eine Serie amerikanischer Testexplosionen im Pazifik vom Februar bis Mai 1954 zeigte, deutlicher noch als die ersten erfolgreichen Zündungen auf amerikanischer und sowjetischer Seite (1. November 1952 bzw. 12. August 1953), daß der Einsatz von Atombomben ganze Regionen verwüstete und schnell die gesamte Erde unbewohnbar zu machen drohte. Die Eindämmung der atomaren Gefahr wurde damit zu einem elementaren Ziel, das sich beiden Seiten im Ost-West-Konflikt in gleicher Weise stellte und sie folglich auch einander näher bringen konnte.

Freilich stand dieses Ziel im Widerspruch zu der fortdauernden Notwendigkeit, sich des eigenen Einflußbereichs zu versichern. Die kommunistische Herrschaft über das östliche Europa blieb prekär, und die Einbindung der Deutschen in den Westen schien vielen Zeitgenossen auch noch prekär zu sein. Folglich wurden beide Seiten zugleich zu Maßnahmen zur Konsolidierung ihrer Blöcke getrieben, die das Bemühen um einen Abbau der Spannungen konterkarierten. Entspannung blieb in der zweiten Hälfte der fünfziger Jahre ein ungewisses Vorhaben, mehr Programm als greifbare Realität.

Der Geist von Genf

Auf der sowjetischen Seite wurde die Bedrohung, die aus der Zerstörungskraft der Wasserstoffbombe resultierte, sehr ernst genommen. Leitende Wissenschaftler des sowjetischen Atomprogramms – Igor Kurschatow, der wissenschaftliche Direktor des Programms seit 1943, Abram Alikhanow, Isaak Kikoin und A. P. Winogradow – setzten im März 1954 einen Bericht an die oberste sowjetische Führung auf, der die »enorme Gefahr einer Auslöschung allen Lebens auf der Erde« in aller Deutlichkeit beschrieb und die Notwendigkeit eines »vollständigen Verbots der militärischen Nutzung von Atomenergie« beschwor.[2] Malenkow ließ sich von dieser Demonstration der Wissenschaftler, vielleicht auch von der unerwarteten Stärke der Testexplosion vom 1. März 1954, so sehr beeindrucken, daß er in einer Wahlrede am 12. März erklärte, ein »neuer Weltkrieg«, zu dem die Politik des Kalten Krieges zu führen drohe, würde »in Anbetracht der modernen Mittel der Kriegführung das Ende der Weltzivilisation bedeuten«[3].

Das wich so deutlich von Lenins Lehre von der Unvermeidlichkeit neuer Kriege ab, daß Chruschtschow sich nicht die Gelegenheit entgehen ließ, seinen Rivalen mit dem Stigma ideologischer Abweichung zu versehen. Nach offensichtlicher Zurechtweisung schwenkte Malenkow auf seine frühere Linie ein und beteuerte, daß ein Angriff mit atomaren Waffen von der Sowjetmacht mit gleichen Mitteln erwidert und ein solches Abenteuer »zum Zusammenbruch der kapitalistischen Gesellschaftsordnung führen« würde.[4] Bei der Demontage Malenkows im Februar 1955 gehörte der Vorwurf defätistischer Schwarzmalerei hinsichtlich der Folgen eines Atomkrieges neben der Bezichtigung, mit Berija den Ausverkauf der DDR betrieben zu haben, zu den zentralen Elementen der Begründung seiner Degradierung zum Minister für elektrische Kraftwerke.

Chruschtschow war darum nicht weniger besorgt über die möglichen Folgen eines Atomkrieges. »Als ich zum Ersten Sekretär des Zentralkomitees ernannt wurde«, berichtete er Jahre später, »und all die Fakten über die Atomkraft erfuhr,« – das war im September 1953, nach der Zündung der ersten sowjetischen Wasserstoffbombe – »konnte ich mehrere Tage lang nicht schlafen.«[5] Auf dem 20. Parteitag der KPdSU im Februar 1956 wies er die These von der Unvermeidlichkeit neuer Kriege explizit zurück; die »friedliche Koexistenz unterschiedlicher Gesellschaftssysteme« wurde damit in der offiziellen sowjetischen Doktrin zu einem Zustand, der unbegrenzt andauern konnte – bis zum weltweiten Sieg des Sozialismus auf friedlichem Wege. Zugleich betonte auch er, daß die friedliche Koexistenz aufrecht erhalten werden *mußte*: »Entweder friedliche Koexistenz oder der zerstörerischste Krieg in der Geschichte – einen dritten Weg gibt es nicht.«[6] Was Chruschtschow von Malenkow unterschied, war nur das Ausmaß an Radikalität und Folgerichtigkeit, mit der er aus der neuartigen Bedrohung Schlüsse zog. Der Kampf gegen die Gefahr einer Selbstvernichtung der Menschheit mußte auch in seiner Sicht in Angriff genommen werden. Zugleich glaubte er aber auch, Vorkehrungen gegen eine atomare Erpressung durch die imperialistischen Mächte treffen zu müssen. Und er sah die Notwendigkeit, pragmatisch mit vorhandenen ideologischen Überzeugungen und etablierten militärischen Interessen zurechtzukommen.

Wie weit er dabei zu gehen bereit war, wird aus dem Abrüstungsvorschlag deutlich, den die sowjetische Delegation am 10. Mai 1955 im Abrüstungsausschuß der Vereinten Nationen vorlegte. Zum ersten Mal gab die sowjetische Seite die Forderung nach prozentualer Waffenreduzierung auf, die ihre Überlegenheit in der konventionellen Rüstung festschrieb, und akzeptierte statt dessen, wie Briten und Franzosen es verlangt hatten, vergleichbare Obergrenzen für alle Beteiligten: Je 1 bis 1,5 Millionen Mann für die USA, die Sowjetunion und China, je 650000 für Großbritannien und Frankreich sowie je 150000 bis 200000 für andere Staaten. Zum ersten Mal stimmte sie einer permanenten Kontrolle entsprechender Vereinbarungen durch Beobachterposten der Vereinten Nationen zu; diese sollten an zentralen Verkehrsknotenpunkten aller beteiligten Länder eingerichtet werden. Hinsichtlich der Atomwaffen forderte sie nicht mehr ein sofortiges Verbot, sondern die Aufnahme von Verhandlungen mit dem Ziel ihrer vollständigen Beseitigung. Als erster Schritt sollten die Testexplosionen mit sofortiger Wirkung eingestellt werden.[7]

Die westliche Seite griff die Chance, die in diesem Vorstoß steckte, nicht auf. Eisenhower war sich der zerstörerischen Wirkung der Atomwaffe wohl ebenso bewußt, und er sah das Aufhäufen immer gewaltigerer atomarer Arsenale mit zunehmendem Unbehagen. Gleichzeitig blieb er aber von der Notwendigkeit überzeugt, im Falle eines Angriffs Atomwaffen einsetzen zu können und bei einem atomaren Schlagabtausch nach Möglichkeit die Oberhand zu behalten. Die Gefahr finanziellen Ruins bei fortgesetztem Wettrüsten vor Augen, setzte er sogar verstärkt auf die nukleare Komponente der Abschreckung. Dem Gegner wurde »massive Vergeltung« auch bei einem konventionellen Angriff angedroht (erstmals in einer Rede von Außenminister Dulles vom 12. Januar 1954), und weltweit wurden Atomwaffen disloziert, die die Ausdünnung der kostspieligeren konventionellen Streitkräfte kompensieren sollten. Atomare Abrüstung wurde im Rahmen dieses »New Look« amerikanischer Verteidigungsstrategie (eine Bezeichnung für die Umschichtung von konventioneller auf atomare Rüstung, die die amerikanischen Offiziellen seit dem Dezember 1953 verwandten) zu einem mittelfristigen Ziel, für das durch vertrauensbildende Maßnahmen erst einmal eine Grundlage geschaffen werden sollte.

Eisenhower appellierte daher zunächst, in einer öffentlichen Antwort auf die Kooperationsbekundungen der Stalin-Nachfolger im April 1953, nur in ganz allgemeinen Formulierungen an die sowjetische Führung, einer Reduzierung der konventionellen Streitkräfte und der Beschränkung der Nutzung der Atomenergie für friedliche Zwecke zuzustimmen. Im Dezember 1953 regte er in einer Rede vor den Vereinten Nationen unter der plakativen

Überschrift »Atoms for Peace« an, die Vereinigten Staaten, die Sowjetunion und eventuell auch Großbritannien sollten einen Teil ihres spaltbaren Materials einer Internationalen Atomenergie-Agentur unter Kontrolle der Vereinten Nationen zur Verfügung stellen; diese sollte es dann friedlicher Verwendung zuführen – etwa in der Landwirtschaft, in der Medizin oder der Elektrizitätsgewinnung. Auf den sowjetischen Abrüstungsvorschlag vom 10. Mai 1955 reagierte er auf dem Genfer Gipfel mit der Anregung, als ersten praktischen Schritt eine wechselseitige Luftaufklärung (»Open skies«) und den Austausch von Aufstellungen über alle militärischen Einrichtungen zu vereinbaren.

Die Sowjets bemängelten zu Recht, daß beide Vorschläge das Problem der Eindämmung atomarer Rüstung noch nicht wirklich in Angriff nahmen. In Genf erklärte sich Bulganin immerhin bereit, der Internationalen Atomenergie-Agentur, sobald sie geschaffen sein würde, einiges spaltbare Material zur Verfügung zu stellen, und Chruschtschow akzeptierte westliche Aufklärungsflüge über Osteuropa als ein Mittel zum Schutz vor Überraschungsangriffen. Im Rahmen der Konferenz der vier Außenminister vom 27. Oktober bis 16. November 1955 in Genf, auf der die Arbeitsaufträge der Gipfelkonferenz erledigt werden sollten, stellte Molotow eine Zustimmung zu Aufklärungsflügen auch über sowjetischem Territorium für den Fall in Aussicht, daß man sich auf ein umfassendes Abrüstungsabkommen verständigen könne.[8]

Darauf aber wollte sich die Eisenhower-Administration nicht einlassen. Während Briten und Franzosen anerkannten, daß die sowjetischen Vorschläge ihren eigenen Vorstellungen in großem Umfang entgegenkamen, rückten die Amerikaner von ihren Inspektionsvorschlägen ab und machten Fortschritte in den Fragen von Sicherheit und Abrüstung von einem sowjetischen Entgegenkommen in der deutschen Frage abhängig. Außenminister Dulles, dem Entspannung im Ost-West-Verhältnis ebenso gefährlich wie unnötig erschien, deutete die verstärkte Beweglichkeit sowjetischer Politik seit dem Frühjahr 1955 als Zeichen extremer Schwäche und wollte den Sowjets darum eine Minderung der Rüstungslasten nur um den Preis einer Wiedervereinigung Deutschlands nach westlichen Vorstellungen zugestehen. Eisenhower ließ ihn gewähren, weil er davon überzeugt war, nicht nur die Entspannung fördern zu müssen, sondern gleichzeitig für die Verstärkung der Westbindung der Bundesrepublik verantwortlich zu sein. Außerdem sah er zumindest 1955 und 1956 noch nicht, auf welchen Partner in der sowjetischen Führung er sich wirklich verlassen konnte, wenn er gegen verbreitete Erwartungen in der eigenen Administration wie bei den deutschen Verbündeten auf eine Entspannung auf der Grundlage des Status quo zusteuerte.

So endete das Genfer Gipfeltreffen ohne greifbares Ergebnis. Dulles setzte den Schwerpunkt bei der anschließenden Außenministerkonferenz auf die deutsche Frage und präsentierte sie dort wieder in einer Form, die die Kosten der Wiedervereinigung einseitig der sowjetischen Seite aufbürdete. Ein britischer Vorschlag, die Wiedervereinigung durch die Errichtung »einer zwischen dem Osten und dem Westen liegenden Zone« zu erleichtern, in der die Rüstung einvernehmlich begrenzt und wechselseitig kontrolliert werden sollte, wurde nach Protesten Adenauers dahingehend »präzisiert«, daß die kontrollierte Zone »Gebiete von vergleichbarer Größe« »beiderseits der Demarkationslinie zwischen einem wiedervereinigten Deutschland und den osteuropäischen Ländern« umfassen sollte.[9] Damit war sichergestellt, daß es kein Kontrollzonen-Übereinkommen vor der Wiedervereinigung geben konnte, das unvermeidlicherweise auch die Unterschrift der DDR-Regierung tragen würde; und es war auch ausgeschlossen, daß die Truppenverminderung auf eine Neutralisierung Deutschlands hinauslief. Molotow konnte – verständlicherweise, aber doch sehr zur Enttäuschung von Dulles – nicht dazu gebracht werden, dies für eine akzeptable Grundlage für eine Verständigung zu halten.

Dennoch war der »Geist von Genf«, den die Beoachter der Gipfelkonferenz angesichts der höflichen Umgangsformen und der allseitigen Beteuerungen von Kooperationsbereitschaft ausmachen zu können glaubten, keine bloße Schimäre. Eisenhower unterhielt sich in Genf mit seinem alten Kriegskameraden Georgij Schukow, seit dem Revirement vom Februar 1955 sowjetischer Verteidigungsminister, über die verheerenden Folgen einer atomaren Konfrontation. Zusammen mit anderen vertraulichen Gesprächen am Rande der offiziellen Sitzungen ergab sich daraus auf beiden Seiten der Eindruck, daß man um die Verpflichtung zur Sicherung des Friedens wußte und ungeachtet machtpolitischer und ideologischer Differenzen letztlich bereit war, ihnen Rechnung zu tragen. Der Genfer Gipfel, bekannte Chruschtschow später, »überzeugte uns einmal mehr, daß wir uns nicht am Vorabend eines neuen Krieges befanden und daß sich unsere Feinde in der gleichen Weise vor uns fürchteten wie wir uns vor ihnen«[10]. Eden, seit Juni 1955 Churchills Nachfolger als Premierminister, notierte als Ergebnis der Genfer Begegnung: »Alle Beteiligten lernten, daß keine der anwesenden Mächte einen Krieg wollte, und alle verstanden, warum das so war. Die Russen entdeckten ebenso wie wir, daß diese Situation durch die Abschreckungsmacht der thermonuklearen Waffen entstanden war.«[11] Das nahm dem Kalten Krieg viel von seiner Schärfe und ließ die Suche nach einem Ausgleich als nicht von vornherein vergeblich erscheinen.

Abrüstung und Wiedervereinigung

Der Tendenz zur Verständigung aufgrund einer wechselseitigen Respektierung der Blöcke, die sich mit der Genfer Konvention abzeichnete, widersetzte sich vor allem Konrad Adenauer. Das ist verständlich, denn wenn man sich auf eine Neutralisierung Deutschlands nicht einlassen wollte und an die Möglichkeit einer Liberalisierung des Sowjetsystems nicht glaubte, implizierte eine solche Verständigung eine Festschreibung der deutschen Teilung auf unabsehbare Zeit. Das war für Adenauer allein schon deswegen nicht akzeptabel, weil dann seine Politik der Westintegration zunehmend in Frage gestellt werden konnte. Er mußte daher mit allen Mitteln versuchen, eine völkerrechtliche Anerkennung der DDR zu verhindern und das Interesse an einer Wiedervereinigung zu westlichen Bedingungen nicht gegenüber den Entspannungstendenzen in den Hintergrund treten zu lassen.

Letzteres ist ihm nur bedingt gelungen. Mit der Aufnahme diplomatischer Beziehungen zur Sowjetunion, die ihm die Moskauer Regierung zusammen mit der Einladung zu einem Staatsbesuch anbot, trug er sogar selbst dazu bei, den Anspruch der Bundesrepublik zu unterhöhlen, allein für alle Deutschen zu sprechen. Die Sowjetunion hatte im Zuge der Ablösung ihrer Besatzungshoheit schrittweise diplomatische Beziehungen zur DDR entwickelt; da drohte die Aufnahme diplomatischer Beziehungen zwischen der Bundesrepublik und der Sowjetunion einer impliziten Anerkennung der DDR durch die Bundesrepublik gleichzukommen. Adenauer war sich dieser Gefahr wohl bewußt und empfand die Einladung nach Moskau darum bald als ein Danaergeschenk. Um sich nicht nachsagen zu lassen, nichts für die deutsche Einheit zu tun, nahm er sie gleichwohl an; und als er dann vom 9. bis 13. September 1955 mit großer Delegation in Moskau verhandelte, erkannte er auch, daß er es jetzt nicht mehr bei der bloßen Einsetzung bilateraler Verhandlungskommissionen belassen konnte, wie seine außenpolitischen Experten ihm geraten hatten. Daß Bulganin und Chruschtschow ihm im letzten Moment – Adenauer hatte schon die Maschinen für einen vorzeitigen Rückflug aus Moskau geordert – die Heimkehr der letzten 10000 deutschen Kriegsgefangenen versprachen, die zu Zwangsarbeit verurteilt in sowjetischen Lagern saßen, machte die Zustimmung zur Aufnahme diplomatischer Beziehungen vollends unausweichlich, aber auch erträglich. Bliebe er weiter bei seiner hinhaltenden Position, so drohte er auch noch für das fortdauernde Los der Gefangenen verantwortlich gemacht zu werden, während er sein Nachgeben in der Anerkennungsfrage nun als notwendigen Preis für einen großen humanitären Erfolg darstellen konnte.

Der Schaden, den Adenauers mangelnde Konsequenz seinem Konzept zufügte, war in der Tat beträchtlich. Kaum daß die westdeutsche Delegation nach Bonn zurückgekehrt war, reiste eine Delegation der DDR-Regierung in Moskau an. Mit ihr wurde am 20. September 1955 ein »Vertrag über die Beziehungen zwischen der DDR und der UdSSR« unterzeichnet, der die DDR bis auf die Kontrolle des Verkehrs der Alliierten nach West-Berlin für souverän erklärte und die fortdauernde Anwesenheit sowjetischer Truppen auf eine zwischenstaatliche Vereinbarung gründete. Damit war auch der Weg frei, die bislang verdeckte Aufrüstung der DDR in Form der Kasernierten Volkspolizei regulär zu Ende zu führen. Am 18. Januar 1956 verabschiedete die Volkskammer ein Gesetz über die Schaffung der »Nationalen Volksarmee« (NVA); zehn Tage später stimmte der Politische Ausschuß der Warschauer Vertragsstaaten deren Aufnahme in die Streitkräfte des Warschauer Paktes zu. Damit war die DDR nun auch militärisch voll in den Ostblock integriert.

Um vom Alleinvertretungsanspruch der Bundesrepublik zu retten, was zu retten war, entwarf Wilhelm Grewe, der Leiter der politischen Abteilung des Bonner Auswärtigen Amtes, schon auf dem Rückflug von Moskau jenes Konzept, das dann von 1956 an in der Presse als »Hallstein-Doktrin« diskutiert wurde (benannt nach Grewes Vorgesetztem, dem Außenamts-Staatssekretär Walter Hallstein). Die Beziehungen zwischen der Sowjetunion und der DDR wurden darin durch den besonderen Status der Sowjetunion als Sieger- und Besatzungsmacht gerechtfertigt; dagegen sollten mit anderen Staaten, die Beziehungen zur DDR unterhielten (also den weiteren Staaten des Ostblocks), keine diplomatischen Beziehungen aufgenommen werden; Staaten, die die DDR diplomatisch anerkennen wollten, wurden »ernste Konsequenzen« bis hin zum Abbruch der diplomatischen Beziehungen angedroht.

Diese Grundsätze, auf einer Botschafterkonferenz Ende 1955 bekräftigt und von Außenminister Heinrich von Brentano Mitte 1956 im Bundestag vorgetragen, halfen der Bundesregierung in der Tat, die DDR für lange Zeit international zu isolieren. Sie machten sie aber auch in gewissem Maße erpreßbar und hinderten sie vor allem, selbst in den osteuropäischen Ländern aktiv zu werden und so zur Auflockerung des Ostblocks beizutragen. Als das blockunabhängige Jugoslawien im Oktober 1957 im Zuge des Ausgleichs Titos mit der Moskauer Führung die DDR anerkannte, entschied sich Adenauer, seinerseits die Beziehungen abzubrechen. Damit wurde zugleich die vorsichtige Annäherung der Bundesrepublik an Polen wieder gestoppt, die nach dem Übergang zu dem reformkommunistischen Regime Władysław Gomułkas im Oktober 1956 in Gang gekommen war.

Darüber hinaus konnte die Hallstein-Doktrin nicht verhindern, daß die Bereitschaft der Westmächte, die Entspannung zugunsten der westdeutschen Wiedervereinigungswünsche hintan zu stellen, zusehends dahinschwand. Im Frühjahr 1956 forderte die neue französische Regierung unter dem Sozialisten Guy Mollet, der Abrüstung Priorität einzuräumen und dabei eine drastische Begrenzung des deutschen Rüstungsniveaus anzusteuern. George Kennan verlangte in einer Denkschrift, die an seine früheren Neutralisierungsvorstellungen anknüpfte, die Einbeziehung eines wiedervereinigten Deutschlands in einen Gürtel neutraler Staaten in Mitteleuropa anzustreben. Harold Stassen, Eisenhowers Abrüstungsbeauftragter und Unterhändler im UN-Abrüstungsausschuß, sondierte in Moskau wegen der Abrüstungsfrage, ohne auf das Junktim mit der Wiedervereinigung Rücksicht zu nehmen, wie Dulles und Adenauer es formuliert hatten. Die britische Regierung setzte sich dafür ein, den Plan einer Begrenzung der konventionellen Rüstung wieder aufzugreifen, dem die Sowjets im Mai 1955 zugestimmt hatten.

Soweit diese Aktivitäten immer noch auf eine Wiedervereinigung durch Neutralisierung zielten, konnte Adenauer dagegen mit Erfolg das westliche Eindämmungssyndrom mobilisieren. Mollet sah sich nach heftigen Vorhaltungen der Verbündeten gezwungen, jede Neutralisierungsabsicht zu bestreiten. Das gemeinsame Dokument, das die drei Westmächte und Kanada dem Abrüstungsausschuß Anfang Mai 1956 vorlegten, sah für eine erste Phase nur die Etablierung eines Kontrollsystems vor und verlegte substantielle Abrüstungsschritte auf die Zeit nach einer Verständigung über die Wiedervereinigung.[12] Das Abrüstungsthema blieb aber weiter auf der Tagesordnung, und es gewann noch dadurch an Dringlichkeit, daß die Sowjetregierung am 14. Mai eine einseitige Reduzierung ihrer konventionellen Streitkräfte um 1,2 Millionen Mann ankündigte.

Am 13. Juli 1956 berichtete die ›New York Times‹, der amerikanische Generalstabschef Arthur W. Radford wolle die US-Truppen in Europa im Zuge der Implementierung des »New Look« bis 1960 um 800 000 Mann reduzieren. Das war für die westlichen Europäer und insbesondere für die Adenauer-Regierung um so beunruhigender, als sich auch sonst die Zeichen für eine Verständigung der beiden Supermächte auf Kosten der europäischen NATO-Verbündeten mehrten. Als am 23. Oktober in Ungarn ein Aufstand gegen das stalinistische Regime losbrach, beeilte sich Dulles zu versichern, die USA betrachteten Moskaus Satellitenländer »nicht als potentielle militärische Verbündete«[13]; und als die Sowjettruppen dann am 1. November begannen, den Aufstand in einem blutigen Gemetzel niederzuschlagen, beließ es die Eisenhower-Administration bei Protestresolutionen der UN-Vollversammlung. Großbritannien und Frankreich wurden von Eisenhower bedrängt, im Konflikt um den Suezkanal, den Ägyptens Präsident Nasser im Juli zum nationalen Eigentum erklärt hatte, nicht militärisch zu intervenieren. Als sie es nach einem israelischen Angriff auf ägyptische Stellungen auf der Sinai-Halbinsel am 29. Oktober dennoch taten, setzte die amerikanische Regierung mit UN-Voten, währungs- und handelspolitischen Sanktionen am 6. November einen Waffenstillstand durch. Sie befand sich darin – der ungarischen Tragödie zum Trotz – in Übereinstimmung mit der Sowjetführung, die den beiden europäischen Kolonialmächten am Tag zuvor zumindest indirekt mit dem Einsatz von Nuklearwaffen gedroht hatte, wenn sie ihren Angriff auf Ägypten nicht einstellten.

Für Chruschtschow bedeutete die Niederschlagung des Ungarn-Aufstandes eine indirekte Desavouierung des Bekenntnisses zu unterschiedlichen Wegen zum Sozialismus, das er auf dem 20. Parteitag im Zusammenhang mit der Abrechnung mit den Verbrechen Stalins abgelegt hatte. Er überlegte über eine Woche, ob sich nicht eine Verhandlungslösung mit der Regierung des Reformkommunisten Imre Nagy finden ließe. Erst nach entsprechenden Voten Mao Zedongs und des italienischen Kommunistenführers Palmiro Togliatti entschied er sich für den »militärischen Weg«. Dabei spielte, wie es scheint, neben der Sorge um seine Stellung als Führer der KPdSU und des Weltkommunismus auch die fortdauernde Furcht vor den westlichen Imperialisten eine Rolle. »Wenn wir aus Ungarn rausgehen,« begründete er seine Entscheidung am 31. Oktober im Parteipräsidium, »wird das den Amerikanern, Engländern und Franzosen – den Imperialisten – großen Auftrieb geben. Sie werden es als eine Schwäche unserer Seite betrachten und in die Offensive gehen. [...] Zu Ägypten werden sie dann Ungarn hinzufügen.«[14] Das Wissen um die gemeinsame Gefährdung durch die Atomwaffen genügte offensichtlich nicht, die Sowjetführer zu einem gelassenen Umgang mit ihrem Imperium zu ermutigen. Solange es nicht durch substantielle vertrauensbildende Maßnahmen ergänzt wurde, förderte es im Gegenteil das Denken in Kategorien des Gleichgewichts der Blöcke.

Angesichts fortdauernder Gerüchte über amerikanische Disengagement-Pläne und der sichtlichen Schwierigkeiten der Sowjetmacht, die Kontrolle über Osteuropa zu wahren, überlegte Adenauer um die Jahreswende 1956/57 schon, ob er nicht die Flucht nach vorn antreten sollte: zur Präsentation eines Friedensplans, der die Wiedervereinigung mit dem Rückzug aller fremden Truppen aus europäischen Ländern verband. Gemäß den Vorstellungen, die sein Pressesprecher Felix von Eckardt im Herbst 1956 entwickelt hatte, sollten die amerikanischen Landstreitkräfte die Bundesrepublik bis 1959 verlassen, während sich die Sowjettruppen aus den osteuropäischen Satellitenstaaten zurückzogen; für die Bundeswehr und die osteuropäischen Truppen wurden jeweils gleiche Obergrenzen vorgesehen, die von einer UN-Kommission kontrolliert werden sollten. In einer zweiten Phase könnten dann Wahlen zu einem deutschen Nationalrat stattfinden, während sich auch die Luftstreitkräfte auf sowjetischen Boden beziehungsweise an die westeuropäische Peripherie zurückziehen würden. Eine Auflösung der beiden Paktsysteme war vorerst noch nicht vorgesehen, doch sollten die von den verbündeten Truppen geräumten Länder des Kontinents auf nukleare Waffen verzichten.[15]

Pikanterweise befand sich der deutsche Bundeskanzler mit diesem Plan, der in einem Briefentwurf an den amerikanischen Präsidenten Anfang Januar festgehalten wurde, auf einer Linie mit dem britischen Oppositionsführer Hugh Gaitskell, der zum gleichen Zeitpunkt mit dem Vorschlag an die Öffentlichkeit trat, alle ausländischen Truppen aus den beiden Teilen Deutschlands, Polen, Ungarn und der Tschechoslowakei abzuziehen und diese Zone internationaler Kontrolle zu unterstellen. In die gleiche Richtung gingen Überlegungen des polnischen Außenministers Adam Rapacki; er schlug vor, die Zone kontrollierter Rüstungsbegrenzung in der Mitte Europas, die Eden auf dem Genfer Gipfel ins Gespräch gebracht hatte, auf die ostmitteleuropäischen Staaten auszudehnen. Selbst mit Ulbricht gab es eine Übereinstimmung insofern, als dessen Vorschlag zur Bildung einer »Konföderation« der beiden deutschen Staaten, der Ende Januar 1957 auf einer Tagung des Zentralkomitees der SED parteioffiziell verkündet wurde, den Abzug aller Besatzungstruppen aus Deutschland implizierte. Mit der Beschränkung auf die beiden deutschen Staaten und der Forderung nach deren Austritt aus den beiden Paktsystemen als erstem Schritt stand der SED-Vorschlag allerdings deutlicher in der Tradition der Neutralisierungspläne, die Adenauer immer abgelehnt hatte.

Indessen zögerte Adenauer aus Sorge vor den destabilisierenden Effekten, die sein Eintreten für einen Rückzug amerikanischer Truppen haben konnte, den Brief an Eisenhower tatsächlich abzuschicken; und da sich die amerikanische Administration mit Rücksicht auf die Gefahr eines Vertrauensverlustes bei den europäischen Verbündeten damit begnügte, die in Europa stationierten Divisionen auszudünnen, ergab sich auch keine Notwendigkeit mehr, die bisherige NATO-Struktur zu opfern. Statt dessen begann Adenauer nun definitiv für die Bundeswehr anzusteuern, was Eisenhower als Ersatz für die Reduzierung der Mannschaftsstärke für die amerikanischen Bodentruppen in Europa verfügt hatte: die systematische Ausrüstung mit miniaturisierten, für den Gefechtseinsatz tauglichen Atomwaffen.

Die Ausstattung der Bundeswehr mit solchen »taktischen« Atomwaffen schien ihm allein schon deswegen nötig, weil andere wichtige NATO-Verbündete – Großbritannien, Frankreich, die Niederlande und die Türkei – sie ebenfalls verlangten. Eine Diskriminierung, die den östlichen Angriff im Verteidigungsfall vornehmlich auf diejenigen Teile der NATO-Streitmacht lenkte, die nicht über Atomwaffen verfügten, sollte es nicht geben. Langfristig strebten alle größeren europäischen NATO-Partner – die britische Regierung, die französische und auch die Bundesregierung – den Besitz eigener Kernwaffen an, möglicherweise auch in einem europäischen Verbund, um ihrerseits die Verteidigungslasten zu senken und der einseitigen Abhängigkeit vom amerikanischen Atomschirm zu entkommen. Bis es soweit war, sollte die Ausstattung mit amerikanischen Atomwaffen »bis zur Division hinunter«[16] wenigstens für eine Gleichbehandlung aller NATO-Truppen im Rahmen des »New Look« sorgen, der angesichts wachsender atomarer Vergeltungskapazitäten der Sowjetunion sowohl eine Diversifizierung der Abschreckungsdrohung als auch die Zurüstung für begrenzte Kampfeinsätze vorsah.

Die Eisenhower-Administration stimmte dem Begehren ihrer europäischen Verbündeten – erstmals vorgetragen auf der NATO-Ratstagung vom 11. bis 14. Dezember 1956 – grundsätzlich zu. Das widersprach zwar der ursprünglichen Philosophie des »New Look«, die eine Arbeitsteilung zwischen konventionellen »Schildstreitkräften« der Europäer und dem »Schwert« atomarer Abschreckungsdrohung der USA vorsah, war aber aus der Sicht Washingtons unterdessen unvermeidlich, wenn man das Vertrauen in die westliche Allianz retten und die Entwicklung autonomer Nuklearkapazitäten der Europäer unterbinden wollte. Allerdings sollten, wie der amerikanische Vertreter im NATO-Rat am 12. April 1957 erläuterte, die nuklearen Sprengköpfe in amerikanischer Verwahrung bleiben und sich die Ausrüstung der europäischen Verbündeten auf die Ausstattung mit amerikanischen Trägerwaffensystemen beschränken.

Gegen die Verwirklichung dieser Zusage machte nun allerdings die Sowjetunion Front. Chruschtschow betrieb zwar ebenfalls eine Umschichtung von der konventionellen zur atomaren Rüstung: Der Bestand der Roten Armee sank von den 5,7 Millionen Mann, auf die Stalin sie in seinen letzten Lebensjahren hochgerüstet hatte, im Jahr 1955 auf etwa 3,6 Millionen im Jahr 1959, während gleichzeitig ein Arsenal von Mittelstreckenraketen aufgebaut wurde, die Ziele in Europa erreichen konnten. Neben der Notwendigkeit, auf den Ausbau des strategischen Atompotentials der USA zu reagieren, standen dahinter wie in den USA vor allem Kostengründe; die Verringerung der Rüstungslasten war für die Entwicklung der sowjetischen Wirtschaft sogar noch weitaus dringlicher – um so mehr, als Chruschtschow davon überzeugt war, der Wettbewerb der Systeme werde sich auf ökonomischem Gebiet entscheiden. Der Aufbau des sowjetischen Mittelstreckenarsenals kam jedoch nur langsam voran, und noch schwieriger gestaltete sich der Bau von Interkontinentalraketen, die amerikanisches Territorium erreichen konnten.[17] Den Ausbau des taktischen Arsenals der NATO-Streitmacht in Europa konnte man daher in Moskau nur als einen neuen Rüstungsschub wahrnehmen, mit dem man kaum mithalten konnte und der um so riskanter war, als er den Westmächten und der Bundesrepublik neue Optionen eröffnete.

Die Sowjetregierung hatte folglich schon bei der Wiederaufnahme der Verhandlungen des UN-Unterausschusses für Abrüstungsfragen im März 1956 vorgeschlagen, die Rüstungsbeschränkung für die zur Diskussion stehende Kontrollzone in der Mitte Europas auf ein Verbot der Stationierung jedweder Atomwaffen auszudehnen. Gegen den Plan zur atomaren Bewaffnung der Bundeswehr legte sie heftigsten Widerspruch ein – vergeblich. Denn Adenauers beständiges Warnen vor einer Festschreibung der deutschen Teilung in den Abrüstungsverhandlungen wurde jetzt von der französischen Regierung unterstützt, die seit dem Scheitern von Mollets Abrüstungsinative vornehmlich auf die Sicherung der amerikanischen Präsenz in Deutschland bedacht war.[18] So stellte sich die Sowjetregierung hinter den polnischen Außenminister Rapacki, der seine Überlegungen zur Rüstungsbegrenzung in Mitteleuropa am 2. Oktober 1957 vor der UN-Vollversammlung dahingehend konkretisierte, daß er die Bildung einer atomwaffenfreien Zone aus den beiden deutschen Staaten und Polen vorschlug. Der neue sowjetische Verteidigungsminister Rodion Malinowski sah darin zwar einen unakzeptablen Vorteil für die westliche Seite, doch waren Chruschtschow die darin gelegenen Chancen für die Eindämmung des Rüstungswettlaufs wichtiger.[19]

Im Westen stieß Rapackis Vorschlag vielfach auf positive Resonanz. Seit eine parlamentarische Anfrage der Opposition Anfang April die Diskussion über die Einführung taktischer Atomwaffen in die Öffentlichkeit getragen hatte, breitete sich in der Bundesrepublik Entsetzen über die selbstzerstörerischen Effekte ihres Einsatzes aus. Am 12. April veröffentlichten die führenden deutschen Atomphysiker eine »Göttinger Erklärung«, in der sie vor der verheerenden Wirkung der Atomwaffen geringer Reichweite warnten und erklärten, daß ein »kleines Land wie die Bundesrepublik [...] sich heute noch am besten schützt und den Weltfrieden noch am ehesten fördert, wenn es ausdrücklich und freiwillig auf den Besitz von Atomwaffen jeder Art verzichtet«[20]. Albert Schweitzer sekundierte mit einem Appell zur Abschaffung jeglicher Atomversuche. Die sozialdemokratische Opposition, zuvor schon auf dem Weg zur Mitarbeit an der Westintegration, konnte der Versuchung nicht widerstehen, eine breite »Kampf dem Atomtod«-Kampagne zu entfachen, die die Wiedervereinigung dem Ziel rascher und umfassender Abrüstung unterordnete.

Sie erhielt zusätzlichen Auftrieb, als Kennan in den ›Reith-Lectures‹ in Oxford im November 1957, die einen Monat später auch im britischen Rundfunk gesendet wurden, die Idee der atomwaffenfreien Zone wieder mit der Wiedervereinigung verband. Aus seiner Sicht sollte sie nur ein erster Schritt sein zu einem Rückzug aller ausländischen Truppen aus Deutschland und Osteuropa, der die Wiedervereinigung Deutschlands ebenso ermöglichte wie die Liberalisierung der osteuropäischen Regime. Beträchtlichen Anklang fanden diese Vorstellungen auch in Großbritannien, und selbst manche amerikanischen Politiker konnten sich dafür erwärmen. Eisenhower ließ seinen Außenminister am 3. Januar 1958 wissen, er denke, »daß die Politik des Disengagement zu ziemlich großen Schwierigkeiten führen« würde – »obwohl ich anerkennen muß, daß mich die Idee, abstrakt betrachtet, anspricht«[21].

Adenauer freilich konnte den Rapacki-Plan, nachdem er sich gerade für eine Befestigung des westlichen Bündnisses durch Atomrüstung entschieden hatte, nur als »eine Falle der Russen« sehen. Nicht nur, daß er eine mehr oder minder offene Anerkennung der DDR implizierte und die Bundesrepublik auf einen nachgeordneten Rang in der westlichen Verteidigung verwies, er gefährdete auch die mühsam aufrechterhaltene Präsenz amerikanischer Truppen im westlichen Deutschland. Nachdem die Eisenhower-Administration beschlossen hatte, die Verringerung der Mannschaftsstärken ihrer europäischen Divisionen durch die Ausstattung mit Atomwaffen zu kompensieren, konnte ein Verzicht auf eine solche Ausrüstung, wie ihn der Rapacki-Plan vorsah, einen weiteren Abzug amerikanischer Truppen provozieren. Adenauer warnte, seine Durchführung werde »die Auflösung von NATO zur Folge haben«[22].

Da Dulles und die französische Regierung den NATO-Kompromiß ebensowenig gefährden wollten, blieb das Bündnis vorerst bei seinem Kurs. Auf dem NATO-Gipfeltreffen vom 16. bis 19. Dezember 1957 wurde beschlossen, vorbehaltlich der Zustimmung der direkt betroffenen Länder, Lager von Atomsprengköpfen auf dem europäischen Bündnisgebiet anzulegen und dem Oberbefehlshaber der europäischen NATO-Streitmacht Mittelstreckenraketen zur Verfügung zu stellen. Die Bundesrepublik, die Niederlande, Griechenland und die Türkei stimmten der Lagerung von Atomsprengköpfen auf ihrem Territorium zu. Mittelstreckenraketen wurden allerdings nur von Italien und der Türkei akzeptiert, die Bundesregierung lehnte sie ab – wegen der Sorge, bevorzugtes Ziel sowjetischer Raketenangriffe zu werden oder die Abkoppelung vom strategischen Schutz durch die USA zu fördern.

Die Sowjetregierung versuchte dagegen einmal mehr die öffentliche Meinung zu mobilisieren. Anfang Januar schlug sie die Einberufung einer allgemeinen Gipfelkonferenz von Mitgliedern beider Blöcke und neutralen Staaten vor, die über Rapackis Plan beraten sollte. Der Bundesregierung gegenüber wurde die Möglichkeit angedeutet, in Etappen zu einem völligen Rückzug auswärtiger Truppen aus Europa zu gelangen. Mitte Februar ergänzte die polnische Regierung ihren Vorschlag dahingehend, daß jetzt auch die Tschechoslowakei in die atomwaffenfreie Zone einbezogen werden sollte. Um Bonner Bedenken hinsichtlich der Anerkennung der DDR zu entkräften, schlug sie einseitige Unterzeichnungen des Beitritts zur atomwaffenfreien Zone vor, die nicht den Charakter eines multilateralen Vertrages annehmen würden.

Das verstärkte Werben für den Rapacki-Plan blieb nicht ganz ohne Erfolg. Am 31. März 1958 stimmten die Regierungen der USA, Großbritanniens und Frankreichs prinzipiell einem Gipfeltreffen zu. Eisenhower sah, daß ihm nicht mehr viel Zeit blieb, wenn er vor dem Ablauf seiner zweiten Amtsperiode noch ein Abrüstungsabkommen zustande bringen wollte; und nachdem Chruschtschow im Juni 1957 einen Putschversuch der »Anti-Partei-Gruppe« um Molotow und Malenkow erfolgreich abgewehrt hatte[23], war dem amerikanischen Präsidenten auch nicht mehr zweifelhaft, mit wem ein solches Abkommen vereinbart werden mußte, wenn es Bestand haben sollte. Selbst Adenauer setzte einem Abrüstungs-Gipfel nun keinen Widerstand mehr entgegen. Im Gegenteil: Er trat sogar, wie Dulles irritiert feststellen mußte, nachdrücklich für einen solchen Gipfel ein. Um von der deutschen Frage offen zu halten, soviel angesichts des verbreiteten Entspannungsdrucks noch offen zu halten war, brachte er am 19. März gegenüber dem sowjetischen Botschafter Andrej Smirnow die Idee einer »Österreich-Lösung« für die DDR ins Gespräch – eine Vereinbarung über die Anerkennung der DDR, wenn diese einen neutralen Status und demokratische Freiheiten nach dem Muster Österreichs erhalten würde.

Adenauers Kurswechsel in der Abrüstungsfrage bedeutete freilich nicht, daß er nun doch noch bereit gewesen wäre, sich auf den Versuch eines allgemeinen »Disengagements« in Europa einzulassen. Vielmehr schien ihm die Demonstration von Verhandlungsbereitschaft notwendig zu sein, um die Atombewaffnung der Bundesrepublik gegen die Verlockungen des Rapacki-Plans innenpolitisch durchzusetzen. Unter Aufbietung aller rhetorischen Mittel gelang es ihm, die Bundestagsmehrheit Ende März auf eine Entschließung einzuschwören, die für den Fall, daß Verhandlungen über eine kontrollierte Abrüstung scheitern sollten, die Ausrüstung der Bundeswehr mit »den modernsten Waffen« vorsah.[24] Wenige Tage später, am 8. April, unterzeichneten die Verteidigungsminister der Bundesrepublik, Frankreichs und Italiens in aller Heimlichkeit ein Abkommen über die gemeinsame Produktion von Atomwaffen.

Tatsächlich konnte die Sowjetregierung die Westmächte nicht dazu bringen, Verhandlungen über einen Friedensvertrag mit Deutschland in die Tagesordnung des Gipfeltreffens aufzunehmen. Ein Versuch, den öffentlichen Druck auf die Regierungen dadurch zu verstärken, daß man Ende Mai die diplomatischen Vorgespräche abbrach und Material daraus veröffentlichte, das den mangelnden Verhandlungswillen der Westmächte demonstrieren sollte, erwies sich als kontraproduktiv. Damit erschien die sowjetische Seite wieder als diejenige, die nicht zu wirklicher Abrüstung bereit war, und die Anwälte der atomaren Aufrüstung im Westen konnten ihre Position bekräftigen. Das Projekt der Gipfelkonferenz verflüchtigte sich, während die Vorbereitungen zur Aufstellung der neuen Waffen weitergingen.

Das Berlin-Ultimatum

Für Chruschtschow war das Scheitern um so unerquicklicher, als zur gleichen Zeit die DDR-Führung wegen der destabilisierenden Wirkung nervös wurde, die von West-Berlin ausging. Die Überlegenheit des westlichen Wirtschaftssystems war dort für jedermann sichtbar, der Westen konnte von den Westsektoren Berlins aus auf vielfältige Weise in die DDR hineinwirken, und jeden Monat nutzten 10000 und mehr DDR-Bürger die Sektorengrenze in Berlin als Schlupfloch zur Flucht. In internen Papieren des ZK der SED wurde argumentiert, die Hoheitsrechte der DDR erstreckten sich »auf ganz Berlin«[25]; Ulbricht beschwor Chruschtschow, ihm bei der völkerrechtlichen Aufwertung der DDR zu helfen[26], und schickte alarmierende Meldungen nach Moskau: Ein amerikanisches Regiment in West-Berlin sei bereits »mit Atomwaffen ausgestattet«[27]; die »herrschenden Kreise Westdeutschlands« bereiteten »einen umfassenden Plan subversiver Aktivität gegen die DDR und die Länder des sozialistischen Lagers« vor.[28]

Alles in allem war der Eindruck unvermeidlich, daß der Westen auf dem Vormarsch war. Chruschtschow selbst mochte zwar die DDR noch nicht als akut gefährdet ansehen und die Folgen einer atomaren Bewaffnung der Bundesrepublik gelassener einschätzen als viele seiner Mitstreiter; er konnte aber seinen Kritikern zunehmend weniger plausibel machen, daß die Sicherheit des Sowjetreiches auch bei einer Reduzierung der konventionellen Rüstung gewährleistet war, wie er sie im Interesse am Sieg an der Wirtschaftsfront für unabdingbar hielt. Damit war nicht nur seine Strategie gefährdet, sondern letztlich auch seine eigene Machtposition.[29] Um so ungeduldiger suchte er nach einem Ausweg aus der verfahrenen Situation.

Ende August / Anfang September kam ihm eine Idee, wie er sich behaupten konnte: Er würde vorschlagen, West-Berlin zur »freien entmilitarisierten Stadt« zu erklären, und androhen, die Kontrolle der Zufahrtswege nach West-Berlin auf die DDR zu übertragen. Das würde, davon war er überzeugt, die Westmächte zwingen, endlich die DDR anzuerkennen. Außerdem mochte der Druck auf Berlin helfen, die Stationierung von Atomwaffen in der Bundesrepublik doch noch zu verhindern. Vielleicht ließ sich sogar die Bedrohung beseitigen oder zumindest verringern, die von West-Berlin ausging. Die Neutralisierung West-Berlins war allerdings ein Maximalziel, an dessen Verwirklichung er selbst kaum glaubte. »Unser erstes Ziel«, erläuterte er sein Vorhaben Außenminister Gromyko und dessen Mitarbeitern: »sie aus Berlin herauszudrücken wie einen ekelhaften Pickel aus der Nase. Das ist sozusagen unser Maximalprogramm; doch das zu erreichen dürfte nicht so leicht sein. Aber wir können ihnen die Anerkennung der DDR abtrotzen und die deutsche Frage auf dieser Grundlage lösen. Dann gibt es eben zwei deutsche Staaten, so wie sie in Potsdam zurechtgeschnipselt wurden, und natürlich ohne nukleare oder andere moderne Waffen. Das ist unser Minimalprogramm.«[30]

Bedenken seiner Experten, jede Behinderung des freien Zugangs nach West-Berlin werde unweigerlich zu scharfen Spannungen und schnell zu einem bewaffneten Konflikt führen[31], wischte er mit dem Hinweis auf die strategischen Vorteile der Sowjetunion in Berlin beiseite: »Wir sind ganz Herren der Lage. Deshalb gehen wir in der Praxis nach dem Grundsatz Zuckerbrot und Peitsche vor, mit einem Katalog von Maßnahmen, mit denen wir die Rechte des Westens in Berlin Stück für Stück beschneiden. Dabei dürfen die einzelnen Schritte jeder für sich genommen keinen Anlaß zum Krieg geben. Werden die etwa nur deswegen einen Krieg anfangen, weil jetzt nicht mehr sowjetische, sondern ostdeutsche Behörden ihre Papiere abstempeln? Quatsch.«[32] Offensichtlich war er davon überzeugt, daß ihm der beiderseitige Besitz von Atomwaffen einen breiten Spielraum für Manöver mit der West-Berliner Enklave eröffnete.

Angesichts der Begeisterung, mit der sich Chruschtschow in das Projekt hineinredete, verstummten die kritischen Fragen der Experten nach seiner Tragfähigkeit schnell. Nach einer Serie von Attacken auf den »revanchistischen« Kurs der Bundesregierung kündigte der oberste Sowjetführer in einer Rede im Moskauer Sportpalast am 10. November an, die Sowjetunion werde ihre Besatzungsrechte in Berlin auf die DDR übertragen, so daß die Westmächte künftig alle Berlin betreffenden Fragen direkt mit der DDR-Regierung regeln müßten. Sodann erinnerte er daran, daß jeder Angriff auf die DDR natürlich als Angriff auf die Sowjetunion betrachtet würde. Auf die Drohung, die damit ausgesprochen war, folgte ein letzter Vermittlungsversuch: Gromyko ließ dem bundesdeutschen Botschafter in Moskau Hans Kroll am 22. November mitteilen, Chruschtschow sei zur Fortführung des Gesprächs bereit, wenn Bonn auf atomare Bewaffnung verzichte und die DDR als Verhandlungspartner anerkenne.[33] Nachdem Adenauer Gespräche auf dieser Grundlage abgelehnt hatte, legte Chruschtschow am 27. November eine 28seitige Note an die drei Westmächte und die beiden deutschen Regierungen vor. Darin verlangte er eine Übereinkunft über die Umwandlung West-Berlins in eine entmilitarisierte »Freie Stadt« und eine Verständigung mit der DDR »über Garantien für einen ungehinderten Verkehr zwischen der Freien Stadt und der Außenwelt«. Für den Fall, daß entsprechende Regelungen nicht innerhalb von sechs Monaten vereinbart würden, kündigte er ein separates »Abkommen mit der DDR« an, das ihr die volle »Souveränität zu Lande, zu Wasser und in der Luft« verschaffen würde.[34]

In der Tat zeigten die Westalliierten wenig Neigung, wegen der Nichtanerkennung der DDR einen Atomkrieg zu riskieren. Vor die Alternative gestellt, dann auf ihre Rechte in Berlin zu verzichten oder den Alleinvertretungsanspruch der Bundesrepublik zu desavouieren, zogen sie die zweite Lösung vor. Noch bevor Chruschtschows Drohung die Form des Ultimatums angenommen hatte, stellte Dulles eine alte Vereinbarung der drei Westalliierten öffentlich zur Diskussion, die darauf hinauslief, DDR-Behörden, denen von der Sowjetunion Kontrollrechte übertragen wurden, einfach als Beauftragte (»agents«) der Sowjetregierung zu akzeptieren.[35] Harold Macmillan, seit Januar 1957 britischer Premierminister, plädierte sogar dafür, »wenn notwendig, letztlich die DDR anzuerkennen«. Auf eine Bekräftigung der britischen Weltmachtrolle erpicht, schickte er den Verbündeten in Washington und Paris schon am 15. November ein Memorandum mit einer entsprechenden Empfehlung.[36]

Freilich war auch Chruschtschow nicht bereit, einen Atomkrieg zu riskieren, nur um die Position der DDR zu festigen. Eisenhower war sich dessen im Unterschied zu Macmillan ganz sicher; und auch der neue französische Staatspräsident Charles de

Gaulle war davon überzeugt, daß der Sowjetdiktator nur bluffte. Macmillans Vorstoß wurde daher als überaus voreilig zurückgewiesen. Der NATO-Rat lehnte das sowjetische Ultimatum am 16. Dezember entschieden ab, vertrat aber gleichzeitig die Auffassung, daß das Berlin-Problem »nur im Rahmen eines Abkommens über die gesamte deutsche Frage« gelöst werden könne, und erinnerte daran, daß die Westmächte jederzeit bereit seien, »dieses Problem sowie die Fragen der europäischen Sicherheit und Abrüstung zu prüfen«[37]. In gleicher Weise äußerten sich die Westalliierten in ihrer Antwortnote vom 31. Dezember. Chruschtschow sollte Gelegenheit gegeben werden, sich aus einer offensichtlich unhaltbaren Position wieder zurückzuziehen.

Angesichts der unerwarteten Festigkeit der westlichen Reaktion beeilte sich Anastas Mikojan, erster stellvertretender Ministerpräsident der Sowjetunion, bei Gesprächen in Washington in der ersten Januarwoche 1959 denn auch gleich zu versichern, »die Sowjets wollten ihre Note nicht als Ultimatum verstanden wissen und den Westen nicht zu Verhandlungen unter Druck zwingen«[38]. In der sowjetischen Antwortnote vom 10. Januar war von einer Frist nicht mehr die Rede; die Sowjetregierung verkündete lediglich für den Fall, daß man sich nicht auf einen Friedensvertrag mit beiden deutschen Staaten einigen könne, einen separaten Friedensvertrag mit der DDR an, der deren Neutralisierung und die Umwandlung West-Berlins in eine »Freie Stadt« vorsah. Als Macmillan Ende Februar nach Moskau reiste, um einem Verhandlungskompromiß den Weg zu ebnen, versicherte ihm Chruschtschow, es gebe kein Ultimatum. Sodann akzeptierte er Eisenhowers Vorschlag einer neuen Außenministerkonferenz zur deutschen Frage, der als einzige Konzession die Beteiligung von Vertretern der beiden deutschen Staaten als »Berater« vorsah.

Die Forderung nach Neutralisierung der beiden deutschen Staaten in dem sowjetischen Friedensvertragsentwurf vom 10. Januar mobilisierte noch einmal all diejenigen, die sich von einem »Disengagement« eine Lösung der deutschen Frage versprachen. Macmillan warb intern für eine Vereinbarung über die Begrenzung konventioneller und das Verbot atomarer Rüstung in Mitteleuropa und ließ auch Chruschtschow gegenüber erkennen, daß er sich für eine entsprechende Regelung stark machen würde. Die SPD veröffentlichte nach Gesprächen führender Vorstandsmitglieder mit Chruschtschow am 19. März einen »Deutschlandplan«, der einen schrittweisen Abzug der alliierten Truppen aus Deutschland mit zunehmender Verflechtung der beiden deutschen Staaten verband und für das schließlich vereinte Deutschland einen neutralen Status im Rahmen eines mitteleuropäischen Sicherheitssystems vorsah. Selbst Außenminister von Brentano machte sich bei der Vorbereitung der Außenministerkonferenz für die Errichtung einer Zone kontrollierter Rüstung stark.[39]

Adenauer hingegen wollte dies nach wie vor unter allen Umständen verhindert wissen. An einer Hinnahme der DDR glaubte auch er jetzt nicht mehr vorbeikommen zu können; er konnte nur hoffen, sie durch entsprechenden Druck auf die Verbündeten möglichst lange hinauszuzögern und dabei unterhalb der Schwelle einer völkerrechtlichen Anerkennung zu bleiben. Um den Anerkennungsdruck abzuwehren, lancierte er in internen Gesprächen mit den Vertretern der Westmächte die Idee eines »Stillhalteabkommens«: eines zeitlich begrenzten Verzichts auf die Wiedervereinigungsforderung im Gegenzug zu »menschlichen Erleichterungen« in der DDR, insbesondere Reisefreiheit und freie Betätigung der Kirchen. Selbst unternahm er jedoch keine Anstrengungen, den Sowjetführern solche Erleichterungen abzuhandeln. Um so stärker konzentrierte er sich darauf, der Bundesrepublik den Status einer gleichberechtigten Macht im westlichen Bündnis zu sichern.

Die gemeinsame Verhandlungsposition, auf die sich die Westmächte erst kurz vor Beginn der Außenministerkonferenz in Genf am 11. Mai 1959 einigten, bot folglich kaum Ansätze für einen Kompromiß in der deutschen Frage. Adenauer mußte den britischen Vorstellungen insoweit entgegenkommen, als ein »Gemischter Ausschuß« aus Vertretern der Bundesrepublik und der DDR mit der Vorbereitung freier Wahlen beauftragt werden sollte und eine stufenweise Begrenzung der Rüstung aller vier Siegermächte in einer mitteleuropäischen Kontrollzone vorgesehen war. Der Bildung des »Gemischten Ausschusses« sollten jedoch freie Wahlen in Gesamt-Berlin vorgeschaltet werden, der

Errichtung der Kontrollzone freie Wahlen zu einer Gesamtdeutschen Verfassunggebenden Versammlung; und das schließlich vereinte Deutschland sollte in der Wahl seiner Bündniszugehörigkeit frei sein. Als Sicherheitsgarantie für die Sowjetunion blieb nur die Zusicherung, die Truppen der Verbündeten dürften auch dann nicht die frühere innerdeutsche Grenze überschreiten.

Mit diesem »Herter-Plan« (so genannt nach dem neuen amerikanischen Außenminister Christian Herter, der im April den krebskranken Dulles ablöste) war das Neutralisierungsprojekt schon wieder vom Tisch, noch ehe man in Genf zu verhandeln begonnen hatte. Gromyko präsentierte dann am 9. Juni eine neue Verbindung zwischen dem Berlin-Problem und der Anerkennung der DDR: eine Interimslösung für West-Berlin für ein Jahr (später weitete er die Frist auf achtzehn Monate aus), in der »symbolische« Truppenkontingente der Westmächte in Berlin verblieben, während gleichzeitig der Gesamtdeutsche Ausschuß über die Regelung des innerdeutschen Verhältnisses verhandelte. Die Westmächte machten in der Berlin-Frage einige Zugeständnisse: Beschränkung ihrer militärischen Präsenz auf den gegenwärtigen Stand, Verzicht auf Atombewaffnung ihrer Berliner Garnisonen, Unterbindung von »Betätigungen«, die »Einmischungen in die inneren Angelegenheiten anderer darstellen könnten«[40]. Die Verknüpfung mit dem Gesamtdeutschen Ausschuß wiesen sie jedoch zurück; und nach einer entsprechenden Intervention Bonns lehnte Herter es am 20. Juli überhaupt ab, den Gesamtdeutschen Ausschuß ohne vorherige Wahlen in Gesamt-Berlin mit der deutschen Frage zu befassen.

Damit war die Konferenz in der Anerkennungsfrage festgefahren. Unterdessen hatte Eisenhower aber, nun nicht mehr unter dem Einfluß von Dulles, dem Drängen Chruschtschows und Macmillans auf ein Gipfeltreffen nachgegeben und den sowjetischen Partei- und Regierungschef am 12. Juli zu einem Besuch in die USA eingeladen. Der bisherige Verlauf der Verhandlungen hatte seine Überzeugung gefestigt, daß substantielle Vereinbarungen tatsächlich nur mit dem ersten Mann der Sowjetunion zu erreichen waren; außerdem rückte das Ende seiner Präsidentschaft in immer bedrohlichere Nähe. Chruschtschow, über die Einladung höchst erfreut, wies seinen Außenminister an, sich nicht auf isolierte Verabredungen über das Nebenthema Berlin einzulassen; die Konferenz endete daraufhin am 5. August in der allseitigen Erwartung auf Fortführung der Gespräche auf höherer Ebene.

Von Camp David nach Paris

Auf dem Landsitz des Präsidenten in Camp David, wo sich Eisenhower und Chruschtschow nach einer bisweilen bizarren Rundreise des sowjetischen Partei- und Regierungschefs durch die Vereinigten Staaten am 25. und 26. September 1959 berieten, machte Eisenhower seinem Gast deutlich, daß ein Gipfeltreffen nur möglich sein würde, wenn er zuvor das Berlin-Ultimatum aufheben würde. Chruschtschow stimmte zu, nachdem Eisenhower eingeräumt hatte, daß die Lage in Berlin »nicht normal« sei, und seine Bereitschaft signalisierte, über einen Teilabzug der in West-Berlin stationierten alliierten Truppen sowie die Einstellung von Propaganda- und Spionageaktivitäten gegen die DDR zu sprechen. Als Termin für den Gipfel wurde der kommende November oder Dezember ins Auge gefaßt; im Mai oder Juni 1960 sollte dann Eisenhowers Gegenbesuch in der Sowjetunion erfolgen.

Chruschtschow glaubte, damit einer Anerkennung des Status quo in der deutschen Frage wesentlich näher gekommen zu sein. »Es wäre wünschenswert,« hatte er zu Beginn der Verhandlungen mit Eisenhower ausgeführt, »daß wir eine gemeinsame Formel finden, in der die Existenz von zwei deutschen Staaten anerkannt wird. Dabei sollten wir bekräftigen, daß keine der beiden Seiten zur Gewalt greifen wird. Von den USA werden wir nicht die rechtliche Anerkennung der DDR verlangen, sondern nur die Anerkennung der bereits herrschenden Verhältnisse. Die Regelung der deutschen Frage trüge auch zur Lösung des Berlinproblems bei.«[41] Eine solche Regelung schien ihm jetzt zum Greifen nahe. Auf einer Sitzung des ZK-Präsidiums am 15. Oktober gab er sich überzeugt, daß sich die Westmächte im Verlauf des Gipfels über Adenauers Widerstand hinwegsetzen würden.[42]

Gleichzeitig hoffte Chruschtschow auch, in der Abrüstungsfrage einen entscheidenden Schritt voranzukommen. Nach einem entsprechenden Präsidiumsbeschluß kündigte er am 14. Januar 1960 an, die sowjetischen Streitkräfte innerhalb von ein bis zwei Jahren noch einmal um ein Drittel zu reduzieren, von 3,6 auf 2,4 Millionen Mann. Am 19. März erklärte sich der sowjetische Vertreter bei den Genfer Verhandlungen über ein Verbot von Atomwaffenversuchen zu einem Abkommen bereit, das Verifikationen durch internationale Inspektorenteams auf sowjetischem Territorium einschloß. Hinsichtlich »kleinerer« unterirdischer Versuche, deren Kontrolle technisch noch nicht gewährleistet war, erklärte er sich mit einem zeitlich befristeten Moratorium einverstanden, das zu gemeinsamen Forschungsanstrengungen zur Vervollständigung der Verifikation genutzt werden sollte.

Damit war nicht nur ein wesentlicher Schritt zur Eindämmung des Rüstungswettlaufs und zur Entwicklung kooperativer Beziehungen zum Westen getan. Von der persönlichen Begegnung mit Eisenhower beeindruckt, war Chruschtschow auch dabei, Machtverhältnisse und ideologische Setzungen im eigenen Land in einer Weise umzugestalten, die das Sowjetsystem grundsätzlich in Frage stellte. »Chruschtschow hat einen Kurs eingeschlagen,« schrieb US-Botschafter Llewellyn Thompson seinen Vorgesetzten aus Moskau, »von dem abzurücken ihm immer schwerer fallen wird, und die Änderungen, die er verkündet hat, werden, falls sie sich durchsetzen, die Tendenz haben, weitere Änderungen nach sich zu ziehen, die mit der Zeit zur Herausbildung einer ganz normalen Gesellschaft in der UdSSR führen«[43].

Eisenhower stimmte einem Atomteststopp-Abkommen, das für unterirdische Versuche von geringer Kapazität nur ein Moratorium ohne Kontrollmöglichkeiten vorsah, auch gleich zu – gegen den dringenden Rat seiner Atomenergie-Kommission und der Vereinigten Stabschefs, die im Grunde kein Einfrieren der atomaren Rüstungstechnik wollten und darum auf einer vollständigen Kontrolle des Versuchsverbots bestanden. Am 29. März bekundeten Eisenhower und Macmillan in einer gemeinsamen Erklärung ihre Bereitschaft zu einem Moratorium für unterirdische Versuche unterhalb der Schwelle von zwanzig Kilotonnen. Strittig war jetzt nur noch, wie lange das Moratorium dauern und wie viele Inspektionen es jährlich geben sollte.

Chruschtschow wie Eisenhower hofften, diese Fragen auf dem Gipfel klären zu können.

Den Termin für die Gipfelkonferenz hatte Eisenhower allerdings unterdessen schon verschieben müssen – aufgrund des Widerstandes de Gaulles, der dem amerikanischen Präsidenten ungerührt erklärte, Frankreich werde sich erst im Frühjahr 1960 an einer solchen Konferenz beteiligen, nach der Zündung der ersten französischen Atombombe. Ein Gipfel, der die Entwicklung der Atomrüstung stoppte, bevor Frankreich den Status einer Atommacht erlangt hatte, kam für den Präsidenten der V. Republik nicht in Frage. Ende Dezember wurde der Beginn der Gipfelkonferenz daraufhin auf den 16. Mai 1960 festgelegt, als Tagungsort wurde Paris vereinbart.

Eisenhower blieb es verwehrt, eine Formel zu finden, die als Grundlage für eine Verständigung des Westens mit der Sowjetunion in der deutschen Frage hätte dienen können. Ob Reduzierung der westlichen Präsenz in Berlin, Anerkennung der Oder-Neiße-Grenze oder die mitteleuropäische Rüstungskontrollzone – was immer der amerikanische Präsident als vertretbares Zugeständnis vorschlug, wurde von Adenauer als Auftakt zur Sowjetisierung ganz Deutschlands und Europas zurückgewiesen. Über die Einwände des Kanzlers hinwegzugehen, wie Chruschtschow erwartet hatte, wagte er nicht, aus Furcht, daß die Bundesrepublik sich dem »Neutralismus« zuwenden würde, »wenn wir die Deutschen im Stich lassen«[44]. Zum Schluß flüchtete er sich in die Hoffnung, Chruschtschow sei an einer Einstellung der Atomversuche so dringend interessiert, daß er, allein um dieses Abkommen zu erhalten, alle Berlin-Forderungen fallen lassen würde.

Damit überschätzte er freilich Chruschtschows Handlungsspielraum in geradezu grotesker Weise. Die Militärs, die mächtige Rüstungsindustrie und die Parteiideologen hatten die neuerliche Kürzung der Verteidigungsausgaben nur mit Murren hingenommen, das Vertragsangebot zur Beendigung der Atomversuche war nur nach mehrmaligem persönlichen Eingreifen des Ersten Sekretärs zustande gekommen. Als nun alle Geheimdienstberichte und die Telegramme des Sowjetbotschafters in Washington, Michail Menschikow, übereinstimmend meldeten, daß Eisenhower, was die deutsche Frage betraf, infolge des Widerstandes Adenauers mit leeren Händen nach Paris kommen würde, formierte sich während einer ausgedehnten Südostasien-Reise Chruschtschows im Februar der Widerstand im ZK-Präsidium. Nach seiner Rückkehr von einem weiteren Staatsbesuch in Frankreich Anfang April warnten ihn nahezu alle Präsidiumsmitglieder, den Imperialisten weiter entgegenzukommen.[45]

Ausgerechnet in dieser Situation, da mit dem Kurs auch die Person des Ersten Sekretärs wieder in Frage gestellt war, erfuhr man in Moskau, daß die USA ihre Aufklärungsflüge über sowjetischem Territorium mit U-2-Flugzeugen wieder aufgenommen hatten. Am 9. April wurde eine Maschine entdeckt, die von Pakistan aus das sowjetische Atomversuchsgelände von Semipalatinsk inspizierte; wiederholte Versuche, sie abzuschießen, schlugen allerdings fehl. Eine zweite Maschine mit Kurs auf die Atomstadt Tscheljabinsk wurde dann am 1. Mai aufgebracht, der Pilot – Francis Gary Powers – konnte gefangen genommen und die belastenden Filmaufnahmen sichergestellt werden. Damit war Chruschtschow in eine mehr als peinliche Lage geraten. Er stand nun als jemand da, der dem amerikanischen Präsidenten in sträflichem Leichtsinn vertraut hatte und schmählich betrogen worden war.

Um zu retten, was zu retten war, inszenierte er eine öffentliche Attacke auf die »amerikanische Kriegstreiberclique«, sparte dabei aber den Präsidenten aus und beschwor ihn im Vertrauen, er müsse ihn aus der »schrecklichen Situation rausholen«, in die ihn »diese U-2-Sache« gebracht habe.[46] Ein strenger Verweis Eisenhowers an seine Untergebenen, verbunden mit einer Entschuldigung gegenüber der Sowjetregierung, sollte es ihm ermöglichen, trotz der Reserven im Präsidium zur Gipfelkonferenz zu fahren und dort wenigstens das Atomteststopp-Abkommen durchzusetzen. Für den Fall, daß das gelingen sollte, wurde zudem der Entwurf eines Interimsabkommens über West-Berlin erarbeitet, der entsprechend Eisenhowers Zusicherungen in Camp David westliche Truppenreduzierungen sowie den Verzicht auf Kernwaffenstationierung und »feindliche« Propagandatätigkeit vorsah. Gleichzeitig sollte die Sowjetregierung erklären, daß die Verbindungen West-Berlins mit der Außenwelt »in der bisherigen Form« aufrechterhalten werden sollten; und die DDR-Regierung hatte sich zu verpflichten, ihrerseits auf Aktionen gegen West-Berlin zu verzichten.[47]

Eisenhower begriff jedoch nicht sogleich, was zu tun war. Nach einer ersten Erklärung, die seine Verantwortung für die Spionageflüge leugnete, wurde er in der westlichen Presse allgemein als Schwächling gescholten, der seine Regierung nicht mehr im Griff habe. Daraufhin veranlaßte er am 8. Mai eine zweite Erklärung, die deutlich werden ließ, daß die Flüge doch auf »Weisungen« des Präsidenten zurückgingen, und sie zugleich mit der Notwendigkeit rechtfertigte, »die Vereinigten Staaten und die Freie Welt vor einem Überraschungsangriff zu schützen«[48]. Indirekt hieß das, daß die USA das Recht beanspruchten, auch weiterhin Luftspionage über sowjetischem Territorium zu betreiben.

Danach konnte Chruschtschow die Reise nach Paris im Präsidium nur noch damit rechtfertigen, daß er eine deutliche Entschuldigung Eisenhowers vor Verhandlungsbeginn verlangte. Dessen Zusicherung in der Eröffnungssitzung vom 16. Mai, bis zum Ende seiner Amtszeit keine Spionageflüge mehr zu genehmigen, wies er nach einer entsprechenden Intervention von Verteidigungsminister Malinowski als ungenügend zurück. Weil Eisenhower, über Chruschtschows beleidigendes Verhalten empört, nicht weiter gehen wollte und auch kaum weiter gehen konnte, war damit die Gipfelkonferenz beendet, noch ehe sie begonnen hatte. Am 17. Mai stellte de Gaulle als Sitzungspräsident fest, daß der sowjetische Regierungschef zu den Verhandlungen nicht erschienen war und »die geplante Diskussion unter diesen Umständen nicht stattfinden könne«[49].

Chruschtschow quittierte das Scheitern des Gipfels mit einem Tobsuchtsanfall vor der internationalen Presse, der Macmillan an »die übelste Seite Hitlers« erinnerte.[50] Eisenhower zog sich zutiefst enttäuscht zurück, in dem bitteren Bewußtsein, mit dem wichtigsten Anliegen seiner Präsidentschaft gescheitert zu sein. Adenauer aber, der in der Residenz des deutschen Botschafters in Paris voller Sorgen vor etwaigen Zugeständnissen den Konferenzbeginn beobachtet hatte, fiel ein Stein vom Herzen. »Wir haben nochmals fies Jlück jehabt«, vertraute er seinem Pressesprecher an.[51]

Kapitel 3

Chruschtschow und Kennedy

Nachdem der Pariser Gipfel gescheitert war, machte Chruschtschow seine Drohung, einen separaten Friedensvertrag mit der DDR abzuschließen, keineswegs wahr. Vielmehr kündigte er bei einem Zwischenstopp in Ost-Berlin öffentlich an, »die bestehende Lage bis zur Zusammenkunft der Regierungschefs aufrechterhalten« zu wollen, »die, wie anzunehmen ist, in sechs bis acht Monaten abgehalten werden wird«[1]. Seine Gastgeber, die schon Anfang 1959 intensiv an einem Entwurf für einen Separatvertrag gearbeitet hatten, der der DDR die Kontrolle über den Zugang nach West-Berlin verschaffte[2], waren denkbar enttäuscht.

In Moskau angekommen, erläuterte Chruschtschow seine Position vor Mitgliedern des Politbüros, des Zentralkomitees und des Außenministeriums: »Natürlich ist das moralische Recht auf unserer Seite, wenn wir ohne weitere Verzögerungen einen Friedensvertrag mit der DDR unterschreiben und das Westberlinproblem auf dieser Grundlage lösen. Genauso sind ja auch die Vereinigten Staaten verfahren, als sie einen einseitigen Friedensvertrag mit Japan unterzeichneten. Aber ich meine, wir brauchen jetzt nichts zu überstürzen. Wir tun besser daran, die deutsche Frage einstweilen auf Eis zu legen. Dort soll sie sechs bis acht Monate liegen, bis Amerika wieder einen handlungsfähigen Präsidenten hat. Dann werden wir weitersehen.«[3] Anerkennung der DDR durch die Westmächte und Verhinderung einer Atombewaffnung der Bundesrepublik waren nach wie vor seine Hauptziele, und die hoffte er nun, nachdem das Verhältnis zu Eisenhower ein halbes Jahr vor den Präsidentschaftswahlen in so fataler Weise zerrüttet war, mit dem nächsten amerikanischen Präsidenten zu erreichen.

Der Weg zum 13. August

In der Erwartung des nächsten Gipfels wurden auch die Genfer Verhandlungen über das Atomteststopp-Abkommen weitergeführt. Chruschtschow konnte im Präsidium durchsetzen, daß die sowjetische Delegation drei Inspektionen pro Jahr anbieten könne. Sie erhielt nur kein Mandat, im Verhandlungspoker über diese Zahl hinauszugehen; ein Durchbruch war darum vorerst nicht zu erwarten. Im Präsidentschaftswahlkampf unterstützte er den demokratischen Bewerber John F. Kennedy, den er für aufgeschlossener für Verhandlungen hielt als seinen republikanischen Rivalen Richard M. Nixon. Öffentlich griff er den jungen Herausforderer ebenso scharf an wie den langjährigen Vizepräsidenten; hinter den Kulissen weigerte er sich, Nixon durch die Freilassung amerikanischer Spionageflieger unter die Arme zu greifen.

Um die Angriffe der chinesischen Parteiführung auf sein Paktieren mit den Imperialisten abzuwehren, nutzte er gleichzeitig westliche Schwächen, um die sowjetische Position in der Dritten Welt aufzubessern. Als die Eisenhower-Regierung das Regime Fidel Castros auf Kuba mit einer Wirtschaftsblockade in die Knie zu zwingen versuchte, sprang er mit einem Wirtschaftsabkommen ein und erklärte dann auch, dem »kubanischen Volk« im Falle einer Aggression militärisch beistehen zu wollen. Ebenso unterstützte er den kongolesischen Premierminister Patrice Lumumba in seinem Kampf gegen die Separation der Katanga-Provinz, nachdem dessen Ersuchen um Hilfe in Washington auf taube Ohren gestoßen war. Auf der UN-Vollversammlung Ende September präsentierte er sich als militanter Kämpfer gegen den Kolonialismus und für die allgemeine Abrüstung. Einmal, im hitzigen Wortgefecht mit dem spanischen Außenminister, ließ er sich sogar dazu hinreißen, mit seinem Schuh auf dem Tisch zu trommeln.

Kaum daß Kennedy gewählt worden war, ließ er den designierten Präsidenten jedoch über allerlei vertrauliche Kanäle wissen, daß er »große Hoffnungen« auf neue Vereinbarungen mit den Vereinigten Staaten hege und dringend an einem Treffen mit dem neuen Präsidenten interessiert sei.[4] Als Kennedys Mitarbeiter darauf als ersten Schritt um die Freilassung der Piloten der amerikanischen RB-47-Maschine ersuchten, die am 1. Juli bei einem Flug entlang der Halbinsel Kola abgeschossen worden waren, fand er sich kurz nach dem Amtsantritt des neuen Präsidenten zu einer solchen Geste guten Willens bereit. Einen abermaligen amerikanischen Aufklärungsflug über sowjetischem Territorium wenige Tage später hielt er vor der Öffentlichkeit geheim.

Kennedy freilich war unschlüssig, wie er Chruschtschows Politik interpretieren und wie er ihr begegnen sollte. In seinem ersten »Bericht zur Lage der Nation« am 30. Januar 1961 demonstrierte er zunächst einmal Härte, brandmarkte den Vormarsch des Kommunismus und kündigte umfassende neue Rüstungsmaßnahmen an, darunter einen Ausbau des Raketenarsenals und die Entwicklung neuer U-Boote vom Typ Polaris. Drei Tage später gelang der erste Probestart einer landgestützten Interkontinentalrakete vom Typ Minuteman, die zu einem atomaren Erstschlag gegen die Sowjetunion eingesetzt werden konnte. Gleichzeitig wurde bekannt, daß die amerikanische Regierung Mittelstreckenraketen vom Typ Jupiter in der Türkei stationierte.

Das brachte, wie es scheint, Chruschtschow in neue Schwierigkeiten. Jedenfalls drohte er nach einer überraschend einberufenen Präsidiumssitzung am 11. Februar Adenauer gegenüber erneut mit seinem »unumstößlichen Entschluß«, einen Friedensvertrag mit Deutschland abzuschließen; und als Kennedy ihm dann gegen Ende des Monats sein Einverständnis zu einem bilateralen Treffen signalisierte, ließ er ihn erst einmal ohne Antwort. Im März erhob der sowjetische Vertreter bei den Genfer Atomteststopp-Verhandlungen eine Forderung, die eine Einigung gänzlich ausschloß. Den Vorsitz über das Kontrollgremium zur Überwachung des Abkommens sollte danach ein Dreier-Ausschuß übernehmen, der der sowjetischen Seite praktisch ein Vetorecht einräumte.

Erst nachdem sich Kennedy Mitte April mit der Schweinebucht-Invasion blamiert hatte – die amerikanische Regierung hatte einen Invasionsversuch von Exilkubanern organisiert, dann aber, als die Invasoren nach der Landung in Schwierigkeiten gerieten, weitere Unterstützung versagt – , wagte Chruschtschow wieder, sich auf das Risiko eines Treffens mit dem neuen amerikanischen Präsidenten einzulassen. In den Augen seiner Kritiker konnte er jetzt offensiv auftreten. Außerdem mochte die Vorsicht, die Kennedy bei der Intervention in Kuba hatte walten lassen, ein Indiz dafür sein, daß er bei aller rhetorischen Militanz letztlich doch für ein Arrangement gewonnen werden konnte. In einer Politbürositzung Ende Mai kündigte er an, er werde auf den jungen und unerfahrenen Präsidenten soviel Druck wie nur möglich ausüben, insbesondere im Hinblick auf die Regelung der deutschen Frage.[5]

In Wien, wo sich die beiden Regierungschefs dann auf Vorschlag Kennedys am 3. und 4. Juni trafen, bezeichnete Chruschtschow den Friedensvertrag mit beiden deutschen Staaten erneut als sein Hauptziel. Er halte sich an die Tatsache, »daß es zwei deutsche Staaten gibt. Ungeachtet unserer eigenen Wünsche oder Bemühungen ist ein vereintes Deutschland nicht machbar, weil die Deutschen selbst es gar nicht wollen.« Für West-Berlin verlangte er wieder den Status einer »Freien Stadt«, erklärte sich aber in Fortführung der seit dem Sommer 1959 diskutierten Kompromißlinie bereit, »Nichteinmischung und die Aufrechterhaltung der Verbindungen zur Außenwelt zu garantieren«. Über das Angebot eines Interimabkommens hinaus, wie er es für den Gipfel von 1960 vorbereitet hatte, deutete er die Möglichkeit eines dauerhaften Verbleibs westlicher Truppen in West-Berlin an: »Unter bestimmten Umständen ließe sich auch darüber reden, daß die USA auch weiterhin Truppen in Berlin behalten könnten. Allerdings sollten in diesem Fall auch sowjetische Truppen in der Stadt verbleiben.«[6]

Kennedy war jedoch nicht sogleich bereit, sich in der Berlin- und Deutschland-Frage auf irgendwelche Kompromisse einzulassen. Von der Notwendigkeit überzeugt, sich nicht einschüchtern zu lassen, und von de Gaulle wenige Tage zuvor noch in der Überzeugung bestärkt, daß der Sowjetchef keinen Krieg riskieren werde, lehnte er jedes Zugeständnis als Anschlag auf das »Gleichgewicht der Kräfte« ab: »Würden wir Berlin aufgeben, so käme das einer Preisgabe Europas gleich.« Die Sowjetunion, warnte er, »sollte nicht versuchen, unsere Position zu verändern«; die USA könnten das »nicht akzeptieren«[7]. Chruschtschow, der von Ulbricht immer hartnäckiger bedrängt wurde, daß noch in diesem Sommer eine Lösung gefunden werden müsse[8], sah sich dadurch genötigt, die Drohung, die in dem Berlin-Ultimatum steckte, noch einmal drastisch zu verdeutlichen: Er könne nicht länger warten und werde daher den Friedensvertrag in jedem Fall im Dezember unterzeichnen, und wenn die USA dann »wegen Deutschland einen Krieg beginnen wollen, dann sollen sie es eben tun«[9].

Kennedy blieb nur noch, ebenfalls Entschlossenheit zu demonstrieren. »Wenn es so ist,« beendete er das Gespräch, »dann kann es ein kalter Winter werden.«[10] Nachdem die Sowjetregierung das neue Ultimatum am 10. Juni öffentlich gemacht hatte, setzte er ein umfassendes Aufrüstungsprogramm durch, das die USA in die Lage versetzen sollte, im Falle einer Blockierung der Zufahrtswege nach Berlin flexibel zu reagieren. Mit seiner Bekanntgabe am 25. Juli verband er die Ankündigung, nötigenfalls die Reservisten mobil zu machen und die Einberufungszahlen zu verdreifachen. Sodann appellierte er an das amerikanische Volk, ihn bei der Verteidigung der Freiheit West-Berlins zu unterstützen. In West-Berlin wurden Vorratslager für Lebensmittel und Brennstoffe angelegt, im NATO-Hauptquartier diskutierte man über die verschiedenen Möglichkeiten, eine Blockade zu durchbrechen.

Gleichzeitig blieb der amerikanische Präsident aber darauf bedacht, den Gesprächsfaden zur Gegenseite nicht abreißen zu lassen. Und im Erschrecken über die Möglichkeit, daß die Situation doch zu einer atomaren Konfrontation eskalieren konnte, begriff er die Notwendigkeit, seine Interessen präziser zu definieren. Es sei »wirklich mehr als idiotisch«, schimpfte er schon auf dem Rückflug von Wien, »das Leben von einer Million Amerikanern aufs Spiel zu setzen für das Recht, eine Autobahn zu benutzen [...] oder weil die Deutschen Deutschland wiedervereinigt haben wollen«[11]. Bei der öffentlichen Ankündigung, wofür er mit allen Mitteln zu kämpfen bereit sei, beschränkte er sich auf die Punkte, die das State Department als unabdingbare »Essentials« bezeichnet hatte: freien Zugang nach Berlin, Recht auf militärische und sonstige Präsenz der Westmächte, Freizügigkeit in den Westsektoren der Stadt. Von den Rechten der Alliierten an Gesamt-Berlin war nicht die Rede, erst recht nicht von einem Offenhalten der deutschen Frage.

Chruschtschow hatte unterdessen freilich schon einen Preis für die Eskalation der Militanz zahlen müssen. Am 8. Juli hatte er in einer Rede bekanntgegeben, daß das Programm zur Reduzierung der sowjetischen Streitkräfte um 1,2 Millionen Mann nicht länger durchgeführt werden konnte. Das Militärbudget wurde um ein Drittel aufgestockt, der Truppenabbau kam bei etwa drei Millionen Mann zum Stehen. Parallel dazu bereitete Chruschtschow auch eine Wiederaufnahme der Atomtests vor – vom Verteidigungsministerium und Atomministerium (genannt »Ministerium für mittleren Maschinenbau«) heftig bedrängt[12] und vermutlich auch davon überzeugt, daß von Kennedy ohne eine Demonstration sowjetischer Stärke ohnehin kein substantielles Abkommen zu erwarten war.

In der Berlin- und Deutschlandfrage wurde er weiterhin von Ulbricht bedrängt. Dabei schob sich ein Gedanke immer mehr in den Vordergrund, der eigentlich im Widerspruch zu dem Ziel stand, West-Berlin zu neutralisieren oder gar der DDR einzuverleiben, sich aber angesichts beständig wachsender Flüchtlingszahlen aufdrängte: die Idee, die Grenzen zwischen West-Berlin und der DDR abzuriegeln. Im Oktober 1960 hatte die SED-Führung das erstmals als eine Möglichkeit erörtert; seit Mai 1961 war sie entschlossen, »den freien Verkehr zwischen der DDR und West-Berlin so bald wie möglich mit jedweden Mitteln zu stoppen«[13]. Am 15. Juni erklärte Ulbricht in einer Pressekonferenz, niemand habe die Absicht, in Berlin »eine Mauer zu errichten«. Damit provozierte er einen dramatischen Anstieg der Fluchtbewegungen[14], und das ermöglichte es ihm, Chruschtschow »Ende Juni oder Anfang Juli« zu warnen, »wenn die gegenwärtige Situation der offenen Grenze weiter bestehen bleibe, sei der Zusammenbruch unvermeidlich«[15].

Chruschtschow schreckte auch vor diesem Schritt zurück. Anders als dem militanten SED-Chef war ihm klar, daß die Abriegelung West-Berlins die Chancen für eine umfassende Verständigung mit dem Westen über den Status der beiden deutschen Staaten noch weiter verschlechtern mußte. Außerdem konnte er nicht ganz sicher sein, ob die Westmächte eine solche Provokation nicht mit Gegenmaßnahmen beantworten würden und wie die Bevölkerung der DDR auf das Absperren des Fluchtventils reagieren würde. Erich Honecker und Paul Verner, die in der zweiten Juli-Woche zu Sondierungsgesprächen nach Moskau geschickt wurden, erfuhren dort, daß die sowjetischen Genossen »noch nicht wissen, wie man all diese Fragen praktisch lösen soll, weil sie noch keine bestimmte Vorstellung von einzelnen Problemen haben«[16].

Erst nachdem Kennedy die vitalen Interessen der USA öffentlich auf West-Berlin beschränkt hatte, gab Chruschtschow für den Mauerbau grünes Licht. »Es gab nur zwei Arten von Gegenmaßnahmen,« begründete er seine Entscheidung einige Wochen später gegenüber dem westdeutschen Botschafter Hans Kroll: »die Lufttransportsperre oder die Mauer. Die erstgenannte hätte uns in einen ernsten Konflikt mit den Vereinigten Staaten gebracht, der möglicherweise zum Krieg geführt hätte. Das konnte und wollte ich nicht riskieren. Also blieb nur die Mauer übrig.«[17] Ulbricht erhielt am 3. August in Moskau die Erlaubnis, die Grenze zu schließen – wenn er garantieren könne, daß seine Sicherheitstruppen die Ordnung aufrechterhielten und die DDR bei einer Aufkündigung des innerdeutschen Handelsabkommens nicht zusammenbräche. Er kehrte daraufhin nach Ost-Berlin zurück, ließ sich in einer Nachtsitzung von seinen engsten Mitarbeitern entsprechende Zusicherungen geben, und holte sich dann am 5. August im Kreis der Ersten Sekretäre der Warschauer-Pakt-Staaten die definitive Zustimmung. Chruschtschow bestand allerdings darauf, daß die Sektorengrenzen zunächst nur mit Stacheldraht abgeriegelt werden sollten. Erst wenn sicher war, daß der Westen darauf nicht mit dem Einsatz seines Militärs reagieren würde, sollte er durch Mauerblöcke ersetzt werden, und Ulbricht sollte »nicht einen Millimeter weiter« gehen.[18]

Entsprechend diesen Beschlüssen wurde dann verfahren. In der Nacht zum 13. August – einem Sonntag, an dem der Pendelverkehr zwischen Ost- und West-Berlin ruhte, die meisten West-Berliner einen Ausflug ins Grüne planten und die Politiker überall in der Welt auf Wochenend-Urlaub waren – wurde die Sektorengrenze in Berlin durch Polizeiposten, Betriebskampfgruppen und Volksarmee-Verbände abgesperrt und mit der Errichtung einer Stacheldrahtbarriere begonnen. Vier Tage später, als die westlichen Truppen in Berlin immer noch keine Anstalten getroffen hatten, die Barrieren wieder niederzureißen, fingen Bautrupps damit an, den Stacheldraht durch Mauerwerk zu ersetzen. Eine »Erklärung der Regierungen der Warschauer Vertragsstaaten«, die am 14. August veröffentlicht wurde, rechtfertigte die »wirksame Kontrolle« an der West-Berliner Grenze mit der »Wühltätigkeit gegen die Länder des sozialistischen Lagers« und betonte gleichzeitig ihren provisorischen Charakter: Die »Notwendigkeit dieser Maßnahmen« falle fort, »sobald die Friedensregelung mit Deutschland verwirklicht ist«[19].

Fragmentarischer Dialog

Kennedy reagierte auf die Nachricht von der Sperrung der Sektorengrenzen in Berlin geradezu erleichtert. Anfang August hatte er seinem Berater Walt Rostow angedeutet, daß er eine Aktion Chruschtschows erwartete: »Ostdeutschland entgleitet Chruschtschow, das kann er nicht hinnehmen. Wenn Ostdeutschland verloren geht, sind auch Polen und ganz Osteuropa verloren. Er muß etwas tun, um den Flüchtlingsstrom einzudämmen – vielleicht eine Mauer?«[20] Als er erfuhr, daß sein Gegenspieler tatsächlich zu dieser Lösung gegriffen hatte, sagte er seinen Mitarbeitern: »Das bedeutet, Chruschtschow hat nachgegeben. Wenn er noch die Absicht hätte, ganz Berlin zu besetzen, hätte er diese Mauer nicht gebaut.« Sie sei zwar »keine besonders angenehme Lösung« für Chruschtschows Problem, aber »verdammt noch mal besser als ein Krieg.«

Für Kennedy war damit »das Ende der Berlin-Krise« erreicht, und er hütete sich, diese Stabilisierung der Teilung durch unbedachte Gegenaktionen noch einmal in Frage zu stellen: »Wir unternehmen jetzt nichts, denn da gibt's nichts, was wir tun könnten – außer Krieg!«[21] Bis der offizielle Protest der Westmächte gegen die Schließung der Sektorengrenze durch die DDR-Regierung in Moskau eintraf, vergingen 72 Stunden; eine öffentliche Erklärung des amerikanischen Präsidenten blieb ganz aus. Als

Willy Brandt, der Regierende Bürgermeister von West-Berlin, am 16. August auf einer Protestkundgebung vor dem Schöneberger Rathaus »politische Aktionen« verlangte, begnügte sich Kennedy damit, seinen Vizepräsidenten Lyndon B. Johnson nach Berlin zu schicken, General Clay, den Helden der Luftbrücke, zum »Sonderbeauftragten« für Berlin zu ernennen, und die amerikanische Garnison in Berlin um 1500 Mann zu verstärken, die demonstrativ über die Autobahn durch die DDR anrückten. Wirtschaftssanktionen oder zumindest die Proklamation eines Drei-Mächte-Status' für West-Berlin, wie Brandt sie vorgeschlagen hatte[22], blieben außerhalb jeder Diskussion.

Nachdem die Sowjetregierung am 31. August die Wiederaufnahme der Atomwaffenversuche angekündigt hatte, war Kennedy sogar zu einem begrenzten Teststopp-Abkommen bereit, das, auf Versuche in der Atmosphäre begrenzt, auf jegliche Verifizierungsmaßnahmen verzichtete. Da Chruschtschow darauf nicht reagierte, gab er dann am 5. September dem Drängen der Vereinigten Stabschefs auf Wiederaufnahme der amerikanischen Versuche soweit nach, daß er unterirdische Tests erlaubte. Auf Chruschtschows vertrauliches Drängen nach einem neuen Gipfel ließ er jedoch ausrichten, er sei »sofort zu sachlichen und konstruktiven Diskussionen bereit«, wenn die Drohung des Ultimatums aufgegeben würde[23]; und als der Sowjetchef ihm daraufhin einen vertraulichen Briefwechsel unter Umgehung der Botschafter vorschlug, erklärte er sich einverstanden. Am 6. Oktober erklärte er Gromyko, wenn die Freiheit West-Berlins irgendwie gesichert werden könne, »können wir die Frage der Grenzen prüfen«[24].

Kennedys Verhandlungsbereitschaft half Chruschtschow, eine mittlerweile ziemlich gefährliche Situation unter Kontrolle zu behalten. In der offiziellen sowjetischen Politik war der Mauerbau nur ein erster improvisierter Schritt, dem bald die Unterzeichnung des Friedensvertrags und damit die Übergabe der Zufahrtskontrollen an die DDR folgen mußte. Das Moskauer Außenministerium wollte die Vorarbeiten für den Friedensvertrag bis Anfang Oktober abschließen, und Ulbricht ließ den sowjetischen Partei- und Regierungschef am 15. September wissen, daß nach der erfolgreichen Abriegelungsaktion die »Frage der Flugverbindungen über dem Luftraum der DDR« geklärt werden sollte.[25] Chruschtschow schloß unterdessen jedoch, anders als zum Zeitpunkt seines ersten Ultimatums, nicht mehr aus, daß die USA zur Verteidigung ihrer Rechte in West-Berlin tatsächlich einen Atomkrieg riskieren würden. Das zwang ihn, von der Drohung mit einem separaten Friedensvertrag wieder herunterzukommen, und schuf zugleich das Problem, dabei nicht sein Gesicht – und möglicherweise die Herrschaft – zu verlieren.

Mit dem Hinweis auf die neue Beweglichkeit der westlichen Politik konnte er nun sein Ultimatum abermals aufweichen. »Die amerikanische und die britische Regierung«, schrieb Gromyko in einem Memorandum für das Zentralkomitee am Vorabend des 22. Parteitags, »sind im Falle einer Verständigung über West-Berlin bereit, die bestehenden deutschen Grenzen auf einer Grundlage anzuerkennen, die für uns annehmbar sein würde. Im Zusammenhang mit dem Abschluß eines Nichtangriffspakts zwischen der NATO und dem Warschauer Pakt räumen sie die Möglichkeit ein, auf indirektem Wege auch die Grenzen zwischen der DDR und der BRD mehr als de facto zu bestätigen.« Angesichts des offenkundigen Entschlusses der beiden Regierungen, »auf die de-facto-Anerkennung der Deutschen Demokratischen Republik zuzusteuern«, empfahl er weiterzuverhandeln statt jetzt einen separaten Friedensvertrag abzuschließen.[26]

Derart argumentativ abgesichert konnte Chruschtschow in der Eröffnungsrede des Parteitags am 27. Oktober ankündigen, daß die Sowjetregierung nicht mehr auf einem Abschluß des Friedensvertrages noch vor Jahresende bestehe. Ulbricht schrieb ihm, sichtlich enttäuscht, noch während des Parteitags einen dreizehnseitigen Brief, in dem er um eine Unterredung bat und eine Politik vollendeter Tatsachen zur »Durchsetzung der Souveränität der DDR und ihrer Hauptstadt« verlangte. Unter anderem sollten alle Militär- und Zivilpersonen der Westmächte gezwungen werden, sich gegenüber der DDR-Grenzpolizei auszuweisen; die sowjetischen Vertreter sollten die alliierte Flugsicherungszentrale in Berlin unter Protest verlassen; die Ost-Berliner Stadtverordnetenversammlung sollte die unmittelbare »volle Gültigkeit« von DDR-Gesetzen in der »Hauptstadt der

DDR« proklamieren.[27] Angesichts amerikanischer Verhandlungsbereitschaft und des Demonstrationseffekts der fortdauernden sowjetischen Atomversuche – am 30. Oktober wurde die »Superbombe« über Nowaja Semlja gezündet – war Chruschtschows Position jedoch stark genug, um sich nicht auf derart riskante Manöver einlassen zu müssen.

Der direkte Kontakt zwischen Chruschtschow und Kennedy half auch, die Situation in Berlin zu entschärfen. Als die DDR-Regierung am 25. Oktober damit begann, von amerikanischen Militärangehörigen Ausweise zu verlangen, wenn diese die Sektorengrenze überschreiten wollten, ohne in offizieller Mission zu sein, erzwang General Clay mit Billigung Kennedys deren Durchfahrt mit Militäreskorten und ließ am Übergang Friedrichstraße (»Checkpoint Charlie«) zehn Panzer auffahren. In Moskau vermutete man daraufhin, die Amerikaner wollten die Mauer niederreißen. Chruschtschow gab, seiner Verbindung mit Kennedy sicher, den Befehl, ebenfalls zehn Panzer in Stellung zu bringen und, wenn die Amerikaner wirklich die Grenzsperrung abtragen würden, scharf zu schießen. Als Kennedy ihm auf vertraulichem Weg mitteilte, er würde es »sehr begrüßen«, wenn die sowjetischen Panzer innerhalb von 24 Stunden zurückgezogen würden[28], willigte er jedoch sogleich ein. Eine Anweisung an das amerikanische Personal in Berlin, vorerst keine Zivilfahrten in den Ostteil der Stadt zu unternehmen, half ihm, das Gesicht zu wahren.

Inhaltlich kam der Dialog zwischen Chruschtschow und Kennedy freilich nicht recht voran. Einmal mehr widersetzte sich Adenauer, von de Gaulle unterstützt, allen Zugeständnissen in der Berlin- und Deutschlandfrage, und Kennedy wagte es ebensowenig wie sein Vorgänger, den deutschen Bundeskanzler auf ein präzises Arrangement zu verpflichten. Im Frühjahr 1962 wollte die Kennedy-Administration ihr Angebot an die sowjetische Seite dahingehend präzisieren, daß sie eine internationale Zugangsbehörde für West-Berlin vorschlug, dazu eine permanente Konferenz von Außenminister-Stellvertretern in Berlin, die Einrichtung von gesamtdeutschen Ausschüssen zur Regelung »technischer« Fragen, Nichtangriffsvereinbarungen sowie eine amerikanisch-sowjetische Vereinbarung, keine Kernwaffen weiterzugeben. Um eine Stellungnahme gebeten, ließ Adenauer den Vorschlag publik werden und machte dann Anfang Mai gegen die Verhandlungslinie im allgemeinen und die Zugangsbehörde im besonderen öffentlich Front.[29] Danach wurde auch dieses Angebot nicht unterbreitet.

Ebensowenig gelang ein Durchbruch in der Abrüstungsfrage. Auf Drängen Macmillans unternahm Kennedy wohl Anfang Februar 1962 noch einmal einen Versuch, Chruschtschow zu einem substantiellen Atomteststopp-Abkommen zu bewegen. Dieser sah jedoch keinen Handlungsspielraum – nicht zuletzt, weil die Einlösung der Versprechungen ausblieb, die ihm Kennedy und sein Außenminister Dean Rusk in der Deutschlandfrage gemacht hatten. So blieben die sowjetischen Vertreter auch nach der Wiederaufnahme der Genfer Gespräche am 14. März – nunmehr im Rahmen einer 18-Mächte-Abrüstungskommission der Vereinten Nationen – bei der Ablehnung jeglicher Inspektionen. Kennedy sah sich dadurch legitimiert, ebenfalls wieder oberirdische Atomtests durchzuführen. Am 25. April begann mit einer Zündung auf den Christmas Islands im Pazifik eine neue Testreihe.

Für Chruschtschow wurde die Stagnation in der Berlin- und Deutschlandfrage mit der Zeit um so unerquicklicher, als die Kennedy-Administration jetzt die atomare Überlegenheit der USA demonstrativ herausstellte. Um die verängstigten Europäer zu beruhigen und in Moskau ja keinen Zweifel an den tatsächlichen Kräfteverhältnissen aufkommen zu lassen, die den Kremlherrscher zu gefährlichen Vabanquespielen verleiten könnten, entschloß sich Kennedy, Chruschtschows ständigen Prahlereien über Fortschritte in der atomaren Rüstung und der Raumfahrttechnologie mit einer öffentlichen Analyse der tatsächlichen strategischen Situation zu begegnen. Am 21. Oktober 1961 erklärte sein stellvertretender Verteidigungsminister Roswell Gilpatric in einer Grundsatzrede, die USA besäßen derzeit »mehrere hundert bemannte Langstreckenbomber, sechs Polaris-U-Boote mit insgesamt 96 Raketen und Dutzende von Interkontinentalraketen«, dazu Trägerraketen und Gefechtsfeldwaffen in großer Zahl, insgesamt »mehrere zehntausend« atomare Feuersysteme. Sie seien so gut verteilt und geschützt, daß es völlig unmöglich sei, sie durch einen Überraschungsangriff auszuschalten. Selbst nach einem solchen Angriff würden die USA noch über ein Zerstörungspotential verfügen, das »ebenso groß, wenn nicht sogar größer« sei als das gesamte Potential der UdSSR. »Kurz gesagt: Wir besitzen ein Zweitschlagspotential, das mindestens ebenso groß ist wie das Potential, das der Feind bei einem Erstschlag einsetzen kann.«[30]

Tatsächlich war die amerikanische Überlegenheit sogar noch erdrückender. Bei den Langstreckenbombern belief sich das Zahlenverhältnis 1960 auf 1735 zu 145, wobei fraglich war, ob die sowjetischen Flugzeuge im Ernstfall je ihr Ziel erreichen würden. Das U-Boot-und Interkontinentalraketen-Arsenal der USA befand sich in dynamischer Expansion (von neun in 1959 auf 1250 in 1964), während die Sowjetunion 1961/62 nur über einige wenige Raketen auf U-Booten geringerer Reichweite verfügte und höchstens zwanzig Interkontinentalraketen, deren Standorte dem Pentagon durch Satellitenaufnahmen bekannt waren. Bei den Mittelstreckenraketen und atomaren Gefechtsfeldwaffen schnitt die Sowjetunion wohl günstiger ab. Insgesamt verfügten die USA 1962 jedoch über 5000 nukleare Sprengköpfe, die Sowjetunion nur über dreihundert. Damit besaß die amerikanische Atommacht nicht nur eine gesicherte Zweitschlagskapazität; sie war auch in der Lage, die sowjetischen Atomwaffen mit einem Überraschungsangriff (»Präemptivschlag«) weitgehend oder sogar vollständig auszuschalten.

Wenn Chruschtschow daran je Zweifel gehabt haben sollte, wurden sie ihm mit Gilpatrics Rede gründlich ausgetrieben. Als Kennedy dann in einem Interview im März 1962 auch noch erklärte, die USA müßten »unter bestimmten Umständen bereit sein, als erste Atomwaffen einzusetzen«[31], mußte sich der Kremlchef ernsthaft fragen, ob sich die amerikanische Regierung diese wachsende Überlegenheit nicht auch zunutze machen würde. Einen Entschluß Kennedys zu einem Entwaffnungsschlag schloß er wohl fürs erste aus. Er fürchtete aber, daß der amerikanische Präsident zunehmend unter den Druck der »Verrückten aus dem Pentagon« geraten konnte und versucht sein würde, die Überlegenheit zu einer Politik der Erpressung zu nutzen. Außerdem stellte die Entlarvung seines fortgesetzten Bluffs mit spektakulären technologischen Erfolgen wie dem Sputnik-

Flug im Oktober 1957 oder dem Weltraum-Flug des Astronauten Juri Gagarin im April 1961 seine Autorität im eigenen Lager einmal mehr in Frage.

Das Kuba-Abenteuer

Eine Idee, wie er der Aufdeckung der sowjetischen Unterlegenheit begegnen konnte, kam Chruschtschow im Zusammenhang mit der Entwicklung der Kuba-Frage. Kennedy hatte zwar nach dem Debakel in der Schweinebucht von dem Gedanken Abstand genommen, das Castro-Regime durch eine offene amerikanische Invasion zu beseitigen; die Bemühungen, den offenkundigen Vorkämpfer des Kommunismus im eigenen Hinterhof auf andere Weise wieder loszuwerden, liefen jedoch weiter. Der CIA hoffte, mit allerlei verdeckten Operationen einen Aufstand gegen Castro entfesseln zu können, und traf alternativ auch Vorbereitungen zu seiner Ermordung. Außerdem übten Exilkubaner und andere Freiwillige in Florida weiterhin für die Invasion. Kongreßabgeordnete forderten ein energisches Vorgehen gegen die Revolutionäre, und der Präsident vermied es mit Rücksicht auf die Stimmung im Lande, sich von den Invasionsplänen öffentlich zu distanzieren.

Die kubanische Führung zog aus alledem den Schluß, daß eine zweite Invasion, diesmal unter Einsatz einer gewaltigen amerikanischen Militärmacht, nicht eben unwahrscheinlich war. Entsprechend verlangte Castro von Chruschtschow neue Waffen und im Frühjahr 1962 auch eine verbindliche Beistandsgarantie. Kuba wollte dem Warschauer Pakt beitreten. Der Sowjetchef schreckte jedoch davor zurück, sich in dieser Weise zu binden. Er war davon überzeugt, daß er eine Niederlage des Kommunismus in der Karibik nicht zulassen durfte, doch sah er weder eine Möglichkeit, Kuba im Fall einer amerikanischen Invasion mit Aussicht auf Erfolg konventionell zu verteidigen, noch wußte er, woher er die Mittel für die weitere Aufrüstung der Kubaner nehmen sollte. Im ersten Halbjahr 1962 mußten die sowjetischen Waffenlieferungen an Kuba sogar reduziert werden.

In dieser Situation kam Chruschtschow im April 1962 auf den

Gedanken, auch in Kuba die teure, aber wirkungslose konventionelle Militärmaschinerie durch preiswerte, aber effektive Atomraketen zu ersetzen. Er faszinierte ihn bei längerem Nachdenken deswegen so besonders, weil sich damit auch das Problem der strategischen Unterlegenheit lindern ließ. Eine Stationierung sowjetischer Mittelstreckenraketen auf Kuba änderte zwar nichts am numerischen Kräfteverhältnis von 17 zu 1; die Raketen konnten im Ernstfall schnell von der amerikanischen Luftwaffe ausgeschaltet werden und reichten bei weitem nicht aus, um die Zweitschlagskapazität der USA in Frage zu stellen. Doch mochte allein schon die vage Möglichkeit, daß sowjetische Raketen von Kuba aus amerikanische Städte erreichen konnten, die Führung in Washington davon abhalten, den atomaren Erstschlag oder auch nur eine konventionelle Invasion in Kuba zu riskieren. Wenn die Raketen erst einmal stationiert waren, räsonierte Chruschtschow später in seinen Erinnerungen, »würden es sich die Amerikaner zweimal überlegen, unsere Stellungen durch einen militärischen Schlag zu eliminieren. [...] Und selbst wenn nur ein Viertel oder auch nur ein Zehntel unserer Raketen einen Angriff überstehen würde – oder auch wenn nur eine oder zwei große [Raketen] übrigblieben –, könnten wir damit immer noch New York beschießen, und von dieser Stadt würde dann nicht mehr viel übrigbleiben.«[32]

Bedenken Mikojans, die USA würden eine Stationierung von sowjetischen Atomraketen auf Kuba niemals hinnehmen[33], wischte Chruschtschow mit einem Hinweis auf das bestehende Ungleichgewicht beiseite. Schließlich mußte die Sowjetunion ja schon seit Jahren damit leben, daß amerikanische Mittelstreckenraketen, die in Großbritannien, Italien und der Türkei stationiert waren, auf ihre Städte zielten. Das war nicht angenehm, aber seine amerikanischen Gesprächspartner hatten nie Verständnis für seine Klagen über die Bedrohung aus unmittelbarer Nachbarschaft gezeigt. Da durfte er annehmen, daß sie sich letztlich damit abfinden würden, wenn er in diesem einen Punkt mit ihnen gleichzog. Folglich ließ er seinem Ärger über all die Enttäuschungen, die ihm Kennedy in den letzten Monaten bereitet hatte, freien Lauf: Die Amerikaner, schimpfte er noch in den Memoiren, »hatten unser Land mit Militärbasen umgeben und bedrohten uns mit nuklearen Waffen. Nun sollten sie lernen, wie es ist, wenn feindliche Raketen auf einen gerichtet sind. Wir wollten nicht mehr und nicht weniger, als sie ihre eigene Medizin probieren lassen.«[34]

Wichtig war in Chruschtschows Sicht nur, daß die Amerikaner nicht vorzeitig von dem Vorhaben erfuhren und zuschlugen, noch ehe die atomaren Sprengköpfe auf Kuba stationiert waren. Darum schickte er nach einem Grundsatzbeschluß des Präsidiums am 21. Mai eine Inspektionsdelegation nach Kuba; und als diese ihm wunschgemäß berichtete, man könne dort Raketen stationieren, ohne daß amerikanische Aufklärungsflugzeuge es bemerkten, wurde die Operation definitiv beschlossen. Castro stimmte notgedrungen zu – wohl wissend, daß die Stationierung die Gefahr einer amerikanischen Invasion erst recht heraufbeschwor, aber letztlich darauf angewiesen, das anzunehmen, was ihm Chruschtschow an Unterstützung bot. Insgesamt 24 Abschußrampen für Mittelstreckenraketen vom Typ SS-4 und sechzehn Abschußrampen für Langstreckenraketen vom Typ SS-5 wurden auf den Weg gebracht, dazu je eine Rakete, eine Ersatzrakete und ein Sprengkopf – zusammen achtzig Raketen und vierzig Sprengköpfe. Begleitet wurden sie von 43 000 sowjetischen Soldaten, zur Hälfte Kampftruppen, daneben Versorgungseinheiten und Pioniere.[35] Bis Ende Oktober sollten alle Einrichtungen stationiert sein; dann wollte Chruschtschow noch mit Rücksicht auf die Position Kennedys die amerikanischen Kongreßwahlen am 6. November abwarten und danach den Präsidenten über das Fait accompli informieren.

Allem Anschein nach war er davon überzeugt, daß nach der geplanten Stärkung der sowjetischen Position rasche Verhandlungserfolge möglich sein würden. Seine Mitarbeiter beruhigte er mit dem Argument, »daß sich die Beziehungen zu den Vereinigten Staaten sogar verbessern würden, wenn sie erst einmal von der Existenz der Raketen erfahren hatten«[36]. Ende August teilte Botschafter Anatolij Dobrynin Außenminister Dean Rusk mit, die Sowjetregierung sei möglicherweise daran interessiert, sich mit den Amerikanern »an einen Tisch zu setzen und eine Regelung auszuarbeiten, durch die die Weitergabe von Atomwaffen an Länder, die bis jetzt noch keine Atommächte seien, verhindert werde«[37]. Die Raketenstationierung sollte die USA zwingen, die

Sowjetunion endlich ernst zu nehmen und die Verhandlungen über Arrangements auf der Basis des Status quo nicht wieder im Sande verlaufen zu lassen.

Angesichts solcher Aussichten zeigte sich Chruschtschow wenig beeindruckt, als Adenauer ihm Anfang Juni über Botschafter Smirnow vertraulich vorschlug, »für zehn Jahre eine Art Waffenstillstand« zu schließen: »Das würde bedeuten, die Dinge während dieser Zeitspanne so zu lassen, wie sie sich jetzt darböten. Allerdings müsse dafür gesorgt werden, daß die Menschen in der DDR freier leben könnten, als es jetzt der Fall sei.«[38] Die formelle Zurückstellung einer Wiedervereinigungspolitik, die angesichts der realen Machtverhältnisse keinen Rückhalt bei den Westmächten haben konnte, war zu wenig, um Moskau zu irgendwelchen separaten Vereinbarungen mit der Bundesrepublik bewegen zu können. Die Sowjetregierung ließ sich daher mit ihrer Antwort Zeit und fragte dann Anfang Juli nur zurück, ob die Bundesregierung jetzt direkte Verhandlungen über einen Friedensvertrag aufnehmen wolle. Das war natürlich nicht der Fall, und so verpuffte Adenauers Versuch, einer Verständigung der Weltmächte auf Kosten der Deutschen zuvorzukommen, ohne jede Wirkung.

Chruschtschows Kalkül konnte durchaus aufgehen. Als die amerikanische Führung Mitte Oktober von der Raketenstationierung auf Kuba erfuhr, meinte Verteidigungsminister Robert McNamara in einer ersten Analyse, das strategische Gleichgewicht zwischen den Weltmächten würde dadurch »überhaupt nicht« verändert. Kennedy pflichtete dem bei: »Es macht eigentlich keinen Unterschied, ob man eine Interkontinentalrakete auf den Kopf bekommt, die aus der Sowjetunion abgeschossen wurde, oder eine Rakete aus 150 Kilometern Entfernung.«[39] In der Tat war es nicht möglich, mit den vierzig Sprengköpfen, die auf Kuba stationiert wurden, einen Entwaffnungsschlag durchzuführen. Die Atomraketen taugten nur zur Abwehr von Maßnahmen, die die amerikanische Regierung entweder gar nicht plante oder längst aufgegeben hatte: einen Erstschlag oder eine Invasion auf der Zuckerinsel. Insofern hätte Kennedy also wie beim Mauerbau in Berlin das Fait accompli hinnehmen können, ohne wesentliche Interessen des Westens preiszugeben.

Problematisch war nur, daß er auf erste Gerüchte über eine mögliche Raketenstationierung auf Kuba am 4. September mit einer öffentlichen Warnung reagiert hatte, er werde keine Offensivraketen auf der Insel dulden. Er hatte das lediglich aus innenpolitischen Gründen getan, um der wieder einmal anschwellenden Kritik an seiner schwächlichen Haltung in der Kuba-Frage den Wind aus den Segeln zu nehmen. Daß die Sowjetunion tatsächlich »so etwas Verrücktes tun würde wie Atomwaffen auf Kuba zu stationieren«, hatte sich die Kennedy-Equipe schlicht nicht vorstellen können.[40] Entsprechende Warnungen von CIA-Chef John McCone, der eben dies aus der Installation eines Luftabwehrsystems auf der Insel und den außergewöhnlich zahlreichen sowjetischen Schiffstransporten nach Kuba schloß, waren als übertrieben abgetan worden.

In einer Pressekonferenz am 12. September hatte Kennedy noch deutlicher gewarnt: Wenn die Sowjetunion Kuba als »offensiven Militärstützpunkt von beträchtlicher Bedeutung benutzen sollte«, dann würden die Vereinigten Staaten tun, »was getan werden muß«, um ihre Sicherheit und die ihrer Verbündeten wiederherzustellen. Chruschtschow aber hatte auf diese Warnung nicht mehr reagieren können, nachdem er den Stationierungsbeschluß gegen Widerstände durchgesetzt hatte und die Installationen schon im Gange waren. Damit war eine Konfrontation ziemlich unausweichlich geworden. »Im letzten Monat hätte ich sagen sollen, daß es uns nichts ausmacht«, bekannte Kennedy in der Beraterrunde vom 16. Oktober, als Luftaufnahmen die Raketenstationierung auf Kuba zur unabweisbaren Gewißheit werden ließen. »Aber wenn wir gesagt haben, daß wir es *nicht* dulden werden, und dann probieren sie es doch, und wir unternehmen nichts dagegen, dann wächst das Risiko für uns. [...] Ich nehme an, das ist ebensosehr eine politische wie eine militärische Frage.«[41]

Nachdem sich ihm das Problem so stellte, neigte Kennedy mit der überwiegenden Mehrheit seiner Berater zunächst dazu, die Raketenstellungen durch einen Überraschungsangriff aus der Luft zu zerstören, noch ehe sie gefechtsbereit waren. Die Stabschefs und Pentagon-Staatssekretär Paul Nitze unterstützten ihn in dieser Option, ebenso der frühere Außenminister Dean Acheson und CIA-Chef McCone, zeitweilig auch Außenminister

Rusk. Als Adenauer später informiert wurde, drängte auch er auf eine Bombardierung.[42] Je länger die Beratungen in Washington andauerten, desto deutlicher wurden aber auch die Risiken, die mit einer solchen Operation verbunden waren: sowjetische Vergeltungsschläge etwa gegen die US-Raketen in der Türkei oder in Berlin, allgemeine Empörung über den amerikanischen Imperialismus, Belastung des Bündnisses mit den Europäern, die ohne Vorwarnung in große Gefahr gebracht würden. Infolgedessen fand Anklang, was McNamara am Abend des ersten Beratungstages vorschlug: *zunächst* nur eine Aufforderung an Chruschtschow, die Raketen zurückzuziehen, verbunden mit einer Seeblockade, die die weitere Zufuhr sowjetischer Raketen und Sprengköpfe unterband.

Als der CIA am 21. Oktober meldete, vier Raketenstellungen seien bereits gefechtsbereit, und die Generäle erklärten, es könne nicht bei einem bloß »chirurgischen« Luftangriff bleiben, entschied sich der Präsident definitiv, »mit einer Blockade zu beginnen«[43]. Am 22. Oktober gab er die Stationierung der Raketen auf Kuba in einer Fernsehansprache bekannt, brandmarkte sie als »eindeutige Bedrohung für den Frieden und die Sicherheit aller Amerikaner« und »provokative und ungerechtfertigte Änderung des Status quo« und forderte Chruschtschow auf, diese »Bedrohung im Interesse des Weltfriedens rückgängig zu machen.« Gleichzeitig kündigte er eine »strikte Seeblockade für jede Art von offensivem Militärmaterial« an und warnte vor einem »massiven Vergeltungsschlag gegen die Sowjetunion«, sollte von Kuba aus auch nur eine Rakete abgeschossen werden.[44]

Die Rede verfehlte ihren Eindruck weder beim amerikanischen Publikum noch bei den westlichen Verbündeten. In Moskau demonstrierte ein überraschter und aufgebrachter Chruschtschow zunächst Entschlossenheit: Kennedy wurde aufgefordert, die »massive Verletzung« der Freiheit der Meere zurückzunehmen, der Bau an den Raketenanlagen wurde beschleunigt. Dann schlug er am 24. Oktober ein Gipfeltreffen mit dem amerikanischen Präsidenten vor. Als Kennedy darauf nicht reagierte, ließ er jedoch in der Nacht zum 25. Oktober, von Mikojan entsprechend bedrängt[45], die Schiffe, die die Blockadelinie fast erreicht hatten, halt machen. Einen Vorschlag des stellvertretenden Außenministers Wassili Kusnezow, die Blockade mit neuem Druck auf West-Berlin zu beantworten, wies er als »noch so ein Abenteuer« scharf zurück.[46] Statt dessen ließ er sich vom Präsidium des ZK ermächtigen, den Abbau der Raketen anzuordnen, wenn die Amerikaner ihren Druck weiter aufrechterhalten sollten. Als Gegenleistung sollte dafür eine »Verpflichtung« eingehandelt werden, »Kuba nicht zu besetzen«[47].

Um in den Verhandlungen ein Maximum herauszuholen, wollte er freilich nicht so schnell beigeben. In seiner nächsten Botschaft nach Washington am Abend des 25. Oktober verstärkte er noch einmal seine Drohung: »Wir werden die Piratenakte amerikanischer Schiffe auf den Weltmeeren nicht tatenlos hinnehmen.« Am nächsten Morgen gewann er jedoch den Eindruck, nicht länger warten zu können. Die Geheimdienstberichte, die er routinemäßig studierte, enthielten zu viele Hinweise auf einen möglicherweise unmittelbar bevorstehenden Angriff auf die Insel.[48] Sichtlich beunruhigt, diktierte er umgehend einen Brief an Kennedy, in dem er weitschweifig und pathetisch an die Verantwortung des Präsidenten für den Weltfrieden appellierte: »Wir und Sie sollten jetzt nicht an den Enden des Seils ziehen, in das Sie den Kriegsknoten gebunden haben, denn je mehr wir beide daran ziehen, desto fester wird dieser Knoten.« Wenn sich die amerikanische Regierung verpflichte, auf eine Invasion Kubas zu verzichten, dann »entfiele die Notwendigkeit für die Präsenz unserer militärischen Berater auf Kuba«[49]. Gleichzeitig ließen zwei KGB-Vertreter Kennedy über einen amerikanischen Journalisten und UN-Generalsekretär U Thant ausrichten, gegen das Versprechen des Invasionsverzichts könnten die Raketen abgezogen werden.

In einer weiteren Botschaft am 27. Oktober, diesmal wegen der langen Dauer einer geheimen Übertragung öffentlich über Radio Moskau, sprach Chruschtschow die Bereitschaft zum Abzug der Raketen deutlicher aus: »Wir sind bereit, die Waffen, die Sie als offensiv betrachten, aus Kuba abzuziehen.« Gleichzeitig verlangte er aber als weitere Gegenleistung eine Erklärung, »daß die Vereinigten Staaten ihrerseits in Anbetracht der Sorgen und Ängste des Sowjetstaates die gleichartigen Waffen aus der Türkei abziehen werden«[50].

Eine Verständigung auf der Grundlage dieses beiderseitigen Raketenabzugs schien nicht unmöglich. Tatsächlich hatte Kennedy die fünfzehn Jupiter-Raketen, die seit 1959 am Südufer des Schwarzen Meeres stationiert worden waren, schon längst beseitigen wollen, weil sie ungenau, verletzlich und infolge der U-Boot- und Interkontinental-Raketen überflüssig geworden waren. Zum Schutz der Türkei sollten Polaris-U-Boote eingesetzt werden. Chruschtschow wußte das, und er hatte vor der Präsidiumssitzung vom 27. Oktober auch einen Leitartikel von Walter Lippmann vom 25. Oktober gelesen, in dem der Kennedy nahestehende Publizist genau diese Lösung für den Konflikt vorgeschlagen hatte.[51] Offensichtlich brachte ihn diese Nachricht auf die Idee, den Raketenabzug aus der Türkei als zusätzlichen Preis einzufordern. Damit ließ sich die Niederlage, der er entgegensah, wenigstens abmildern.

Indessen warnte Sicherheitsberater McGeorge Bundy, die Preisgabe der Raketen in der Türkei würde einen massiven Vertrauensverlust in allen verbündeten Ländern zur Folge haben, den sich die Vereinigten Staaten nicht leisten könnten. Die türkische Regierung, die pikanterweise auch gerade erst am 22. Oktober offiziell die Raketen übernommen hatte, war auch nicht bereit, die Rolle des Bauernopfers zu übernehmen. Kennedy entschloß sich daher, öffentlich nur auf Chruschtschows erstes Angebot einzugehen und seine Bereitschaft zum Entgegenkommen in der Türkei-Frage nur vertraulich zu signalisieren. Da die Stabschefs unterdessen mit Blick auf den raschen Fortschritt der Installationsarbeiten auf Kuba einen massiven Luftangriff mit gleichzeitiger Invasion innerhalb von 48 Stunden verlangten, verband er dieses Angebot mit einer dringenden Warnung: Chruschtschow müsse, wenn irgend möglich, innerhalb von 24 Stunden den Abzug der Raketen zusagen, ließ er seinen Bruder Robert am Abend des 27. Oktober Botschafter Dobrynin erklären; ansonsten könnten »drastische Konsequenzen« wohl nicht mehr vermieden werden. Er sei bereit, Chruschtschow in der Türkei-Frage entgegenzukommen, doch benötige man dazu innerhalb der NATO vier oder fünf Monate, und eine öffentliche Bekanntgabe dieser Verständigung dürfe es nicht geben.[52]

Kennedys Angebot war so geheim, daß noch nicht einmal die

Mitglieder seines Krisenstabs davon wußten.[53] Während die amerikanischen Streitkräfte angewiesen wurden, sich für den 30. Oktober bereit zu halten, und McNamara sich fragte, ob er wohl noch einen weiteren Samstag erleben werde, beauftragte der Präsident seinen Außenminister unter vier Augen, UN-Generalsekretär U Thant vertraulich darum bitten zu lassen, den gleichzeitigen Abzug der Raketen aus Kuba und der Türkei offiziell als UN-Initiative vorzuschlagen. Sollte Chruschtschow bis zum 30. nicht in der verlangten Weise reagiert haben, wollte Kennedy dann diesen Vorschlag in einer öffentlichen Erklärung akzeptieren und damit die Meinung der Weltöffentlichkeit gegen das Drängen der Sicherheitsfachleute in die Waagschale werfen.[54]

Chruschtschow verstand Kennedys Botschaft freilich so, daß er wirklich »unter starkem Druck der Militärs« stand[55] und daß es daher höchste Zeit war, zu den angebotenen Bedingungen einzulenken. Am Morgen des 28. Oktober, einem Sonntag, schickte er dem Präsidenten über den geheimen Kanal Dobrynin – Robert Kennedy eine »dringende Antwort«: Was Robert Kennedy im Auftrag des Präsidenten geäußert habe, finde »in Moskau Verständnis«; die Botschaft des Präsidenten werde über Radio beantwortet werden, und diese Antwort werde »höchst positiv« ausfallen. Gegen den Abbau der Raketenstellungen auf Kuba gebe es »keine Einwände«[56]. Der Brief, den ein Sprecher von Radio Moskau um 9 Uhr Washingtoner Zeit verlas, begann mit einem Lob des Präsidenten: »Ich habe Ihre Mitteilung vom 27. Oktober erhalten und möchte meine Befriedigung ausdrücken über Ihr Augenmaß und Ihr Wissen um die Verantwortung für den Weltfrieden, die Sie jetzt tragen.« Dann wurde der Abbau der Raketenstellungen mit Kennedys Zusicherung begründet, auf eine Invasion Kubas zu verzichten: »Dadurch sind die Gründe, die uns zur Hilfe für Kuba bewogen haben, hinfällig geworden.« Die amerikanische Gegenleistung in der Türkei wurde, wie Robert Kennedy es eindringlich verlangt hatte, mit keinem Wort erwähnt.[57]

Noch am gleichen Tag begannen die sowjetischen Soldaten auf Kuba mit dem Abbau der Raketenstellungen. Als sich Robert Kennedy am 30. Oktober weigerte, einen vertraulichen Brief Chruschtschows an seinen Bruder entgegenzunehmen, in dem der Generalsekretär die Verbindung zwischen dem Raketenabzug von Kuba und dem Abbau der Raketenstellungen in der Türkei explizit ansprach (»Wenn ein solches Dokument auftaucht, könnte das meiner zukünftigen politischen Karriere irreparablen Schaden zufügen«[58]), akzeptierte Chruschtschow auch dies. Castro, der die Nachricht vom sowjetischen Rückzug mit großer Verbitterung aufnahm, wurde zur Zurückhaltung ermahnt; seine Aufforderung vom 26. Oktober, den vermutlich bevorstehenden amerikanischen Luftangriff nötigenfalls mit einem Atomschlag zu beantworten, verwarf Chruschtschow als »unkorrekt«: »Es ist absolut unmöglich, eine derart wichtige Frage mechanisch zu behandeln und Atomwaffen einzusetzen, ohne nach anderen Mitteln Ausschau zu halten.«[59] Die Sowjetregierung war nicht bereit – und sie sagte es Castro jetzt mit der gebotenen Deutlichkeit –, zur Verteidigung der kubanischen Revolution einen Atomkrieg zu riskieren.

Die Bereinigung der Krise zog sich noch etwas hin, weil Mitspieler auf beiden Seiten Schwierigkeiten machten. Die amerikanischen Stabschefs waren über den Verzicht auf den Luftangriff geradezu entsetzt. Um sie zu beruhigen, schob Kennedy am 3. November noch eine Forderung nach: Er verlangte jetzt zusätzlich zum Abbau der Raketen auch noch den Abzug des Dutzends sowjetischer Abfangjäger vom Typ Iljuschin 28, die auf Kuba stationiert waren. Dem stimmte Chruschtschow mit Rücksicht auf die kubanischen Verbündeten nicht gleich zu. Erst als die amerikanische Seite die geheime Vereinbarung zu Kuba aufzukündigen drohte, akzeptierte der Sowjetchef am 20. November auch diese Bedingung. Kennedy gab daraufhin die Aufhebung der Blockade bekannt.

Eine gemeinsame Erklärung zur Beilegung der Krise kam aber auch weiterhin nicht zustande, weil Castro sich weigerte, UN-Inspektoren auf die Insel zu lassen, die den Raketenabbau kontrollieren sollten. Die amerikanische Regierung mußte sich daher mit einer Fortführung der Luftaufklärung begnügen, und die sowjetische Seite mußte sie notgedrungen über sich ergehen lassen. Gleichzeitig konnte sich Kennedy eine Hintertür offenhalten, was seine Zusage betraf, in Kuba nicht zu intervenieren: In seiner Erklärung vom 20. November machte er sie davon abhängig, daß die kubanische Regierung »angemessene Verifizierungs- und Sicherheitsmaßnahmen« ermöglichte und auf einen »Export der Revolution« verzichtete. Verdeckte Operationen gegen das Castro-Regime blieben ohnehin weiter möglich, und sie wurden von der Regierung auch weiterhin gebilligt. Nach vergeblichen Versuchen, die beiderseitigen Verpflichtungen doch noch zu präzisieren, baten die Vertreter der beiden Weltmächte im Januar 1963 den UN-Generalsekretär am 7. Januar 1963 in einem gemeinsamen Brief, die Kuba-Thematik von der Tagesordnung des Sicherheitsrates abzusetzen.

So konnte sich Kennedy der amerikanischen Öffentlichkeit als entschlossener und zugleich verantwortungsvoller Verteidiger westlicher Interessen präsentieren, während Chruschtschow blockintern nur wenig zur Rechtfertigung seiner Aktion vorzuweisen hatte. Der sowjetische Vorstoß erschien einmal mehr überdimensioniert, Kennedys Mitverantwortung für die Entstehung der Krise blieb im dunkeln. Ebenso erschien die Kriegsgefahr größer, als sie tatsächlich war; daß sie von den Angriffsabsichten der amerikanischen Militärs und ihrer Unterstützer ausging, wurde ebenso wenig deutlich wie die Rolle des Zusammenspiels von Chruschtschow und Kennedy bei ihrer Beilegung. Die Solidarität zwischen den beiden Verantwortungsträgern, die sich dabei entwickelte, konnte dem Ausbau der Ost-West-Kooperation nur dienlich sein. Aufgrund des vertraulichen Charakters ihrer Zusammenarbeit war sie jedoch nur in beschränktem Maße nutzbar.

Heißer Draht und Teststopp-Abkommen

Angesichts des geringen Erfolges, den Chruschtschow als Ergebnis seiner Kuba-Aktion vorweisen konnte, war es erstaunlich genug, daß er überhaupt wieder Bewegung in die laufenden Ost-West-Verhandlungen brachte. Am 19. Dezember 1962 rückte er in einem Schreiben an Kennedy von der Weigerung ab, unabhängige Kontrollen des Verbots unterirdischer Atomtests zuzulassen. »Zwei bis drei« Inspektionen pro Jahr wollte er jetzt wieder zulassen, soviel, wie er sich im Sommer 1960 vom Präsidium des

ZK hatte genehmigen lassen. Damit sollte der tote Punkt in den Verhandlungen überwunden werden, und daran sollten sich weitere Vereinbarungen anschließen – »auf der Basis vollständiger Gleichheit und unter sorgfältiger Beachtung der wechselseitigen Interessen«[60].

Kennedy war jedoch nicht bereit, Chruschtschow soweit entgegenzukommen. Der amerikanische Chefunterhändler in Genf beharrte auf sieben Inspektionen pro Jahr, Kennedy bezeichnete sechs als »absolute Obergrenze«[61]. Ein Abkommen, das weniger Inspektionen vorsah, würde der Kongreß, glaubte er, nicht ratifizieren. Vermutlich hatte er damit auch recht: Angesichts der feindlichen Stimmung der Militärs, die sich um ihren Sieg über das Castro-Regime gebracht sahen, und des selbstgeschaffenen Bildes amerikanischer Stärke war wenig Verständnis für eine Regelung zu erwarten, die so deutlich hinter den bisherigen Forderungen der amerikanischen Seite zurückblieb.

Freilich vergab er damit auch eine Chance. Im Februar 1963 geriet Chruschtschow stärker unter Druck. Den Chinesen wurde ein Versöhnungstreffen angeboten, eine Kampagne gegen die kulturelle Avantgarde setzte ein, der Rüstungsetat wurde abermals ausgeweitet, und Frol Koslow, zuvor ein Parteigänger Chruschtschows, schickte sich an, die Ein-Mann-Herrschaft des Partei- und Regierungschefs zu beenden.[62] Unter diesen Umständen kam Chruschtschow nicht mehr umhin, die Teststopp-Verhandlungen in Genf abzubrechen. Als Ende März aufgrund einer amerikanischen Initiative neue Gespräche zwischen Dean Rusk und Botschafter Dobrynin über die Deutschland- und Berlin-Problematik begannen, beharrte die sowjetische Seite nicht nur auf der Forderung nach einem Friedensvertrag, sondern auch auf der Umwandlung West-Berlins in eine »Freie Stadt«.

Nachdem Koslow am 11. April durch einen Herzinfarkt oder Schlaganfall ausfiel, zeigte die Sowjetregierung wieder größeres Entgegenkommen. Gegen Ende des Monats erklärte Chruschtschow in einem Gespräch mit Kennedys Sonderbeauftragtem Averell Harriman, das Berlin-Problem sei aus seiner Sicht mit dem Bau der Mauer gelöst worden, sogar besser, als dies mit einem Friedensvertrag der Fall gewesen wäre.[63] Im Mai ließ Botschafter Smirnow Bundeskanzler Adenauer wissen, Moskau sei jetzt auch unabhängig von dem Projekt des Friedensvertrags zu Direktverhandlungen über die Bonner Vorstellungen bereit. An Kennedy schrieb Chruschtschow, er würde Verhandlungen über ein umfassendes Atomtest-Abkommen akzeptieren, doch müßten seismographische Überwachungen genügen.[64] Am 20. Juni unterzeichneten Vertreter der Sowjetunion und der Vereinigten Staaten in Genf eine Übereinkunft über eine Direktverbindung zwischen den beiden Regierungschefs: eine Telexverbindung über Helsinki, Stockholm, Kopenhagen und London, ergänzt durch eine ständige Funkverbindung über Tanger, die die Übermittlung dringender Botschaften sicherstellen sollte. (Später wurde sie durch eine satellitengestützte Telefonverbindung abgelöst.)

Vergeblich versuchte die Kennedy-Administration, Chruschtschow darüber hinaus zur Rückkehr zu einem umfassenden Testverbot zu bewegen. Averell Harriman, der als Leiter einer amerikanischen Delegation vom 15. Juli an mit britischen und sowjetischen Vertretern in Moskau über die neuerliche Initiative verhandelte, brachte dazu sowohl eine verstärkte Zusammenarbeit bei der Eindämmung Chinas als auch einen Verzicht auf das Projekt der multilateralen Atomstreitmacht der NATO ins Gespräch. Chruschtschow beharrte jedoch darauf, daß jede Inspektion von den Westmächten zur Spionage benutzt werden könnte. So konnte schließlich nur ein Testverbotsvertrag paraphiert werden, der unterirdische Atomtests aussparte und damit eine Verständigung über Kontrollinspektionen erübrigte. Kennedy, der ursprünglich zur Unterzeichnung des Vertrages nach Moskau kommen wollte, hielt ein Gipfeltreffen aus diesem Anlaß nun nicht mehr für angemessen.

In der Tat konnte das Atomtest-Abkommen, das von den Außenministern Großbritanniens, der USA und der Sowjetunion am 5. August 1963 unterzeichnet wurde, das atomare Wettrüsten nicht wirklich beschränken. Die radioaktive Verseuchung der Atmosphäre durch die oberirdischen Tests ging zwar zurück, doch blieben Wege zur beständigen Verfeinerung der atomaren Technologie offen. Frankreich und China konnten nicht dazu gebracht werden, dem Abkommen beizutreten. Dagegen schlossen sich über hundert weitere Staaten dem Abkommen an, darunter die DDR und die Bundesrepublik – letztere nach heftigen Unmutsbekundungen Adenauers, der das neue Hindernis auf dem Weg zur Atommacht ebenso verabscheute wie die implizite Anerkennung der DDR, die mit deren Beitrittserklärung verbunden war.

Begleitet wurde das Atomteststopp-Abkommen von einer stärkeren Artikulation des Entspannungsthemas in der Öffentlichkeit. Am 10. Juni forderte Kennedy seine Landsleute in einer Rede an der American University in Washington auf, ihre Einstellung zur Sowjetunion und zum Kalten Krieg »noch einmal zu überdenken«: Angesichts der Gefahr der Auslöschung der Menschheit könne man nicht warten, bis die Sowjets bereit seien, sich neuen Ideen zu öffnen; er hoffe vielmehr, »das wird bald geschehen, und ich glaube, wir können ihnen dabei helfen«[65]. Fünf Wochen später erregte Egon Bahr, der Pressesprecher von West-Berlins Regierendem Bürgermeister Willy Brandt, mit einer Rede Aufsehen, in der er die Hoffnung artikulierte, eine Anerkennung der kommunistischen Sicherheitsbedürfnisse werde zur »Auflockerung der Grenzen und der Mauer« führen; er nannte das »Wandel durch Annäherung«[66]. Chruschtschow rief nach der Vertragsunterzeichnung dazu auf, nach dem Scheitern des »Geistes von Genf« und des »Geistes von Camp David« »einen neuen Geist [zu] schaffen – den Geist von Moskau«[67].

Gleichzeitig wurde die Krise um Berlin mehr oder minder stillschweigend beigelegt. In den Gesprächen mit der Kennedy-Administration konzentrierten sich die sowjetischen Vertreter auf die Forderung nach einem Friedensvertrag auf der Grundlage des Status quo; von der »Freien Stadt« West-Berlin war nicht mehr die Rede. Forderungen der DDR-Regierung nach Einführung einer Ausweispflicht für westliche Militärangehörige, Beteiligung von DDR-Vertretern an der alliierten Luftsicherungszentrale und Einschränkung des »mißbräuchlichen« zivilen Luftverkehrs nach West-Berlin wurden als »nicht durchsetzbar« zurückgewiesen. Am 18. Juli 1963 erklärte Wladimir Semjonow als stellvertretender Außenminister einer DDR-Delegation, daß es keinen Separatfriedensvertrag mit der DDR geben werde: »Ein deutscher Friedensvertrag muß her.«[68]

Kennedy und Rusk antworteten ihren sowjetischen Gesprächspartnern, daß ein Friedensvertrag, der die DDR legitimierte, mit Rücksicht auf die Haltung der Bundesrepublik und Frankreichs »noch nicht« auf der Tagesordnung stünde. Eine Verbesserung der Beziehungen sei aber möglich, und da werde sich auch der bevorstehende Rücktritt Adenauers als hilfreich erweisen.[69] Dann regten sie weitere Felder der Zusammenarbeit an: weitere Sicherheitsvorkehrungen gegen einen Überraschungsangriff, Zusammenarbeit in der Raumfahrt, Intensivierung des Handels, wechselseitige Truppenreduzierungen. Chruschtschow griff das Gesprächsangebot auf und führte es weiter. Auch über die Nichtweiterverbreitung von Atomwaffen müsse geredet werden, meinte er in einem Brief vom 10. Oktober, ebenso über ein Verbot von Atomwaffen im Weltraum, atomwaffenfreie Zonen in verschiedenen Regionen und über den Abschluß eines »Nichtangriffspakts zwischen den Ländern der NATO und den Mitgliedsstaaten des Warschauer Pakts«[70]. Robert Kennedy ließ daraufhin Botschafter Dobrynin am 15. November vertraulich wissen, eine erneute Begegnung zwischen den beiden Spitzenpolitikern »würde nützlich sein«, wenn sie sich für zwei oder drei Tage treffen und »in Ruhe alles besprechen« könnten.[71]

Kennedys Ermordung am 22. November 1963 unterbrach diesen Anlauf zur schrittweisen Verbesserung der Beziehungen. Chruschtschow brach, glaubt man dem Bericht seines Schwiegersohns Alexej Adschubej, in Tränen aus, als er von den tödlichen Schüssen in Dallas erfuhr.[72] Die ›Prawda‹ würdigte in einem Nachruf »Kennedys Schritte zur Klärung der internationalen Lage«. Die grundsätzliche Orientierung auf eine Verständigung auf der Grundlage des Status quo konnte jedoch auch durch diesen Rückschlag nicht mehr rückgängig gemacht werden.

Kapitel 4

Visionen auf dem Weg

L yndon B. Johnson, der als bisheriger Vizepräsident sogleich nach Kennedys Ermordung auf das Präsidentenamt verei-
digt wurde, gedachte die Entspannungspolitik seines Vorgängers fortzusetzen. Eigentlich war er kein Außenpolitiker, sondern vorwiegend an der Fortführung der Gesellschaftsreform Frank-lin Roosevelts interessiert, und aus einem elementaren Antikom-munismus heraus hatte er in den Tagen der Kuba-Krise zu den Befürwortern eines Luftangriffes auf die Zuckerinsel gezählt. Doch empfand er jetzt die Verpflichtung zur Kontinuität und glaubte seit dem Ausgang der Kubakrise, in Moskau mit realisti-schen Politikern zu tun zu haben, mit denen sich Vereinbarungen zum beiderseitigen Nutzen treffen ließen. Mikojan gegenüber, den Chruschtschow zur Beerdigung des ermordeten Präsidenten nach Washington geschickt hatte, versicherte er in einem vertrau-lichen Gespräch, er sei über die Verbesserungen in den amerika-nisch-sowjetischen Beziehungen »auf dem laufenden« und stimme »völlig mit der Politik von Präsident Kennedy überein«[1].

Von Chruschtschow zu Breschnew

Allerdings mangelte es Johnson an Selbstvertrauen und Tatkraft, wie sie notwendig gewesen wären, um nach dem zaghaften Dia-log im Anschluß an die Kuba-Krise große Durchbrüche zu erzie-len. Die operative Außenpolitik überließ er seinen Mitarbeitern, insbesondere Außenminister Dean Rusk, und dieser hielt sich mit politisch riskanten Initiativen zurück. Im Dezember 1963 zeigte Johnson Interesse, den Gipfeltermin mit Chruschtschow wahrzunehmen, den Robert Kennedy für seinen Bruder ange-bahnt hatte. Als Rusk dagegen geltend machte, daß die Verhandlungen noch nicht weit genug gediehen seien, um substantielle Ergebnisse präsentieren zu können, ließ er sich von dem Vorhaben jedoch wieder abbringen.[2] Vor den Präsidentschaftswahlen im Herbst 1964 sollte es mit Rücksicht auf die konservativen Wähler keine allzu spektakulären Initiativen geben.

Immerhin machte Johnson Ludwig Erhard, der im Oktober 1963 Adenauer als Bundeskanzler abgelöst hatte, bei dessen Antrittsbesuch Ende Dezember deutlich, daß die Bundesrepublik im Interesse des Friedens »eine gewisse Stärkung [...] der bestehenden Lage in Ostdeutschland« hinzunehmen hätte.[3] Eine Bonner Initiative zur Etablierung eines Vier-Mächte-Gremiums zur Behandlung der deutschen Frage wurde als »nicht zweckmäßig« zurückgewiesen, und im Frühjahr 1964 drängte der amerikanische Präsident die Bundesregierung sogar öffentlich, der Sowjetunion um der Entspannung willen »mehr als auf halbem Wege« entgegenzukommen und an der Entspannungspolitik gegenüber den osteuropäischen Staaten konstruktiv mitzuwirken.[4] Gemeinsam unterstützten Washington und Moskau das neutrale Indien gegen eine Wiederholung der chinesischen Aggression vom Oktober 1962, gemeinsam arbeiteten sie an der Einhaltung der Neutralitätsabkommen für Laos und Kambodscha, und beide hielten sich gleichermaßen von der Einmischung in die Politik der »blockfreien« Nationen fern.

In der Abrüstungsfrage wollte Johnson dagegen vor den Wahlen nicht über eine Vereinbarung zur Beschränkung der Produktion von spaltbarem Material hinausgehen, die Mitte April getroffen wurde. Wiederholte Appelle Chruschtschows, darüber hinaus das Problem der wechselseitigen Truppenreduzierungen in Europa in Angriff zu nehmen, überging er mit freundlichem Stillschweigen. Statt dessen ließ er Rusk, Bundy und McNamara weiter am Projekt einer »multilateralen NATO-Atomstreitmacht für Europa« (MLF) arbeiten, das den atomaren Ambitionen der europäischen Verbündeten vorbeugen sollte und seit de Gaulles Veto gegen einen Beitritt Großbritanniens zur EWG Anfang 1963 an Dringlichkeit gewonnen hatte. Nachdem zuvor eine Reihe anderer Varianten diskutiert worden war, sah die amerikanische Planung jetzt die Schaffung einer Flotte aus 25 Schiffen vor, die mit je acht Polaris-Atomraketen bestückt werden und von gemischten Mannschaften aus den beteiligten Ländern bedient werden sollten. Sie sollte unter dem Kommando des NATO-Oberbefehlshabers für Europa stehen; die Mitgliedsländer sollten bei der Erarbeitung ihrer Einsatzstrategie mitreden können und über ein Vetorecht bei ihrem Einsatz verfügen. Das versprach, die Glaubwürdigkeit der amerikanischen Nukleargarantie für das westliche Europa zu stärken, eröffnete den Verbündeten aber auch eine gewisse Aussicht auf nukleare Mitwirkung und rief damit einmal mehr die Angst der Sowjetunion vor einem Zugriff der Bundesrepublik auf die Atomwaffe auf den Plan.

Entsprechend konzentrierte Chruschtschow seine Anstrengungen seit dem Frühjahr 1964 auf den Dialog mit der Bonner Regierung. Ulbricht, der mit der Forderung nach einer »Konferenz der vier Mächte zu Fragen der Sicherung des Friedens in Deutschland« und einer »Volksabstimmung in beiden deutschen Staaten und in Westberlin« den Kurs auf eine Anerkennung der DDR forcieren wollte, wurde dargelegt, »daß die Politik des gegenseitigen Beispiels jetzt wichtiger wäre als die Anerkennung eines Staates«[5]. Von Ulbrichts Anregungen wurde lediglich die Idee eines »Freundschaftsvertrages« zwischen der DDR und der Sowjetunion aufgegriffen. Chruschtschow setzte aber durch, daß in dem am 12. Juni 1964 in Moskau unterzeichneten Vertrag ausdrücklich auf das Potsdamer Abkommen von 1945 Bezug genommen und damit die Viermächte-Verantwortung für Deutschland bestätigt wurde, deren Fortdauer er bei der Formulierung des Berlin-Ultimatums bestritten hatte. Im übrigen mußte der Freundschaftsvertrag als Grundlage für eine Normalisierung des Verhältnisses zur Bundesrepublik genügen.

Gegenüber Bonn deutete Chruschtschow im März 1964 Interesse an einem Treffen auf höchster Ebene an. Als Erhard mit der Zusicherung einer Einladung, falls der Kremlchef ein Gespräch für nützlich halte, nur verhalten reagierte, wurde Alexej Adschubej als Wegbereiter mobilisiert. Dieser hatte es als Schwiegersohn Chruschtschows zum Chefredakteur der Regierungszeitung ›Iswjestija‹ gebracht und verfügte über Kontakte zu einem deutschen Moskau-Korrespondenten, die sich politisch nutzen ließen. Mit der Ankündigung, daß er »Wichtiges von Herrn Chruschtschow zu sagen« habe[6], erwirkte er nicht nur eine Einladung zu einem Besuch von zwei westdeutschen und einer süddeutschen Regionalzeitung, sondern auch zu einem Gespräch mit dem Bundeskanzler.

In den Gesprächen mit den Journalisten in der letzten Juliwoche lockte Adschubej mit der Andeutung, daß sich hinsichtlich des Einschlusses West-Berlins in bilaterale deutsch-sowjetische Handels- und Kulturabkommen »pragmatische Regelungen« denken ließen und daß man mit Chruschtschow über die »deutsche Frage« reden könne. Ganz vertraulich ließ er sogar fallen, das Problem Ulbricht werde sich in zwei bis drei Jahren von selbst erledigt haben, da dieser offensichtlich an Krebs leide. Erhard gegenüber machte er deutlich, daß es keinen Sinn habe, die Wiedervereinigung zu thematisieren. Als dieser entgegenhielt, Moskau solle die Ost-Berliner Machthaber wenigstens zu menschlichen Erleichterungen für die Bevölkerung der DDR drängen, gestand er aber zu, daß sich darüber reden ließe.

Adschubejs Mission war insofern erfolgreich, als Erhard seine Einladung an Chruschtschow nun ohne jeden Vorbehalt wiederholte. Ende August beriet der sowjetische Partei- und Regierungschef die bevorstehende Initiative sichtlich gut gelaunt in Prag mit Vertretern der tschechoslowakischen und der polnischen Regierung. Dann nahm er am 2. September die Einladung des Bundeskanzlers offiziell an, und in Bonn begann man zu diskutieren, zu welchem Termin der Besuch am günstigsten stattfinden sollte.

Bevor darüber eine Einigung erzielt werden konnte, sah sich Chruschtschow jedoch mit einem Mal aller seiner Ämter beraubt. Am 12. Oktober wurde er vom Parteiideologen Michail Suslow aus dem Urlaub auf der Krim zu einer Sitzung des Präsidiums nach Moskau gerufen. Dort eröffnete man ihm, daß er aufgrund seines erratischen Verhaltens und seiner vielen Fehler nicht länger würdig sei, Partei und Regierung zu führen. Nachdem sich allein Mikojan für seine Verwendung auf einem nachgeordneten Posten eingesetzt hatte, gab Chruschtschow den Widerstand gegen seine Absetzung auf. Am Morgen des 14. Oktober verabschiedete das Präsidium eine Resolution, die ihn des »Verstoßes gegen die leninistische Norm der kollektiven Führung« bezichtigte und seinen Rücktritt aus Alters- und Gesundheitsgründen als angenommen erklärte. Das nunmehr zusammengerufene Zentralkomitee bestätigte die Entscheidung und bestimmte »einmütig« Leonid Breschnew, als ZK-Sekretär bislang für die Leitung der Rüstungsindustrie zuständig, zum neuen Generalsekretär sowie den Wirtschaftsfachmann Alexej Kossygin, bislang stellvertretender Regierungschef, zum Ministerpräsidenten.

In dem Sündenregister, das zur Rechtfertigung für Chruschtschows Sturz herhalten mußte, wurden neben dem Versagen bei der Organisation der Landwirtschaft und der Industrie auch außenpolitische Fehlleistungen aufgelistet: Schädigung der Beziehungen zu China, der Bau der Berliner Mauer, die Entscheidung, Atomraketen auf Kuba zu stationieren und sie dann wieder abzuziehen, schließlich das forcierte Zugehen auf Erhard, am Moskauer Außenministerium und an Walter Ulbricht vorbei. Chruschtschows Schwiegersohn, führte Suslow vor dem Zentralkomitee aus, habe im Zuge der allgemeinen Vetternwirtschaft »die Rolle eines zweiten Außenministers übernommen, sich auf höchster Ebene in diplomatische Angelegenheiten eingemischt und Botschafter in Verwirrung gesetzt. Bei seinem Besuch in der Bundesrepublik Deutschland habe er sich geringschätzig über Walter Ulbricht geäußert, so daß die DDR nur mit Mühe beschwichtigt werden konnte.«[7]

Die wahren Gründe für den Machtwechsel im Kreml waren jedoch persönlicher Natur. Breschnew und Kossygin fürchteten, bei dem für November 1964 geplanten Plenum des Zentralkomitees durch jüngere Kräfte abgelöst zu werden – im Gespräch waren neben Adschubej Rundfunkchef Michail Charmalow und auch schon der frühere Botschafter in Ungarn, Juri Andropow.[8] Um dem zuvorzukommen, suchten sie seit dem Frühjahr 1964 heimlich Verbündete; und da sich allenthalben Groll über die einsamen Entscheidungen des Bauernsohns aus der Ukraine angesammelt hatte, waren sie damit schließlich erfolgreich. Als Chruschtschow Ende September vor dem Komplott gewarnt wurde, gab er sich damit zufrieden, daß Mikojan ihm nach einem Gespräch mit dem Informanten versicherte, er brauche sich keine Sorgen zu machen. Daß die Verschwörer anders als 1957 die Mitglieder des Zentralkomitees systematisch bearbeiteten, entging ihm völlig.

Mit dem Machtwechsel war darum kein grundsätzlicher Richtungswechsel verbunden – schon gar nicht in der Außenpolitik, die Breschnew ebenso fremd war wie Kossygin. Gromyko, der von der Notwendigkeit einer Verbesserung der Beziehungen zu den USA überzeugt war, blieb Außenminister; und da sich Breschnew in seiner begrenzten Kenntnis ihm ganz anvertraute, blieb auch die außenpolitische Grundlinie die gleiche. Schon am 16. Oktober erhielt Johnson eine vertrauliche Botschaft, die Kontinuität in der Entspannungspolitik zusicherte; und am 3. November, während die Wahl Johnsons zum regulären Präsidenten noch in Gang war, bekundete die Sowjetregierung in einer weiteren Botschaft ihr Interesse an umfassenden Verhandlungen über Abrüstung und Sicherheit in Europa.[9] Als Gromyko dem Politbüro (wie das oberste Entscheidungsgremium jetzt wieder hieß) zwei Jahre nach dem Machtwechsel ein Grundsatzpapier zur Außenpolitik redigierte, redete er einer Wiederaufnahme des »sowjet-amerikanischen Dialogs in weitaus größerem Umfang« das Wort und bestätigte Chruschtschows Überzeugung, daß der Sieg des Sozialismus in erster Linie von der Erringung wirtschaftlicher Überlegenheit abhing: »Die Konzentration unserer Anstrengungen auf innere Angelegenheiten steht in völligem Einklang mit Lenins Wort, daß der schließliche Sieg des Sozialismus über den Kapitalismus durch die Schaffung einer neuen, viel höheren Arbeitsproduktivität herbeigeführt werden wird.«[10]

Einen Einschnitt bedeutete Chruschtschows Sturz nur insofern, als die Gestaltung der Außenpolitik jetzt wie auf der amerikanischen Seite elf Monate zuvor in die Hand der Zuarbeiter überging, die zwar weniger impulsiv waren als Kennedy und insbesondere Chruschtschow, dafür aber auch allein schon aufgrund ihrer nachgeordneten Position weniger risikofreudig und weniger innovativ. Im Falle der neuen Moskauer Equipe kam erschwerend hinzu, daß Breschnew in ideologischen Fragen ganz dem unbeweglichen Ideologie-Bürokraten Suslow vertraute und ungeklärte Machtfragen die Handlungsfähigkeit weiter einschränkten. Kossygin konnte als reformorientierter Pragmatiker aufgrund seiner Kompetenz durchaus Einfluß gewinnen, mußte aber auch häufig hinter dem oberflächlichen Lebemann Breschnew zurückstehen, der wiederum vom Konsens seiner Mitverschwörer abhängig blieb.

Vietnam-Krieg und Wettrüsten

Der Verlust an Dynamik in der sowjetischen Entspannungspolitik wurde sogleich bei der Behandlung der deutschen Frage deutlich. Nachdem Suslow und Breschnew schon vor Chruschtschows Sturz, beide in Reden am 6. Oktober, politische Geschäfte auf Kosten der DDR kategorisch ausgeschlossen hatten, unterrichtete Breschnew die Ost-Berliner Führung am 15. Oktober höchstpersönlich über die Moskauer Ereignisse. An einer Wahrnehmung der Einladung von seiten der Bundesrepublik, die Chruschtschow gegolten hatte, zeigte die neue Führung kein Interesse, so daß Chruschtschows Initiative ohne jede Wirkung verpuffte. Bonn konnte an der selektiven Ostpolitik festhalten, die, schon unter Adenauer eingeleitet und hauptsächlich von Außenminister Gerhard Schröder geprägt, auf Isolierung der DDR zielte und sich tatsächlich nur im Abschluß von Handelsverträgen mit – in dieser Reihenfolge – Polen, Rumänien, Ungarn und Bulgarien niederschlug.

Noch deutlicher zeigte sich die Unfähigkeit der Breschnew-Equipe, über bestimmte ideologische Schatten zu springen, bei dem Konflikt in Vietnam. Hier hatte sich Kennedy im November 1961 entschieden, den Kampf des Diktators Ngo Dinh Diem gegen kommunistische und andere Partisanen, die von dem kommunistischen Regime in Nordvietnam unter Ho Chi Minh unterstützt wurden, durch die Entsendung von einigen tausend amerikanischen »Militärberatern« mitzutragen; und Johnson hatte daraus, während im Süden diverse Putschisten einander ablösten, einen regelrechten Krieg unter amerikanischem Kommando werden lassen, der auch Angriffe auf Ziele im Norden einschloß. Am 1. Februar 1964 begannen Operationen gegen militärische Küstenstellungen im Norden mit amerikanischer Unterstützung, und nachdem dabei ein amerikanischer Zerstörer in der Nacht vom 2. zum 3. August 1964 von nordvietnamesischen Schiffen im Golf von Tonking beschossen worden war, ordnete Johnson einen ersten Bombenangriff auf Nordvietnam an. Schematischer Antikommunismus und naives Vertrauen in die technologische Überlegenheit der amerikanischen Streitkräfte zogen ihn immer mehr in einen Krieg hinein, dessen Sinn nicht zu erkennen war.

Chruschtschow verfolgte diese Entwicklung mit wachsender Sorge. Anfänglich hatte er die Nordvietnamesen in »brüderlicher Solidarität« mit Waffenlieferungen unterstützt. Als der amerikanische Kongreß aber den Präsidenten nach dem Tonking-Zwischenfall offiziell zu »allen notwendigen Maßnahmen« gegen »bewaffnete Angriffe« aus dem Norden ermächtigte, drängte er die nordvietnamesische Führung in Hanoi insgeheim, von der »Befreiung« des Südens abzulassen. Eine Bitte um erneute Militärhilfe beschied er abschlägig und riet den nordvietnamesischen Genossen statt dessen, doch lieber dem Appell des UN-Sicherheitsrates zu folgen, der Verhandlungen zwischen Hanoi und Saigon vorgeschlagen hatte.[11]

Die Breschnew-Equipe hingegen nahm die Waffenlieferungen wieder auf. Kossygin reiste Anfang Februar 1965 mit Luftwaffengenerälen und Wirtschaftsexperten nach Hanoi und wurde dabei Zeuge einer weiteren Eskalation des Konflikts. Auf einen Überraschungsangriff auf amerikanische Militäreinrichtungen, den die Vietcong-Truppen just zu diesem Zeitpunkt verübten, reagierte Johnson mit weiteren Bombenangriffen auf Nordvietnam. Als Dean Rusk Anfang Mai einen Versuch unternahm, den Krieg doch noch zu stoppen – er schlug Moskau vertraulich eine gemeinsame Aktion vor, die Nordvietnam Schutz vor amerikanischer Aggression und Südvietnam Schutz vor nordvietnamesischer Aggression garantierte –, verweigerte die Moskauer Führung ihre Hilfe. Breschnew zeigte wohl Interesse an einer solchen Aktion, die einer Verschlechterung der amerikanisch-sowjetischen Beziehungen vorzubeugen versprach. Als ihm aber Gromyko deutlich machte, daß die Führung in Hanoi für eine Vermittlung nicht zu haben war, ließ er es dabei bewenden. Washington wurde nur mitgeteilt, daß sich die Sowjetunion an Verhandlungen über Vietnam nicht beteiligen werde.[12]

So weitete Johnson das amerikanische Expeditionskorps in Südvietnam immer mehr aus: von 40 000 Mann im Mai 1965 (mehr als doppelt soviel wie zu Beginn seiner Amtszeit) auf 275 000 im Juli und 443 000 im Dezember. Im Juni 1966 umfaßte es 542 000 Mann, unterdessen überwiegend Wehrpflichtige. Das amerikanische Engagement verursachte nicht nur unendliches Leid und ruinierte die Washingtoner Staatsfinanzen, es lenkte Johnson und seine Mannschaft auch von konstruktiven Anstrengungen auf dem Feld der Entspannungspolitik ab und hinderte die Sowjetführung, sich so kooperativ zu zeigen, wie es im Interesse an einer Überzeugung der westlichen Öffentlichkeit von der Möglichkeit dauerhafter Verständigung notwendig gewesen wäre. Eine Einladung Johnsons, zur Erörterung der Abrüstungsproblematik in die USA zu kommen, blieb unbeantwortet – zunächst weil Breschnew und Kossygin rivalisierten, wer sie annehmen sollte, und dann weil es angesichts der Eskalation des »schmutzigen Krieges« in Vietnam gegenüber den Kommunisten in aller Welt nicht mehr opportun erschien, sich an der Seite des amerikanischen »Aggressors« zu zeigen. Die Moskauer Führer nahmen die Behinderung der amerikanisch-sowjetischen Beziehungen, die aus dem Vietnam-Krieg resultierte, durchaus wahr, fanden aber nicht die Kraft, sich über die ideologische Routine der verbalen und materiellen Unterstützung der vietnamesischen Genossen zu erheben.

In der Abrüstungspolitik blieb es daher vorerst bei kleinen Schritten. Washington und Moskau reduzierten ihre Verteidigungsausgaben in einseitigen Schritten um ein paar Prozent, es begannen Verhandlungen über die Einrichtung eines direkten Flugverkehrs zwischen beiden Ländern und über gemeinsame Regelungen bei der Erschließung des Weltraums. Vor allem aber einigten sich die beiden Regierungen, durch die Zündung der ersten chinesischen Atombombe am 16. Oktober 1964 zusätzlich motiviert, auf die Durchsetzung eines Vertrags zur Nichtweitergabe von Atomwaffen. Als die Sowjetregierung der amerikanischen Seite deutlich machte, daß dazu auch der Verzicht auf die multilaterale NATO-Atomstreitmacht gehören mußte, gab Johnson das im Kongreß wie bei den Verbündeten – aus gegensätzlichen Gründen – ohnehin umstrittene Projekt auf. Bis Ende

1966 standen die Grundzüge des Abkommens fest; dann setzte ein langwieriges Ringen mit den atomaren »Habenichtsen« und »Schwellenländern« im Abrüstungsausschuß der Vereinten Nationen ein, bis der »Vertrag über die Nichtverbreitung von Kernwaffen«, auch »Atomwaffensperrvertrag« genannt, schließlich am 1. Juli 1968 unterzeichnet werden konnte.

Unterdessen ging der Ausbau des atomaren Arsenals der beiden Haupt-Atommächte weiter. Die USA installierten eine neue Generation von Interkontinentalraketen (»Minuteman«) und bauten ihr Arsenal an U-Boot-gestützten Raketen gewaltig aus. Letzteres stieg von 144 Raketen 1962 auf 416 im Jahr 1964 und 656 in 1967, während die Zahl der Interkontinentalraketen im gleichen Zeitraum von 296 über 834 auf 1 054 wuchs. Die Sowjetunion investierte nach dem Kuba-Debakel ebenfalls verstärkt in den Bau von Interkontinentalraketen und atomar bestückten U-Booten, kam damit aber langsamer voran. 1964 waren aus den weniger als zwei Dutzend Interkontinentalraketen, über die die Sowjetunion am Vorabend der Kuba-Krise verfügte, etwa 190 geworden, bis 1967 stieg der Bestand auf 500. Hinzu kamen seit 1963 etwa 100 U-Boot-gestützte Raketen.[13] Damit gewann nun auch die sowjetische Seite eine eindeutige Zweitschlagskapazität, auch wenn der amerikanischen Seite immer noch eine Eskalationsdominanz erhalten blieb.

Als die sowjetischen Raketenexperten 1964 mit Planungen für ein Raketenabwehrsystem begannen, das zunächst den Moskauer Großraum und die Westgrenze im Baltikum vor anfliegenden Atomraketen schützen sollte, drängte US-Verteidigungsminister McNamara sogleich in vertraulichen Botschaften auf Abschluß eines Vertrages, der die Etablierung solcher Systeme verbot. Ihre Errichtung, so sein Argument, werde nur zur abermaligen Ausweitung der Raketenarsenale führen und stelle daher eine gigantische Verschleuderung von Ressourcen dar; da es absoluten Schutz vor feindlichen Raketen nicht geben könne, müßten sich beide Seiten mit »wechselseitig garantierter Vernichtung« (»mutual assured destruction« oder MAD) im Falle eines Krieges zufrieden geben.

Breschnew verstand diese Argumentation. Kossygin hingegen wollte nicht recht einsehen, wieso ein reines Verteidigungssystem das Wettrüsten befördern sollte. Und die Vertreter des militärisch-industriellen Komplexes, an ihrer Spitze der neue Verteidigungsminister Dimitri Ustinow, warnten davor, den offenkundigen sowjetischen Vorsprung in der Entwicklung der ABM-Technik (»antiballistic missile«) nicht in langwierigen Verhandlungen zu verspielen. Nach längeren Diskussionen verständigte man sich schließlich im März 1966 in Moskau darauf, grundsätzliches Interesse an Verhandlungen über ein ABM-Verbot zu bekunden, aber gleichzeitig Vereinbarungen über die Begrenzung der strategischen Rüstung zu verlangen.[14] Das wiederum war in Washington nicht mehrheitsfähig, weil es erkennbar auf ein Aufschließen der Sowjetunion zur strategischen Parität zielte; und so zogen sich die Kontakte in Fragen der Rüstungsbegrenzung hin, ohne daß es zu wirklichen Verhandlungen kam.

Anfang Februar 1967 erklärte sich Johnson gegenüber Ho Chi Minh zur Einstellung der Bombenangriffe auf Nordvietnam bereit, sobald Hanoi ihm versichere, mit der Infiltration des Südens aufzuhören. Die Bombardierung wurde für einige Tage unterbrochen. Kossygin unterstützte diese Initiative, indem er Johnsons Brief an Ho Chi Minh weiterleitete und in einem Begleitschreiben zu einem Kompromiß aufrief. Als Hanoi das Moratorium ohne eine Antwort verstreichen ließ, plädierte Kossygin bei einem Staatsbesuch in London zusammen mit dem britischen Premierminister Harold Wilson öffentlich für seine Verlängerung. Washington entschied sich jedoch für eine Wiederaufnahme der Bombenangriffe, und Moskau zog daraus den Schluß, daß Vermittlungsversuche hier tatsächlich sinnlos waren.[15]

Als Kossygin im Juni an der Vollversammlung der Vereinten Nationen in New York teilnahm, unternahm Johnson einen weiteren Anlauf. Er lud den sowjetischen Premier kurzfristig zu einem Gipfeltreffen ein und bat ihn, als sie sich am 23. und 24. Juni in dem Städtchen Glassboro in New Jersey trafen, die Sowjetunion möge sich als Garantiemacht für eine Friedensregelung in Vietnam zur Verfügung stellen. Zugleich erklärte er sich zu einer Einstellung der Bombardierung Nordvietnams bereit, wenn Hanoi nur sofortigen Verhandlungen zustimme. Kossygin erklärte sich bereit, den Vorschlag an die nordvietnamesische Führung weiterzureichen, bemerkte aber dazu, daß ein Friedensschluß wohl nur möglich sein würde, wenn die USA ihre Truppen aus dem Süden zurückziehen würden. Tatsächlich lehnte Hanoi auch diese Formel für einen Verhandlungsbeginn ab – mit der Begründung, daß die USA ihre Bodentruppen in Südvietnam ja beständig ausweiteten.

Johnson verfolgte mit der Gipfelbegegnung in Glassboro als weiteren Zweck noch einen Durchbruch in der Frage des Verbots von ABM-Systemen. Er erklärte Kossygin, daß er unter heftigem Druck der Militärs und des Kongresses stehe, die ein solches System auf amerikanischer Seite einführen wollten. McNamara nahm die Gelegenheit wahr, dem sowjetischen Gast die destabilisierende Wirkung von Raketenabwehrsystemen im Detail zu demonstrieren. Dieser war freilich nicht zu überzeugen, und so blieb es bei dem ungewissen Junktim von ABM-und Raketenbegrenzungsverhandlungen. Das Treffen lief in ausgesprochen freundlicher Atmosphäre ab, und beide Seiten versicherten sich wiederholt der Notwendigkeit der Verständigung. Konkrete Durchbrüche wurden aber nicht erzielt.[16]

De Gaulle und die deutsche Frage

Der schleppende Fortgang des amerikanisch-sowjetischen Dialogs ermöglichte es Frankreichs Präsident de Gaulle, Mitte der sechziger Jahre eigene Akzente in der Entspannungspolitik zu setzen. Kompromisse in der Berlin- und Deutschlandfrage hatte er stets abgelehnt, weil er Chruschtschows Bluff durchschaut hatte und Adenauer als Verbündeten für seine Europapolitik zu gewinnen hoffte; und gegen das Atomteststopp-Abkommen machte er ebenso Front wie gegen den Atomwaffensperrvertrag, weil sie seine eigenen atomaren Ambitionen gefährdeten. Er war aber auch nicht bereit, sich der amerikanischen Hegemonie unterzuordnen, und begriff die Notwendigkeit, im Entspannungsdialog nach der Kuba-Krise mitzuhalten, wenn er nicht bei einem amerikanisch-sowjetischen Kondominium über Europa enden sollte. Im langsamen Fortgang der amerikanisch-sowjetischen Verständigung entdeckte er zudem die Chance, sich als Sprecher der europäischen Nationen zu profilieren.

De Gaulles Entspannungskonzept zielte auf Überwindung des Status quo, auf allmähliche Auflösung der Militärblöcke in Europa und des totalitären Charakters des sowjetischen Imperiums durch Intensivierung der Beziehungen zwischen Ost und West. »Wir müssen die Lösung suchen«, legte er Chruschtschow im März 1960 dar, »nicht indem wir zwei monolithische Blöcke gegeneinander stellen, sondern indem wir nacheinander die Entspannung, die Verständigung und die Zusammenarbeit [détente, entente et coopération] im Rahmen unseres Kontinents üben. Auf diese Weise schaffen wir zwischen den Europäern vom Atlantik bis zum Ural ein Verhältnis, knüpfen Bande, erzeugen eine Atmosphäre, die zunächst den deutschen Problemen einschließlich Berlin ihre Virulenz nehmen, dann die Bundesrepublik und Ihre Republik im Osten sich einander annähern und zusammentun lassen und schließlich das ganze germanische Gebilde fest in ein Europa des Friedens und Fortschritts einordnen, wo es einen neuen Aufstieg nehmen kann.«[17]

Nachdem er zunächst vergeblich versucht hatte, die Bundesrepublik für ein politisches Europa mit eigener, auch atomarer Verteidigungsidentität im Rahmen des westlichen Bündnisses zu gewinnen, betrieb er von 1963 an, nach dem Abklingen der Berlin-Krise, schrittweise den Ausstieg Frankreichs aus der militärischen Integration der NATO. Zunächst wurde die französische Atlantikflotte im Kriegsfall dem integrierten Kommando entzogen, dann stellten ihre Offiziere die Mitarbeit in den interalliierten Stäben ein, und am 7. März 1966 erklärte Frankreich den Rückzug aller seiner Streitkräfte aus der integrierten Kommandostruktur der NATO. Die Verbündeten wurden aufgefordert, das französische Territorium binnen eines Jahres zu verlassen; sie verlegten daraufhin das NATO-Hauptquartier von Paris nach Brüssel.

Parallel dazu förderte de Gaulle eigenständige, von der amerikanischen Wirtschaft unabhängige Entwicklungen in den Zukunftstechnologien, verurteilte die amerikanischen Interventionen in Santo Domingo und Vietnam und baute die Kooperation mit der Sowjetunion aus. Nachdem 1963 ein kultureller Austausch zwischen beiden Ländern vereinbart worden war, folgte im Oktober 1964 ein Handelsvertrag, der langfristige französische Kredite für die Sowjetunion einschloß. Im März 1965 wurde eine Vereinbarung unterzeichnet, mit der die Sowjetunion die französische Technik bei der Einführung des Farbfernsehens übernahm. Zwei Monate später vereinbarten beide Seiten eine Zusammenarbeit bei der friedlichen Nutzung der Kernenergie. Schließlich folgten im Rahmen eines prestigeträchtigen Staatsbesuchs de Gaulles in Moskau Ende Juni 1966 die Vereinbarung regelmäßiger Kontakte auf höchster Ebene, vorbereitet von einer »Ständigen gemeinsamen Kommission«, die Einrichtung einer Kommission zur Organisation wissenschaftlicher, technischer und wirtschaftlicher Zusammenarbeit und ein Abkommen über die Zusammenarbeit in der Raumfahrt.

Die Sowjetführer zollten natürlich der französischen Emanzipation von der amerikanischen Hegemonie Beifall, und sie ergriffen gern die Gelegenheit zum Ausbau der wirtschaftlichen und technologischen Kooperation. Dagegen sahen sie mit großem Argwohn, daß sich de Gaulles Appelle an die Eigenständigkeit der europäischen Nationen auch auf ihre osteuropäischen Satelliten erstreckten. Noch mehr enttäuschte sie, daß der General ihnen hinsichtlich ihrer deutschlandpolitischen Forderungen nur zur Hälfte entgegenkam. In der Frage der Anerkennung der Oder-Neiße-Grenze stimmte er ihnen zu, ebenso (und anders als zu Beginn der sechziger Jahre) in der Forderung nach einem dauerhaften Ausschluß der Deutschen vom Atomwaffenbesitz. Dagegen verweigerte er sich hartnäckig dem sowjetischen Drängen auf völkerrechtliche Anerkennung der DDR. Der »Arbeiter- und Bauernstaat« war für ihn ein »künstliches Gebilde« [18], das im Zuge der Entspannung wieder verschwinden würde; und er hielt es für ein Gebot der Klugheit, den Deutschen die Hoffnung auf eine solche Entwicklung zu lassen.

Der französisch-sowjetische Dialog führte daher auch nicht sehr weit. Beim Gegenbesuch Kossygins in Paris im Dezember 1966 wurde die Organisation der technisch-wirtschaftlichen Zusammenarbeit ausgebaut und eine französisch-sowjetische Handelskammer eingerichtet; zahlreiche Kontakte in den nächsten beiden Jahren ließen diese Zusammenarbeit zu einer Realität werden. In der Frage der Anerkennung der DDR blieben beide Seiten aber bei ihren gegensätzlichen Auffassungen, desgleichen im Hinblick auf den Atomwaffensperrvertrag. Frankreich war für sich allein genommen nicht bedeutend genug, um der sowjetischen Führung soviel an Bedrohungsängsten nehmen zu können, wie es zu einer Entspannung innerhalb des sowjetischen Machtbereichs notwendig gewesen wäre.

Immerhin wies de Gaulle den Deutschen einen Weg, wie sie doch noch zu nationaler Einheit gelangen konnten, nachdem alle Anläufe zur Neutralisierung Deutschlands an der Beharrungskraft der etablierten Verhältnisse in West und Ost gescheitert waren. Ausbau der innerdeutschen Kontakte unterhalb der Schwelle völkerrechtlicher Anerkennung, wie er sie ihnen schon in einer Pressekonferenz am 25. März 1959 öffentlich geraten hatte, dazu die Entwicklung gleichmäßiger Kontakte zu den osteuropäischen Staaten und zur Sowjetunion, ein eindeutiger Verzicht auf die Gebiete jenseits von Oder und Neiße und eine definitive Abkehr von dem Ziel, Atommacht zu werden – das mochte in der Tat langfristig zu einem Zustand führen, in dem die Sowjetführer in der Aufrechterhaltung kommunistischer Herrschaft über den östlichen Teil Deutschlands keinen Vorteil mehr sahen. Freilich gab es für eine solche Entwicklung keine Garantie, und bedurfte es, um sich auf sie einzulassen, nicht nur eines festen Vertrauens in die Überlegenheit der westlichen Lebensform, sondern auch einiger gedanklicher Anstrengung.

Willy Brandts Politik verstärkter Kontaktnahmen zu DDR-Stellen und zur Sowjetunion, von Bahr zur Formel des »Wandels durch Annäherung« verdichtet, stieß darum zunächst selbst in der eigenen sozialdemokratischen Partei auf heftige Widerstände. Ein Abkommen zwischen dem Berliner Senat und der DDR-Regierung, das West-Berlinern zu den Weihnachtsfeiertagen 1963 Verwandtenbesuche im Ostteil der Stadt ermöglichte, blieb in der Bundesregierung umstritten, ebenso weitere »Passierscheinabkommen« zu Allerheiligen und Weihnachten 1964, Ostern, Pfingsten und Weihnachten 1965 sowie Ostern und Pfingsten 1966. Das Äußerste, wozu sich die Regierung Erhard bereitfand, war im März 1966 das Angebot, »auch mit den Regierungen der Sowjetunion, Polens, der Tschechoslowakei und jedes anderen osteuropäischen Staates, der dies wünscht, förmliche Erklärungen auszutauschen, in denen jede Seite gegenüber dem anderen Volk auf die Anwendung von Gewalt zur Regelung internationaler Streitfragen verzichtet«[19]. Von der DDR war nicht die Rede; und hinsichtlich der Oder-Neiße-Grenze wurde der völkerrechtliche Vorbehalt angebracht, daß eine endgültige Regelung gemäß dem Potsdamer Protokoll erst in einem Friedensvertrag erfolgen könne.

Indessen ließ sich die Strategie der Isolierung der DDR nicht lange aufrechterhalten. Die destabilisierende Wirkung, die die Entwicklung von Wirtschaftsbeziehungen zu den osteuropäischen Staaten auf den Warschauer Pakt hatte, war so offenkundig, daß Ulbricht dagegen Moskauer Unterstützung für die Absicherung des Status quo mobilisieren konnte. Verhandlungen über einen Handelsvertrag der Bundesrepublik mit der Tschechoslowakei gerieten ins Stocken, weil die Prager Regierung, anders als die Regierungen in Warschau, Budapest, Bukarest und Sofia zuvor, nicht bereit war, West-Berlin in seinen Geltungsbereich einzubeziehen. Auf die »Friedensnote« der Bundesregierung vom März 1966 antwortete der Warschauer Pakt im Juli mit einer Erklärung, abgegeben bei einer Tagung des Politischen Ausschusses in Bukarest, die die Forderung nach einer »Friedensregelung« auf der Grundlage »der Anerkennung der Existenz zweier deutscher Staaten« bekräftigte und gegen die angebliche »Bildung einer Art Bündnis zwischen den amerikanischen Imperialisten und den westdeutschen Revanchisten« polemisierte.[20] Sichtlich stärker geworden, konnte Ulbricht im Herbst 1966 Verhandlungen über ein abermaliges Passierscheinabkommen mit der Begründung scheitern lassen, daß, »wer normale menschliche Beziehungen will, auch normale staatliche Beziehungen wollen« müsse.[21]

Die Regierung der Großen Koalition, nach dem Sturz Erhards im November 1966 gebildet, ging daraufhin einen wesentlichen Schritt weiter. Unterdessen war die Idee, unterhalb der Schwelle völkerrechtlicher Anerkennung intensive Beziehungen zur DDR zu entwickeln, in der SPD mehrheitsfähig geworden; und auch ansonsten hatten sich die Stimmen gemehrt, die einem Ausbau des Modus vivendi das Wort redeten. Der CSU-Vorsitzende Franz Josef Strauß stimmte in einem vielbeachteten Interview einer Lösung zu, »die Kontakte schafft, die innerhalb eines großen freiheitlich-europäischen Rahmens Freiheit schafft auch für das andere Deutschland, aber die nationale Wiedervereinigung im herkömmlichen Sinne zunächst ausschließt«. – »Zunächst ausschließt«, lautete seine Antwort, »und dann vielleicht diese Frage unter Umständen als nicht mehr existent erscheinen läßt«[22].

Von Willy Brandt gedrängt, der dem neuen Kabinett als Außenminister angehörte, erklärte Bundeskanzler Kurt-Georg Kiesinger, man könne »das Zusammenwachsen der getrennten Teile Deutschlands nur eingebettet sehen in den Prozeß der Überwindung des Ost-West-Konflikts in Europa«. Das Angebot des Austauschs von Gewaltverzichtserklärungen wurde zumindest indirekt auf die DDR ausgedehnt, »Kontakte zwischen Behörden der Bundesrepublik und solchen im anderen Teil Deutschlands« wurden nicht mehr ausgeschlossen. Den osteuropäischen Staaten wurde über die Handelsbeziehungen hinaus die Aufnahme regulärer diplomatischer Beziehungen angeboten, ohne daß Bonn weiter auf vorherigem Abbruch der Beziehungen zur DDR bestanden hätte.[23] Die »Hallstein-Doktrin« war damit praktisch aufgegeben, der Alleinvertretungsanspruch der Bundesrepublik zumindest undeutlich geworden.

Rumänien, das unter Nicolaie Ceauşescu einen Kurs prononcierter Eigenständigkeit eingeschlagen hatte, griff denn auch gleich zu. Am 31. Januar 1967 wurde bei einem Besuch des rumänischen Außenministers in Bonn die Aufnahme diplomatischer Beziehungen bekanntgegeben. Ungarn, Bulgarien und die Tschechoslowakei zeigten sich ebenfalls interessiert. Ulbricht hingegen wetterte gegen die bundesdeutsche »Aggression auf Filzlatschen«[24], und der polnische Parteichef Władysław Gomułka schloß sich ihm mit Blick auf den fortdauernden Friedensvertragsvorbehalt in der Frage der deutschen Ostgrenze an. Nach einigem Zögern setzte sich auch in Moskau die Auffassung durch, daß die Rumänen zu weit gegangen waren. Auf einem Treffen der Außenminister des Warschauer Pakts vom 8. bis 10. Februar 1967 in der polnischen Hauptstadt wurden sie für ihren Mangel an Solidarität mit der DDR hart kritisiert, und die übrigen Verbündeten, die mit Bonn liebäugelten, wurden vor ähnlichen Schritten gewarnt.

Unter Moskauer Druck schlossen Polen und die Tschechoslo-

wakei, wenig später auch Ungarn und Bulgarien Freundschafts-
und Beistandsverträge mit der DDR nach dem Muster des Vertrages mit der Sowjetunion vom Juni 1964. Die DDR prokla-
mierte eine eigene Staatsbürgerschaft und strich den Begriff »Ge-
samtdeutschland« aus ihrem offiziellen Wortschatz. Schließlich
erklärte eine Konferenz kommunistischer Parteien Europas
Ende April 1967 in Karlsbad – an der die Rumänen bezeichnen-
derweise nicht teilnahmen, ebensowenig wie die Jugoslawen und
die Albaner – den Bonner »Verzicht auf die Alleinvertretungsan-
maßung«, die Anerkennung der »Unantastbarkeit der bestehenden Grenzen in Europa« und die Normalisierung der Beziehungen »zwischen der besonderen politischen Einheit West-Berlin
und der DDR« zur Voraussetzung für eine Normalisierung des
Verhältnisses zur Bundesrepublik.[25]

Kiesinger hatte unterdessen in einer Regierungserklärung am
12. April der DDR den Abschluß einer ganzen Reihe praktischer
Vereinbarungen vorgeschlagen, von »verbesserten Reisemöglichkeiten« bis zu »wirtschaftlichen und technischen Zweckge-
meinschaften«. DDR-Ministerpräsident Willi Stoph antwortete
am 10. Mai mit dem Vorschlag eines Treffens der beiden Regierungschefs, bei dem über die Normalisierung der Beziehungen
zwischen beiden deutschen Staaten, sprich: über die Aufnahme
diplomatischer Beziehungen gesprochen werden sollte. Das war
für Kiesinger entschieden zuviel, und so mündete der erste direkte Dialog zwischen deutschen Regierungschefs nur in eine
Verhärtung der Gegensätze. Ost-Berlin wollte Anerkennung vor
jeder Annäherung, Bonn hingegen betonte in der Abwehr dieses
Ansinnens wieder seinen Anspruch, für alle Deutschen zu sprechen. Als Kiesinger Ende September einen DDR-Vertragsent-
wurf zur Gestaltung der Beziehungen zwischen den beiden deutschen Staaten zurückwies, brach Stoph die Korrespondenz ab.

Gegenüber dem Warschauer Pakt kam Bonn nur noch insofern weiter, als es im August 1967 gelang, doch noch einen Austausch von Handelsmissionen mit Prag zu vereinbaren. Im Dezember wurden – gegen große Bedenken in den Reihen von Kie-
singers Christdemokraten – die diplomatischen Beziehungen zu
Jugoslawien wieder aufgenommen und damit die Hallstein-
Doktrin ganz offen zu Grabe getragen. Aber auch das konnte die

bündnistreuen Paktmitglieder nicht bewegen, dem rumänischen Beispiel zu folgen. Als de Gaulle im September Polen besuchte und dabei im Überschwang der Gefühle vor Danziger Honoratioren dazu aufrief, »weiter zu sehen, als Sie bislang zu tun gezwungen waren«, setzte ihm Gomułka unmißverständlich auseinander, daß die Osteuropäer nicht weiter gehen könnten, als Moskau es erlaube.[26]

In Moskau aber hatte unterdessen die Sorge vor den destabilisierenden Wirkungen westlicher Entspannungspolitik um sich gegriffen. Das wurde einmal mehr deutlich, als die Johnson-Administration Chruschtschows Vorschläge für eine Reduzierung der konventionellen Rüstung in Europa aufgriff. Am 5. Januar 1968 schlug Rusk Dobrynin offiziell eine parallele Truppenreduzierung der NATO-Streitmacht für Europa und des Warschauer Pakts vor. Sie sollte mit einer »beträchtlichen« Verminderung der amerikanischen Truppenpräsenz in Europa verbunden sein, freilich nur unter der Bedingung, daß die Sowjetunion ihre Truppen im östlichen Europa in gleicher Weise reduziere. In Moskau war man über diesen Vorstoß keineswegs erfreut. Vielmehr setzte sich die Auffassung durch, man könne »nicht sicher sein, auch mit weit weniger sowjetischen Truppen Stabilität in Osteuropa aufrechterhalten zu können«. Es wurde sogar der Verdacht geäußert, Rusk habe seinen Vorschlag just aus diesem Grund gemacht. Auf eine Antwort wartete man in Washington vergebens.[27]

Der Dialog Bonns mit Moskau kam ebensowenig voran. Während die Bundesregierung Verhandlungen über ein Gewaltverzichtsabkommen anbot, bestand die Sowjetregierung darauf, daß ein Gewaltverzicht die rechtliche Anerkennung des territorialen Status quo einschließlich der Anerkennung der DDR als souveräner Staat zur Grundlage haben müsse. Im Zuge eines längeren Notenaustauschs setzte sie im November 1967 sogar hinzu, daß ein Gewaltverzichtsvertrag natürlich nicht sowjetische Interventionsrechte nach der »Feindstaatenklausel« der UN-Charta beseitigen würde. Nachdem am 9. April 1968 eine neue DDR-Verfassung in Kraft getreten war, in der das »Volk der DDR« als Begründer eines »sozialistischen Staats deutscher Nation« figurierte, führte die DDR-Regierung am 11. Juni eine allgemeine Paß- und Visumpflicht im innerdeutschen Transitverkehr ein. Anfang Juli warf die Sowjetregierung der Bundesregierung öffentlich vor, mit Verhandlungen über einen Gewaltverzicht nur ihre unverändert revanchistischen Pläne verschleiern zu wollen. Wie zum Beweis wurden Teile des bislang vertraulichen Notenwechsels veröffentlicht.

Prager Frühling und Breschnew-Doktrin

Die zunehmende Nervosität der Moskauer Führung hing nicht zuletzt mit der Entwicklung in der Tschechoslowakei zusammen. Dort führte ein besonders eklatanter Reformstau im Kontext der allgemeinen Entspannungseuphorie innerhalb weniger Monate zu einer Infragestellung des Sowjetsystems. Fortdauernde Unfähigkeit, mit der Wirtschaftskrise fertig zu werden, Benachteiligung der slowakischen Minderheit in der Partei und ungeschickte Unterdrückung von Studenten- und Intellektuellen-Protesten zwangen Staats- und Parteichef Antonín Novotný zu Beginn des Jahres 1968 zum Rücktritt vom Amt des Ersten Parteisekretärs. Sein Nachfolger, der bisherige slowakische Parteichef Alexander Dubček, nahm die Unterdrückungsmaßnahmen zurück – und löste damit eine allgemeine politische Mobilisierung aus, die Reformkräfte im Partei- und Staatsapparat nach vorn brachte. Am 22. März mußte Novotný auch vom Amt des Staatspräsidenten zurücktreten, am 5. April verlor er seine letzten Posten, Partei- und Staatsführung wurden weitgehend neu organisiert. Ein Aktionsprogramm der KPČ, das am gleichen Tag verabschiedet wurde, versprach in vagen, aber verheißungsvollen Worten einen »Sozialismus mit menschlichem Antlitz«.

Manche Intellektuelle verstanden darunter die »Selbstverwaltung«, wie sie in Jugoslawien propagiert worden war. Die Wirtschaftsreformer traten für eine beträchtliche Ausweitung des Westhandels ein, Außenpolitiker plädierten für tatsächliche Souveränität und Gleichheit in den Beziehungen zur Sowjetunion, Militärfachleute redeten einer »nationalen« Militärdoktrin das Wort. Vor allem aber begann eine Untersuchung der Repressionen der Vergangenheit. Die Geheimpolizei wurde aufgelöst und eine Trennung von Partei und Staat in die Wege geleitet. Der neue Innenminister Josef Pavel nahm den Kampf gegen den Einfluß des KGB auf, in der Armee wurden die moskautreuen Kräfte abgelöst, und die Parteiinstanzen bereiteten die Abschaffung des »demokratischen Zentralismus« vor.

Die Dynamik des »Prager Frühlings« rief alsbald Hüter der etablierten Ordnung auf den Plan – an vorderster Front Walter Ulbricht, der mit ähnlichen wirtschaftlichen Schwierigkeiten zu kämpfen hatte wie die tschechoslowakischen Genossen und darum ein Übergreifen der Bewegung aus dem Nachbarland befürchtete, dann Władysław Gomułka, der sich in Polen mit Studentenunruhen konfrontiert sah, die durch das Prager Beispiel ermutigt wurden, der ukrainische Parteichef Pjotr Schelest, der die nationalen Untertöne der Bewegung in seine Republik durchschlagen sah, die militärische Führung, die um die Kohäsion des Warschauer Pakts fürchtete, und nicht zuletzt die Spitzen des KGB. Um der Unruhe Herr zu werden, berief Breschnew kurzfristig zum 23. März ein Treffen der Parteiführer der Warschauer Paktstaaten nach Dresden ein. Dort qualifizierten Ulbricht und Gomułka die Vorgänge in der Tschechoslowakei schon als »Konterrevolution«.[28] Die Runde gab sich aber schließlich mit der Versicherung Dubčeks zufrieden, »daß die Arbeiterklasse und die gesamte werktätige Bevölkerung der ČSSR die Weiterentwicklung des Sozialismus im Lande garantieren« würden. Als die Entwicklung zum demokratischen Rechtsstaat gleichwohl weiterging, schlug Marschall Jakubowski als Oberkommandierender des Warschauer Paktes am 4. Mai Stabsmanöver unter Einbeziehung sowjetischer Kontingente in Böhmen vor, denen sich die Prager Regierung nicht gut entziehen konnte. Am 8. Mai verlangten Ulbricht und Gomułka bei einem weiteren Treffen der Parteichefs, diesmal ohne tschechoslowakische Beteiligung in Moskau, eine militärische Aktion gegen die »Konterrevolution«. Ihr ungarischer Kollege János Kádár hingegen plädierte dafür, erst einmal die politischen Lösungsmöglichkeiten auszuschöpfen; und auch Kossygin und Marschall Gretschko argumentierten in diesem Sinne.[29]

Breschnew lud Dubček daraufhin ein, die Meinungsverschiedenheiten in bilateralen Verhandlungen auszuräumen. Als dieser ein Treffen hinauszögerte und die Parteiführung sich auch weigerte, zu einem weiteren Gipfeltreffen zu kommen, einigten sich die Vertreter der übrigen Parteien am 14./15. Juli in Warschau auf einen offenen Brief an die KPČ-Führung, in dem ein energisches Vorgehen gegen die »Konterrevolution« verlangt und zugleich betont wurde, daß »der entschlossene Widerstand gegen die Angriffe der antikommunistischen Kräfte nicht mehr nur Ihre Angelegenheit ist, sondern auch die unsrige«[30]. Nach Breschnews Verständnis war das ein Ultimatum, formuliert in der Hoffnung, daß die Präsenz der sowjetischen Truppen, die über das Ende der Manöver am 30. Juni hinaus im Lande geblieben waren, ausreichen würde, um im tschechoslowakischen Parteipräsidium eine Wende gegen die Reformer herbeizuführen.

Dieses Kalkül ging jedoch nicht auf. Unter dem Eindruck des Widerstandswillens, der sich in der allgemeinen Begeisterung für das Prominenten-›Manifest der 2000 Worte‹ vom 27. Juni äußerte, trat vielmehr auch der bislang moderierende Dubček eindeutig auf die Seite der Reformkräfte. Bei einem Treffen der Moskauer Parteiführung mit dem gesamten Präsidium der KPČ, das nach einem Tauziehen über Konferenzort und -zusammensetzung am 29. Juli in Čierna nad Tisou in der Ostslowakei begann und sich bis zum 1. August hinzog, kam es zu keiner Entscheidung. Beschlossen wurde nur ein abermaliges Treffen aller Parteiführungen in Preßburg; dieses verabschiedete dann am 3. August eine Erklärung, die die »gemeinsame internationale Pflicht« zur Verteidigung des Sozialismus betonte, zugleich aber Gleichheit und Souveränität als Grundlagen der Zusammenarbeit bezeichnete.[31] Die konservative Minderheit in der KPČ-Führung um Vasil Bilak fürchtete schon, Breschnew habe sich irgendwie mit Dubček arrangiert, und übermittelte dem sowjetischen Generalsekretär darum noch während des Preßburger Treffens heimlich eine »dringende Bitte um Intervention und umfassende Hilfe«[32].

Am 10. August legte Bilak Breschnew in einem langen Telefongespräch dar, daß Dubček die Lage nicht mehr unter Kontrolle bringen könne oder wolle. Andere Sprecher der orthodoxen Gruppe erklärten Sowjetbotschafter Tscherwonenko, sie könnten im Falle eines Einmarschs sowjetischer Truppen eine

Mehrheit für eine Regierung der »gesund« gebliebenen Kräfte »garantieren«. Der Botschafter reichte das als eine realistische Einschätzung der Situation nach Moskau weiter und verlieh den Orthodoxen damit ein Gewicht, das in gar keiner Weise ihrer tatsächlichen Stellung entsprach. Ähnlich lieferten die KGB-Funktionäre systematisch Falschmeldungen über Anzeichen einer konterrevolutionären Verschwörung nach Moskau. Darüber hinaus fabrizierten sie selbst »Belege« für eine angebliche Beteiligung der CIA und betätigten sich als »antikommunistische« Provokateure.[33] In Moskau stellte die Bürokratie die Entwicklung in der Tschechoslowakei in den Kontext einer westlichen Offensivstrategie: »Man stützte sich darauf, daß die NATO gemeinsam mit den USA ihre Pläne, den Kommunismus zurückzuwerfen, und den eigenen Anspruch auf Hegemonie nicht fallengelassen hat.«[34]

Spätestens jetzt rächte sich, daß Johnson nicht ebenso enge Beziehungen zu Breschnew aufgebaut hatte, wie sie Chruschtschow und Kennedy zuletzt pflegten. Es wäre zumindest den Versuch wert gewesen, dem zögernden Generalsekretär vertraulich darzulegen, daß die These eines vom Westen gesteuerten Komplotts völlig haltlos war und daß der »Sozialismus mit menschlichem Antlitz«, der so offenkundig breite Unterstützung durch die Bevölkerung fand, im wohlverstandenen Eigeninteresse der Sowjetunion lag. Möglicherweise wäre auch eine formelle Sicherheitsgarantie just zu diesem Zeitpunkt hilfreich gewesen. Und gewiß hätte es den Handlungsspielraum Breschnews erweitert, wenn die Abmachungen über Abrüstung und Sicherheit in Europa bereits weiter gediehen gewesen wären.

Tatsächlich suchte Johnson am 2. Juli um eine neue Gipfelbegegnung nach – freilich nicht bei Breschnew, sondern bei Kossygin und allein in der Absicht, sich zum Schluß seiner Amtszeit doch noch Meriten als Friedensstifter zu erwerben. Nachdem ihm eine wachsende Zahl von Beratern erklärt hatte, daß der Krieg in Vietnam militärisch nicht zu gewinnen sei, hatte er am 31. März die Einstellung aller Bombardierungen nördlich der Grenzzone zu Südvietnam angekündigt und zugleich seinen Verzicht auf eine Kandidatur für eine zweite reguläre Amtszeit bekanntgegeben. Um so dringender erwartete er jetzt die sowjetische Unterstützung für die anstehenden Verhandlungen mit den Nordvietnamesen, und auch in der Frage der Rüstungsbegrenzung wollte er noch einen entscheidenden Schritt vorankommen. Bei der Unterzeichnung des Atomwaffensperrvertrags am 1. Juli konnte er immerhin bekanntgeben, daß sich die amerikanische und die sowjetische Regierung darauf geeinigt hätten, in kurzer Frist Verhandlungen über die Begrenzung strategischer Waffen und ein ABM-Verbot aufzunehmen.

Infolge der fortdauernden Spannung zwischen Generalsekretär und Ministerpräsident und weil man in Moskau Dringenderes zu beraten hatte, mußte Johnson lange auf eine Antwort auf seine Anfrage warten. Am 14. August entschloß sich Breschnew, möglicherweise durch eine Verschwörung gegen seine Person zusätzlich alarmiert[35], dem Drängen der Befürworter einer militärischen Intervention in der Tschechoslowakei nachzugeben. Eine Sitzung des Politbüros kam nach drei Tagen intensiver Diskussion, in der offensichtlich noch viele Bedenken vorgetragen wurden, am Abend des 17. August zu dem gleichen Ergebnis. Am gleichen Tag wurde Johnson für Anfang Oktober eine Einladung nach Moskau übermittelt. Als Dobrynin den amerikanischen Präsidenten am 20. August weisungsgemäß über die bevorstehende Invasion informierte, hatte dieser nur Ohren für den kommenden Gipfel.[36]

An der Invasion, die am 20. August eine Stunde vor Mitternacht begann, während der letzten KPČ-Präsidiumssitzung vor der bevorstehenden Abwahl der Orthodoxen, beteiligten sich neben den im Lande oder in Grenznähe verbliebenen Sowjettruppen verabredungsgemäß auch Truppen Polens, Ungarns, Bulgariens und – besonders degoutant – der DDR. Dank der hartnäckigen Weigerung von Staatspräsident Ludvík Svoboda und der offenen Feindseligkeit des gesamten Volkes gelang es nicht, die von den Orthodoxen mit Tscherwonenko vorbereitete »Regierung der Arbeiter und Bauern« zu installieren. Dubček und seine Mitstreiter, die wenige Stunden nach Beginn der Invasion gefangengesetzt und in die Sowjetunion verbracht worden waren, mußten am 26. August in ihren Ämtern bestätigt werden. Dennoch setzte unter dem Druck der Besatzungstruppen eine schrittweise »Normalisierung« ein. Die prominentesten Refor-

mer verloren ihre Posten, die Pressezensur wurde wieder einge-
führt, Mitte Oktober verlor Dubček die Mehrheit im Präsidium,
im April 1969 mußte er sein Amt an Gustav Husák abgeben, einen früheren slowakischen Regierungschef, der als Gefangener
unter Novotný die Notwendigkeit der Anpassung verinnerlicht
hatte.

Begründet wurde die Intervention in der Tschechoslowakei
mit der »Gefahr«, die für die »ganze sozialistische Gemeinschaft« entstanden sei. Ein Grundsatzartikel in der ›Prawda‹
sprach sogar davon, daß »Souveränität und Selbstbestimmungsrecht der sozialistischen Staaten den Interessen des sozialistischen Weltsystems untergeordnet« seien.[37] Im Westen interpre-
tierte man das als Ausdruck einer besonderen »Breschnew-Doktrin« eingeschränkter Souveränität. Tatsächlich stellte die Inter-
ventionsentscheidung weniger eine Bekräftigung der Hegemonie
der Sowjetunion über die Staaten des Warschauer Paktes dar als
vielmehr einen Sieg des kommunistischen Apparates über die
Politik. Das gilt nicht nur für die Tschechoslowakei. Auch in den
übrigen Ländern des Paktes wurde Reformbewegungen das
Wasser abgegraben, und in der Sowjetunion kam die Entstalini-
sierung ganz zum Erliegen. Gleichzeitig verlor die KPdSU viel
von ihrem Kredit bei den westlichen kommunistischen Parteien.
Die Hoffnung auf den schließlichen Sieg des Sozialismus, die
Chruschtschow noch getragen hatte, verkam zum Ritual, die
Sorge um die Behauptung von Macht und Privilegien avancierte
zum zentralen politischen Ziel.

Kurzfristig litt auch der Entspannungsprozeß. Um sich so
kurz nach der Invasion nicht in der amerikanischen Öffentlichkeit zu kompromittieren, verschob Johnson zunächst die Bekanntgabe des Gipfeltreffens und versuchte dann, von der sowjetischen Seite Vorab-Garantien für einen Erfolg des Gipfels zu erhalten. Da er damit nicht recht vorankam, verstrich die Zeit, zu
der ihm ein solches Treffen überhaupt noch möglich war. Nachdem Richard Nixon die Präsidentschaftswahlen vom 5. November gewonnen hatte, versuchte der scheidende Präsident, seinen
Nachfolger zu einem gemeinsamen Gipfel zu bewegen; dieser
lehnte jedoch ab. Da Johnson gleichzeitig darauf bestand, die
Verhandlungen über die Begrenzung der strategischen Rüstung

selbst zu initiieren, kamen sie vor dem Ende seiner Amtszeit nicht mehr in Gang. Es verging wertvolle Zeit, in der der quantitative Ausbau der sowjetischen Arsenale wesentlich vorankam.

Während die USA ihre Bestände, weil zur Garantie der Zweitschlagsfähigkeit mehr als genügend, seit 1967 nicht mehr ausweiteten, wuchs die Zahl der sowjetischen Interkontinentalraketen von 1967 bis 1972 von fünfhundert auf 1527, die Zahl der seegestützten Raketen von hundert auf 459. In der Gesamtzahl der strategischen Atomwaffenträger zog die Sowjetunion damit bis Mitte 1972 mit den USA gleich.[38] Das verbreitete zwar die innersowjetische Basis für ein Rüstungskontrollabkommen, ließ aber gleichzeitig weitergehende Vereinbarungen über einen Abbau der strategischen Rüstung schwieriger werden.

Dennoch blieb die Niederschlagung des Prager Frühlings nur ein »ärgerlicher Zwischenfall« auf dem Weg zur Entspannung, wie Johnson am 10. September 1968 auf einer Wohltätigkeitsveranstaltung sagte.[39] Die Empörung über das brutale Vorgehen der Sowjetmacht und ihrer Verbündeten mochte groß sein und ebenso die Enttäuschung, daß die Entspannungspolitik nicht so schnell die von de Gaulle und anderen verheißenen Früchte brachte. Bei nüchterner Betrachtung mußte man sich jedoch sagen, daß es zu ihrer Fortsetzung gleichwohl keine Alternative gab. Die Freiheit der Menschen im Sowjetblock wurde nicht dadurch größer, daß man sich Kontakten versagte, die Wirtschaftsbeziehungen einfror oder das Ringen um Rüstungsbegrenzung und Friedenssicherung aufgab. In den westlichen Hauptstädten war man sich daher schnell einig, daß – in den Worten von Kurt-Georg Kiesinger – »die bisherige Politik der Entspannung und der Anbahnung einer europäischen Friedensordnung fortgesetzt werden« müsse.[40]

Der neue Präsident der USA schloß sich dieser Auffassung an. Nixon setzte zwar wenig Hoffnung in einen Wandel im sowjetischen Machtbereich. Er war aber bei aller antikommunistischen Rhetorik, die er in der Vergangenheit gezeigt hatte, unterdessen Realist genug, um die Schaffung einer »Struktur des Friedens«[41] für die beste Methode zu halten, die sowjetische Macht einzudämmen und die Gefahr atomarer Vernichtung zu bannen. Im Wahlkampf hatte er daher keine Bedenken, eine »Ära der Verhandlungen« mit der Sowjetunion zu fordern, die die bisherige »Ära der Konfrontation« ablösen solle; und nachdem er die Wahl gewonnen hatte, ließ er der Sowjetführung gleich vertraulich ausrichten, daß dies ernst gemeint sei.[42] Ein direkter Draht nach Moskau sollte auch der neuen Administration effektive Verhandlungen ermöglichen.

In Moskau wurde das mit Erleichterung zur Kenntnis genommen. Die verhaltene Reaktion der westlichen Regierungen auf die Invasion der Tschechoslowakei wurde als Indiz dafür gewertet, »daß die westlichen Regierungen nicht darauf vorbereitet waren, sich militärisch auf dem Territorium der Warschauer-Pakt-Staaten zu engagieren«[43]. Gleichzeitig schien die Demonstration militärischer Stärke in der Tschechoslowakei eine verläßliche Garantie gegen sonstige Erosionsprozesse im sowjetischen Machtblock zu bieten. Beides förderte die Bereitschaft der Sowjetführer, nach einer Phase der Abkapselung wieder stärker auf den Westen zuzugehen. Daß dafür in Washington nach wie vor ein Partner zur Verfügung stand, stimmte sie optimistisch.

Kapitel 5

Die Zeit der Verträge

Der Eifer, mit dem die Breschnew-Equipe auf die neue Administration in Washington zuging, wurde bald gedämpft. Nixon wollte sich erst einmal einen Überblick über die strategische
Situation verschaffen und das westliche Bündnis konsolidieren,
bevor er sich auf Verhandlungen über die strategische Rüstung
mit der Sowjetunion einließ. Unter dem Einfluß seines Sicher-
heitsberaters Henry A. Kissinger hoffte er zudem, Erfolge in der
Rüstungsbegrenzung mit sowjetischem Entgegenkommen in anderen Bereichen verbinden zu können – etwa in der Nahostpoli-
tik, vor allem aber im Hinblick auf einen »ehrenvollen« Rückzug
aus Vietnam. In seiner ersten Pressekonferenz am 27. Januar 1969
kündigte er daher an, die Verhandlungen über eine Begrenzung
der strategischen Rüstung sollten so geführt werden, daß sie
»nach Möglichkeit zugleich Fortschritte bei ungelösten politischen Problemen erbringen«[1]. Als Botschafter Dobrynin im
Auftrag seiner Regierung auf Eröffnung der SALT-Verhandlungen drängte, wurde ihm gesagt, daß die Nixon-Administration
noch Zeit zur Vorbereitung brauche.[2]

Brandts Weg nach Moskau

Das abermalige Zögern der Amerikaner machte Breschnew für
die Mahnungen Juri Andropows empfänglich, der seinem Parteichef schon seit geraumer Zeit riet, sich im Entspannungsdialog
stärker um die Europäer zu bemühen, insbesondere um die
Deutschen. Für den konzeptionell begabten und ambitionierten
ehemaligen ZK-Sekretär, der neben und vor seinem Amt als
KGB-Chef als politischer Berater des Generalsekretärs fun-
gierte, waren und blieben die Amerikaner unzuverlässige Part-

ner: »Sie akzeptieren nur Stärke, deshalb sprechen sie mit uns nicht von gleich zu gleich.« Aus seiner Sicht war es daher notwendig, die genuinen Interessen der westlichen Europäer an einem entspannten Verhältnis zur Sowjetunion zusätzlich ins Spiel zu bringen: »Wir müssen unser Haus in Europa bauen, und das geht nicht ohne Deutschland.« Dabei sollten die europäischen Interessen allerdings nicht gegen die amerikanischen ausgespielt werden, wie es die Sowjetdiplomatie so oft ohne Erfolg versucht hatte; und es sollte den Westdeutschen auch kein Diktat der Siegermächte auferlegt werden. Vielmehr sollten »durch und durch aufrichtige, vertrauensvolle und dynamische Beziehungen« entwickelt werden, die der Sowjetführung auch bei der »Zivilisierung« ihres Landes helfen würden.[3]

Andropow knüpfte damit wieder an die Linie an, die Chruschtschow in den letzten Monaten vor seinem Sturz entwickelt hatte. In dem »Budapester Appell«, den der Politische Beratende Ausschuß des Warschauer Paktes am 17. März 1969 verabschiedete, wurde sie erstmals sichtbar. Von der Polemik, mit der die Vertreter der Warschauer Paktstaaten die Bundesregierung in Bukarest und in Karlsbad überzogen hatten, fehlte hier jede Spur. Die Anerkennung der DDR und der Oder-Neiße-Grenze wurden nicht mehr als Voraussetzung jeder Normalisierung dargestellt, sie erschienen vielmehr als Etappenziel des Entspannungsdialogs. Die östliche Seite verlangte auch nicht mehr eine »Friedensregelung auf der Grundlage der Existenz zweier deutscher Staaten«, sondern nur noch die »Anerkennung der Existenz der DDR«; und sie ließ eine gewisse Flexibilität erkennen, was die Form dieser Anerkennung betraf: »Wie kompliziert auch die noch ungelösten Probleme sein mögen – sie müssen mit friedlichen Mitteln durch Verhandlungen und nicht durch Anwendung von Gewalt oder deren Androhung gelöst werden.«[4]

Als die Außenminister der NATO daraufhin Maßnahmen zur Verbesserung der Lage in Berlin als einen wesentlichen Beitrag zur Entspannung bezeichneten, erklärte Gromyko am 10. Juli vor dem Obersten Sowjet, Gespräche mit den Westmächten über eine solche Verbesserung seien jederzeit möglich. Gomułka schlug am 17. Mai eine Normalisierung des Verhältnisses zwischen der Bundesrepublik und der Volksrepublik Polen vor, die sich auf einen Staatsvertrag über die Anerkennung der Oder-Neiße-Grenze gründete. Darauf bedacht, bei einer offenkundig bevorstehenden Verständigung zwischen der Bundesrepublik und der Sowjetunion nicht zu kurz zu kommen, unterließ er dabei jeden Hinweis auf die Notwendigkeit einer vorherigen Anerkennung der DDR, wie sie in Karlsbad vereinbart worden war.

In Bonn drängte Außenminister Brandt darauf, die Signale aus Budapest, Warschau und Moskau aufzugreifen. »Die bestehenden Grenzen in Europa zu respektieren und anzuerkennen«, so seine Formulierung auf dem Nürnberger Parteitag der SPD im März 1968[5] – dazu war der sozialdemokratische Teil der Großen Koalition unterdessen bereit, wenn auch unter dem Vorbehalt einer endgültigen Regelung in einem gesamtdeutschen Friedensvertrag und mit dem Zusatz, daß die DDR für die Bundesrepublik kein »Ausland« darstellen könne. Die oppositionelle FDP hatte sich sogar ganz vom Alleinvertretungsanspruch der Bundesrepublik distanziert und im Januar 1969 den Entwurf eines »Generalvertrags« zwischen beiden deutschen Staaten vorgelegt, der wechselseitige Anerkennung bis zur Wiedervereinigung vorsah und dafür einen möglichst uneingeschränkten Austausch zwischen der Bundesrepublik und der DDR einhandeln wollte. In der CDU hingegen mehrten sich seit der Niederschlagung des Prager Frühlings die Stimmen, die einer uneingeschränkten Aufrechterhaltung der herkömmlichen Rechtsstandpunkte das Wort redeten; und unter dem Eindruck des heraufziehenden Bundestagswahlkampfes entwickelte sich daraus eine Kampagne gegen die vermeintliche Preisgabe deutscher Interessen durch die Sozialdemokraten.

Die Kontroverse innerhalb der Großen Koalition, die daraus entstand, beeinträchtigte die Handlungsfähigkeit der Regierung Kiesinger. Im Mai stritt man sich über die angemessene Reaktion auf die Anerkennung der DDR durch Kambodscha. Während die Sozialdemokraten für eine weitere Abschwächung der Hallstein-Doktrin eintraten, strebte Kiesinger diesmal einen Abbruch der Beziehungen an; schließlich einigte man sich darauf, die Beziehungen »einzufrieren«. Unter dem Einfluß von Strauß, der den Weg zu einer europäischen Atommacht offenhalten wollte, schreckten die CDU-Minister vor einer Ratifizierung des

Atomwaffensperrvertrags zurück. Das Projekt einer europäischen Sicherheitskonferenz, das die Warschauer Paktstaaten in den Mittelpunkt ihres Budapester Appells gestellt hatten, lehnten sie im Gegensatz zu Brandt kategorisch ab.

Immerhin einigte man sich darauf, der Sowjetregierung am 3. Juli 1969 eine Wiederaufnahme der Verhandlungen über einen Gewaltverzicht vorzuschlagen. Gromyko reagierte sogleich, indem er in seiner Rede vom 10. Juli die sowjetische Bereitschaft erklärte, die Verhandlungen »bis zum Abschluß eines entsprechenden Abkommens fortzusetzen«. Sodann wurde der Vorstand der FDP-Fraktion zu einem Besuch nach Moskau eingeladen, wenig später auch die parlamentarische Führung der SPD, und schließlich sondierten Moskauer Emissäre auch bei der CDU/CSU-Fraktion – in diesem Fall allerdings ohne Erfolg. Am 13. September, knapp zwei Wochen vor der Bundestagswahl, ließ die Sowjetregierung in Bonn eine offizielle Antwort auf das Schreiben vom 3. Juli überreichen, in dem sie nicht nur ihre Bereitschaft bekräftigte, über alle Probleme zu sprechen, die mit dem Gewaltverzicht im Zusammenhang standen, sondern auch die alsbaldige Aufnahme von Gesprächen über diese Probleme vorschlug. Sie sollten, »wenn dies für die Regierung der Bundesrepublik annehmbar sei«, in Moskau stattfinden.[6]

Der Planungsstab des Auswärtigen Amtes unter der Leitung von Egon Bahr stellte daraufhin eine Studie fertig, die das Konzept der Überwindung des Status quo durch seine Anerkennung zu einem umfassenden Operationsplan ausarbeitete. Der Schlüssel zur Überwindung der gegenwärtigen Blockade, so wurde darin noch einmal bekräftigt, lag in Moskau; man mußte das sowjetische Interesse »an einer Ausweitung der Wirtschaftsbeziehungen zum Westen und verbesserten bilateralen Beziehungen mit den Vereinigten Staaten« dazu nutzen, einen »Rahmenvertrag« mit der DDR zustande zu bringen, der das Verhältnis der beiden deutschen Staaten »bis zur Wiedervereinigung« regelte, und den Status Berlins zu sichern. Die Planer gaben sich überzeugt, daß die »materiellen Elemente« eines solchen Vertrages »zugunsten der Überwindung der Teilung in unserem Sinne wirken« würden; und sie erwarteten auch, daß die dadurch mögliche Normalisierung des Verhältnisses zu den osteuropäischen Staaten »die pragmatischen und kooperationsbereiten Kräfte in Osteuropa« fördern und ihnen eine »eigenständigere Politik« erleichtern würde.[7]

Geschrieben wurde dies als Arbeitsgrundlage für eine abermalige Regierung der Großen Koalition. Willy Brandt entschied sich jedoch in der Wahlnacht vom 28. September, nachdem dies rechnerisch möglich geworden war, für ein Regierungsbündnis mit den Freien Demokraten, die im Hinblick auf die bevorstehenden Verhandlungen mit der Sowjetregierung weniger Schwierigkeiten zu machen versprachen. Brandt und Walter Scheel, der Vorsitzende der FDP, der nunmehr Außenminister wurde, entschlossen sich auch, in der Regierungserklärung vom 28. Oktober gleich das entscheidende Zugeständnis zu machen, in dem die sozialliberale Koalition über die Linie der Großen Koalition hinausging: die Anerkennung der staatlichen Existenz der DDR. »Auch wenn zwei Staaten in Deutschland existieren,« lautete die Schlüsselpassage der Erklärung, »sind sie doch füreinander nicht Ausland; ihre Beziehungen zueinander können nur von besonderer Art sein.«[8]

Die taktische Vorleistung zahlte sich aus: Sie signalisierte der Moskauer Führung soviel an Verhandlungsbereitschaft, daß Ministerpräsident Kossygin dem neuen Bundeskanzler über die Botschafter die Bereitschaft zu einem vertraulichen Meinungsaustausch übermitteln konnte. Brandt antwortete darauf mit einem vertraulichen Brief, in dem er die Grundzüge der angestrebten Verständigung erläuterte: Zunächst ein bilateraler Vertrag mit der Sowjetunion, der die Hypothek der Feindstaaten-Artikel der UN-Charta aufhob, dann Gewaltverzichtsverträge mit Polen über das »Problem der territorialen Integrität« und mit der DDR »auf der Basis der Gleichberechtigung und der gleichen Verbindlichkeit« und schließlich ein »multilateraler Gewaltverzicht« in der vom Warschauer Pakt vorgeschlagenen europäischen Sicherheitskonferenz.[9] Die Reihenfolge implizierte eine grundsätzliche Anerkennung der sowjetischen Führungsrolle im Warschauer Pakt, nutzte aber gleichzeitig das sowjetische Interesse an der Sicherheitskonferenz, um Regelungen im Interesse der Bundesrepublik auf den Weg zu bringen.

In den Verhandlungen, die Botschafter Helmut Allardt am

8. Dezember im Moskauer Außenministerium begann, beharrte Gromyko dann aber, auf eine schweigende Mehrheit im Politbüro gestützt[10], noch einmal auf der uneingeschränkten völkerrechtlichen Anerkennung der DDR und dem expliziten Verzicht auf jede Wiedervereinigungsperspektive. Auch Bahr, der am 30. Januar 1970 die Verhandlungsführung übernahm, vermochte ihn zunächst nicht davon abzubringen. Ulbricht machte hinter den Kulissen gegen die Kurskorrektur gegenüber der Bundesrepublik Front, und Breschnew blieb unsicher, ob er sie durchsetzen konnte. »Sie ahnen nicht, was in der Führungsgruppe stattfindet«, ließ Andropow Bahr Mitte Februar verdeckt mitteilen. »Sie müssen uns Zeit geben. Wir haben es schwerer als Sie. Wir haben unsere Verbündeten. Die deutsche Frage ist kompliziert und mit vielen Emotionen belastet. Man versteht, daß wir etwas mit Amerika machen. Aber wir brauchen Zeit und Vorbereitung, wenn die Politik gegenüber der Bundesrepublik Deutschland umgestellt werden soll. Unsere Führer, die das zum Teil wollen, müssen etwas vorzeigen können, was einsehbar ist.«[11]

Möglicherweise war die Erdgas-Röhren-Vereinbarung, die am 1. Februar 1970 in Essen unterzeichnet wurde, ein solches Argument. Sie beinhaltete den Verkauf deutscher Stahlröhren im Wert von 1,2 Milliarden DM, finanziert durch einen langfristigen Bankkredit zu günstigen Bedingungen und zu tilgen durch Lieferung sibirischen Erdgases über einen Zeitraum von zwanzig Jahren. Vertrauensbildend wirkte gewiß auch, daß die Bundesregierung am 28. November 1969 den Atomwaffen-Sperrvertrag unterzeichnet hatte. Und ganz offenkundig machte auch Bahrs Argument Eindruck, daß ein Verzicht auf den Friedensvertrags-Vorbehalt einer Aufhebung der Rechte für ganz Deutschland gleichkäme, die die Sowjetunion als Siegermacht des Zweiten Weltkriegs mit den westlichen Besatzungsmächten teilte. Bahr sagte, daß er darüber nicht verhandeln könne und daß die Sowjetregierung schon mit den drei Westmächten reden müsse, wenn sie diese Rechte aufgeben wolle.

Andropow versuchte Breschnew davon zu überzeugen, daß ein Vertragsabschluß mit der Bundesrepublik gleichzeitig seiner eigenen Machtstellung als Generalsekretär zugute kommen würde. Gleichzeitig bemühte er sich, Bahr über einen vertraulichen Kanal, den er mit Breschnews Billigung aufgebaut hatte[12], vor taktisch ungeschickten Reaktionen zu bewahren. Auf diese Weise gelang es während einer zweiten Verhandlungsrunde Mitte März 1970 eine Verständigung anzubahnen. Der Vertrag sollte keine »ausdrückliche Feststellung über die Einheit der deutschen Nation« enthalten, wie sie Bahr angestrebt hatte[13], doch würde die Bundesregierung der Sowjetregierung einen entsprechenden Brief schreiben, und im Vertrag selbst würde nur festgehalten werden, was Brandt in seiner Regierungserklärung angeboten hatte: die »Unverletzlichkeit« der Grenzen aller Staaten in Europa »einschließlich der Oder-Neiße-Linie, die die Westgrenze der Volksrepublik Polen bildet, und der Grenze zwischen der BRD und der DDR«. In einer Absichtserklärung, deren genauer Text am 21. März fixiert wurde, erklärte die Bundesregierung zudem ihre Bereitschaft, mit der Regierung der DDR ein Abkommen zu schließen, »das die zwischen Staaten übliche gleiche verbindliche Kraft haben wird wie andere Abkommen«, und sich danach für die Aufnahme beider deutscher Staaten in die Vereinten Nationen einzusetzen. Die sowjetische Seite sagte dafür zu, sich in den bilateralen Beziehungen »gemäß Artikel 2 der Satzung der Vereinten Nationen der Drohung mit Gewalt oder der Anwendung von Gewalt zu enthalten«. Der Rückgriff auf die Feindstaatenartikel war damit ausgeschlossen, und auch sowjetische Reparationsforderungen waren definitiv aus der Welt.[14]

Gegen den drohenden Verzicht auf die völkerrechtliche Anerkennung der DDR fuhr Ulbricht noch einmal schweres Geschütz auf. Mitte Mai reiste er mit Ministerpräsident Willi Stoph und Erich Honecker, dem zweiten Mann der Parteiführung, nach Moskau, um Breschnew von zu großer Nachgiebigkeit abzuhalten. Damit kamen sie jedoch nicht weit. Bahr hörte über den vertraulichen Kanal, »daß die Intervention Ulbrichts nicht zu einer Verhärtung der sowjetischen Position uns gegenüber geführt habe«[15]. Einige Wochen später erläuterte Breschnew im Vier-Augen-Gespräch mit Honecker noch einmal, daß der »Abschluß dieses Vertrages« auch so »ein Erfolg für uns sein« werde: »Die DDR wird durch diesen Vertrag gewinnen. Ihre internationale Autorität wird sich erhöhen. Ihre Grenzen, ihre Existenz werden vor aller Welt bestätigt werden.« Brandt wolle zwar eine »Sozialdemokratisierung [der] DDR«, doch die werde ihm nicht gelingen: »Eine Entwicklung, die unsere Positionen in der DDR schwächt, gefährdet, werden [wir] nicht zulassen, den Anschluß der DDR an WD. Im Gegenteil – die Abgrenzung, der Graben zwischen DDR und BRD wird noch tiefer werden.«[16]

Der endgültige Durchbruch in den Verhandlungen wurde erst nach einer weiteren Intervention Andropows erzielt. Von Gromykos Unterhändler Valentin Falin entsprechend informiert, konfrontierte er Breschnew am 21. Mai mit der Gefahr, daß der Vertrag im Bundestag scheitern könnte, wenn die sowjetische Seite in der Frage der deutschen Einheit nicht genügend Entgegenkommen zeige. Dieser wies Gromyko umgehend an, einen Brief der Bundesregierung über das Festhalten am Ziel der »Selbstbestimmung für alle Deutschen« ohne Widerspruch entgegenzunehmen, auch wenn die Grenzgarantie der deutschen Seite nicht über »Unverletzlichkeit« hinausging. Am nächsten Tag teilte Gromyko dem deutschen Verhandlungsführer sein Einverständnis mit dieser Regelung mit. Bahr, der die Verhandlungen wegen der sowjetischen Unbeweglichkeit in der Einheitsfrage schon unterbrechen wollte, konnte nach Bonn melden: »Geschafft.«[17]

Allerdings zögerten manche Angehörige der Bonner Koalition, den Schritt zur impliziten Anerkennung der sowjetischen Hegemonie im Warschauer Pakt, der mit dem Vertragswerk verbunden war, tatsächlich zu tun. Zudem wollte Außenminister Scheel in den offiziellen Vertragsverhandlungen, die am 26. Juli in Moskau begannen, weitere Vorteile für die deutsche Seite herausholen, die sich als Verdienste des freidemokratischen Koalitionspartners präsentieren ließen. Das zögerte den Vertragsabschluß noch einmal etwas hinaus. Durch das Zusammenspiel von Falin, Bahr und Andropows Mittelsmann Wjatscheslaw Keworkow gelang es schließlich, sich auf eine Formulierung zu verständigen, die die »Unantastbarkeit« der »gegenwärtigen Grenzen« mit dem Gewaltverzicht begründete. Der Brief zur deutschen Seite wurde in einer Form entgegengenommen, die Falin ausformuliert hatte; er besagte jetzt, daß der Vertrag nicht im Widerspruch zu dem Ziel der Bundesrepublik stehe, »auf einen Zustand des Friedens in Europa hinzuwirken, in dem das deutsche Volk in freier Selbstbestimmung seine Einheit wiedererlangt«. Mit diesen Präzisierungen wurde der deutsch-sowjetische Vertrag am 7. August paraphiert und am 12. August von Brandt und Scheel sowie von Kossygin und Gromyko unterzeichnet.[18]

Hinsichtlich der Garantien für West-Berlin mußte sich die deutsche Seite mit der Ankündigung begnügen, daß der Vertrag »erst in Kraft gesetzt werden« könne, wenn »eine befriedigende Regelung in und um Berlin« vorliege.[19] Brandt konnte Breschnew in einem langen Gespräch aus Anlaß der Vertragsunterzeichnung allerdings Verständnis dafür entlocken, daß er nicht bereit sei, den Berliner Landesverband seiner Partei in die Selbständigkeit zu entlassen. Breschnew erklärte, »daß kleine Kompromisse von der UdSSR und der DDR akzeptiert werden können unter zwei Gesichtspunkten: 1. Westberlin gehörte nicht zur BRD und wird niemals zu ihr gehören. 2. Die politische Präsenz der BRD in Westberlin wird nicht zugelassen.« Außerdem kamen beide überein, den vertraulichen Kanal über Bahr, den Journalisten Waleri Lednew und den Andropow-Mitarbeiter Keworkow (dessen Auftraggeber der westlichen Seite unbekannt blieb) zu einer dauernden Einrichtung werden zu lassen.[20]

Ergänzt wurde der Moskauer Vertrag durch einen Vertrag der Bundesrepublik mit der Volksrepublik Polen, in dem die Oder-Neiße-Grenze explizit als »die westliche Staatsgrenze der Volksrepublik Polen« bezeichnet wurde. Die polnische Regierung hätte diese Anerkennung ihrer Grenze gerne schon vor der Festlegung im Vertrag mit der Sowjetunion gehabt und verpflichtend auch für den Fall der Wiederherstellung der deutschen Einheit. Das ließ die Verhandlungen, die Staatssekretär Ferdinand Duckwitz parallel zu Bahrs Moskauer Gesprächen in Warschau führte, zu einem delikaten Unternehmen werden – denn das erste war machtpolitisch nicht durchsetzbar und das zweite glaubte sich die Bundesregierung aus innenpolitischen Rücksichten wie aus grundsätzlichen Erwägungen heraus nicht leisten zu können. Immerhin fand sie sich schließlich bereit, den Vertrag mit Warschau, anders als den Moskauer Vertrag, ausdrücklich als Grenzvertrag zu formulieren und sich dabei zu verpflichten, »auch in Zukunft« keinerlei Gebietsansprüche gegenüber Polen zu erheben. Das war glaubwürdig, auch wenn es den Gegnern einer Verständigung auf beiden Seiten immer noch einen gewissen Agitationsspielraum beließ.

Zusätzliche Schwierigkeiten ergaben sich aus dem Problem ausreisewilliger Deutscher, die in Polen lebten. Die polnische Seite wollte zunächst gar nicht darüber reden, während die Bonner Regierung sich verpflichtet (und innenpolitisch genötigt) fühlte, eine großzügige Lösung durchzusetzen. In letzter Minute einigte man sich auf eine einseitige Erklärung, in der die polnische Regierung ihre Absicht bekundete, Deutschen die Ausreise zu gestatten und Fälle von gemischten Familien zu »berücksichtigen« – eine vage Absichtserklärung, die sich bald als verbesserungsbedürftig erwies.[21] Nach der Vertragsunterzeichnung am 7. Dezember 1970 kniete Brandt, einer spontanen Eingebung folgend, vor dem Ehrenmal des Warschauer Ghettos nieder. Das wurde als Sinnbild dafür verstanden, daß die Deutschen den Verlust der Ostgebiete als Ergebnis des von ihnen zu verantwortenden Weltkrieges akzeptierten.

Berlin-Regelung und SALT-Vertrag

Kissinger und Nixon sahen die Verbesserung der Beziehungen zwischen der Bundesrepublik und der Sowjetunion mit wachsendem Unbehagen. So sehr die Regierung Brandt-Scheel damit langjährigen Forderungen früherer amerikanischer Administrationen nachkam – daß sie eigenständig handelte, ließ in Washington die Befürchtung aufkommen, sie könne die westliche Verhandlungsposition insgesamt schwächen. Nachdem mehrere Versuche, das sowjetische Interesse an einer Begrenzung der strategischen Rüstung für eine Vietnam-Vermittlung zu nutzen, ergebnislos geblieben waren, hatte die Nixon-Administration im Juni 1969 ihre Bereitschaft zur Eröffnung der »Strategic Arms Limitation Talks« (SALT) erklärt; und nach einer Reihe weiterer diplomatischer Schachzüge hatten die Verhandlungen am 17. November 1969 in Helsinki tatsächlich begonnen. Kissinger fand, daß sie jetzt Vorrang haben sollten. Den Sowjets sollte keine Gelegenheit geboten werden, einen Keil zwischen die westlichen Alliierten zu treiben.

Nixons Chefdiplomat hatte darum auch keine Eile, den Deutschen bei der Durchsetzung einer befriedigenden Berlin-Regelung zu helfen. Die Vier-Mächte-Verhandlungen über Berlin, die Gromyko im Sommer 1969 angeboten hatte, begannen erst am 26. März 1970, nachdem die erste Annäherung zwischen Bahr und Gromyko den Westmächten die Gefahr einer Beeinträchtigung ihrer Rechte auf Deutschland als Ganzes vor Augen geführt hatte. Danach schleppten sie sich mühsam hin, von einer monatlichen Zusammenkunft im ehemaligen Kontrollratsgebäude in Berlin-Schönefeld zur nächsten, ohne daß auch nur einer der Beteiligten sonderliche Energie für das Erzielen eines Kompromisses aufgebracht hätte. Gromyko wollte den Deutschen nicht zu viele Zugeständnisse machen, und Kissinger hielt es für angebracht, die deutschen Verbündeten ihre Abhängigkeit von der westlichen Führungsmacht spüren zu lassen.

Außerdem wollte Kissinger das sowjetische Interesse an einer Ratifizierung des Moskauer Vertrages dazu nutzen, in den SALT-Verhandlungen die amerikanischen Vorstellungen durchzusetzen. Die amerikanischen Ausgangsvorschläge, vorgelegt zu Beginn der Hauptverhandlungen im April 1970 in Wien, sahen ein Verbot von Mehrfach-Sprengköpfen (MIRV) nur unter der Voraussetzung wechselseitiger Bodeninspektionen, eine Beschränkung der Reduktionen auf landgestützte Interkontinentalraketen und eine Obergrenze für »moderne schwere Wurfgeschosse« vor. Das zielte darauf, lediglich jene Systeme zu begrenzen, die den Schwerpunkt der sowjetischen strategischen Rüstung bildeten, und den amerikanischen Vorsprung in der Entwicklung der MIRV-Technik zu erhalten. Die sowjetische Seite ließ sich jedoch auf diese Vorstellungen verständlicherweise nicht ein, und so mündeten auch die SALT-Verhandlungen bald in eine Sackgasse.

Bewegung kam erst wieder in die Szenerie, nachdem Falin Ulbricht im Oktober 1970 in langen Gesprächen deutlich gemacht hatte, daß die DDR-Regierung jetzt mit Bonn über praktische Fragen verhandeln müsse, auch wenn die volle völkerrechtliche Anerkennung des zweiten deutschen Staates nicht erreicht worden war. Am 29. Oktober bekundete die DDR-Regierung ihre Bereitschaft zu sogenannten »Expertengesprächen«, einen

Monat später begannen vertrauliche Besprechungen zwischen Bahr und dem DDR-Staatssekretär Michael Kohl. In Washington rief das die Befürchtung hervor, Bonn könne eigenständige Regelungen für Berlin treffen und dabei die alliierten Rechte beschädigen. Um dem zuvorzukommen, lud Kissinger Bahr in der zweiten Dezemberhälfte zur Positionsabstimmung in die USA ein, und zu Beginn des Jahres 1971 ließ er die Sowjetführung über Dobrynin wissen, daß Nixon eine Beschleunigung der Berlin-Verhandlungen wünsche.

Fortan beriet sich Kissinger mit Bahr, während dieser in vertraulichen Gesprächen mit Falin Annäherungsmöglichkeiten in der Berlin-Frage sondierte. Dabei entwickelte Bahr den Vorschlag, den Streit über die unterschiedlichen Rechtsauffassungen bezüglich des Status von Berlin beiseite zu legen und sich statt dessen auf Vereinbarungen zu den praktischen Fragen zu konzentrieren, die regelungsbedürftig waren: den Zugang nach West-Berlin, die Bundespräsenz in der geteilten Stadt und die Wahrnehmung der Außenvertretung für die West-Berliner. Kissinger und Nixon stimmten dem im April zu, und Anfang Mai signalisierte auch die sowjetische Seite ihr Einverständnis. Sowohl Andropow als auch Breschnew hatten ihre Position unterdessen weiter gefestigt.[22] Ulbricht machte nach langem Widerstand seinem Herausforderer Honecker Platz. Am 3. Mai erklärte er seinen Rücktritt vom Amt des Ersten Sekretärs.

Die Einzelheiten des Berlin-Kompromisses wurden von Mitte Mai an in verdeckten Gesprächen zwischen Falin, Bahr und dem amerikanischen Botschafter in Bonn, Kenneth Rush, ausgehandelt. Da Falin soeben zum Sowjetbotschafter in der Bundesrepublik ernannt worden war, konnten sie in der Bundeshauptstadt stattfinden. Sehr schnell einigte man sich darauf, »daß der Verkehr von und nach Berlin auf die international günstigste Art organisiert werden sollte, also korridorähnlich«; dabei übernahm die Sowjetunion wieder selbst die oberste Verantwortung für die Gewährleistung dieser Regelung.[23] Hinsichtlich des Status' von West-Berlin bestätigten die Westmächte, daß die Westsektoren »so wie bisher kein konstitutiver Teil der Bundesrepublik Deutschland sind und auch weiterhin nicht von ihr regiert werden«. Gleichzeitig hielten sie unwidersprochen daran fest,

»daß die Bindungen zwischen den Westsektoren Berlins und der Bundesrepublik Deutschland aufrechterhalten und entwickelt werden«. Hoheitsakte von Bundesorganen sollte es in West-Berlin nicht mehr geben, doch durften Dienststellen des Bundes weiterhin in Berlin präsent sein. Die Westmächte erklärten ihre Zustimmung zur Errichtung eines sowjetischen Generalkonsulats in West-Berlin; dafür erhielt die Bundesregierung das Recht, die West-Berliner konsularisch zu betreuen und West-Berlin unter bestimmten Voraussetzungen in internationale Verträge einzubeziehen. Nach einer persönlichen Intervention Brandts bei Breschnew wurde den West-Berlinern sogar wieder zugestanden, bei Auslandsreisen Bundespässe zu benutzen.[24]

Bei der Übermittlung der Verhandlungsergebnisse auf die offizielle Ebene gab es wieder einige Irritationen. Mitte Juli drängte Breschnew aber mit Macht auf den Abschluß der Vereinbarungen. Gromyko mußte sich beugen und begab sich nun im August persönlich nach Pankow, um von dort aus inkognito die abschließende Phase der offiziellen Botschafter-Verhandlungen im Kontrollratsgebäude zu kontrollieren.[25] Ganz zum Schluß wurden die beiden deutschen Regierungen offiziell in die Verhandlungen einbezogen. Sie sollten sich auf eine amtliche deutsche Übersetzung des Abkommens einigen. Das gelang nicht ganz. Nachdem die vier Botschafter das Abkommen am 3. September 1971 paraphiert hatten, erklärten die DDR-Vertreter, mit der Übersetzung des Begriffes »ties« durch »Bindungen« nicht einverstanden zu sein. Nach ihrer Auffassung waren lediglich die »Verbindungen« zwischen der Bundesrepublik und West-Berlin bestätigt worden.

Als sich der Durchbruch in den Verhandlungen abzeichnete, lud Breschnew Brandt kurzfristig zu einem Meinungsaustausch ein, der der Vertiefung ihrer persönlichen Beziehungen ebenso dienen sollte wie der Demonstration der unterdessen erreichten Führungsrolle des Generalsekretärs in der Entspannungspolitik. Brandt sagte auch gleich zu, und so trafen sich die beiden Führer, jeweils nur von wenigen Mitarbeitern begleitet, vom 16. bis 18. September in Oreanda auf der Krim. Breschnew gab sich außerordentlich gastfreundlich und zeigte großes Verständnis für die Vorstellungen, die sein Besucher entwickelte. Insbesondere

Brandts Plädoyer für einen wechselseitigen Truppenabbau als nächsten Schritt im Entspannungsprozeß überzeugte. Breschnew stimmte zu, »daß die Truppenreduktion auch nationale Streitkräfte einschließen, daß sie nicht auf das Territorium der beiden Staaten in Deutschland begrenzt werden, und daß sie gleichgewichtig sein soll«[26]. Selbst als Brandt seinem Gastgeber auseinandersetzte, daß auf lange Sicht kein Weg an der Wiedervereinigung der Deutschen vorbeiführen würde, reagierte dieser »sehr aufgeschlossen und verständnisvoll«[27].

Parallel zum Durchbruch in den Berlin-Verhandlungen kamen auch die SALT-Verhandlungen ein Stück voran. Nixon wollte jetzt mit Blick auf das Wahljahr 1972 ein Gipfeltreffen möglichst noch im Herbst 1971. Dazu war es nötig, in den Abrüstungsverhandlungen zumindest etwas guten Willen zu zeigen. Er willigte daher ein, zunächst ein Abkommen über die Begrenzung der ABM-Systeme zu schließen, wenn es mit einer »Verständigung« über gewisse Beschränkungen der Interkontinentalraketen verbunden sein würde. Am 20. Mai kündigten die Regierungen in Washington und Moskau diese Formel als einen Verhandlungserfolg an. Nachdem sich dann auch noch eine Annäherung der Standpunkte in der Berlin-Frage abgezeichnet hatte, kam man in Moskau überein, Nixon für November oder Dezember zu einem Staatsbesuch einzuladen. Anfang Juli wurde dies Washington vertraulich mitgeteilt.[28]

Unterdessen hatte Kissinger aber heimlich Chinas Ministerpräsidenten Tschou En-lai aufgesucht; und nach seiner Rückkehr kündigte Nixon am 15. Juli in einer Fernsehansprache an, noch vor dem März 1972 zu einem Staatsbesuch nach Peking zu reisen. Entgegen dem Anschein stand dahinter nicht in erster Linie die Absicht, zusätzlichen Druck auf Moskau auszuüben. Nixon und Kissinger suchten in Peking vielmehr die Unterstützung bei einem »ehrenvollen« Abzug aus Vietnam, die ihnen Moskau augenscheinlich nicht bieten wollte und tatsächlich nicht bieten konnte. Nachdem ihnen aber ein erster Verhandlungserfolg mit China geglückt war, wollten sie ihn auch zur Stärkung ihrer Verhandlungsposition gegenüber der Sowjetunion ausnutzen. So rückte der Termin für den Besuch in Moskau in Nixons Agenda wieder nach hinten. Über Dobrynin wurde der Sowjetführung mitgeteilt, daß er erst nach der Peking-Reise des Präsidenten stattfinden solle.

Breschnew bot daraufhin am 10. August einen Termin im Mai oder Juni 1972 an, Nixon sagte eine Woche später für den 22. Mai 1972 zu. Die Vereinbarung wurde aber erst am 12. Oktober publik gemacht. In der Zwischenzeit einigten sich beide Seiten auf ein vorgezogenes Abkommen über Maßnahmen zur Verhinderung eines Atomkrieges »aus Versehen«. Von der amerikanischen Seite lange verweigert, gestand Nixon es jetzt als eine Geste guten Willens zu, die den negativen Effekt der Verschiebung seines Besuchs ausgleichen sollte. Am 30. September wurde die Vereinbarung während des jährlichen Besuchs Gromykos am Rande der UN-Vollversammlung in Washington unterzeichnet.

In den Verhandlungen über die Konkretisierung der SALT-Absprachen versuchte die US-Administration noch einmal, einseitige Vorteile für die amerikanische Seite durchzusetzen: eine Vereinbarung, die den USA vier ABM-Systeme zum Schutz ihrer Raketensilos zugestand, während für die Sowjetunion nur der Ausbau der bestehenden Schutzeinrichtung für die Hauptstadt vorgesehen war, und ein »Einfrieren« des Bestands an seegestützten Raketen, bei denen die Sowjetunion immer noch weit hinter den USA lag. Das machte eine Verständigung erneut schwierig. Nach der Rückkehr von seiner China-Reise Ende Februar 1972 bekannte sich Nixon dann aber zum Prinzip der strategischen Parität.[29] Kissinger schlug den Sowjets eine Obergrenze für seegestützte Raketen vor, die ihren tatsächlichen Ausbauplänen entsprach, und verkaufte die sowjetische Zustimmung zu einer solchen Regelung anschließend der eigenen Administration als Verhandlungserfolg. Bei einem Blitzbesuch in Moskau am 21./22. April akzeptierte er darüber hinaus zwei ABM-Systeme für beide Seiten, je eines zum Schutz der Kommandozentrale und eines für eine Raketenanlage.

Nachdem so die Weichen für einen erfolgreichen Gipfel gestellt worden waren, stellte eine Großoffensive der nordvietnamesischen Truppen sein Zustandekommen in letzter Minute in Frage. Nixon beantwortete sie Anfang Mai, weil das Regime in Saigon anders nicht mehr zu halten war, mit einer Verminung der Küstengewässer und systematischer Bombardierung militärischer Ziele in Hanoi und Haiphong. Das rief in Moskau Widerstand gegen den Gipfel auf den Plan. Verteidigungsminister Gretschko, der ukrainische Parteiführer Schelest und andere argumentierten, daß der Generalsekretär keinen Präsidenten empfangen könne, der ein sozialistisches Bruderland mit Bomben attackierte. Da Breschnew Nixon nicht zur Mäßigung bewegen konnte, blieb die Debatte im Politbüro über mehrere Tage unentschieden. Schließlich konnten sich die Anwälte der Realpolitik aber durchsetzen – unter anderem mit dem Argument, daß eine Ausladung Nixons die bevorstehende Ratifizierung der Ostverträge im Deutschen Bundestag gefährden würde. Am 19. Mai bestätigte eine Sitzung des Zentralkomitees die Entscheidung des Politbüros; Schelest wurde degradiert.[30]

Daraufhin konnten Breschnew und Nixon am 26. Mai in Moskau ein erstes Paket zur Begrenzung der strategischen Rüstung unterzeichnen: das Abkommen über die Beschränkung der ABM-Systeme auf jeweils zwei, eine Vereinbarung über das Einfrieren der Abschußvorrichtungen für Interkontinentalraketen beim gegenwärtigen Stand sowie ein Protokoll über Höchstgrenzen für Abschußvorrichtungen auf U-Booten. Die Vereinbarungen über die Offensivwaffen waren auf fünf Jahre beschränkt, die Modernisierung der bestehenden Anlagen und Raketen blieb ausdrücklich erlaubt, doch verpflichteten sich beide Seiten, die Verhandlungen über die Begrenzung dieser Waffen fortzuführen.[31] Damit waren der Kompensation der amerikanischen MIRV-Technik durch den Aufbau eines Arsenals »schwerer« sowjetischer Interkontinentalraketen klare Grenzen gesetzt; der Sowjetunion blieb aber die Möglichkeit, selbst Fortschritte auf dem Gebiet der MIRV-Technik zu erzielen. Die Aufrüstung wurde begrenzt und gesteuert, Abrüstung blieb eine Aufgabe für die Zukunft.

Über dieses »SALT I« genannte Vertragspaket hinaus unterzeichneten Breschnew und Nixon Vereinbarungen zur friedlichen Nutzung des Weltraums, zur technologischen und medizinischen Zusammenarbeit, zur Verhütung von Unfällen auf See und zur Zusammenarbeit im Umweltschutz. Außerdem wurde auf sowjetischen Wunsch eine Grundsatzerklärung über die amerikanisch-sowjetischen Beziehungen verabschiedet, die der

Sowjetunion die »Anerkennung der Sicherheitsinteressen auf der Basis des Grundsatzes der Gleichberechtigung« verschaffte und amerikanischen Vorstellungen mit dem Verzicht »auf irgendwelche besonderen Rechte oder Vorteile in der Weltpolitik« entgegenkam.[32] Nixon stimmte der Eröffnung der Konferenz über Sicherheit und Zusammenarbeit in Europa im kommenden Jahr zu; dazu wurde vereinbart, daß die Frage der konventionellen Truppenreduzierung, da nur die Mitglieder der beiden Paktsysteme betreffend, auf einer gesonderten Konferenz erörtert werden sollte. Schließlich einigte man sich auch über Höhe und Rückzahlung der sowjetischen Schulden aus dem »lend-lease«-Programm des Zweiten Weltkriegs und weitere Schritte zur Normalisierung der Handelsbeziehungen zwischen beiden Ländern.

Nixon war von der Atmosphäre des Gipfeltreffens und den Vereinbarungen, die dabei erzielt wurden, so angetan, daß er Breschnew nach seiner Rückkehr gleich für das kommende Frühjahr zu einem Gegenbesuch in die USA einlud. Die Gipfelbegegnungen zwischen den Führern der beiden Weltmächte sollten nach seiner Vorstellung fortan zu einer festen Einrichtung werden und in jährlichem Rhythmus stattfinden. In einem Dankschreiben an Breschnew beschwor er den »neuen Geist der Zusammenarbeit, der unsere Beziehungen jetzt auszeichnet und weitere Fortschritte in der vor uns liegenden Periode verspricht«[33].

Entspannung in Aktion

In der Tat kam die Verbesserung der Ost-West-Beziehungen jetzt deutlich voran. Die DDR-Führung setzte der Umsetzung der Grundsatzvereinbarungen zwar weiterhin zähen Widerstand entgegen, sie mußte sich aber immer wieder Moskauer Druck beugen. Nachdem sie im Dezember 1971 einem Transitabkommen zugestimmt hatte, das die Kontrolle der Berlin-Reisenden auf die Feststellung der Personen-Identität beschränkte, gestand Honecker Ende April 1972 die Einbeziehung West-Berlins in einen Verkehrsvertrag mit der Bundesrepublik zu. Außerdem wurden die Reisemöglichkeiten zwischen beiden deutschen Staaten etwas erleichtert: Bundesbürger sollten nicht nur zu Verwandtenbesuchen in die DDR reisen dürfen, DDR-Bürger sollten in dringenden Familienangelegenheiten die Bundesrepublik besuchen dürfen, die Familienzusammenführung sollte ohne Beschränkung der Altersgrenze erleichtert werden.

Möglicherweise half die Bekanntgabe dieser Zugeständnisse am Abend des 26. April[34] der Regierung Brandt-Scheel über die Hürde des Mißtrauensvotums, das die CDU/CSU-Opposition nach dem Verlust der parlamentarischen Mehrheit der Regierungskoalition zwei Tage zuvor angestrengt hatte. Jedenfalls war das Bestreben, der in Bedrängnis geratenen Bonner Regierung zu helfen, jetzt nahezu allgemein. Nixon und Kissinger wollten keine Irritation bei der unterdessen erreichten Annäherung an Moskau, und Breschnew hatte Honecker begreiflich gemacht, daß er bei einem Scheitern der Ostverträge noch weniger an Anerkennung für die DDR zu erwarten hatte. Die diskrete Unterstützung aus Washington und Moskau trug auch dazu bei, daß die Verträge von Moskau und Warschau trotz des Verlustes der Regierungsmehrheit im Bundestag durchkamen. Bei der Schlußabstimmung am 17. Mai, fünf Tage nach der Paraphierung des Verkehrsvertrages, enthielten sich die meisten Oppositionsabgeordneten der Stimme; nur eine kleine Minderheit stimmte gegen die Verträge.

Breschnews Überlegungen, »wie man Brandt helfen kann«[35], spielten auch eine Rolle, als der Bundeskanzler mit Blick auf das Näherrücken der Europäischen Sicherheitskonferenz einen Abschluß der Verhandlungen über die Gestaltung der Beziehungen zur DDR anstrebte. Nach einer Phase abermaliger Maximalforderungen von DDR-Unterhändler Kohl stimmte Honecker Anfang September einer Reihe von Erleichterungen des innerdeutschen Austauschs zu: Einrichtung einer grenznahen Zone mit vereinfachten Besuchsregelungen, Einrichtung zusätzlicher Grenzübergangsstellen, kleine Grenzänderungen, Arbeitsmöglichkeiten für Journalisten, Erleichterungen bei der Familienzusammenführung, bei Reisen und beim nichtkommerziellen Warenverkehr. Weiter verzichtete er auf die Forderung nach Verpflichtung zur »Nichteinmischung« und bestand nicht mehr darauf, die wechselseitigen Vertreter »Botschafter« zu nennen.

Nachdem Bahr Breschnew Anfang Oktober noch einmal um Unterstützung gebeten hatte[36], fand sich die DDR-Führung auch damit ab, daß in der Präambel des Grundlagenvertrages »unterschiedliche Auffassungen zur nationalen Frage« konstatiert wurden.

Dagegen gelang es der westdeutschen Seite trotz hartnäckigen Bemühens nicht, einen ausdrücklichen Friedensvertragsvorbehalt in den Vertrag hineinzuschreiben. In einem erläuternden Briefwechsel wurde lediglich auf die Fortdauer der Vier-Mächte-Verantwortung verwiesen. West-Berlin wurde vom »Ständigen Vertreter« der Bundesrepublik in der DDR mitvertreten; hinsichtlich der Einbeziehung der Westsektoren Berlins in weitere Abkommen zwischen beiden deutschen Staaten blieb es dagegen bei der Kann-Bestimmung, die schon im Berlin-Abkommen enthalten war. Die Regelung der »Zusammenarbeit auf dem Gebiet der Wirtschaft, der Wissenschaft und Technik, des Verkehrs, des Rechtsverkehrs, des Post- und Fernmeldewesens, des Gesundheitswesens, der Kultur, des Sports, des Umweltschutzes und auf anderen Gebieten« blieb größtenteils weiteren Abkommen vorbehalten.

In dieser Form wurde der »Vertrag über die Grundlagen der Beziehungen« zwischen den beiden deutschen Staaten am 8. November paraphiert[37] – elf Tage vor der Neuwahl des Bundestages, die nach dem Verlust der Regierungsmehrheit vorzeitig notwendig geworden war. Das Verhandlungsergebnis wurde sogleich veröffentlicht und ging damit noch in die heiße Phase eines Wahlkampfs ein, der ohnehin vorwiegend zu einer Auseinandersetzung um die »neue Ostpolitik« geworden war, wie der Kurs der Brandt-Scheel-Regierung jetzt polarisierend genannt wurde. Der deutliche Sieg der Regierungskoalition in den Wahlen vom 19. November wurde damit zu einer Bekräftigung der Politik der Kooperation auf der Grundlage einer Respektierung des Status quo. Sie wurde offensichtlich von einer Mehrheit der westdeutschen Bevölkerung mit großen Erwartungen mitgetragen; die frühere Regierungspartei mußte sich anpassen, wenn sie wieder mehrheitsfähig werden wollte.

Unterdessen waren auch die Verhandlungen über einen amerikanisch-sowjetischen Handelsvertrag zu einem befriedigenden

Ergebnis gekommen. Die Vereinbarung, die am 18. Oktober von US-Handelsminister Peter G. Peterson und seinem sowjetischen Kollegen Nikolai Patolischow unterzeichnet wurde, sah die Gewährung der Meistbegünstigung für die Sowjetunion vor, dazu Handelskredite, Klauseln zur Vermeidung von Marktstörungen und zur Regelung von Handelsdisputen sowie die Errichtung von offiziellen Handelsmissionen in Washington und Moskau. Ein besonderes Abkommen regelte die wechselseitige Öffnung von Handelshäfen sowie die gleichmäßige Verteilung der Handelsware auf sowjetische und amerikanische Schiffe. Außerdem ermächtigte der Präsident die Export-Import-Bank, der Sowjetunion ihre Kreditdienste zu offerieren.

Am 22. November begannen, wie von Kissinger bei seinem nächsten Besuch in Moskau in der zweiten Septemberwoche vereinbart, in Helsinki die Vorgespräche über die Konferenz für Sicherheit und Zusammenarbeit. Bis Anfang Juni 1973 wurde unter den 35 Teilnehmerstaaten – allen europäischen Staaten außer Albanien, dazu Kanada und die USA – Einvernehmen über ihre Tagesordnung erreicht. Sie sollte vier Punkte umfassen: Fragen der Sicherheit in Europa, Fragen der Zusammenarbeit in den Bereichen der Wirtschaft, der Wissenschaft und der Technik sowie der Umwelt, Fragen der Zusammenarbeit in humanitären und anderen Bereichen und schließlich Fragen der Konferenzfolgen. Zu dem ersten Punkt, informell »Korb 1« genannt, sollte zunächst ein Katalog von Grundsätzen erarbeitet werden, auf die sich die Teilnehmerstaaten bei der Gestaltung ihrer Beziehungen verpflichten sollten. Darüber hinaus kam man auf Drängen der europäischen NATO-Partner und einiger neutraler Staaten überein, über vertrauensbildende Maßnahmen im militärischen Bereich zu verhandeln. Unter Punkt 3 brachten die Vertreter der Bundesrepublik und ihre westeuropäischen Verbündeten Verhandlungen über Familienzusammenführungen, Reise- und Informationsfreiheit sowie kulturellen und sonstigen Austausch unter. Die Vertreter der Sowjetführung und der anderen Warschauer-Pakt-Staaten akzeptierten das nur widerwillig; sie sahen aber schließlich ein, daß anders keine großen Fortschritte im Bereich der wirtschaftlichen Zusammenarbeit (»Korb 2«) zu erreichen waren, der ihnen besonders am Herzen lag.

Delegationen der NATO und des Warschauer Pakts eröffneten darüber hinaus am 31. Januar 1973 in der Wiener Hofburg einen »zwanglosen Gedankenaustausch« über das Projekt der Truppenreduzierung in Europa. Dabei einigte man sich sehr schnell auf eine Konzentration auf Mitteleuropa sowie auf ein Verfahren nach dem Prinzip »unverminderter Sicherheit« in jeder Phase des Truppenabbaus. Hinsichtlich der Definition der mitteleuropäischen Reduktionszone und damit des Teilnehmerkreises einer Konferenz über »Mutual and Balanced Force Reductions« (MBFR) gab es jedoch sogleich Differenzen. Konferenzteilnehmer wurden schließlich die Benelux-Staaten, die Bundesrepublik Deutschland, Großbritannien, die USA und Kanada sowie auf östlicher Seite die Sowjetunion, die DDR, Polen und die Tschechoslowakei. Als Beobachter nahmen neben Ungarn Bulgarien und Rumänien teil sowie auf westlicher Seite Dänemark, Griechenland, Italien, Norwegen und die Türkei. Frankreich blieb der Konferenz aus prinzipiellem Widerstand gegen jede Verringerung der amerikanischen Truppenpräsenz in Europa fern. Bis zum 28. Juni hatten sich die Teilnehmer der Vorkonferenz soweit auf ein Verhandlungsverfahren geeinigt, daß der Beginn der Verhandlungen für den kommenden 30. Oktober angekündigt werden konnte.

Parallel zum Start der Verhandlungen über Sicherheit in Europa ging der Vietnam-Krieg zu Ende. Da sich nach den Sowjets nun auch die chinesischen Genossen mit militärischen Hilfslieferungen zurückhielten, ließ sich die nordvietnamesische Führung durch das massive Bombardement des Frühjahrs 1972 tatsächlich zu einem Kompromiß-Arrangement bewegen. Am 13. Juli 1972 verzichtete ihr Unterhändler Le Duc Tho, der sich seit Februar 1970 wiederholt zu vertraulichen Besprechungen mit Kissinger in Paris getroffen hatte, zum ersten Mal auf die Forderung, daß nur die »aufrichtig neutralen« Mitglieder der südvietnamesischen Regierung im Amt bleiben dürften. Bis zum 8. Oktober wurde daraus eine Vereinbarung, daß die Regierung Thieu und die kommunistische Revolutionsregierung bis zu allgemeinen Neuwahlen, die von einem gemischten »nationalen Versöhnungsrat« organisiert wurden, im Amt bleiben sollten. Thieu freilich wollte von einer solchen Regelung nichts wissen. Daraufhin nahm Nixon am 18. Dezember die Bombenangriffe gegen Nordvietnam wieder auf, dann stellte er Thieu ein Ultimatum, und schließlich unterzeichneten Le Duc Tho und Kissinger am 23. Januar 1973 mit den Vertretern Südvietnams und des Vietcong ein Friedensabkommen, das sich nur wenig von der im Oktober gefundenen Regelung unterschied.

Bei aller Sinnlosigkeit dieses letzten massiven Bombeneinsatzes gegen die Zivilbevölkerung war die Erleichterung über das Ende des amerikanischen Engagements in Vietnam doch groß. Es war abzusehen, daß sich das südvietnamesische Regime ohne amerikanische Unterstützung nicht lange halten würde – tatsächlich nahmen die Vietcong-Verbände zwei Jahre später, am 30. April 1975, dessen Hauptstadt Saigon ein. Doch konnte sich die amerikanische Administration nun endlich ganz auf die Entspannungspolitik konzentrieren, und die Moskauer Führung wurde von ideologischem Ballast befreit.

Am 27. April 1973 verloren die Entspannungskritiker Schelest und Woronow ihren Sitz im Moskauer Politbüro. Gleichzeitig wurden nicht nur Gromyko und Gretschko zu Vollmitgliedern erhoben, sondern auch Andropow. Drei Wochen später reiste Breschnew zu seinem ersten offiziellen Besuch nach Bonn – mit großen Hoffnungen auf den Abschluß von Langzeitprojekten zur Erschließung der sowjetischen Rohstoffquellen, die freilich nur zum Teil erfüllt wurden. Nach weiteren vier Wochen, vom 18. bis 24. Juni, fand der vereinbarte Besuch des Generalsekretärs in den USA statt. Breschnew hielt sich zunächst in Washington auf und flog dann auf Nixons besonderen Wunsch mit dem Flugzeug des Präsidenten zu dessen Landsitz in San Clemente, Kalifornien. Dabei wurden eine Reihe weiterer Abkommen zur Zusammenarbeit unterzeichnet, unter anderem zur Verstärkung des kulturellen und wissenschaftlichen Austauschs und zur friedlichen Nutzung der Atomenergie. Breschnew stimmte Nixons Vorschlag zu, die Gipfelbegegnungen künftig im jährlichen Wechsel stattfinden zu lassen.

Das wichtigste Ergebnis des Washingtoner Gipfels war aus sowjetischer Sicht ein Abkommen zur Verhinderung eines Atomkriegs. Es ging auf die langjährige sowjetische Forderung zurück, einen wechselseitigen Verzicht auf den Ersteinsatz von Atomwaffen zu vereinbaren. Die USA hatten das immer abgelehnt, weil es einen Widerruf der Abschreckungsgarantie für die europäischen Verbündeten implizierte. Nachdem aber Breschnew im Vorfeld des Gipfels drängte, die ausstehende Vereinbarung endlich zu treffen, fand sich Nixon zu einem Kompromiß bereit: einer allgemeinen Gewaltächtung mit der Verpflichtung zur Konsultation im Krisenfall. Nach zähem Ringen vereinbarten die Vertragspartner, »sich so zu verhalten, [...] daß der Ausbruch von Atomkriegen zwischen ihnen ausgeschlossen ist«, dabei »davon auszugehen«, daß sich beide Seiten der Androhung von Gewalt enthielten, und im Falle des Risikos eines nuklearen Konflikts »sofort in dringende Konsultationen miteinander ein[zu]treten«[38]. Über eine Good-will-Erklärung hinaus bedeutete dies eine Formalisierung der bestehenden Konsultationsstruktur.

In den SALT-Verhandlungen wurde kein neuer Durchbruch erzielt. Die amerikanische Seite bot in der neuen Verhandlungsrunde, die im November 1972 in Genf begonnen hatte, neben gleichen Obergrenzen für Interkontinentalraketen, seegestützte Raketen und interkontinentale Bomber (zusammen je 2350) nur einen Stop der MIRV-Einführung beim gegenwärtigen Stand an, versuchte also noch einmal, die bestehende Überlegenheit der USA in der MIRV-Technik festzuschreiben. Demgegenüber begnügten sich die Sowjets mit der Forderung nach einem Stopp aller Neueinführungen strategischer Systeme – zu wenig, um die Amerikaner zum Verzicht auf ihren Vorsprung bewegen zu können. Nixon und Breschnew kamen bei ihrer Begegnung im Juni 1973 aber immerhin überein, »ernsthafte Anstrengungen« zu unternehmen, um bis Ende 1974 ein permanentes Abkommen zur Begrenzung der strategischen Rüstung zu erreichen.

Im weiteren Verlauf des Jahres 1973 gelang schließlich auch noch die formale Aussöhnung der Bundesrepublik mit der Tschechoslowakei. Sie war längst überfällig, doch waren die Verhandlungen, die im Oktober 1970 begonnen hatten, bislang immer an der unterschiedlichen Interpretation des Münchener Abkommens über die Abtretung des Sudetenlandes 1938 gescheitert. Während die tschechoslowakische Seite es, da unter Gewaltandrohung zustande gekommen, als »ungültig von Anfang an« betrachtete, scheute man in Bonn die rechtlichen Folgen, die eine solche Nichtigkeitserklärung für die Sudetendeutschen haben konnte, und verharrte im übrigen in einer positivistischen Rechtsauffassung. Da die Regelung des Problems aus Bonner Sicht nicht so dringlich war, kamen die Gespräche lange Zeit nicht voran. Erst im Mai 1973 begannen die offiziellen Verhandlungen der Außenminister, bei denen eine Kompromißformel fixiert wurde: In der Präambel wurde festgestellt, daß das Münchener Abkommen »durch das nationalsozialistische Regime unter Androhung von Gewalt aufgezwungen wurde«; dann folgte ein Artikel 1, in dem die Vertragspartner erklärten, daß sie das Abkommen »nach Maßgabe dieses Vertrages als nichtig« betrachteten. Das war unterschiedlich interpretierbar. Was die materiellen Konsequenzen der Interpretation betraf, akzeptierte die tschechoslowakische Regierung jedoch unter Moskauer Druck, daß das Staatszugehörigkeitsrecht der Sudetendeutschen für »nicht berührt« erklärt und eine Rechtsgrundlage für Entschädigungsansprüche der ČSSR ausdrücklich verneint wurde.

Der Paraphierung des Vertrages am 20. Juni folgte noch einmal ein monatelanges Tauziehen um die Einbeziehung West-Berlins. Dem Beispiel der Warschauer Regierung folgend bestritt auch die Regierung in Prag, daß sich das Recht der Bundesregierung, die Westberliner konsularisch zu vertreten, auch auf juristische Personen bezog. Bonn wollte demgegenüber die Gelegenheit des Vertragsabschlusses mit der ČSSR dazu nutzen, die weitere Interpretation der entsprechenden Bestimmung des Berlin-Abkommens durchzusetzen. Schließlich verständigte sich Außenminister Scheel bei einem Besuch in Moskau Anfang November mit seinem sowjetischen Amtskollegen darauf, daß im Falle juristischer Personen die betroffenen Gerichte direkten Kontakt miteinander aufnahmen. Mit dieser Formel, die auch von den anderen Ostblockstaaten übernommen wurde, wurde der Prager Gewaltverzichts- und Grenzbestätigungsvertrag am 11. Dezember unterzeichnet. Auf ihn Bezug nehmend konnte die Bundesrepublik dann auch diplomatische Beziehungen zu Ungarn und Bulgarien aufnehmen.

Erste Rückschläge

Die Auseinandersetzung um die Interpretation des Berlin-Abkommens war symptomatisch für die Konflikte, die notwendigerweise aus dem Abschluß der Ost-West-Verträge folgen mußten. Da sie den zugrundeliegenden Systemkonflikt nicht aufhoben, sondern nur seine Regelung in zivilisierte Bahnen lenkten, waren Versuche zur Systemöffnung auf der Grundlage der Verträge immer wieder von Rückschlägen bedroht. Das mußte Bahr erfahren, als er der DDR-Regierung nach dem Abschluß des Grundlagenvertrags vorschlug, Familienzusammenführung und Ausweisung politischer Häftlinge auf staatlicher Ebene zu regeln und dabei auf die unwürdige Praxis des Zahlens von »Kopfgeldern« zu verzichten. Die DDR-Regierung signalisierte erst Zustimmung, nahm sie dann aber wieder zurück und ließ in den ersten Monaten des Jahres 1973 überhaupt niemanden mehr ausreisen.

Ebensowenig gelang es, die Sowjetführung bei Breschnews Besuch in Bonn darauf zu verpflichten, West-Berlin »in allen praktischen Fragen so zu behandeln, als ob es Teil der BRD sei«[39]. Gromyko befand mürrisch, daß es da nichts mehr zu regeln gebe, und Breschnew war die Angelegenheit nicht wichtig genug, um seinen Außenminister in diesem Punkt zu korrigieren. So blieb ein Abkommen über die wissenschaftlich-technische Zusammenarbeit zwischen der Bundesrepublik und der Sowjetunion ohne Unterschrift, weil die sowjetische Seite nicht bereit war, in West-Berlin ansässige Bundesinstitute über die Bundesrepublik in den Austausch einzubeziehen. Als die Bundesregierung im September 1973 beschloß, das neu zu schaffende Bundesamt für Umweltfragen in Berlin anzusiedeln, empfand Gromyko das als eine Provokation. Die DDR reagierte mit verschärften Kontrollmaßnahmen und Behinderungen des Transitverkehrs.

Auch sonst zeigte sich die DDR-Führung betont um Abgrenzung bemüht. Gegen Fluchthelfer aus der Bundesrepublik und West-Berlin wurden drakonische Strafen verhängt. Die Verhandlungen um die Einrichtung der Ständigen Vertretungen und die Folgeverträge zum Grundlagenvertrag gestalteten sich schwierig wie eh und je. Am 5. November wurde ohne jede vorherige Konsultation eine Verdoppelung der Mindestbeträge vorgenommen, die Bundesbürger bei der Einreise in die DDR umzutauschen hatten; die bisherige Befreiung der Rentner von der Umtauschpflicht wurde aufgehoben. Das zielte auf die Erhöhung der Deviseneinnahmen ebenso wie auf eine Eindämmung des Besucherverkehrs; die Wirkung war entsprechend.

Problematischer als solche systembedingten Rückschläge, die bei entsprechend langem Atem auch wieder zu überwinden waren, erwies sich der Fehlstart bei den Verhandlungen über eine Truppenreduzierung in Europa. Bahrs Vorschlag, zunächst eine Einigung der politischen Spitzen in Washington, Bonn und Moskau auf eine Zielvorgabe anzustreben, etwa »in 10 Jahren eine Reduktion auf 40 Prozent der heutigen Stärken«[40], fand bei Kissinger nicht die nötige Resonanz. Die amerikanische Führung strebte die MBFR-Verhandlungen im wesentlichen nur aus taktischen Gründen an, um der Kampagne Senator Mansfields für einen einseitigen Abbau der amerikanischen Präsenz in Europa den Wind aus den Segeln zu nehmen; an substantiellen Abrüstungsschritten war sie nicht interessiert. »Wir bogen die deutsche Initiative ab,« beschrieb Kissinger später den Entscheidungsprozeß, »indem wir eine Kollektion allgemeiner kanadischer MBFR-Grundsätze von inspirierter Unbestimmtheit unterstützten.«[41] Der Vorschlag, mit dem die NATO im November 1973 in die Verhandlungen ging, sah keine prozentualen Reduzierungen vor, sondern die Festlegung gleicher Höchststärken für beide Paktsysteme. Die vorgeschlagene Obergrenze von 700 000 Mann implizierte für den Warschauer Pakt eine Reduzierung von mindestens 235 000 Mann, für die NATO dagegen nur um 80 000 Mann. Der Warschauer Pakt sollte 9 000 Panzer abziehen, die NATO keinen einzigen. Das war natürlich nicht verhandelbar.

Demgegenüber kam der Vorschlag aus dem Osten dem Prinzip gleicher Zumutungen schon etwas näher: Er beinhaltete eine vorwiegend symbolische Reduzierung um je 20 000 Mann im ersten Jahr, dann um 5 Prozent im zweiten und nochmals 10 Prozent im dritten Jahr; die Abrüstung sollte sich auf alle Waffengattungen einschließlich der nuklearen Bewaffnung erstrecken. Allerdings sollten die Stationierungstruppen nur in ihre Heimatländer zurückkehren, nicht ganz abgebaut werden. Angesichts der Differenz zwischen amerikanischer und sowjetischer Entfernung zu Mitteleuropa ergab sich daraus eine einseitige Benachteiligung der westlichen Länder.[42]

Da die NATO keine Anstalten machte, von der Konzentration auf die Forderung nach Abbau des konventionellen Übergewichts des Warschauer Paktes abzugehen, fühlte sich Breschnew nicht übermäßig gedrängt, den eigenen Militärs stärkere Einschnitte zuzumuten. Die Einsicht in die Notwendigkeit substantieller Reduzierungen, die er im Gespräch mit Brandt und Bahr wiederholt bekundete, blieb hinter der Routine des Gleichgewichtsdenkens der Apparate zurück. Folglich erschöpfte sich die Konferenz in fruchtlosen Auseinandersetzungen um unterschiedliche Gleichgewichtsbegriffe, bei denen eine Einigung so gut wie ausgeschlossen war. Die Bundesregierung allein war nicht stark genug, diesen Teufelskreis aufzubrechen, und bald versuchte sie es auch gar nicht mehr.

Das hing nicht zuletzt mit einem eher zufälligen Ereignis zusammen, das Breschnew als einen »schweren Schlag« für die Entspannungspolitik bezeichnete:[43] mit dem Rücktritt Willy Brandts vom Amt des Bundeskanzlers am 6. Mai 1974. Breschnew versuchte den Kanzler noch zu halten, als dieser nach der Enttarnung des DDR-Spions Günter Guillaume eine Demontage seiner Person auf sich zukommen sah; auf dem üblichen vertraulichen Kanal bot er ihm »alle nur mögliche Hilfe« an. Daß Brandt sich gleichwohl zum Rücktritt entschloß, empfand er als eine persönliche Niederlage, für die er in erster Linie Honecker verantwortlich machte: »Wer hat sich das ausgedacht? Ausgerechnet unsere deutschen Freunde! Wie ich dabei aussehe, scheint die ›Freunde‹ überhaupt nicht zu interessieren, sie haben nur ihre Abrechnung im Sinn.«[44]

Breschnews Bewertung des Kanzlersturzes enthielt einen wahren Kern. Brandts Nachfolger Helmut Schmidt teilte wohl dessen entspannungspolitischen Grundüberzeugungen, und er entwickelte große Professionalität in einem darauf gestützten Umgang mit den Machthabern des Sowjetblocks. Doch konnte er erstens nicht im gleichen Umfang mit den persönlichen Gefühlen arbeiten, die Breschnew unterdessen »meinem Freund Brandt«[45] gegenüber entwickelt hatte. Zweitens fehlte ihm die Verhandlungsdynamik Bahrs, der fortan keine zentrale Rolle mehr spielen konnte. Drittens und vor allem überwog in seiner Version der Entspannungspolitik die Orientierung an der Gegenwart die Inspiration durch das künftig Mögliche. So traten Initiativen für eine Überwindung des Status quo zunehmend hinter das Bemühen um den Erhalt des »Gleichgewichts der Kräfte« zurück, wie Schmidt es verstand; die Entspannungspolitik der Bundesrepublik verlor an Dynamik.

Brandts Rücktritt war um so fataler, als gleichzeitig auch die amerikanische Entspannungspolitik in ihren Möglichkeiten eingeschränkt wurde. Seit dem Herbst 1973 verdichteten sich die Verdachtsmomente, daß Nixon persönlich den Einbruch in das Wahlkampf-Zentrum der Demokraten im Washingtoner Watergate-Hotel während des Präsidentschaftswahlkampfes 1972 zu verantworten hatte. Das führte zwar zu einer abermaligen Verstärkung des entspannungspolitischen Engagements des Präsidenten; unter dem Eindruck einer Kampagne, die er als von Entspannungsgegnern inspiriert begriff, kündigte er Breschnew an, die Entspannung auf der Grundlage amerikanisch-sowjetischer Zusammenarbeit bis zum Ende seiner Amtszeit 1976 »unumkehrbar« machen zu wollen.[46] Gleichzeitig stärkte die innenpolitisch bedingte Schwächung Nixons aber auch die Gegner seines Entspannungskurses. Im Kongreß fand Senator Henry Jackson mit einer Kampagne Resonanz, die die Gewährung der Meistbegünstigungsklausel an die Sowjetunion von Garantien für die freie Auswanderung sowjetischer Juden abhängig machen wollte und Nixon des Ausverkaufs amerikanischer Interessen in den SALT-Verhandlungen bezichtigte. In der Administration konnte sich Verteidigungsminister James Schlesinger mit einer Umorientierung der strategischen Waffen auf Einsatzzentralen und Raketensilos durchsetzen (»Schlesinger-Doktrin« genannt), die als Versuch gedeutet werden konnte, die Fähigkeit zum Entwaffnungsschlag zu erwerben.

Ein Durchbruch in den SALT-Verhandlungen war unter diesen Umständen nicht mehr zu erreichen. Nixon schlug im Januar 1974 vor, auf dem nächsten Gipfel wenigstens ein neues Zwi-

schenabkommen zu schließen, das die 1972 getroffenen Vereinbarungen bis zum Ende des Jahrzehnts verlängerte und zusätzlich Obergrenzen für Mehrfach-Sprengköpfe festlegte. Im Detail
beharrte die amerikanische Seite dann aber auf einer Überlegenheit an MIRV-bestückten Raketen, die für die Sowjets nur
schwer zu akzeptieren war. Als sich Nixon und Breschnew Ende
Juni wieder trafen – zunächst in Moskau, dann wie einst Brandt
auf Breschnews Sommerresidenz in Oreanda –, rangen sie noch
etwas um unterschiedliche Höchstzahlen. Nixon wagte es aber
nicht, sich allzu deutlich der Parität zu nähern, und Breschnew
hielt es nicht für durchsetzbar, allzu weit von ihr entfernt zu bleiben. So konnte hinsichtlich der Begrenzung der strategischen
Waffen nur vereinbart werden, sich vor Ende des Jahres noch einmal zu treffen, um den Versuch einer Einigung zu unternehmen.

Da der Kongreß im Jahr zuvor die Pläne der Regierung für ein
ABS-System zum Schutz der Hauptstadt verworfen hatte, ließ
sich während des dritten Gipfels darüber hinaus ein Abkommen
schließen, das die Zahl der erlaubten ABS-Systeme für jede Seite
von zwei auf eines reduzierte. Weiterhin wurde vereinbart, unterirdische Atomversuche mit einer Sprengkraft über 150 Kilotonnen zu verbieten (ein Abkommen, das der Präsident dann
aber dem Senat nicht mehr zur Ratifizierung vorlegte). Ein Kommuniqué kündigte Vorkehrungen gegen Umweltmanipulationen
als Mittel der Kriegführung an, eine weitere Vereinbarung betraf
Regeln für den Austausch und die Zerstörung von veralteten
strategischen Waffen, und die Zusammenarbeit im wirtschaftlichen und technischen Bereich wurde jetzt auf zehn Jahre festgelegt. Breschnew war sichtlich bemüht, die Watergate-Krise mit
seinem amerikanischen Partner durchzustehen, und er ermunterte ihn auch, die Angriffe abzuwehren.

Daß der Rechtsausschuß des Repräsentantenhauses am
30. Juli ein Amtsenthebungsverfahren gegen den Präsidenten
einleitete und Nixon daraufhin am 8. August seinen Rücktritt erklärte, gerade fünf Wochen nach dem Gipfeltreffen in der Sowjetunion, war für Breschnew eine weitere unangenehme Überraschung. Mit Erleichterung konnte er dann aber registrieren,
daß Nixons Nachfolger Gerald Ford, obwohl von Hause aus
Verfechter einer »harten« Linie gegenüber der Sowjetunion, zu-

nächst außenpolitische Kontinuität anstrebte. Kissinger, der ein Jahr zuvor das Amt des Außenministers übernommen hatte, blieb auf seinem Posten und übernahm de facto noch größere Verantwortung. Ford vertraute sich dem Rat des Architekten der Nixonschen Entspannungspolitik an und überließ ihm auch die operativen Details.

Unter dem neuen Präsidenten schlug die amerikanische Seite im Oktober gleiche Obergrenzen für Raketen und Mehrfach-Sprengköpfe für beide Seiten vor; die amerikanische Überlegenheit sollte jetzt nur noch durch eine Beschränkung der Systeme mit großer Tragkraft (SS-9-Raketen und »schwere« Bomber) gewährleistet bleiben. Über diese Relativierung der Parität wurde noch einmal hart verhandelt, aber dann gelang bei dem Arbeitstreffen von Breschnew und Ford, das wie geplant am 23. und 24. November in Wladiwostok stattfand, tatsächlich eine Vereinbarung. Beide Seiten stimmten überein, bis zum Jahr 1985 nicht mehr als 2400 strategische Trägerwaffensysteme zu unterhalten, von denen maximal 1320 mit Mehrfach-Sprengköpfen bestückt werden durften. Auf welche Weise diese Systeme auf Interkontinentalraketen, seegestützte Raketen und Bomber verteilt wurden, blieb jeder Seite überlassen; es sollte nur die Bestimmung weiter gelten, daß keine neuen Raketensilos gebaut werden durften.

De facto ergab sich daraus für die Sowjetunion die Verpflichtung, die quantitative Überlegenheit an Trägersystemen, die sie unterdessen erreicht hatte, wieder abzubauen, während ihr gleichzeitig die Möglichkeit eröffnet wurde, den Rückstand in der Ausstattung mit Mehrfach-Sprengköpfen allmählich aufzuholen. Im europäischen Raum stationierte Raketen und Bomber der USA, die sowjetisches Territorium erreichen konnten (die sogenannten »Forward Based Systems«), blieben außer Betracht, ebenso die britischen und französischen Systeme, die Verteidigungsminister Gretschko unbedingt mitgezählt wissen wollte. Ford gestand Breschnew nur insgeheim zu, im Marinestützpunkt Rota an der spanischen Atlantikküste nach 1983 keine U-Boot-Raketen mehr zu stationieren.[47]

Der große Durchbruch zur Abrüstung oder auch nur zu strategischer Stabilität war auch das noch nicht. Die hohe Zahl erlaubter Mehrfach-Sprengköpfe versetzte beide Seiten in die Lage, in einem Überraschungsangriff große Teile der gegnerischen landgestützten Raketen außer Gefecht zu setzen. Doch setzte die Vereinbarung von Wladiwostok dem Streben nach qualitativer Überlegenheit einige Grenzen und bot zudem die Gewähr, daß das Bemühen um eine Eindämmung der Rüstungsspirale weiterging. Breschnew wie Ford waren sehr davon angetan, dies erreicht zu haben. Beide gingen davon aus, daß nach Klärung einiger technischer Einzelheiten, über die die Militärexperten noch verhandeln mußten, bei dem nächsten regulären Gipfel im kommenden Frühjahr ein SALT-II-Abkommen unterzeichnet werden würde.

Zur gleichen Zeit wurde die Blockierung der deutsch-deutschen Beziehungen überwunden. Honeckers Bemühungen, seinen Rückhalt im Lande durch eine Verbesserung der materiellen Lage der Bevölkerung abzusichern, hatten unterdessen die Auslandsverschuldung der DDR in eine Höhe getrieben, die finanzielle Zuwendungen der Bundesrepublik ganz unabdingbar werden ließ. Entsprechend rang sich die SED-Führung im Frühjahr 1974 dazu durch, den Bonner Forderungen stärker entgegenzukommen. Anfang Dezember wurden nach zähen Verhandlungen die Mindestumtauschsätze für DDR-Besucher aus der Bundesrepublik wieder deutlich reduziert, Rentner wurden ganz von der Umtauschpflicht befreit. Die DDR-Regierung sagte den Ausbau der Verkehrswege nach West-Berlin sowie die Öffnung weiterer Grenzübergänge zu. West-Berliner Bürger erhielten »Aufenthaltsgenehmigungen« für die gesamte DDR, DDR-Reisende aus der Bundesrepublik und West-Berlin durften private Pkws benutzen. Dafür räumte die Bundesrepublik der DDR eine Verlängerung des Überziehungskredits im innerdeutschen Handel bis Ende 1981 ein und sagte zu, sich an der Finanzierung des Ausbaus der Verkehrswege zu beteiligen.

Die Entspannung schien somit gegen Ende des Jahres 1974 immer noch auf einem guten Weg zu sein. Schwierigkeiten, das hatten die jüngsten Erfahrungen gezeigt, ließen sich bei entsprechend langem Atem grundsätzlich überwinden; die Zusammenarbeit der Regierenden war stärker als die unheilige Allianz ihrer Gegner.

Kapitel 6

Der Niedergang der Entspannung

Das fragile Netz kooperativer Ost-West-Beziehungen, das die Brandt-Regierung und, mit späterer und etwas anderer Akzentsetzung, die Nixon-Administration geknüpft hatten, wurde von zwei Entwicklungen bedroht. Das eine war die Kritik lautstarker Gruppen in der amerikanischen Öffentlichkeit, die Absprachen mit der vermeintlich subversiven Sowjetmacht generell mißtrauten oder in idealistischer Verkennung der tatsächlichen Einflußmöglichkeiten des Westens spektakuläre »Gegenleistungen« des Sowjetregimes im humanitären Bereich verlangten. Das andere war der technologische Fortschritt im Bereich der atomaren Rüstung, unablässig vorangetrieben von den institutionellen Interessen der Verteidigungsapparate und der Rüstungsindustrien und genährt von der fortdauernden Furcht, von der Gegenseite ausmanövriert zu werden. Nachdem Nixon schon wenig getan hatte, seine Entspannungspolitik einem Publikum zu erklären, das Gleichgewicht immer mit amerikanischer Überlegenheit gleichgesetzt hatte, verstand es der Ersatz-Präsident Ford erst recht nicht, beide Entwicklungen in den Griff zu bekommen. Breschnew reagierte auch nicht immer angemessen, und so geriet die Entspannung nach den ersten Vertragserfolgen bald in eine Krise.

Jackson, Helsinki und Angola

Wenige Wochen nach den Vereinbarungen von Wladiwostok wurde die Entwicklung der amerikanisch-sowjetischen Beziehungen empfindlich eingeschränkt. Am 20. Dezember 1974 band der Kongreß die Gewährung der Meistbegünstigungsklausel sowie zinsgünstiger Kredite an die Sowjetunion definitiv an sowjetische Garantien für die freie Auswanderung jüdischer Sowjetbürger. Ein Amendment, das Henry Jackson im Senat und Charles Vanik im Repräsentantenhaus vorgelegt hatten, bestimmte, daß die Frage der Meistbegünstigung nach achtzehn Monaten im Lichte der bis dahin erzielten Fortschritte hinsichtlich der Auswanderungsgarantien überprüft werden sollte. Außerdem wurde der Rahmen für Kredite der Staatsbanken an die Sowjetunion für die nächsten vier Jahre auf 300 Millionen Dollar beschränkt, und Kredite zur Erschließung sowjetischer Öl- und Erdgasvorkommen wurden ganz untersagt. Nachdem die Export-Import-Bank in den letzten fünfzehn Monaten allein schon 469 Millionen Dollar an Kredit gegeben hatte, bedeutete dies ein drastisches Abbremsen der wirtschaftlichen Kooperation.

Breschnew hatte dem vorbeugen wollen, indem er die Auswanderung sowjetischer Juden erleichtert hatte. Während 1968 gerade einmal vierhundert Juden eine Auswanderungsgenehmigung erhalten hatten, waren es 1973 schon 35000, und im August 1974 signalisierte Breschnew Ford seine Bereitschaft, künftig 50000 und mehr Juden pro Jahr ausreisen zu lassen. Jackson gab sich jedoch mit dieser vertraulichen Zusage nicht zufrieden. Sichtlich mehr an der Vorbereitung seiner Kandidatur für die nächsten Präsidentschaftswahlen interessiert als am Schicksal der sowjetischen Juden, machte er das vertrauliche Versprechen am 18. Oktober öffentlich und stellte es als einen Erfolg seiner Politik dar – »eine vollständige Kehrtwende« der sowjetischen Politik, »von der so viele sagten, sie könne niemals erreicht werden«[1]. Eine solche Bloßstellung konnte sich Breschnew nicht erlauben. Gromyko wies in einem Brief an Kissinger die »Interpretation« der sowjetischen Haltung durch Jackson zurück, und nachdem das Jackson-Vanik-Amendment verabschiedet worden war, nannte Breschnew es in einem Brief an Ford »vollkommen unakzeptabel«[2]. Der Handelsvertrag von 1972 wurde storniert, die Auswanderungsrate ging auf 13000 im Jahr 1975 zurück.

Durch das Scheitern des Handelsvertrags-Deals geschwächt, wagten es Ford und Kissinger nicht mehr, die Kompromißlinie in der strategischen Rüstungsbegrenzung voll zu vertreten, zu der sie sich in Wladiwostok bereit gefunden hatten. Das betraf insbesondere die Frage, ob ein neuer Bombertyp der sowjetischen

Luftwaffe, von den Amerikanern »Backfire« genannt, bei der Limitierung der strategischen Waffen mitgezählt werden sollte. Die Sowjets lehnten das ab, weil er mit einer Tankfüllung amerikanisches Territorium nicht erreichen konnte. Dagegen argumentierte das Pentagon, die Sowjets könnten ja Tankbomber bauen, mit denen sich der »Backfire«-Bomber in der Luft nachfüllen ließe; die neue Waffe müsse also als strategisch eingestuft werden. In Wladiwostok hatte Kissinger der sowjetischen Interpretation zugestimmt, doch dann setzte Schlesinger unter dem Eindruck der Kongreß-Opposition durch, daß die amerikanische Delegation in Genf angewiesen wurde, bei der Aushandlung der Details des zweiten SALT-Abkommens auf der Einbeziehung der »Backfire«-Bomber zu bestehen.

Daneben verhärtete sich auch die amerikanische Position in der Frage der Einbeziehung der sogenannten Marschflugkörper oder Cruise missiles – selbststeuernde Raketen, die unterhalb des Radarschirms mit großer Zielgenauigkeit fliegen konnten. Hier drängten die Sowjets auf Einbeziehung, während sich das Pentagon diese neue Chance zur Behauptung strategischer Überlegenheit nicht verbauen lassen wollte. Kissinger hielt an der amerikanischen Ausgangsposition fest; er ließ es aber zu, daß in dem Aide-mémoire vom 10. Dezember 1974, das die Vereinbarungen von Wladiwostok fixieren sollte, eine Formulierung gewählt wurde (»air-to-surface missiles«), die eher der sowjetischen Position entsprach. Demgegenüber bestand die Verhandlungsdelegation, die ihre Arbeit am 31. Januar 1975 begann, auf der Beschränkung auf »ballistische« Wurfgeschosse; ein Mitzählen der Cruise missiles lehnte sie ab.

Von einer schnellen Verständigung über die vermeintlich nur technischen Fragen konnte unter diesen Umständen keine Rede sein. Der Gipfel, der für das Frühjahr geplant war, mußte verschoben werden – zunächst in den Juni, dann in den September und schließlich auf unbestimmte Zeit. Breschnew sah sich um so weniger in der Lage, den amerikanischen Vorstellungen weiter entgegenzukommen, als die eigenen Militärs schon den Kompromiß von Wladiwostok nur zähneknirschend akzeptierten, als ein politisch notwendiges Zugeständnis, das dem Postulat gleicher Sicherheit eigentlich nicht gerecht wurde.[3] Daß die wirtschaftlichen Früchte der Entspannung vorerst ausblieben, machte seine Position auch nicht komfortabler; und dann plagten ihn auch noch Gesundheitsprobleme, die seine Manövrierfähigkeit beeinträchtigten. Zu Beginn des Treffens von Wladiwostok hatte er, von der amerikanischen Delegation unbemerkt, einen ersten Schlaganfall erlitten, von dem er sich nur schlecht erholte.

Breschnews Energie reichte nur noch aus, die Konferenz über Sicherheit und Zusammenarbeit in Europa zu einem erfolgreichen Abschluß zu bringen. Hier verlangten die Vertreter der Westmächte, zumeist mit Unterstützung der neutralen Länder, die Verankerung westlicher Prinzipien der Kooperation und des friedlichen Wandels in den gemeinsamen Erklärungen. Gromyko, der die Verhandlungen für die sowjetische Seite leitete und auf die Abschirmung des sowjetischen Imperiums bedacht war, leistete hartnäckigen Widerstand, gab aber schließlich jedesmal nach. Ein Scheitern der Konferenz, die immer als zentrales Moment der sowjetischen Entspannungskonzeption gegolten hatte, glaubte er nicht verantworten zu können.

Tatsächlich enthielten die Konferenzdokumente zum Schluß mehr Verpflichtung zum Wandel als Anerkennung des Status quo. In der Grundsatzerklärung bestätigten die Teilnehmerstaaten zwar die territoriale Integrität, die Unverletzlichkeit der Grenzen und den Verzicht auf Einmischung in die inneren Angelegenheiten anderer Staaten. Gleichzeitig billigten sie aber auch allen Staaten »Freiheit und politische Unabhängigkeit« zu und ihren Völkern das Selbstbestimmungsrecht, sie gelobten, sich »jeder Form der bewaffneten Intervention oder der Androhung einer solchen Intervention gegen einen anderen Teilnehmerstaat« zu enthalten, sie versprachen, »die Menschenrechte und Grundfreiheiten einschließlich der Gedanken-, Gewissens-, Religionsoder Überzeugungsfreiheit« zu achten, und sie erklärten die Achtung dieser Rechte zur Voraussetzung für die »Entwicklung freundschaftlicher Beziehungen und der Zusammenarbeit« zwischen den Staaten. Auf nachhaltiges Drängen der Bundesregierung wurde sogar ein Passus in die Prinzipienerklärung aufgenommen, der den Staaten das Recht zubilligte, ihre Grenzen »durch friedliche Mittel und durch Vereinbarung« zu ändern.

Den beiden deutschen Staaten, hieß das, blieb es unbenommen, sich auf eine Vereinigung zu verständigen.

Über diese Grundsatzerklärung hinaus wurde im sogenannten »Korb 3« der »freie Austausch von Menschen, Informationen und Meinungen« vereinbart: Arbeitsmöglichkeiten für Journalisten, freier Zugang zu Presse-, Rundfunk- und Fernsehinformationen, kulturelle Begegnung, Schüler- und Studentenaustausch, schließlich Regeln zur Familienzusammenführung und zum Heiraten über die Grenzen hinweg. Im »Dokument über vertrauensbildende Maßnahmen« verpflichteten sich die Teilnehmerstaaten, größere militärische Manöver vorher anzukündigen. Auf freiwilliger Basis wurde zudem die Möglichkeit eröffnet, Manöverbeobachter einzuladen und militärisches Personal auszutauschen. Mit der Vereinbarung von Folgekonferenzen – die erste sollte in der zweiten Hälfte des Jahres 1977 in Belgrad stattfinden – wurde nicht nur ein Instrument geschaffen, mit dem an die Beachtung der vereinbarten Prinzipien erinnert werden konnte; implizit wurden damit auch die Konferenzteilnehmer USA und Kanada definitiv als »europäische« Mächte anerkannt.[4]

Im Moskauer Politbüro warf diese eindrucksvolle Bestätigung westlicher Grundsätze die Frage auf, ob damit nicht der Einmischung der Westmächte in die inneren Angelegenheiten des Sowjetimperiums Tür und Tor geöffnet würde. Nicht nur Suslow und Podgorny machten die üblichen Bedenken geltend, auch Kossygin und Andropow zeigten sich besorgt. Gromyko verteidigte das Verhandlungsergebnis mit dem Argument, daß mit der allgemeinen Anerkennung der Nachkriegsrealitäten doch auch ein großer Sieg für die Sowjetunion errungen worden sei. Dann verwies er auf die Chancen zur Entwicklung der wirtschaftlichen Zusammenarbeit, und zum Problem der Destabilisierung meinte er, daß die Sowjetregierung immer noch selbst entscheiden könne, was als Einmischung anzusehen sei und was nicht: »Wir sind die Herren in unserem Haus.« Breschnew pflichtete seinem Außenminister bei.[5] Das Ausmaß der Gefährdung des Sowjetsystems, das von den KSZE-Dokumenten ausging, war ihm offensichtlich nicht bewußt.

Nach teilweise hitzigen Debatten konnte sich Breschnew schließlich gegen die Bedenkenträger durchsetzen. Damit war der Weg zur Schlußkonferenz der KSZE frei. Vom 30. Juli bis 1. August 1975 trafen sich die 35 Staats- und Regierungschefs in Helsinki, um nach einer abschließenden Präsentation ihrer Standpunkte die Schlußakte der Konferenz zu unterzeichnen. Anschließend wurde sie in den Partei- und Regierungszeitungen des Warschauer Paktes in voller Länge veröffentlicht, in der ›Prawda‹ ebenso wie im ›Neuen Deutschland‹. Das entsprach gängiger realsozialistischer Praxis und sollte in diesem Fall auch den außerordentlichen Verhandlungserfolg Breschnews unter Beweis stellen. Daß die Bürger der Ostblock-Staaten damit zugleich auch die Möglichkeit erhielten, sich auf die KSZE-Schlußakte zu berufen, wurde nicht bedacht.

Ansonsten zeigte Breschnew wenig Verständnis für die innenpolitischen Nöte, in die Ford wegen der Entspannungspolitik geraten war. Fords wiederholte Bitte, auch ohne eine vorherige Verständigung über SALT II zum nächsten Gipfel nach Washington zu kommen, lehnte er ohne weiteres Nachdenken ab. Seine Appelle, ihm »wenigstens irgend etwas Positives zu geben, damit er den Dialog auf einer konstruktiven Ebene fortsetzen kann«[6], betrachtete Breschnew als eines der üblichen Manöver, noch mehr an Zugeständnissen in der strategischen Rüstung aus ihm herauszupressen, als er ohnehin schon bewilligt hatte.

Selbst als Ford ihm Anfang Dezember einen Stopp aller Waffenlieferungen nach Angola vorschlug, verbunden mit einem Appell an die dortigen Bürgerkriegsparteien, sich zu einigen, war seine Antwort negativ. Strategische Interessen hatte die Sowjetunion dort, wie Ford argumentierte, wirklich nicht; der Kontakt zur marxistischen Befreiungsbewegung MPLA (Movimento Popular de Libertação de Angola) war nur über die Parteischiene zustande gekommen, und die kubanischen Truppen, die die MPLA unterstützten, agierten aus eigener Initiative, ohne vorherige Konsultation mit Moskau.[7] Breschnew wollte aber nicht einsehen, wieso er auf die Unterstützung des MPLA-Regimes verzichten sollte. Ohne sowjetische Waffenlieferungen und Transporthilfe drohte die südafrikanische Intervention, die im Oktober begonnen hatte, die Oberhand zu gewinnen, und anderswo – etwa in Chile oder in Ägypten – intervenierten ja auch die USA, ohne daß dies als ein Verstoß gegen die Entspannung angesehen wurde. Außerdem auf seinen Ruf in der kommunistischen Weltbewegung bedacht, wollte er die Befreiungsbewegungen in Afrika nicht einfach der Propaganda der chinesischen Rivalen überlassen.

Daß hier viel mehr auf dem Spiel stand, daß das Geschehen in Angola beim amerikanischen Publikum den Eindruck hervorrief, Moskau treibe ein doppeltes Spiel, war ihm nicht begreiflich zu machen. Dobrynin wies wiederholt, zuletzt auch im Vier-Augen-Gespräch mit Breschnew, auf die Notwendigkeit hin, auf Fords Vorschlag einer gemeinsamen Vermittlungsaktion einzugehen, um den Entspannungskritikern den Wind aus den Segeln zu nehmen – vergeblich. Die MPLA setzte sich bis Ende Februar 1976 definitiv durch, und Breschnew quittierte die amerikanische Kritik am sowjetischen »Abenteurertum« auf dem 25. Parteitag der KPdSU mit der trotzigen Bemerkung, die Entspannung könne und werde natürlich »die Gesetze des Klassenkampfes auch nicht im geringsten aufheben oder ändern«[8]. Über das Format, seine Entspannungspolitik zu einem dauerhaften Erfolg zu führen, verfügte er offensichtlich nicht oder zumindest nicht mehr.

Von Ford zu Carter

Der Eindruck, den der Sieg der angolanischen Marxisten beim amerikanischen Publikum hinterließ, trug dazu bei, daß ein letzter Versuch Fords scheiterte, vor den Präsidentschaftswahlen von 1976 doch noch einen Durchbruch in den SALT-Verhandlungen zu erzielen. Am 20. Januar 1976 reiste Kissinger mit einem Kompromißvorschlag nach Moskau, der sich der in Wladiwostok vereinbarten Linie wieder annäherte. Danach sollten die »Backfire«-Bomber auf 275 begrenzt, aber bei der Gesamtzahl der strategischen Waffen nicht mitgezählt werden; dafür sollte diese bis 1980 von 2400 auf 2300 reduziert werden. Cruise missiles sollten in der Reichweite auf 2500 Kilometer beschränkt bleiben, Cruise missiles auf U-Booten auf 600 Kilometer; Cruise missiles auf Schiffen sollte es nicht mehr als 250 geben. Breschnew fand das sehr interessant; er erklärte sich sogar bereit, einer weiteren Reduzierung der Gesamt-Obergrenze zuzustimmen – wenn die amerikanische Seite die Begrenzung der Reichweite auf 600 Kilometer auf alle see- und landgestützten Cruise missiles ausdehnte. Hinsichtlich der »Backfire«-Bomber bot er »Zusicherungen« an, keine Vorkehrungen zu treffen, die es erlaubten, ihren Operationsradius über 2200 Kilometer auszudehnen.[9]

Kaum war Kissinger aus Moskau zurückgekehrt, machten jedoch Donald Rumsfield, seit November Schlesingers Nachfolger als Verteidigungsminister, und die Vereinigten Stabschefs Front gegen die Vereinbarung, die sich da abzeichnete. Ford wagte es nicht, ihnen zu widersprechen. Meinungsumfragen sagten ihm zwar, daß er im Lande immer noch über eine Mehrheit für die Entspannungspolitik verfügte; doch zunächst einmal mußte er den Wettkampf mit Ronald Reagan um die Nominierung als Präsidentschaftskandidat der Republikaner bestehen. Reagan, der frühere Gouverneur von Kalifornien, bestritt seine Kampagne mit der Behauptung, Ford habe Kissinger die Sicherheit der Vereinigten Staaten preisgeben lassen, und es war nicht auszuschließen, daß er damit in den Vorwahlen Erfolg haben würde. So entschloß sich der amtierende Präsident, auf ein offensives Werben für die Entspannungspolitik zu verzichten. Kissingers Zugeständnisse wurden einmal mehr im Sinne des Pentagon »präzisiert«. Damit war entschieden, daß es vor den Wahlen vom November 1976 kein neues SALT-Abkommen geben würde.

Am 1. März erklärte Ford öffentlich, er werde das Wort »Détente« nicht mehr in den Mund nehmen; was er anstrebe, sei »Frieden durch Stärke«[10]. Kissinger, der zur Hauptzielscheibe der Entspannungsgegner geworden war, sprach von »kooperativen Beziehungen«, die die Sowjetmacht eindämmen sollten, und kündigte drohend an, sie würden »ein weiteres Angola nicht überleben«[11]. Das half, Ford die Nominierung gegen Reagan zu sichern. Es machte den amtierenden Präsidenten in den Augen der Mehrheit der Wähler aber nicht gerade glaubwürdig. In den Präsidentschaftswahlen Anfang November entschied sich bei extrem niedriger Wahlbeteiligung eine knappe Mehrheit für den demokratischen Außenseiter Jimmy Carter, der zuvor Henry Jackson aus dem Rennen geworfen hatte. Carter erzielte seine Erfolge mit der Ankündigung, die Entspannungspolitik fortsetzen und sich verstärkt um Abrüstungserfolge bemühen zu wollen. Er zeigte damit, daß Ford einen strategischen Fehler begangen hatte.

Der neue Präsident zeigte sich auch entschlossen, seine Wahlkampfversprechen in die Tat umzusetzen. Dabei ging er allerdings so ungeschickt vor, daß er das Gegenteil erreichte und der Entspannungsprozeß erneut blockiert wurde. Carter wollte sich mit der Verständigung, die sich bei Kissingers letztem Moskaubesuch abgezeichnet hatte, nicht begnügen, sondern rasch zu radikalen Rüstungsschnitten weitergehen. »Einige hundert Trägerraketen« statt der vereinbarten Obergrenze von 2 400 sollten jeder Seite als Abschreckungswaffe genügen.[12] Damit stieß er jedoch auf Widerstand beim Pentagon, und nach langwierigen Beratungen legte die neue Administration einen Verhandlungsvorschlag vor, der die Vorteile der nächsten Vereinbarung wieder einseitig der amerikanischen Seite zuschanzte. Statt zunächst ein Abkommen entlang der in Wladiwostok vereinbarten Linien zu schließen und dann ein Reduzierungsabkommen anzustreben, wie Carter im Dezember angekündigt hatte, sah der Vorschlag, den Außenminister Cyrus Vance dem sowjetischen Parteichef am 28. März 1977 zu präsentieren hatte, eine sofortige Reduzierung der Obergrenzen von 2 400 auf 1 800 bis 2 000 vor, dazu Einschnitte bei der Zahl der Raketen mit Mehrfachsprengköpfen und ihrer Abschußvorrichtungen sowie eine Halbierung der Zahl der »schweren« Interkontinentalraketen.

Damit wurde die sowjetische Seite just in dem Bereich zu substantiellen Kürzungen aufgefordert, mit dem sie den amerikanischen Vorsprung in der Entwicklung der MIRV-Technik einzuholen gedachte: dem Bau »schwerer« Interkontinentalraketen mit zahlreichen Mehrfachsprengköpfen. Gleichzeitig wurde ein Entwicklungsverbot für neue Typen von Interkontinentalraketen verlangt. Demgegenüber wollte sich die amerikanische Seite, die von Kürzungen in diesem Bereich überhaupt nicht betroffen war, die Möglichkeit vorbehalten, alle Arten von Cruise missiles bis zu einer Reichweite von 2 500 Kilometern in unbegrenzter Stückzahl zu produzieren. Die einzige wirkliche Konzession der amerikanischen Seite bestand in dem Verzicht auf die Entwicklung eines neuen Typs von Interkontinentalraketen (MX); dafür sollte die sowjetische Seite aber das bereits vorhandene Arsenal moderner Interkontinentalraketen um die Hälfte reduzieren.

Breschnew, der die Bereitschaft zu weiteren Reduzierungen zunächst sehr begrüßt hatte, fand dieses Paket einseitiger Einschnitte natürlich völlig unakzeptabel. Mehr noch: Nachdem er den Kompromiß von Wladiwostok gegen den Widerstand seiner Militärs durchgesetzt hatte, löste seine abrupte Zurückweisung durch Carter einen regelrechten Schock bei ihm aus.[13] Im Gespräch mit Vance verlangte er, daß wenn schon der Kompromiß von Wladiwostok wieder aufgeschnürt werden sollte, dann auch wieder über die amerikanischen Forward Based Systems in Europa gesprochen werden müsse. Da Vance dazu kein Mandat hatte, war das Gespräch schnell beendet. Breschnew wollte auch nichts von einem Ersatzvorschlag wissen, den Vance in der sicheren Erwartung, daß sein Hauptvorschlag nicht verhandelbar war, bei Carter durchgesetzt hatte: einer sofortigen Unterzeichnung eines »unvollständigen« Wladiwostok-Abkommens ohne Berücksichtigung der »Backfire«-Bomber und der Cruise missiles. Da die Cruise missiles unterdessen die Kampfkraft der Forward Based Systems beträchtlich zu verstärken drohten, sah man in Moskau auch darin eine Verschiebung des Verhandlungsstandes zu Lasten der sowjetischen Seite.

Die Irritation, die Carters Abrücken von der Wladiwostok-Linie in Moskau auslöste, war um so größer, als er sich gleichzeitig öffentlich für die Rechte sowjetischer Dissidenten einsetzte, die seit der Verbreitung der Schlußakte von Helsinki verstärkt auf den Plan traten. Noch bevor er sein Amt angetreten hatte, schickte er Wladimir Slepak, einem Elektronik-Spezialisten, der für das Recht auf Auswanderung stritt, ein Unterstützungstelegramm. Anfang Februar protestierte das State Department gegen die Verhaftung von Alexander Ginzburg und Juri Orlow, den Hauptinitiatoren der »Helsinki-Beobachter-Gruppe«, die sich im Mai 1976 gebildet hatte. Carter versicherte Andrej Sacharow, den unterdessen berühmtesten Moskauer Mahner, in einem öffentlichen Brief seiner Unterstützung im Kampf um die Verwirklichung der Menschenrechte und empfing zusammen mit seinem Vizepräsidenten Walter Mondale den nach Gulag-Haft ins Exil gegangenen Schriftsteller Wladimir Bukowskij.

Dieser Feldzug zur Verwirklichung der Menschenrechte richtete sich nicht exklusiv gegen die Sowjetunion oder die kommunistischen Länder. Carter hielt ihn moralisch für geboten und inszenierte ihn keineswegs nur, weil sich damit die konservativen und progressiven Fraktionen seiner Klientel hervorragend zusammenhalten ließen. Indem er die sowjetischen Verstöße gegen die Menschenrechte öffentlich an den Pranger stellte, löste er in Moskau freilich nur Verärgerung und weiteres Mißtrauen aus. Die Freiheitsräume für die Sowjetbürger wurden dadurch nicht größer. Im Gegenteil: Während die Jahre von 1971 bis 1976 nach dem Urteil des oppositionellen Historikers Roy Medwedew infolge der Entspannung »für die Dissidenten relativ leicht waren«, ging das Regime unter dem Eindruck der Carterschen Kampagne 1977 »zu einer härteren Haltung gegen Abweichler über«[14]. Nachdem sich der Präsident so demonstrativ für Sacharow eingesetzt hatte, war die Sowjetführung nicht mehr bereit, mit Bahr über eine Ausbürgerung zu verhandeln, wie sie Anfang 1974 für den Schriftsteller Alexander Solschenyzin arrangiert worden war.[15]

Das Politbüro ließ sich durch Carters erratische Aktionen aber nicht zu einer Verhärtung des Kurses gegenüber den USA hinreißen. Vielmehr wurde beschlossen, sich um eine möglichst rasche Rückkehr zu einer konstruktiven Verhandlungslinie zu bemühen, um so einer Verfestigung des antisowjetischen Trends in Washington vorzubeugen. Auf Carters öffentlichen Vorwurf, einen fairen und ausgewogenen Vorschlag zur Reduzierung der strategischen Waffen ohne jede Diskussion zurückgewiesen zu haben, antwortete Gromyko daher nur, man könne »nicht von Stabilität sprechen, wenn eine neue Administration daher kommt und alles beiseite wischt, was zuvor erreicht worden war«[16]. Dann begrüßte Breschnew in einem vertraulichen Schreiben an Carter die amerikanischen Vorschläge zum weiteren Verfahren und versicherte ihm, er sei »der festen Überzeugung, daß es keine unüberwindbaren Hindernisse bei der Lösung selbst der komplexesten Probleme in den Beziehungen zwischen unseren beiden Ländern geben kann«[17]. Wenig später verlor der Entspannungsgegner Podgorny seinen Sitz im Politbüro, und Mitte Juni löste Breschnew ihn auch im Präsidentenamt ab.

Die Sowjetführung zeigte sich denn auch kompromißbereit, als die Carter-Administration Ende April zu Vorschlägen zurückkkchrtc, dic nähcr an der Wladiwostok-Linie lagen. Bis zum Herbst lagen die Zahlen für die diversen Obergrenzen, die die beiden Seiten vorschlugen, nur noch wenig auseinander, und verbliebene Probleme hinsichtlich der sonstigen Cruise missiles und der »Backfire«-Bomber schienen lösbar. Carter und Gromyko erklärten bei einem Besuch des sowjetischen Außenministers in Washington, den SALT-I-Vertrag, der zum 3. Oktober auslief, bis zum Abschluß von SALT II weiter respektieren zu wollen, und der Termin für eine Spitzenbegegnung von Carter und Breschnew rückte näher. Am 1. Oktober kündigten Vance und Gromyko sogar die Einberufung einer internationalen Nahost-Konferenz unter ihrem gemeinsamen Vorsitz an. Nachdem Kissinger sich mit Erfolg darum bemüht hatte, den sowjetischen Einfluß im Nahen Osten zurückzudrängen, war Carter jetzt bereit, die Sowjetunion an der Gestaltung eines Ausgleichs zwischen Israel und seinen arabischen Nachbarn zu beteiligen.

Diese Bereitschaft hielt jedoch nicht lange an. Als die jüdische Lobby gegen das Vorhaben protestierte, weil es die palästinensische Befreiungsfront (PLO) in den Friedensprozeß einzubeziehen drohte, stellte Carter die Vereinbarung mit Gromyko zurück und ermunterte statt dessen den ägyptischen Präsidenten Anwar El-Sadat, bilaterale Verhandlungen mit Israel aufzunehmen. Am 9. November erklärte Sadat vor dem ägyptischen Parlament seine Bereitschaft, nach Jerusalem zu gehen. Ende Dezember begannen daraufhin die Verhandlungen, die im September 1978 zu den Rahmenabkommen von Camp David führten. Breschnew protestierte in einem Schreiben an Carter vergeblich gegen den erneuten Ausschluß der Sowjetunion vom Friedensprozeß im Nahen Osten.

Um so weniger hatte das Politbüro Bedenken, einem Hilferuf des marxistischen Führers von Äthiopien, Leutnant Mengistu Haile Mariam nachzukommen, dessen Land seit Juni 1977 von somalischen Truppen angegriffen wurde. Die Carter-Administration hatte dem Regime Siad Barres in Somalia schon einige Waffen geliefert, und Barre hatte seinen Freundschaftsvertrag mit der Sowjetunion aufgekündigt; da schien es angemessen, einer Verstärkung der amerikanischen Präsenz am Horn von Afrika zuvorzukommen und den Sieg vermeintlich »progressiver« Kräfte in Äthiopien zu konsolidieren. Vergeblich wiesen die Beamten des Außenministeriums erneut darauf hin, daß militärische Aktionen der Sowjetunion in Afrika beim westlichen Publikum einen verheerenden Eindruck hervorrufen würden. Nicht nur die Parteiideologen Suslow und Ponomarow, auch Breschnew und Andropow beharrten trotzig darauf, daß für die Sowjetunion keine anderen Standards zu gelten hätten als für die USA, die sich ja auch nicht davon abhalten ließen, weltweit zu intervenieren.[18] Ende November begann die Sowjetunion, Waffen, Panzer und kubanische Kampftruppen auf den äthiopischen Kriegsschauplatz zu transportieren; bis Ende Februar 1978 waren dort 12000 Kubaner und etwa 1500 sowjetische Militärberater im Einsatz.

Tatsächlich nahmen nicht nur die notorischen Entspannungskritiker, sondern auch Carters Sicherheitsberater Zbigniew Brzezinski das sowjetische Engagement am Horn von Afrika als Ausfluß einer »Strategie indirekten Expansionismus'« wahr, mit der die Sowjetführung die Turbulenzen in der nachkolonialen Dritten Welt dazu nutzte, die amerikanischen Positionen zu erschüttern.[19] Stets schnell bereit, vermeintliche globale Zusammenhänge zu konstruieren, verlangte er energische Gegenmaßnahmen, um die Glaubwürdigkeit der USA im weltweiten Ringen um Einflußsphären zu bewahren. Die demonstrative Entsendung amerikanischer Flugzeugträger in die Krisenregion konnte er zwar nicht durchsetzen; ebensowenig gelang es ihm, ein offizielles Junktim zwischen der Fortführung der SALT-Verhandlungen und sowjetischem Wohlverhalten in Äthiopien herzustellen. Doch wies er ein sowjetisches Angebot vom Januar 1978, gemeinsam im Konflikt zwischen Somalia und Äthiopien zu vermitteln, mit Erfolg zurück. Vor allem aber gelang es ihm, bei Carter Zweifel zu wecken, ob nicht doch ein »härterer« Standpunkt gegenüber den Sowjets vonnöten sei. Das führte zu einer abermaligen Verlangsamung der SALT-Verhandlungen und zu konfrontativen öffentlichen Statements, die ihrerseits die parlamentarische Mehrheit für ein SALT-Abkommen untergruben.

Brzezinski konnte Carter auch davon überzeugen, zur Eindämmung des sowjetischen Expansionismus die »chinesische Karte« stärker zu spielen. Im Auftrag des Präsidenten reiste er vom 21. bis 23. Mai nach Peking, um die Möglichkeiten strategischer Zusammenarbeit und technologischer Hilfe zu besprechen. In öffentlichen Äußerungen sprach er, zwei Wochen nach einem neuerlichen Grenzzwischenfall am Ussuri-Fluß, von der Notwendigkeit, den »Polarbär« nach Norden zurückzuschlagen, und der »strategischen Natur« der Beziehungen zwischen den USA und China. Die Pekinger Regierung honorierte diese offenkundige Parteinahme im chinesisch-sowjetischen Konflikt mit der Bereitschaft, die Beziehungen zu den Vereinigten Staaten zu normalisieren, ohne weiter auf der vorherigen Preisgabe Taiwans zu beharren. Brzezinski konnte mit diesem Verhandlungserfolg wiederum seine Machtposition in Washington weiter ausbauen.

Unter diesen Umständen dauerte es bis November, bis man sich in den verbliebenen Streitfragen des SALT-II-Pakets einigen konnte. Gromyko gestand Ende Mai zu, die Zahl der MIRV-bestückten Raketen auf 1200 zu beschränken und den Abbau auf eine Gesamt-Obergrenze von 2250 strategischen Waffenträgern zeitlich vorzuziehen. Im Juli einigten sich beide Seiten darauf, die Entwicklung jeweils eines Typs neuer Interkontinentalraketen zuzulassen. Gromyko akzeptierte Obergrenzen für die Zahl der Mehrfachsprengköpfe für jeden einzelnen Raketentyp (im Fall der SS-18 eine drastische Beschränkung auf zehn von zwanzig bis dreißig möglichen Sprengköpfen), und schließlich akzeptierte die amerikanische Seite auch Obergrenzen für die Zahl der Cruise missiles pro »schwerem« Bomber. Danach waren nur noch Kleinigkeiten zu klären, so daß die Vertragsunterzeichnung bei einer Gipfelbegegnung zwischen Carter und Breschnew jetzt für Mitte Januar 1979 angesetzt werden konnte.

Unterdessen war es Brzezinski aber gelungen, China die Aufnahme diplomatischer Beziehungen schon zum 1. Januar 1979 vorzuschlagen und für den Fall erfolgreicher Verhandlungen »einen führenden Vertreter« der chinesischen Führung nach Washington einzuladen. Deng Xiaoping, der gerade dabei war, sich die Kontrolle über das Pekinger Regime zu sichern, ergriff die Gelegenheit, die antisowjetische Parteinahme der Carter-Administration zu bekräftigen. Am 13. Dezember erklärte er dem amerikanischen Geschäftsträger, er selbst werde nach Washington kommen, und schlug als Besuchstermin gleich den kommenden Monat vor. Zwei Tage später kündigte ein gemeinsames chinesisch-amerikanisches Kommuniqué der überraschten Weltöffentlichkeit die Aufnahme regulärer Beziehungen zum 1. Januar und Dengs Besuch für Ende Januar 1979 an.

Damit war für den geplanten Breschnew-Besuch erst einmal kein Platz. Als sich Vance und Gromyko am 22. Dezember zu abschließenden Beratungen des SALT-Pakets in Genf trafen, sorgte Brzezinski zudem für eine Verhärtung der amerikanischen Position in der Frage der Verschlüsselung telemetrischer Daten bei Raketentests. Ein Kompromiß, den Gromyko und Vance akzeptabel fanden, wurde von Brzezinski per Telefon zurückgewiesen. Gromyko bestand daraufhin darauf, daß ein Gipfel erst angekündigt werden könne, wenn wirklich alle Details geklärt seien – und diese Klärung ließ weiter auf sich warten. Obwohl Carter nach wie vor versicherte, eine Verbesserung der Beziehungen zur Sowjetunion zu wünschen, und dies subjektiv auch tatsächlich der Fall war, war die Verwirklichung der Wladiwostok-Vereinbarungen damit vier Jahre nach der Begegnung von Breschnew und Ford immer noch fraglich.

Der Gipfel von Wien

Bei seinem Besuch in Washington Ende Januar 1979 forderte Deng seine Gastgeber per ›Time‹-Interview zu einem Bündnis gegen die Sowjetunion auf: »Wenn wir wirklich in der Lage sein wollen, den Polarbär an die Kette zu legen, dann ist die einzig realistische Maßnahme, daß wir uns zusammenschließen.« Gleichzeitig erklärte er ein SALT-Agreement für »nutzlos«: »Man sollte sich nicht auf so etwas verlassen. Für den Weltfrieden und die Stabilität der Welt sind solche Vereinbarungen weder so bedeutend noch so nützlich wie die Normalisierung der Beziehungen zwischen China und den USA.«[20] Carter widersprach dem nicht. Brzezinski brachte ihn dazu, in den Tischreden und Presseerklärungen während des Besuchs des chinesischen Vizepremiers auf jede Wiederholung seiner früheren Versicherung zu verzichten, daß sich die Verbesserung der Beziehungen zu China gegen niemand anderen richte. In das Schlußkommuniqué der Begegnung wurde, ebenfalls auf Brzezinskis Anraten, Dengs Formel aufgenommen, daß sich beide Länder »Bestrebungen eines Landes oder einer Gruppe von Ländern, anderen ihre Hegemonie oder Herrschaft aufzuzwingen«, widersetzen würden.[21]

Nachdem chinesische Truppen am 17. Februar gegen seinen Rat in Vietnam einmarschiert waren, wurde dem Präsidenten aber deutlich, daß er in der Parteinahme gegen die Sowjetunion zu weit gegangen war. Am 27. Februar ließ er Breschnew darum über Dobrynin ausrichten, daß er die »Entwicklung guter Beziehungen zwischen unseren beiden Ländern« als seine »*größte* Verantwortung als Präsident« betrachte und es daher für dringend erforderlich halte, die aufgetretenen Spannungen zu überwinden.[22] Dann griff er selbst ein, um das heikle Problem der telemetrischen Messungen von Raketentests zu lösen, und in den weiteren Auseinandersetzungen um Verifikationsmaßnahmen und Zuordnung der neuen Waffen zu den vertraglich definierten Kategorien gab er Vance endlich Rückendeckung. So rückte der Abschluß der SALT-II-Verhandlungen jetzt kontinuierlich näher und mit ihm auch der Termin für den Gipfel. Am Nachmittag des 7. Mai konnten Vance und Dobrynin die Einigung über die letzten substantiellen Fragen melden, am 9. Mai wurde sie bekanntgegeben.

Nach den Regeln, die unter Nixon vereinbart worden waren, hätte die Begegnung zwischen Carter und Breschnew in Washington stattfinden müssen. Mit Rücksicht auf den schlechten Gesundheitszustand des Generalsekretärs einigte man sich jetzt aber auf Wien. Das Programm wurde bewußt knapp gehalten, mit kurzen Arbeitssitzungen, langen Pausen und frühen Abendessen. Beide Seiten kamen überein, ihre Verteidigungsminister und Generalstabschefs an den Beratungen teilnehmen zu lassen. Carter nahm neben Vance auch Sicherheitsberater Brzezinski mit, Breschnew neben Gromyko auch seinen neuen Protégé Konstantin Tschernenko, der im vergangenen November Vollmitglied des Politbüros geworden war.

Carter hoffte, im persönlichen Gespräch mit Breschnew eine

entscheidende Verbesserung der Beziehungen erreichen zu können. Seit zwei Jahren hatte er immer wieder eine solche Begegnung angestrebt, die Mißverständnisse ausräumen sollte. Interessenssphären sollten abgegrenzt werden, und dann galt es, neue Kooperationsfelder zu erschließen und die nächsten weitreichenden Schritte zur Rüstungsbegrenzung zu vereinbaren. Dazu erwies er sich aber, als sich die beiden Delegationen vom 15. bis 18. Juni in Wien trafen, als zu wenig vorbereitet. Zudem war Breschnew nicht mehr flexibel genug, um spontane Entscheidungen von solcher Tragweite zu treffen, wie sie Carter vorschwebten. Sein Gesundheitszustand hatte sich in den letzten drei Jahren erheblich verschlechtert. Eine fortgeschrittene Arteriosklerose und der Mißbrauch von Beruhigungsmitteln machten schon die Führung der laufenden Geschäfte zu einer mühevollen Angelegenheit. Für rasche Entschlüsse und die Durchsetzung weitreichender Neuerungen fehlte ihm die Energie.

Über wirtschaftliche Fragen konnte in Wien gar nicht gesprochen werden, weil Brzezinski Carter diesen Tagesordnungspunkt wieder ausgeredet hatte. Solange es nicht sicher war, ob der Kongreß die Handelsbeschränkungen aufheben würde, schien es ihm unklug, in diesem Bereich Hoffnungen zu erwecken, die sich dann nicht erfüllen ließen. Hinsichtlich der Rüstungsbegrenzung regte Carter zunächst ein Moratorium bei der Produktion und Dislozierung neuer Raketen und Sprengköpfe an und händigte Breschnew dann während einer gemeinsamen Fahrt im Aufzug (!) ein Papier aus, auf dem er eine Reihe von Vorschlägen zu weiteren Rüstungsschnitten notiert hatte, insbesondere jährliche Kürzungen aller im SALT-II-Vertrag vereinbarten Obergrenzen um jeweils 5 Prozent während der nächsten fünf Jahre. Breschnew besprach das in seiner Delegation und legte den Vorschlag dann, Gromykos Rat folgend, erst einmal zur Seite. Naheliegender schien ihm eine Verständigung über die Mittelstreckenraketen im europäischen Bereich. Darauf aber ging Carter, als Breschnew die Problematik in der nächsten Runde ansprach, nicht ein. Breschnews Zugeständnis, sich an einem Moratorium zu beteiligen, wenn auch alle anderen Nationen dies täten (sprich: auch die Briten und Franzosen), blieb damit in der Luft hängen.[23]

Auf Carters Anregung trafen sich die beiden Verteidigungsminister zu einer separaten Sitzung, um über die MBFR-Problematik zu sprechen. Pentagon-Chef Harold Brown brachte dazu jedoch kein neues Verhandlungsangebot mit. Er signalisierte auch keinerlei Bereitschaft zu Gegenleistungen, als sein sowjetischer Kollege Dimitri Ustinow eine Reduzierung der sowjetischen Truppen in Mitteleuropa um immerhin weitere 10 000 Mann anbot. So erschöpfte sich das Gespräch im Austausch bekannter Standpunkte mit dem Effekt wechselseitiger Frustration.

Das Gleiche gilt für Carters Versuch, im Rahmen dessen, was Brzezinski einen »umfassenderen strategischen Dialog« nannte[24], die sowjetischen Aktivitäten in Afrika und die Hochrüstung der Sowjetarmee zur Sprache zu bringen. Breschnew bemerkte zu letzterem nur, daß die US-Administration doch gerade eine beträchtliche Aufstockung ihres Rüstungsetats beschlossen habe; und im Hinblick auf das Geschehen in Afrika wiederholte er seine Auffassung, daß die Sowjetunion doch nicht für den »objektiven Verlauf der Geschichte« verantwortlich gemacht werden könne, die nun einmal den Sieg nationaler Befreiungsbewegungen hervorbringe. Das Verständnis für das, was tatsächlich geschehen war, wuchs so weder auf der einen noch auf der anderen Seite, und es wurden auch keine Vereinbarungen getroffen, die künftigen Auseinandersetzungen über Krisenpunkte in der Dritten Welt vorbeugen konnten.

Das Ergebnis des Gipfels bestand folglich tatsächlich im wesentlichen nur aus der Unterzeichnung von SALT II – und der wechselseitigen Versicherung, den »Prozeß der internationalen Entspannung« weiter unterstützen zu wollen, wie es im Abschlußprotokoll hieß.[25] Persönlich kamen sich die beiden Staatschefs auch etwas näher. Der anfangs sehr formelle Carter brachte am dritten Tag Toasts auf »meinen neuen Freund, Präsident Breschnew« aus, und Breschnew meinte im kleinen Kreis, der amerikanische Präsident sei »im Grunde doch ein ganz netter Bursche«. Als beide zum Schluß der Verhandlungen ihre Unterschrift unter den Vertrag gesetzt hatten, ergriff er die Initiative zu einem Kuß, der zum Sinnbild des Treffens werden sollte.

Das Bild von der Umarmung von Breschnew und Carter war Wasser auf die Mühlen der Entspannungsgegner, die, ohne den genauen Vertragstext zu kennen, seit Monaten gegen das SALT-II-Abkommen Front gemacht hatten. Ein »Committee of the Present Danger«, dem prominente »Hardliner« aus früheren Administrationen angehörten, darunter Eugene Rostow, Paul Nitze und Dean Rusk, warnte vor ungenügendem Widerstand gegen die sowjetische Hochrüstung, die die USA der Gefahr eines Entwaffnungsschlags aussetzte. Andere beklagten die Begrenzung der Zahl der Mehrfachsprengköpfe und der Cruise missiles oder kritisierten, daß die Sowjets ihre »schweren« Interkontinentalraketen behalten konnten, für die es auf amerikanischer Seite kein Pendant gab. Viele hielten Rüstungskontrollabkommen generell für verwerflich, solange die Sowjetunion Menschenrechte mißachtete und ihren Einfluß in der Dritten Welt ausweitete. Senator Jackson, der Carter unmittelbar vor seiner Abreise nach Wien bezichtigt hatte, eine Politik des »Appeasement« zu betreiben, kündigte an, den Vertrag im Senat zu Fall zu bringen; Edward Rowny, der Vertreter der Vereinigten Stabschefs in der amerikanischen SALT-Delegation, trat aus Protest gegen die erzielten Kompromisse von seinem Amt zurück.

In den Chor der Kritiker reihte sich auch Kissinger ein, der nach einer Gelegenheit suchte, sich dem nächsten Präsidentschaftskandidaten der Republikaner wieder als Außenminister zu empfehlen. Er lehnte den SALT-II-Vertrag nicht generell ab, machte seine Unterstützung aber von zwei Bedingungen abhängig: härtere Reaktion auf die »globalen Aktivitäten« der Sowjetunion und vor allem »Aufholen« des angeblichen Rüstungsvorsprungs der östlichen Seite. Drohend beschrieb er die »aktuelle militärische Situation« als »durch die Tatsache gekennzeichnet, daß die Länder der NATO in den wesentlichen militärischen Bereichen in Rückstand geraten sind, mit Ausnahme vielleicht der Seestreitkräfte, bei denen unser Vorsprung aber rapide abnimmt. In der Geschichte ist es aber noch nie vorgekommen, daß eine Nation, die auf allen größeren militärischen Feldern überlegen ist, diese Überlegenheit nicht auf die eine oder andere Weise in außenpolitische Gewinne zu übersetzen sucht.«[26]

Mit der Wirklichkeit hatten solch düstere Warnungen vor einer sowjetischen Hochrüstung wenig zu tun. Gewiß hatte die Sowjetunion 1975 damit begonnen, ihre Interkontinentalraketen nach und nach mit Mehrfachsprengköpfen auszustatten, und die Zahl der Raketen auf U-Booten war über das amerikanische Niveau hinaus angewachsen (von 459 zum 30. Juni 1972 auf 923 zum 30. September 1979 gegenüber gleichbleibend 656 amerikanischen SLBMs[27]). Ältere Raketen wurden durch Neuentwicklungen mit größerer Treffsicherheit ersetzt, und auch der Ausbau der Flotte ging weiter voran. Indessen war bei der gewaltigen Überlegenheit der amerikanischen Flotte an ein Einholen im maritimen Bereich auch nicht im entferntesten zu denken. Ein einziger amerikanischer Flugzeugträger verfügte Mitte der siebziger Jahre noch über mehr Munition als alle Schiffe der sowjetischen Überseeflotte zusammen.[28] Die amerikanische MIRV-Ausstattung ging weit schneller voran als die sowjetische. Zu Beginn der achtziger Jahre verfügten die USA über etwa 9500 Einzelwaffen für interkontinentale Angriffsträger, die Sowjetunion dagegen nur über etwa 5000; erlaubt waren nach SALT II 11500 für die amerikanische Seite, 9500 für die sowjetische. Die Modernisierung der amerikanischen Systeme blieb hinter der sowjetischen keineswegs zurück; mit den Cruise missiles, die vom Radar nicht erfaßt werden konnten, verfügten die USA sogar wieder über ein neues Element, dem die Sowjetunion vorerst nichts Vergleichbares entgegenzusetzen hatte. Die Verteidigungsausgaben der Sowjetunion stagnierten, bei der Anschaffung neuer Waffensysteme gab es seit 1976 deutliche Einschnitte.[29]

Die Beschränkungen der Modernisierungsmaßnahmen und der Zahl der Mehrfachsprengköpfe pro Rakete, die in SALT II vereinbart wurden, konnten die Gefahr eines sowjetischen Entwaffnungsschlags gegen die auf amerikanischem Territorium stationierten Interkontinentalraketen nicht vollkommen ausschließen. Das Gleiche galt aber auch für die amerikanische Fähigkeit zu einem Entwaffnungsschlag, der einen weit größeren Prozentsatz des sowjetischen Arsenals traf als umgekehrt. Mit dem Bau der neuen Generation beweglicher Interkontinentalraketen vom Typ MX, die zwischen mehreren Abschußstellen hin und her transportiert werden konnten, legten sich die USA zudem einseitig eine Waffe zu, die durch einen Erstschlag nicht auszuschalten und auch nur schwer zu verifizieren war. Dadurch war der Umstand, daß allein die Sowjetunion über »schwere« Interkontinentalraketen verfügte, die ihr durch SALT II auch nicht genommen wurden, mehr als ausgeglichen. Im übrigen hatte nach den Bestimmungen der SALT-II-Vereinbarung allein die Sowjetunion reale Kürzungen im Raketenarsenal vorzunehmen (um 350 strategische Raketen oder Bomber zum 1. Januar 1981); den USA blieb die Möglichkeit, sowjetisches Territorium auch mit den neuen Cruise missiles zu erreichen.

Der Carter-Administration war das Ausmaß der fortdauernden amerikanischen Überlegenheit freilich nicht bewußt. Verteidigungsminister Brown ging von jährlichen Zuwachsraten des sowjetischen Militärhaushalts von 4 bis 5 Prozent seit Beginn der siebziger Jahre aus und trug damit selbst zur Beunruhigung über sowjetische Fähigkeiten und Intentionen bei. Carter präsentierte die SALT-II-Vereinbarungen defensiv, als ein Mittel, das Kriegsrisiko zu mindern, nicht als einen Beitrag zur Überwindung der Spannungen. Als Senator Frank Church Ende August die Existenz einer sowjetischen Brigade von 2000 bis 2600 Mann auf Kuba »enthüllte« – tatsächlich war sie seit 1962 dort, um die sowjetische Ausrüstung zu bedienen, und Kennedy hatte davon gewußt –, erklärte Carter das für eine »sehr ernste Angelegenheit«, die »nicht akzeptabel« sei. Der Forderung, die Ratifizierung von SALT II auszusetzen, solange die Brigade nicht abgezogen sei, begegnete er mit der Versicherung, die Beibehaltung des Status quo würde »die Beziehungen zwischen unseren beiden Ländern unvermeidlicherweise belasten«[30]. Dann verlangte er von den Sowjets tatsächlich, die Brigade abzuziehen.

In Moskau reagierte man auf diesen völlig unmotivierten Vorstoß verstört und verärgert. Die Zweifel wurden stärker, ob man mit der amerikanischen Führung überhaupt tragfähige Vereinbarungen treffen konnte. Ein plötzlicher Abzug nach siebzehnjähriger, nie diskutierter Präsenz kam natürlich nicht in Frage. Das Äußerste, wozu sich die Sowjetregierung bereitfand, um der Carter-Administration aus dem selbstverschuldeten Dilemma zu helfen, war eine Erklärung Breschnews am 27. September, daß die Sowjetunion nicht die Absicht habe, am Status ihres »Übungszentrums« auf Kuba etwas zu ändern. Carter suchte diese Erklärung am 1. Oktober als amerikanischen Erfolg darzustellen und kündigte im übrigen nach einer demonstrativen Krisensitzung mit hochrangigen Vertretern früherer Administrationen eine schärfere Überwachung des karibischen Raumes an. Daneben ließ er durchblicken, daß er bereit war, China militärisch nutzbare Technologie zukommen zu lassen und die Verteidigungsausgaben beträchtlich auszuweiten.

Daß der Außenpolitische Ausschuß des Senats die SALT-II-Vereinbarungen am 9. November mit neun zu sechs Stimmen befürwortete, war unter diesen Umständen fast schon ein Wunder. Der Militärausschuß lehnte sie am 10. Dezember mit zehn zu neun Stimmen ab, bei sieben Enthaltungen. Die Kuba-Farce hatte die Aussicht auf Ratifizierung des Vertrags deutlich verschlechtert, auch wenn der Ausgang des Ringens noch offen war.

Entspannung in Europa

Die amerikanischen Abweichungen vom Entspannungskurs kontrastierten, je länger desto deutlicher, mit den Bemühungen der westlichen Europäer, das Netz der Beziehungen zum Ostblock auszubauen. Die Vorteile offener Grenzen waren hier deutlicher erfahrbar, der politische Prozeß weniger anfällig für ideologische Verallgemeinerungen und Idiosynkrasien einzelner Personen. Schon in der KSZE koordinierten die Mitglieder der Europäischen Gemeinschaft, seit 1973 auch in einer intensiveren Europäischen Politischen Zusammenarbeit (EPZ) miteinander verbunden, ihre Positionen und Initiativen. Als es dann um die Anwendung der Schlußakte von Helsinki ging, wurden der französische Staatspräsident Valéry Giscard d'Estaing und Bundeskanzler Helmut Schmidt zu dezidierten Sprechern europäischer Interessen. Häufig traten sie nach enger Abstimmung gemeinsam auf, und wenn sich gelegentlich auch eine gewisse Konkurrenz im Hinblick auf den wechselseitigen Verdacht bemerkbar machte, ein privilegiertes Verhältnis zur Sowjetunion anzustreben, lagen die entspannungspolitischen Grundüberzeugungen der beiden wichtigsten europäischen Staatsmänner doch weitgehend auf einer Linie.

Beide entwickelten eine rege Reisediplomatie. Giscard empfing Breschnew im Dezember 1974 zu einem ersten Staatsbesuch, noch bevor er sich zum ersten Mal mit dem amerikanischen Präsidenten traf. Im Oktober 1975 erfolgte sein Gegenbesuch in Moskau. Im Juni 1977 war Breschnew wieder in Paris, im April 1979 fuhr Giscard abermals nach Moskau. Schmidt holte im Oktober 1974 den Staatsbesuch in Moskau nach, den Brandt vor seinem Rücktritt für den vorangegangen Juni geplant hatte. Im November 1975 kam der bulgarische Staatsratsvorsitzende Todor Schiwkow nach Bonn. Im Juni 1976 folgte der polnische Partei- und Regierungschef Edward Gierek, im Juli 1977 dessen ungarischer Kollege János Kádár. Im Januar 1978 fuhr Schmidt nach Rumänien. Im April 1978 kam der tschechoslowakische Partei- und Staatschef Gustav Husák nach Bonn, Anfang Mai war Breschnew wieder zu Gast. Ein Jahr später, im Mai 1979, reiste Schmidt nach Bulgarien, im August fuhr er zu einem »privaten« Treffen mit Gierek auf der Halbinsel Hela, im September besuchte er Budapest.

Dabei ging es vorwiegend um wirtschaftliche Kooperation, zum Teil auch Wirtschaftshilfe, und um kulturellen und gesellschaftlichen Austausch. Sie sollten in den kommunistischen Staaten das Bewußtsein gemeinsamer Traditionen, Werte und Interessen der Europäer aktivieren und die politische Kooperation durch wirtschaftliche Fundierung langfristig absichern. »Die wirtschaftliche und technische Kooperation«, erklärte Giscard d'Estaing, »die kulturellen Beziehungen und die periodischen Gipfeltreffen der politischen Führer erlauben es, zwischen Ländern, die für unterschiedliche Systeme optiert haben, einen beständigen Austausch von Informationen und Ideen zu schaffen, der die Lösung der konkreten Probleme erleichtert.«[31] Schmidt sah das genauso. Dabei war ihm bewußt, daß die Deutschen besonders starke Motive hatten, »an der Wiederherstellung ganz Europas als geschichtlich entstandener, geistiger und politischer Einheit« mitzuwirken[32], und daß sie als mittlerweile wirtschaftlich zweite Weltmacht des Westens auch über besondere Möglichkeiten verfügten, in diesem Sinne tätig zu werden.

Der kulturelle und gesellschaftliche Austausch kam am weitesten im Verhältnis zwischen der Bundesrepublik und Polen voran. Seit 1977 trafen sich Politiker und Publizisten, Wissenschaftler und Wirtschaftler beider Länder wiederholt auf deutsch-polnischen Foren. Eine deutsch-polnische Schulbuchkommission arbeitete an einer Verständigung über die ebenso wechsel- wie leidvolle gemeinsame Vergangenheit. Städtepartnerschaften wurden abgeschlossen, ebenso Universitätspartnerschaften, und auch kirchliche Gruppen entwickelten einen regen Austausch. Der gesellschaftliche Dialog, der sich auf diese Weise entwickelte, stieß auf beiden Seiten auf heftige, emotionsgeladene Kritik, erfreute sich aber gleichwohl immer breiterer Zustimmung.

Zuvor war es Schmidt und Gierek gelungen, die Enttäuschung zu überwinden, die der materielle Gehalt des Warschauer Vertrages auf beiden Seiten hinterlassen hatte. In einem langen Gespräch am Rande des Helsinki-Gipfels kamen die beiden Regierungschefs überein, eine großzügigere Handhabung der Ausreise deutschstämmiger Polen mit einer Regelung polnischer Wiedergutmachungsansprüche und einer großzügigen Wirtschaftshilfe zu verbinden. Am 9. Oktober 1975 wurde ein Abkommen über einen deutschen Finanzkredit an Polen in der ungewöhnlichen Höhe von einer Milliarde DM zum außerordentlich günstigen Zinssatz von 2,5 Prozent unterzeichnet. In einem weiteren Vertrag verpflichtete sich die Bundesrepublik, die Rentenansprüche polnischer Zwangsarbeiter aus der Zeit des Zweiten Weltkriegs mit 1,3 Milliarden DM, zahlbar im Verlauf von drei Jahren, pauschal abzugelten. Polen erkannte Rentenansprüche an, die polnische Staatsbürger im Deutschen Reich erworben hatten, und die Bundesrepublik übernahm die Zahlungsverpflichtungen für Personen, denen die Ausreise gestattet wurde. Gleichzeitig stellte die polnische Regierung in einem »Protokoll« fest, »daß etwa 120000 bis 125000 Personen im Laufe der nächsten vier Jahre die Genehmigung ihres Antrages zur Ausreise erhalten werden«[33]. Um die Ratifizierung der Abkommen im Bundesrat nicht zu gefährden – dort verfügte die oppositionelle CDU / CSU unterdessen über die Mehrheit –, mußte die polnische Seite Anfang 1976 noch »erläuternd« hinzufügen, daß die Ausreiseregelungen auch über diese vier Jahre hinaus gelten sollten.

Die wirtschaftliche Verknüpfung gedieh am weitesten im Verhältnis zwischen der Bundesrepublik und der Sowjetunion. Schmidt griff das Interesse Breschnews an einem Ausbau der wirtschaftlichen Zusammenarbeit sehr bewußt auf und entwikkelte darüber ein gutes persönliches Verhältnis zu dem sowjetischen Staats- und Parteichef. Bei ihrem Treffen in Moskau wurde ein Abkommen über die »weitere Entwicklung« der wirtschaftlichen Zusammenarbeit unterzeichnet, das die deutsche Industrie zu stärkerem Engagement ermuntern sollte. 1978 folgte ein weiteres Abkommen, dessen Laufzeit sich auf Schmidts Betreiben über die ungewöhnliche Dauer von 25 Jahren erstreckte. Das Ostgeschäft der deutschen Industrie nahm auch danach noch nicht die Dimensionen an, die Schmidt und Breschnew vorschwebten, doch stieg das Gesamtvolumen des deutsch-sowjetischen Handels von 1969 bis 1979 immerhin auf die sechsfache Höhe. Die Bundesrepublik war damit quantitativ und qualitativ zum wichtigsten westlichen Handelspartner der Sowjetunion geworden. 30 Prozent der Erdgaslieferungen in die Bundesrepublik (was allerdings nur 5 Prozent des gesamten Energieimports entsprach) kamen aus der Sowjetunion; für bestimmte Segmente der deutschen Produktion, etwa Großröhren und Lastkraftwagen, wurde die Sowjetunion zu einem wichtigen Exportmarkt.

Demgegenüber blieb das Verhältnis der Bundesrepublik zur DDR zunächst weiter schwierig. Bonn zögerte, die Kosten für den Ausbau der Transitwege, über den seit März 1975 verhandelt wurde, voll zu übernehmen; Ost-Berlin suchte in den Folgeverhandlungen zum Grundlagenvertrag der völkerrechtlichen Anerkennung der DDR und der Festlegung West-Berlins auf den Status einer »selbständigen politischen Einheit« näher zu kommen. In einer Detailfrage nahm auch die westdeutsche Seite einen überzogenen Standpunkt ein: Die CDU-geführte Landesregierung von Niedersachsen (und mit ihr die oppositionelle Mehrheit im Bundesrat) weigerte sich, eine Auskunft der vormaligen britischen Besatzungsmacht von 1953 als verbindlich anzusehen, wonach die Grenze im Elbabschnitt zwischen Schnakenburg und Lauenburg in der Mitte des Flusses verlief, und beharrte statt dessen darauf, das Ostufer als Grenze festzustellen. So konnten vorerst nur erste Verbesserungen im Verkehrsbereich und im Postverkehr vereinbart werden (Oktober 1975 bzw. März 1976), die unter anderem die Grunderneuerung der Autobahn Marien-

born-Berlin und die Einführung des Selbstwählverkehrs bei Telefonaten in die DDR brachten. Alle anderen Verhandlungen liefen sich fest.

Hinzu kam, daß die DDR-Führung auf die gesellschaftliche
Mobilisierung, die die KSZE-Schlußakte ausgelöst hatte, mit verschärfter Repression und Abgrenzung reagierte. Im November
1976 wurde der regimekritische Liedermacher Wolf Biermann
während eines Konzerts in der Bundesrepublik ausgebürgert;
Schriftsteller und Intellektuelle, die sich in einer Petition für ihn
einsetzten, wurden gemaßregelt, zum Teil auch verhaftet und abgeschoben. Wiederholt wurden westdeutsche Korrespondenten
ausgewiesen, weil sie unangenehme Wahrheiten ans Tageslicht
gebracht hatten. Als der ›Spiegel‹ zu Beginn des Jahres 1978 ein
sogenanntes ›Manifest der SED-Opposition‹ veröffentlichte, das
das Bonzentum der Spitzenfunktionäre kritisierte, einen demokratischen Kommunismus forderte und die Wiedervereinigung
Deutschlands anmahnte (in Wirklichkeit eine Streitschrift, die
der frühere SED-Unterhändler Hermann van Berg nach der Diskussion mit einigen Gleichgesinnten verfaßt hatte[34]), setzte Honecker die Schließung des Ost-Berliner ›Spiegel‹-Büros durch.
Behinderungen im Transit-Verkehr und Einreiseverweigerungen
für Bundesbürger und West-Berliner nahmen drastisch zu.

Der drohenden Vereisung der deutsch-deutschen Beziehungen suchte Schmidt entgegenzuwirken, indem er, an die Begegnung am Rande des KSZE-Schlußtreffens anknüpfend, direkten
Kontakt zu Honecker aufnahm. Im März 1977 rief er ihn zum ersten Mal an, am 22. Dezember drängte er ihn in einem vertraulichen Brief, »eine neue Anstrengung zum weiteren Ausbau der
Beziehungen zwischen unseren Staaten« zu unternehmen.[35] Honecker reagierte verhalten positiv. Weder wollte er sich als Gegner der Entspannung im Ostblock isolieren noch kam er von dem
»goldenen Angelhaken« (Kwizinskij[36]) wieder los, den die Bundesrepublik mit ihren Offerten zu wirtschaftlicher Unterstützung ausgelegt hatte. Bis zum 18. November 1978 konnten daraufhin, zum Teil unter Umgehung des SED-Apparats, eine Reihe
von Vereinbarungen zum Abschluß gebracht werden: über den
Bau einer neuen Autobahn von Hamburg nach Berlin, eine Erhöhung der Transitpauschale, Reparaturarbeiten an den Transit-

wasserwegen, die Ingangsetzung und Öffnung des Teltow-Kanals bei Berlin, Geldüberweisungen an Rentner, die in die Bundesrepublik übergesiedelt waren, und die Regelung praktischer Probleme im Grenzbereich. Weitere Verhandlungen über Baumaßnahmen an den Transitstrecken und die Behebung von Luft- und Wasserverschmutzungen wurden in die Wege geleitet. Bonn zahlte viel, bekam dafür aber auch eine langfristige Sicherung der Lebensfähigkeit West-Berlins.

Darüber hinaus stabilisierten sich die Kontakte zwischen den Deutschen in Ost und West. Während 1969, also vor Abschluß der Ostverträge, wenig mehr als eine Million Besuche aus Westdeutschland in der DDR gezählt wurden, konnten jetzt 2,5 bis 3 Millionen Besuche pro Jahr registriert werden, etwas mehr als in den frühen fünfziger Jahren. Über 3 Millionen weitere Besuche wurden von den West-Berlinern unternommen, die bis auf die kurzen Zeiten der Passierschein-Regelungen zuvor überhaupt nicht in den »Osten« durften. Die Zahl der Telefonkontakte stieg von 1,2 auf über 40 Millionen pro Jahr. 30000 bis 40000 DDR-Bürgern pro Jahr wurden kurzzeitige Verwandtenbesuche in der Bundesrepublik gestattet – gemessen an der Ausreisepraxis anderer Ostblockstaaten immer noch sehr wenig, gegenüber der völligen Abschnürung vor 1972 aber ein spektakulärer Fortschritt. Bei allem Ungenügen wurden diese Früchte der Entspannungspolitik doch dankbar registriert; die Unterstützung für den Entspannungskurs nahm weiter zu.

Um die entspannungspolitischen Fortschritte nicht zu gefährden, bemühte sich Schmidt auch nach Kräften, die irritierenden Querschläge der Carter-Administration einzudämmen. Er ging dabei nicht so weit wie Giscard d'Estaing, der Carters plakative Einforderung der Menschenrechte in der Sowjetunion in einem Interview mit dem amerikanischen Magazin ›Newsweek‹ im Sommer 1977 öffentlich als wenig hilfreich kritisierte.[37] Intern ließ er aber keinen Zweifel daran, daß er Carters Vorgehensweise für kontraproduktiv hielt, und er warnte den amerikanischen Präsidenten auch vor der einseitigen Bevorzugung Chinas. Als die SALT-II-Verhandlungen zum ersten Mal festgefahren waren, bot er seine guten Dienste an, um einen direkten vertraulichen Kontakt zwischen Carter und Breschnew herzustellen. Carter machte jedoch auf Anraten Brzezinskis von dieser Möglichkeit keinen Gebrauch.[38]

Wenig erfolgreich waren auch Schmidts Bemühungen, im Verein mit den europäischen Verbündeten die KSZE-Folgekonferenz, die vom Oktober 1977 bis März 1978 in Belgrad tagte, nicht zu einem bloßen Tribunal gegen östliche Menschenrechtsverletzungen ausarten zu lassen. Da die amerikanische Delegation auf dieser Linie beharrte, sah sich die sowjetische Seite in die Defensive gedrängt und blockierte folglich ansonsten erreichbar erscheinende Fortschritte, etwa auf dem Gebiet der vertrauensbildenden Maßnahmen. Daß die Konferenzteilnehmer zum Schluß den Willen zur Fortsetzung des Entspannungsdialogs bekundeten, war ein bescheidener Erfolg.

Der Entschluß zur »Nachrüstung«

Um so fataler war, daß Schmidt seine Entspannungspolitik mit einer ziemlich mechanischen Vorstellung von militärischem Gleichgewicht verband. Wie eine Reihe von sicherheitspolitischen Experten beiderseits des Atlantiks war er davon überzeugt, daß die »strategische Parität« zwischen den beiden Weltmächten, wie sie in den SALT-Verträgen festgeschrieben wurde, die Drohung mit einem Ersteinsatz taktischer NATO-Atomwaffen oder einem amerikanischen Vergeltungsschlag zunehmend unglaubwürdig machte. Entsprechend forderte er einen Abbau des sowjetischen Übergewichts bei den Mittelstreckenraketen, die auf Europa gerichtet waren, und bei den konventionellen Streitkräften des Warschauer Pakts. Als 1974 deutlich wurde, daß die Sowjets ihr Mittelstreckenarsenal nach Erreichen der strategischen Parität nicht etwa abbauten, wie dies die Amerikaner in den sechziger Jahren getan hatten, sondern modernisierten, steigerte sich seine Sorge um die Funktionsfähigkeit der Abschreckung zu der Befürchtung, eine künftige Generation von Sowjetführern könne versucht sein, die Europäer, gestützt auf ihr »eurostrategisches« Übergewicht, politisch zu erpressen.

Schmidts Sorgen waren insofern nicht ganz unbegründet, als die neuen Mittelstreckenraketen vom Typ SS 20, die die etwa 600 älteren Raketen vom Typ SS 4 und SS 5 von 1977 an schrittweise ersetzten, geeignet waren, der Sowjetunion eine Erstschlagskapazität gegenüber den europäischen NATO-Verbündeten zu verschaffen, über die sie bislang noch nicht verfügte. Anders als ihre Vorgänger waren sie mobil und damit weniger verletzlich; sie verfügten über eine größere Reichweite und bei geringerem Wurfgewicht und geringerer Explosionskraft über größere Zielgenauigkeit; außerdem waren auf jeder Rakete drei Sprengköpfe montiert. Da war es schon denkbar, daß eine sowjetische Führung sie in Verbindung mit den schnellen und schlecht aufzuhaltenden »Backfire«-Bombern dazu nutzen würde, in einem Überraschungsschlag Bodentruppen, Luftwaffe und in Europa stationierte Atomwaffen der NATO weitgehend auszuschalten. Da die Europäer nicht sicher sein konnten, ob die amerikanischen Verbündeten danach tatsächlich noch einen atomaren Vergeltungsschlag gegen die Sowjetunion unternehmen würden, lag es nahe, einem solchen Erstschlag durch entsprechendes Wohlverhalten vorzubeugen.

Indessen lagen derartige Überlegungen der gegenwärtigen Moskauer Führung völlig fern.[39] Für sie war die Ersetzung der zunehmend defekten und verletztlichen SS-4- und SS-5-Raketen ein ganz normaler Vorgang, vergleichbar mit der Modernisierung der westlichen Kurzstreckenwaffen und der Forward Based Systems, die ebenfalls im Gange war. Sie schien um so mehr geboten, als sich die USA einer Einbeziehung der Forward Based Systems in ein Rüstungskontrollabkommen hartnäckig widersetzt hatten und Frankreich und Großbritannien ebenso wie China ihre Mittelstrecken-Arsenale nicht nur modernisierten, sondern auch ausbauten. Wenig sensibel, wie sie waren, kam den sowjetischen Führern auch nicht in den Sinn, daß die bloße technische Möglichkeit eines Überraschungsschlags die Europäer beunruhigen mußte. Erst recht lag es außerhalb ihrer Vorstellungswelt, daß wenn schon nicht sie selbst, so doch ihre Nachfolger an die Möglichkeit eines begrenzten Atomkriegs glauben könnten, wie Schmidt argwöhnte. Breschnew reagierte darum mit Unverständnis, als Schmidt gleich bei seinem ersten Besuch im Oktober 1974 versuchte, ihn auf das Problem des »eurostrategischen« Ungleichgewichts anzusprechen. Für ihn gab es ein solches Problem nicht, und es sollte auch nicht so bald gelingen, es ihm begreiflich zu machen.[40]

Außerdem schloß die Tatsache, daß die Sowjetunion nun über eine gesicherte Zweitschlagskapazität verfügte und die landgestützten Interkontinentalraketen der USA verletzlich geworden waren, eine glaubwürdige Vergeltungsdrohung für den Fall eines sowjetischen Angriffs auf die europäischen Verbündeten keineswegs aus. Auch bei einer weitgehenden Zerstörung der festen Raketensilos war die Zahl der Sprengköpfe, die für einen unakzeptablen Vergeltungsschlag der USA zur Verfügung standen, größer denn je, und ihr selektiver Einsatz war unverändert möglich. Zudem hatte die amerikanische Streitmacht die Zahl der seegestützten Sprengköpfe in Reichweite der Sowjetunion, die dem NATO-Oberbefehlshaber für Europa zur Verfügung standen, mit der Umrüstung von Polaris- auf Poseidon-Raketen vervierfacht (von 80 auf 400) und die atomar bestückten Kampfflugzeuge vom Typ F-111, die von Großbritannien tief in sowjetisches Gebiet vorstoßen konnten, mehr als verdoppelt (von 80 auf 164). Insofern stand im Prinzip auch eine »angemessene« Antwort auf einen sowjetischen Entwaffnungsschlag gegen das westliche Europa zur Verfügung.

Nicht zuletzt sahen das Brown und Brzezinski so, die in dieser Frage gewiß als unverdächtige Zeugen gelten können. Folglich hatte die Carter-Administration für Schmidts Warnungen auch nicht mehr Verständnis als Breschnew. Weder war sie bereit, die SALT-II-Verhandlungen durch Einbeziehung der Mittelstreckenraketen, wie Schmidt sie forderte, weiter zu verkomplizieren, noch sah sie die Notwendigkeit, neue Mittelstreckenraketen auf europäischem Boden zu stationieren. Ohne Rücksicht auf mögliche Stationierungs- oder Verhandlungswünsche der Europäer hielt sie seit dem April 1977 an dem Angebot fest, die Reichweite land- und seegestützter Cruise missiles bis Ende 1981 auf 600 Kilometer zu beschränken; dies wurde auch in einem Protokoll zum SALT-II-Vertrag festgehalten. Dennoch mündete Schmidts Kampagne in einen Beschluß zur Aufstellung von Cruise missiles und Pershing-II-Raketen, die sowjetisches Territorium erreichen konnten.

Das ergab sich im wesentlichen aus dem Debakel um die Einführung der sogenannten »Neutronenwaffe«. Als Gefechtsfeldwaffe konzipiert, die entschieden weniger materiellen Schaden anrichtete als die taktischen Atomwaffen, sollte sie nach amerikanischen Planungen einen Teil dieser Waffen ersetzen und damit die Kriegführungsfähigkeit der NATO-Verbände in Europa verstärken. Egon Bahr, unterdessen Bundesgeschäftsführer seiner Partei, sah darin jedoch die Gefahr eines Absenkens der atomaren Schwelle und entfachte darum im Juli 1977 eine höchst emotionale Kampagne gegen die angebliche »Perversion des Denkens«, mit der hier die Vernichtung von Menschen bei gleichzeitiger Schonung der Waffen, Gebäude und Verkehrswege geplant wurde. Carter, der selbst unsicher war, wie er die neue Waffe einschätzen sollte, verlangte daraufhin eine unmißverständliche Verpflichtung der Alliierten, sie im Fall einer Produktion auch aufzustellen. Diese zierten sich zunächst und schlugen dann vor, die Waffe nach zwei Jahren einzuführen, wenn bis dahin keine Reduzierung der SS-20-Raketen und/oder der östlichen Panzer erreicht worden sei. Carter stimmte dem im November 1977 zunächst zu. Als der Vorschlag Ende März 1978 in einen formellen NATO-Beschluß gegossen werden sollte, verlangte er aber wieder eine bedingungslose Aufstellungsverpflichtung der Bundesregierung. Da Schmidt dazu nicht bereit war, erklärte er die Entscheidung über die Produktion der Neutronenwaffe für »verschoben«. Beide Seiten waren aufs höchste verärgert, und das Bündnis erschien handlungsunfähig.

Das durfte sich nach Meinung aller Beteiligten nicht wiederholen, wenn die NATO nicht insgesamt an Glaubwürdigkeit und Kohärenz verlieren wollte. Brzezinski, Brown und Carter stimmten daher nach einigem Zögern im Oktober 1978 zu, als die Vertreter der europäischen Verteidigungsministerien in einer Beratung der NATO einer britischen Initiative folgend die Aufstellung neuer Mittelstreckenraketen empfahlen. Schmidt machte sich den Vorschlag auf einem Treffen mit Carter, Giscard d'Estaing und dem britischen Premierminister Callaghan Anfang 1979 auf Guadeloupe grundsätzlich zu eigen, obwohl er aus innen- wie aus sicherheitspolitischen Gründen lieber die Sowjetunion zur Reduzierung bewegen als selbst nachrüsten wollte. Im Mai fand der Vorschlag die Zustimmung des gesamten Bundeskabinetts, obwohl unterdessen deutlich geworden war, daß die USA und Großbritannien nur das Ausmaß der Nachrüstung vom Ergebnis von Verhandlungen mit der Sowjetunion abhängig zu machen bereit waren, nicht die Nachrüstung insgesamt. Schließlich akzeptierten alle Beteiligten im November ohne längere Diskussion das Votum der Experten zum Typ und zum Umfang der neuen Waffen: 464 Marschflugkörper und 108 Raketen vom Typ Pershing II, beide auf dem Territorium mehrerer europäischer Verbündeter stationiert.

Für den »Mix« aus Cruise missiles und Pershing-II-Raketen entschied man sich, weil er die Kalkulation des Gegners zu erschweren versprach, welche Waffe in einer bestimmten Situation zum Einsatz kommen würde. Die Stationierung auf Land wurde mit dem Argument begründet, daß die neuen Raketen dann »sichtbarer« wären und von den bisherigen seegestützten Raketen besser unterschieden werden könnten; auch wollte Großbritannien nicht das einzige Land sein, in dem mit den F-111-Bombern eurostrategische Waffen disloziert waren. Neben Großbritannien erklärten sich die Bundesrepublik und Italien zur Aufnahme der neuen Waffen bereit, Belgien und die Niederlande machten ihre Beteiligung vom Ergebnis der Verhandlungen mit der Sowjetunion abhängig. Die Gesamtzahl der neuen Raketen (572) wurde bewußt etwas unter der Zahl der sowjetischen Mittelstreckenraketen gehalten, um der Tendenz zur Abkoppelung von den strategischen Waffen der USA nicht noch selbst Vorschub zu leisten. Um die Aufstellung der neuen Raketen nicht allzu offensiv erscheinen zu lassen, wurde außerdem beschlossen, die alten Pershing-I-Raketen im Rhythmus der Stationierung des Nachfolgemodells auszumustern, für jede Cruise missile einen taktischen Gefechtskopf abzuziehen und weitere tausend Gefechtsköpfe zu entfernen. Die Gesamtzahl der in Europa gelagerten taktischen Atomwaffen sollte damit von 7000 auf etwas mehr als 5500 reduziert werden – weit weniger, als von den Pentagon-Experten ursprünglich geplant und angesichts der selbstabschreckenden Qualität dieser Waffen sinnvoll.

Die neuen Waffen verschafften der NATO, darin den SS-20-Raketen vergleichbar, eine zusätzliche Erstschlagsoption und verstärkten damit die Glaubwürdigkeit der amerikanischen Ersteinsatzdrohung. Die Cruise missiles waren zudem geeignet, in einer längerfristigen Auseinandersetzung die Effekte der sowjetischen Raketenabwehr zu unterlaufen. Die Drohung mit einem Entwaffnungsschlag, die theoretisch von den SS-20-Raketen ausging, ließ sich damit freilich nicht beseitigen. Dagegen verschoben die neuen Mittelstreckenwaffen gleichzeitig das strategische Gleichgewicht, das aus sowjetischer Sicht infolge der Nichtberücksichtigung der Forward Based Systems ohnehin noch nicht bestand, weiter zugunsten der amerikanischen Seite. (Aus sowjetischer Sicht war es gleichgültig, ob amerikanische Raketen, die die Sowjetunion trafen, von den USA und ihren U-Booten oder vom europäischen Kontinent aus gestartet waren.) Außerdem konnte die extrem kurze Flugzeit der Pershing II – sie konnte strategische Ziele in der Sowjetunion in sechs bis zehn Minuten erreichen – in Verbindung mit hoher Treffsicherheit und Silo-Zerstörungskraft die sowjetische Seite in Krisenzeiten zu einem »Präemptivschlag« verleiten.

Die negativen Aspekte der neuen Waffen wurden in den Diskussionen der NATO-Gremien jedoch kaum gesehen und schnell verdrängt. Bedenken der kontinentalen Europäer, eine Stationierung der Raketen in ihren Ländern würde sie im Konfliktfall einem erhöhten Risiko aussetzen, mußten anders als in den späten fünfziger Jahren hinter der Sorge um den Erhalt der Handlungsfähigkeit des Bündnisses zurückstehen, ebenso die Tendenz, erst zu verhandeln, bevor man sich zu einer Stationierung verpflichtete. Das Angebot, den Umfang der Stationierung, die Ende 1983 beginnen sollte, vom Ergebnis vorheriger Verhandlungen mit der Sowjetunion abhängig zu machen, sollte in erster Linie den Widerstand in den Stationierungsländern neutralisieren. Daß sich damit die »Nachrüstung«, wie die NATO das Vorhaben jetzt propagandistisch nannte, noch verhindern ließe, glaubten von denjenigen, die sich in der Materie auskannten, nur noch wenige.

Unterdessen hatte Andropow verstanden, daß die Sowjetunion etwas tun mußte, um eine weitere Eskalation des Wettrüstens zu verhindern. Gromyko erblickte in Schmidts Forderungen nach einem Abbau des sowjetischen Übergewichts freilich nur »Unverschämtheiten«, und Verteidigungsminister Ustinow gab sich der Fatalität der Rüstungseskalation hin: »Wir werden wohl wieder hinterherlaufen müssen.«[41] So wurde Schmidts Anregung vom Frühjahr 1978 nicht aufgegriffen, die SS-20-Raketen hinter den Ural zurückzuziehen. Ustinow fand das zu kostspielig und wenig praktikabel; damit war die Diskussion des Vorschlags schnell erledigt. Ebensowenig reagierte Breschnew auf eine Initiative des früheren US-Botschafters Averell Harriman, der ihn als alter Freund einer amerikanisch-sowjetischen Verständigung auf vertraulichem Weg beschwor, einen Stopp der SS-20-Aufstellung zu verkünden.[42]

Ende Juni 1979 bot Schmidt – bei einem Moskauer Zwischenstopp auf dem Weg zum Weltwirtschaftsgipfel in Tokio – Kossygin an, auf die Stationierung der neuen Raketen zu verzichten, wenn die sowjetische Seite die Zahl der Sprengköpfe auf den SS-20-Raketen auf das Niveau der SS-4/SS-5-Raketen beschränkte. Breschnew fand das interessant, hielt sich jedoch zurück, als Ustinow jede Verhandlung über das SS-20-Programm vehement ablehnte und Gromyko, der den Konflikt mit dem Verteidigungsminister scheute, stumm blieb. So blieb auch diese Gelegenheit ungenutzt, die Eskalation der atomaren Rüstung im europäischen Bereich einzudämmen.[43]

Erst nachdem der Nachrüstungsbeschluß in allen Details ausgehandelt worden war, rang sich Breschnew zu einem Angebot durch. Am 6. Oktober 1979 erklärte er in einer Rede in Ost-Berlin aus Anlaß des 30. Jahrestages der Gründung der DDR seine Bereitschaft, die Mittelstreckenraketen im westlichen Teil der Sowjetunion zu reduzieren, wenn die NATO auf die Aufstellung neuer Raketen verzichte. Gleichzeitig kündigte er an, innerhalb der nächsten zwölf Monate »bis zu 20000 sowjetische Militärangehörige, 1000 Panzer sowie eine Anzahl anderer Militärtechnik vom Territorium der Deutschen Demokratischen Republik« abzuziehen.[44] Wie groß die Reduzierung des vorgesehenen SS-20-Potentials ausfallen sollte, sagte er freilich nicht. Es war noch nicht einmal klar, ob die abzuziehenden Raketen dann in einem anderen Teil der Sowjetunion stationiert würden.

Den Vätern des Nachrüstungsbeschlusses fiel es daher leicht, die sowjetische Initiative als ein bloßes Störmanöver in letzter Minute abzutun, das nur den Zusammenhalt der NATO treffen sollte. Sowjetische Darlegungen zu den tatsächlichen Kräfteverhältnissen, in den nächsten Wochen überall in Europa vorgetragen, liefen ins Leere. Gromyko kündigte daraufhin bei einem Besuch in Bonn am 24. November öffentlich an, daß ein Stationierungsbeschluß »die Grundlage für Verhandlungen zerstören« würde.[45] Diese Drohung hatte freilich ebensowenig Erfolg. Viele nahmen sie nicht ernst, und manch einer wurde gerade durch die Drohgebärde dazu gebracht, sich sowjetischem Druck zu widersetzen. Nachdem der Parteitag der SPD Anfang Dezember die Festlegung auf »die notwendigen verteidigungspolitischen Optionen« für den Fall eines Scheiterns der Verhandlungen gutgeheißen hatte[46], wurde der »Doppelbeschluß« von Stationierungsverpflichtung und Verhandlungsangebot auf einer Sondersitzung der Außen- und Verteidigungsminister der NATO am 12. Dezember 1979 in Brüssel verabschiedet.

Auf Betreiben der Bundesregierung wurde dem Kommuniqué der Brüsseler Sitzung in letzter Minute der Satz hinzugefügt: »Der TNF-Bedarf der NATO wird im Licht konkreter Verhandlungsergebnisse geprüft werden.«[47] Die führenden SPD-Politiker, die Schmidts Kurs in der Nachrüstungsfrage bis auf wenige Ausnahmen nur mit wachsendem Unbehagen mitgetragen hatten, knüpften daran die Hoffnung, daß es vielleicht doch noch möglich sein würde, die Stationierung der neuen Raketen ganz zu verhindern. Die amerikanische Regierung und das NATO-Establishment sahen das freilich anders. Damit war ein Konflikt vorprogrammiert, in dem die Anwälte der Entspannungspolitik einmal mehr als Parteigänger Moskaus diskreditiert zu werden drohten. Die Entspannung ging schweren Zeiten entgegen.

Kapitel 7

Dunkle Zeiten

Die sowjetische Führung ließ sich durch die mangelnde Konsequenz westlicher Entspannungspolitik nicht dazu verleiten, das Projekt einer kooperativen Gestaltung der Ost-West-Beziehungen aufzugeben. Dagegen sprach nicht nur das durchaus ernsthafte Bestreben, eine atomare Konfrontation zu vermeiden und die Rüstungslasten zu senken. Die Moskauer Führer hatten auch den Eindruck, daß ihnen die Entspannung die Anerkennung der Sowjetunion als Supermacht eingebracht hatte, die den USA zumindest annähernd ebenbürtig war. Die meisten von ihnen hatten auch ihren eigenen Aufstieg im Zeichen der Entspannung erlebt und identifizierten sich allein schon deswegen mit dem Entspannungsprojekt. Entspannung galt als die Politik Breschnews, und Breschnew beherrschte das Politbüro nunmehr unangefochten.

Problematisch war nur, daß das Politbüro gerade deswegen kaum mehr lernfähig war. Während Breschnew durch seine Krankheit weiter an Einbildungskraft verlor, wagte es niemand, sich gegen ihn zu profilieren. Andropow, Gromyko und Ustinow führten die laufenden Geschäfte auf der Basis eines prekären Machtgleichgewichts, das keine dramatischen Veränderungen des Status quo zuließ – weder im Hinblick auf die ideologischen Aussagen noch auf die reale Machtverteilung. So mangelte es auch der sowjetischen Entspannungspolitik weiterhin an Konsequenz und vor allem an Geschick; und als sich die amerikanische Seite zu Beginn der achtziger Jahre dazu entschloß, die Überwindung der Ost-West-Spannungen ganz von der Tagesordnung abzusetzen, war man in Moskau für geraume Zeit hilflos.

Afghanistan

Wie wenig die Sowjetführung mit den amerikanischen Ängsten umzugehen verstand und die Rolle der Öffentlichkeit bei der Formulierung der amerikanischen Politik überhaupt begriff, zeigt ihre Entscheidung, in Afghanistan militärisch zu intervenieren. Dort hatte ein Militärputsch im April 1978 eine Gruppe linksgerichteter Offiziere an die Macht gebracht, die der drohenden Verhaftung durch den bisherigen Präsidenten, Prinz Mohammed Daoud Khan, zuvorkommen wollten. Sie teilten sich die Macht mit rivalisierenden Gruppen der afghanischen Kommunisten, die zum Teil auch schon zuvor in die Regierungsverantwortung eingebunden waren. Innerhalb des neuen Regimes drangen bald die Führer der radikaleren, Moskau-unabhängigen kommunistischen Partei (Khalq) an die Spitze, insbesondere Hafizullah Amin, der in Partei und Regierung die führende Rolle übernahm. Sie schalteten ihre Mitverschwörer aus, begannen mit einer energischen Modernisierung der mittelalterlich-muslimischen Gesellschaft – und provozierten damit fortwährende Aufstände in verschiedenen Landesteilen.

Angesichts der Schwierigkeiten, sich zu behaupten, griffen die Khalq-Führer mehr und mehr auf sowjetische Berater zurück. Ihre Zahl stieg von etwa 350 zum Zeitpunkt des Putsches auf 3000 bis 3500 im Mai 1979 und 7200 gegen Ende des Jahres. Etwa ein Drittel davon waren Militärberater. Im Juni 1979 drängte ein sowjetischer *Troubleshooter*, Wasilii Safronchuk, auf Verbreiterung der Machtbasis des Regimes und Mäßigung der Reformen. Amin widersetzte sich jedoch allen derartigen Ansinnen, und als Präsident Nur Mohammed Taraki, der sich den sowjetischen Ratschlägen gegenüber aufgeschlossener zeigte, ihn Mitte September ausschalten wollte, ließ er den Präsidenten verhaften und drei Wochen später hinrichten.

Die sowjetische Führung stand jetzt vor der Alternative, ihre Berater zurückzuziehen und das Land seinem Schicksal zu überlassen oder mit eigenen Truppen einzugreifen. Das eine bedeutete, die finanziellen und politischen Investitionen der letzten Jahre abzuschreiben und ein politisches Vakuum in einem Land zu hinterlassen, das 2500 Kilometer Grenze mit den ebenfalls muslimisch geprägten zentralasiatischen Republiken der Sowjet-union teilte. Amin, soviel war klar, würde sich in dem Bürger-krieg nicht durchsetzen können; es waren also langanhaltende Kämpfe zu erwarten oder ein islamisch-fundamentalistisches Regime, wie es sich gerade nach dem Sturz des Schahs im Januar 1979 im Iran durchgesetzt hatte. Eigene Truppen einzusetzen, hieß hingegen, die Sowjetarmee in ein schwieriges Unterfangen mit ungewissem Ausgang zu schicken und die Beziehungen zum Westen weiter zu belasten.

Es spricht für die eher defensive Anlage der sowjetischen Poli-tik, daß die zweite Option nicht gleich ins Auge gefaßt wurde. Als das Politbüro Mitte März zum ersten Mal diskutierte, wie auf einen Aufstand in der Stadt Herat zu reagieren sei, bei dem auch Dutzende von sowjetischen Beratern und ihre Familien ums Le-ben gekommen waren, herrschte vielmehr Übereinstimmung, »daß wir in keinem Fall Truppen nach Afghanistan entsenden werden«. Andropow argumentierte, daß dort gewiß keine revo-lutionäre Situation im Leninschen Sinne herrsche, sowjetische Truppen vielmehr eine Revolution unterdrücken würden, »und das ist für uns absolut unzulässig«. Gromyko setzte noch hinzu, daß mit einer militärischen Intervention in Afghanistan »alles über Bord geworfen würde, was wir in den letzten Jahren an An-strengungen hinsichtlich Entspannung, Waffenreduzierung und dergleichen mehr unternommen haben«[1].

Ende Oktober begann dann aber Ustinow, sich für eine derar-tige Intervention einzusetzen, und wenig später drängte auch Andropow in diese Richtung. Warum sie das taten, ist nicht ganz klar. Vermutlich hoffte Ustinow, sich mit einer energischen (und, wie er glaubte, dann auch erfolgreichen) Maßnahme als Nachfol-ger Breschnews profilieren zu können. Andropow konnte dem, ebenfalls im Hinblick auf die Nachfolgefrage, nicht tatenlos zu-sehen; er mußte die Scharte auswetzen, die der KGB mit dem Scheitern des Versuchs erlitten hatte, Amin auf einen vernünfti-gen Kurs zu bringen oder auszuschalten. Vielleicht glaubten die beiden Interventionsbefürworter auch, was sie Breschnew ge-genüber als Argument vorbrachten: daß Amin dabei sei, Afgha-nistan den Amerikanern auszuliefern, die nach dem Sturz des Schah-Regimes neue Installationsmöglichkeiten für ihre Horchposten in Richtung Sowjetunion suchten. Breschnew jedenfalls ließ sich erst überzeugen, als Ustinow und Andropow ihm am 8. Dezember auch noch die Gefahr an die Wand malten, daß »amerikanische Kurzstreckenraketen in Afghanistan aufgestellt werden könnten, die auf strategische Ziele in Kasachstan, Sibirien und anderswo gerichtet würden«[2].

Mit der Unterredung Ustinows und Andropows mit Breschnew war die Entscheidung gefallen – einen Tag, nachdem der SPD-Parteitag Helmut Schmidt grünes Licht für den Nachrüstungsbeschluß gegeben hatte, aber ohne daß die entspannungspolitische Dimension der Frage noch einmal systematisch diskutiert worden wäre. Gromyko, der an dem Gespräch teilgenommen hatte, wagte es nicht mehr, seine Bedenken hinsichtlich der Rückwirkungen auf die Entspannung zu artikulieren; Dobrynin, der sich gerade in Moskau aufhielt, wurde erst gar nicht gefragt. Generalstabschef Nikolai Orgakow und seine beiden Stellvertreter Sergej Achromejew und Valentin Warennikow, die sich heftig dagegen sträubten, ihre Armee in einen Guerillakrieg in die afghanischen Berge zu schicken, wurden von Ustinow zur Ordnung gerufen. Kossygin, der das Unternehmen nach wie vor für völlig deplaziert hielt, blieb der Politbüro-Sitzung am 12. Dezember fern, auf der formal darüber befunden werden sollte. Andrej Kirilenko, ebenfalls ein strikter Gegner des Vorhabens, setzte seine Unterschrift erst nach einigem Zögern unter ein Protokoll, mit dem alle anwesenden Politbüro-Mitglieder die Intervention billigten.[3]

Zwei Tage später begannen die operativen Vorbereitungen für das Unternehmen. Um den diplomatischen Schaden zu begrenzen, wurde Schmidt vertraulich über die bevorstehende Operation informiert (Bahr, der die Nachricht als erster erhielt, quittierte sie mit einem erschrockenen: »Ihr müßt alle verrückt geworden sein!«).[4] Am 25. Dezember wurden sowjetische Truppen auf dem Luftweg in Kabul und im westlichen Afghanistan abgesetzt, gleichzeitig überschritten motorisierte Einheiten die Grenze; insgesamt machte sich eine Interventionstruppe von 75 000 Mann auf den Weg. Am Abend des 27. Dezember griffen sowjetische Fallschirmtruppen und KGB-Spezialeinheiten den Präsidentenpalast im Süden der Hauptstadt an, Amin und einige seiner getreuesten

Anhänger wurden erschossen. Gleichzeitig ließ Babrak Karmal, Führer der gemäßigteren kommunistischen Partei (»Parcham«), der im Juni 1978 als Botschafter in die Tschechoslowakei abgeschoben worden war, über einen Rundfunksender erklären, als Präsident des Revolutionsrates die sowjetischen Freunde um Hilfe gegen den Gewaltherrscher Amin gebeten zu haben.

Am 31. Dezember gaben Ustinow, Andropow, Gromyko und Boris Ponomarow, der Leiter der Internationalen Abteilung des ZK, in einem gemeinsamen Bericht an das Zentralkomitee der Hoffnung Ausdruck, »daß die neue Führung der demokratischen Republik von Afghanistan effektive Wege finden wird, die Situation des Landes vollständig zu stabilisieren«[5]. Karmal, so hofften sie oder gaben sie vor zu hoffen, würde in der Lage sein, eine breite Koalition um sich zu versammeln, die Reformen sorgfältig zu dosieren und so seinen Anhang im Lande zu vergrößern. Gleichzeitig würden die sowjetischen Truppen der afghanischen Armee den Rücken von einer Intervention aus Pakistan oder dem Iran freihalten. Beides zusammen sollte es ihr ermöglichen, den verbliebenen muslimischen Widerstand rasch zu brechen.

Carters Kurswechsel

Nicht nur das erwies sich als eine Illusion. Carters Reaktion auf den Coup von Kabul ging über alles hinaus, was selbst gute Kenner der amerikanischen Szene sich vorstellen konnten. Der amerikanische Präsident sah nicht nur – etwas voreilig – alle Chancen für die Ratifizierung von SALT II wegbrechen. Er fühlte sich auch persönlich von einem sowjetischen Präsidenten hintergangen, der ihm in Wien aufrichtiges Verhalten zugesichert hatte, und akzeptierte darum jetzt uneingeschränkt Brzezinskis Interpretation, der den Einsatz sowjetischer Truppen in Afghanistan als ersten Schritt zu einem Vorstoß über Pakistan und den Iran bis zum Indischen Ozean deutete. »In der schärfsten Botschaft meiner Präsidentschaft«, wie er später schrieb, charakterisierte er die Invasion in einem Schreiben an Breschnew am 28. Dezember als »eine klare Bedrohung des Friedens, die einen grundlegenden und dauernden Wendepunkt in unseren Beziehungen« bedeuten könnte: »Solange Sie Ihren jetzigen Kurs nicht aufgeben, wird das unvermeidlicherweise den Gang der Beziehungen zwischen den Vereinigten Staaten und der Sowjetunion auf der ganzen Welt aufs Spiel setzen.«[6]

Carter demonstrierte nicht nur im Hinblick auf die Chancen für seine Wiederwahl im kommenden Herbst Härte; er nahm die sowjetische Politik jetzt auch tatsächlich anders wahr. »Diese Aktion der Sowjets«, erklärte er ziemlich ungeschützt in einem Fernsehinterview am 31. Dezember, »hat meine Meinung, was die letzten Ziele der Sowjets sind, dramatischer verändert als alles andere, was sie getan haben, seit ich im Amt bin.«[7] Er zog daraus den Schluß, daß die Sowjetführer »bestraft« werden mußten und die Kooperation vorerst einzustellen war. Am 3. Januar bat er den Senat, die Beratung des SALT-II-Vertrags für unbestimmte Zeit auszusetzen; tags darauf kündigte er in einer Fernsehansprache die weitgehende Stornierung des kulturellen und wirtschaftlichen Austauschs mit der Sowjetunion an, dazu einen Stopp der Getreidelieferungen, ein Embargo für High-Tech- und andere »strategische« Produkte, die Verschiebung der Eröffnung neuer Generalkonsulate in New York und Kiew und militärische und wirtschaftliche Hilfe für das vermeintlich bedrohte Pakistan. Am 20. Januar kam noch die Aufforderung an die amerikanischen Athleten hinzu, nicht an den Olympischen Spielen teilzunehmen, die für den Sommer 1980 in Moskau geplant waren. All diese Sanktionen sollten so lange andauern, »bis alle sowjetischen Truppen aus Afghanistan zurückgezogen sind«, wie Vance am 3. März präzisierte.[8]

In der jährlichen »Rede zur Lage der Union« am 23. Januar 1980 erklärte Carter zudem, Brzezinski folgend, die Region am Persischen Golf zu einem besonderen Interessengebiet der USA, die gegen sowjetische Einvernahme verteidigt werde: »Jeder Versuch einer auswärtigen Macht, die Kontrolle über die Region am Persischen Golf zu erlangen, wird als ein Anschlag auf die vitalen Interessen der Vereinigten Staaten von Amerika betrachtet, und solch ein Anschlag wird mit allen notwendigen Mitteln, einschließlich militärischer Gewalt abgewehrt werden.«[9] Zur Implementierung dieser »Carter-Doktrin«, wie die neue Schwerpunktsetzung alsbald genannt wurde, sollte eine »Schnelle Eingreiftruppe« aufgestellt und ein »Cooperative security framework« mit den Staaten der Golf-Region aufgebaut werden. Die militärische Präsenz im Indischen Ozean wurde verstärkt, junge Amerikaner mußten sich wieder für eine eventuelle Dienstverpflichtung registrieren lassen.

Im Zuge der Reaktivierung der Eindämmungspolitik wurden auch die Beziehungen zu China weiter verbessert. Verteidigungsminister Brown konnte bei einem Besuch in Peking vom 6. bis 13. Januar 1980 ankündigen, daß die USA grundsätzlich bereit seien, auch militärisch nutzbare Produkte und Technologien an China zu verkaufen. Am 24. Januar billigte der Kongreß den Handelsvertrag mit China unter Gewährung der Meistbegünstigungsklausel. Im Mai besuchte eine Gruppe hochrangiger chinesischer Militärfachleute die USA, um weitere Möglichkeiten der Nutzung amerikanischer Militärtechnologie zu erkunden. Auch wenn die Chinesen – zur Überraschung Brzezinskis – davor zurückschreckten, sich in eine verpflichtende Allianz mit den USA einbinden zu lassen, war die Herausforderung Moskaus, die mit dieser Annäherung verbunden war, doch offenkundig, und sie wurde dort auch so wahrgenommen.

Mit der Kombination von Sanktionen und neuer Eindämmungsgestik setzte Carter der amerikanischen Entspannungspolitik praktisch ein Ende. Seine Beschreibung der sowjetischen Aktion in Afghanistan als Besetzung einer »kleinen, ungebundenen und souveränen Nation« hatte so wenig mit der Wirklichkeit zu tun, die Interpretation als »größte Bedrohung für den Frieden seit dem Zweiten Weltkrieg«[10] war so überzogen, daß Breschnew und seine Politbüro-Kollegen gar nicht anders konnten, als sie als bloßen Vorwand für eine antisowjetische Offensive abzutun. Damit erschien die sowjetische Intervention im nachhinein zusätzlich gerechtfertigt, und es stellte sich auch nicht direkt die Frage, ob man sie um der Rettung der Entspannung willen abbrechen sollte. Vielmehr galt es nun, die »afghanische Revolution« gegen die vermeintlich offenkundigen imperialistischen Ambitionen der USA zu sichern. Hinsichtlich der Entspannung blieb folglich vorerst nur ein geduldiges Erklären der sowjetischen Position und ein stärkeres Zugehen auf die Europäer, wie Dobrynin es in einer Politbüro-Sitzung Anfang April empfahl.[11] Was Carter als Vorbedingung für die Fortsetzung des Entspannungsdialogs verlangte, war damit de facto nicht erreichbar.

Vance warnte Carter wiederholt, daß »wenn die Dinge so weitergingen, die Beziehungen [zur Sowjetunion] so stark beschädigt würden, daß eine zweite Amtszeit Carters nicht ausreichen würde, sie wieder zu reparieren«. Der Präsident war für solche klarsichtigen Analysen freilich nicht mehr zu haben. In seinem Eifer, »die Sowjetunion für Afghanistan zu bestrafen«, drängte er Vance völlig an den Rand. Als er Mitte April gegen den dringenden Rat seines Außenministers grünes Licht für ein Kommandounternehmen gab, mit dem die siebzig amerikanischen Diplomaten und Botschaftsangehörigen befreit werden sollten, die seit dem 4. November 1978 von den Mullahs als Geiseln in der US-Botschaft in Teheran gefangengehalten wurden, war für Vance endgültig der Zeitpunkt gekommen, aus seiner Niederlage im Ringen mit Brzezinski Konsequenzen zu ziehen. Er trat von seinem Amt zurück. Seine Entscheidung wurde erst am 28. April bekanntgegeben, drei Tage, nachdem der Befreiungsversuch im iranischen Wüstensand kläglich gescheitert war.

Washingtons europäische Verbündete zeigten in der Tat keine Neigung, die Errungenschaften der Entspannungspolitik einem Konfrontationskurs zu opfern, den die Carter-Administration zudem ohne jede Konsultation mit ihnen eingeschlagen hatte. Sie interpretierten die sowjetische Aktion in Afghanistan in der Regel weniger dramatisch und hielten die amerikanische Reaktion durchgehend für unangemessen. Schmidt und Giscard d'Estaing erklärten nach einer ersten Abstimmung ihres weiteren Vorgehens am 5. Februar diplomatisch, »daß die Entspannung einem *neuen* Schlag gleicher Art nicht standhalten würde« – mit anderen Worten: sie bekundeten, daß die Entspannung ihrer Meinung nach die Afghanistan-Krise überlebt hatte, und richteten gleichzeitig eine dringliche Mahnung an *beide* Weltmächte, sich entspannungskonform zu verhalten.[12] Handelsbeschränkungen als Antwort auf den Einmarsch sowjetischer Truppen in Afghanistan lehnten die Europäer durchgehend ab. Statt dessen sprangen sie häufig dort ein, wo ursprünglich die Amerikaner als Kooperationspartner vorgesehen waren, so daß sich insgesamt der europäisch-sowjetische Handel 1980 beträchtlich ausweitete. Am

Boykott der Olympischen Spiele in Moskau beteiligte sich nur die Bundesrepublik (gemeinsam mit China und Japan), und auch die nur nach heftigen innenpolitischen Auseinandersetzungen und in der Sorge, das westliche Bündnis nicht noch weiter zu beschädigen.

Giscard und Schmidt versuchten auch, den Ost-West-Dialog in Gang zu halten. Dazu reiste der französische Staatspräsident ohne vorherige Abstimmung im Kreis der Westmächte zu einem Treffen mit Breschnew am 19. Mai nach Warschau, der deutsche Bundeskanzler fuhr nach einem heftigen Schlagabtausch mit Carter am 30. Juni nach Moskau. Hinsichtlich des Afghanistan-Konflikts waren sie dabei nicht erfolgreich. Giscard und Schmidt schlugen, einem gemeinsamen Plan der Europäischen Gemeinschaft folgend, eine Neutralisierung Afghanistans vor, herzustellen über einen schrittweisen Rückzug der sowjetischen Truppen und parallele Maßnahmen zur Errichtung eines unabhängigen Regimes unter internationalen Garantien. Das ging jedoch an der Realität des Bürgerkriegs ziemlich vorbei und war zudem nicht mit Breschnews Wahrnehmung vereinbar, daß die USA dabei seien, Afghanistan ihrem Machtbereich einzuverleiben. Eine gemeinsame amerikanisch-sowjetische Aktion zur Befriedung des Landes, die immerhin denkbar gewesen wäre, konnte er sich nicht vorstellen. Giscard glaubte aus seinen Äußerungen zwar die Bereitschaft heraushören zu können, bald ein erstes Kontingent sowjetischer Truppen abzuziehen (was er dann auch als angeblichen Erfolg seiner Mission kundtat); tatsächlich band Breschnew einen solchen Abzug aber an die Stabilisierung des Karmal-Regimes, die zu seinem Leidwesen nie eintrat.

Dagegen gelang es Schmidt, die Sowjetführung wieder zu Verhandlungen über die Mittelstreckenraketen zu bewegen. Nachdem Gromykos Hoffnung, die deutsche Öffentlichkeit gegen den Nachrüstungsbeschluß mobilisieren zu können, offensichtlich getrogen hatte, war man in Moskau wieder zu Gesprächen bereit, ohne daß der Beschluß zuvor aufgehoben oder ausgesetzt worden wäre. Die Sowjetführung bestand allerdings auf der Einbeziehung der amerikanischen Forward Based Systems in die Verhandlungen (wogegen Schmidt nichts einzuwenden hatte). Ein Moratorium bei der Stationierung der neuen Mittelstreckenraketen, wie Schmidt es vorgeschlagen hatte, lehnte sie erneut ab. Und sie bestand – natürlich – darauf, daß ein Vertrag über die Begrenzung eurostrategischer Waffen erst abgeschlossen werden könne, wenn SALT II ratifiziert worden sei.

Mit diesem Teilerfolg konnte die Bundesregierung auch die Washingtoner Administration wieder an den Verhandlungstisch zurückbringen. Carter sträubte sich zwar, doch als Breschnew ihm am 21. August die Aufnahme von Verhandlungen über die Mittelstreckenraketen vorschlug, konnte er mit Rücksicht auf den Verhandlungsteil des »Doppelbeschlusses« und die Kohärenz des westlichen Bündnisses nicht ablehnen. Am 25. September kamen Gromyko und der neue amerikanische Außenminister Edmund S. Muskie am Rande der UNO-Vollversammlung überein, Vorgespräche über die Begrenzung der Raketen mittlerer Reichweite am 16. Oktober in Genf beginnen zu lassen.

Dort trat die amerikanische Delegation dann aber mit einer Verhandlungsposition an, die wenig Aussicht auf Erfolg hatte. Nach ihren Vorstellungen, die sie sich vom NATO-Rat hatte absegnen lassen, sollte ausschließlich über landgestützte Raketen mittlerer Reichweite gesprochen werden – also über die vorhandenen SS-4- und SS-5-Raketen, über die SS-20-Raketen und über die Pershing-II-Raketen und Cruise missiles, deren Aufstellung die NATO vorbereitete. Die amerikanischen Forward Based Systems wurden mit der Begründung ausgeschlossen, daß es viel zu kompliziert sei, auch noch über see- und luftgestützte Systeme zu verhandeln. Statt dessen beharrte die amerikanische Delegation darauf, daß auch SS-20-Raketen mitgezählt werden müßten, die für die Stationierung im Fernen Osten vorgesehen waren; schließlich könnten diese Raketen im Ernstfall ja zum europäischen Kriegsschauplatz transportiert werden. Für die sowjetische Seite war das kein akzeptabler Standpunkt, und so endeten diese Vorgespräche nach vier Wochen erst einmal in einer Sackgasse.

Unterdessen hatten sich mit dem Ausgang der amerikanischen Präsidentschaftswahlen am 4. November die Chancen für die Ratifizierung von SALT II und ein neues Rüstungskontrollabkommen weiter verschlechtert. Mit der Demonstration von Härte gegenüber dem sowjetischen Aggressor war es Carter nicht gelungen, sich zu behaupten. Im Gegenteil: Indem er das politische Weltbild seiner entspannungspolitischen Gegner übernahm, machte er es mehrheitsfähig und mußte dann erleben, daß eine deutliche Mehrheit der Wähler das Original der weniger glaubwürdigen Kopie vorzog. Auch wenn die Wahlen nicht in erster Linie in außenpolitischen Fragen entschieden wurden, trug das Bild sowjetischer Aufrüstung und Aggressivität, das Carter verbreitete, doch dazu bei, ihn als einen schwachen Präsidenten erscheinen zu lassen, dem man das Schicksal der Nation besser nicht noch einmal anvertrauen sollte. Neuer Präsident wurde Ronald Reagan, der das Kandidatenrennen bei den Republikanern praktisch schon 1979 für sich entschieden hatte und mit einem Programm angetreten war, das explizit die Wiederherstellung amerikanischer Überlegenheit versprach.

Reagan und die Friedensbewegung

Ronald Reagan trat seine Präsidentschaft mit einem relativ einfachen Weltbild an, das er auch offen vortrug. Entspannung war aus seiner Sicht gleichbedeutend mit westlicher Schwäche, eine Haltung, die es der Sowjetunion erlaubt hatte, »die größte Militärmaschinerie aufzubauen, die die Welt je gesehen hat«[13], und in der Dritten Welt einseitig geostrategische Vorteile einzuheimsen. Das war um so besorgniserregender, als Moskaus Ziel die »Förderung der Weltrevolution« war. Dazu waren die sowjetischen Führer bereit, jedes Verbrechen zu begehen; sie standen hinter allen Unruhen, die in den Krisenregionen der Welt ausbrachen; sie herrschten, wie er im Frühjahr 1983 erklärte, über ein »Reich des Bösen«[14]. Dagegen mußte die »Stärke« der amerikanischen Nation wiederhergestellt werden – militärische Stärke, wirtschaftliche Stärke und moralische Stärke. Amerika mußte wieder die Führungsrolle in der westlichen Welt übernehmen, und die NATO mußte insgesamt mehr Stärke zeigen. Das würde nicht nur den Frieden sichern, sondern die Sowjets auch zur Abrüstung zwingen: »Sie können ihre militärische Produktivität nicht mehr beträchtlich ausweiten, weil sie ihr Volk bereits bis an die Sterbegrenze gebracht haben.«[15]

Verhandlungen mit der Sowjetführung waren aus dieser Perspektive nicht ausgeschlossen. Sie mußten aber hinter Anstrengungen zur Stärkung der amerikanischen Position zurücktreten, die nicht näher definiert waren, und sie blieben inhaltlich weitgehend unbestimmt. Reagan nahm erst vier Monate nach seinem Amtsantritt Kontakt zu Breschnew auf, und er hatte ihm dabei nicht mehr zu sagen, als daß die Sowjetführung ihr Verhalten ändern müsse. In einem persönlichen Brief, den er während seiner Rekonvaleszenz nach einem Attentat Ende März 1981 schrieb, erklärte er, die USA hätten ihre atomare Überlegenheit nach Kriegsende nicht zur Durchsetzung einseitiger Vorteile genutzt. »Dagegen sieht die darauf folgende Politik der Sowjetunion anders aus. Wenn wir das ändern könnten, wären unsere beiden Länder in der Lage zusammenzuarbeiten.«[16]

Einem Teil seiner Mitarbeiter ging selbst diese prinzipielle Verhandlungsbereitschaft zu weit. Verteidigungsminister Caspar W. Weinberger, seine Stellvertreter Fred C. Iklé und Richard N. Perle (der vormalige außenpolitische Berater von Senator Jackson), Sicherheitsberater Richard H. Allen und andere lehnten Verhandlungen über Rüstungskontrollabkommen mit der Sowjetunion grundsätzlich ab und drängten statt dessen auf wirtschaftliche und psychologische Kriegführung. Dabei verbanden sie in der Regel wie ihr Präsident geringe Sachkenntnis mit ausgesprochener Neigung zu öffentlicher Selbstdarstellung. Weinberger, der sich in besonderem Maße mit der Demonstration von Militanz hervortat, wußte drei Monate nach seinem Amtsantritt noch nicht zu sagen, inwiefern die Bestimmungen des SALT-II-Vertrages, den er ablehnte, die amerikanische Seite benachteiligen sollten.[17]

Während diese ideologisch geprägten Sowjetgegner die Beseitigung des Sowjetsystems im Blick hatten (ohne freilich sagen zu können, wie dies zu erreichen wäre), begnügten sich erfahrenere Außenpolitiker wie Außenminister Alexander M. Haig mit einer Neuauflage der Eindämmungsstrategie. Haig, der als Repräsentant der Militärs in Kissingers Stab gearbeitet hatte, setzte sich »die Handhabung der globalen sowjetischen Macht« zum Ziel und predigte dazu »Zurückhaltung und Gegenseitigkeit«[18]. Freilich waren auch seine Vorstellungen vom sowjetischen Ex-

pansionismus in der Dritten Welt wie vom globalen Kräfte-
gleichgewicht ausgesprochen einseitig. Haig ging soweit, die Sowjetunion für den Guerilla-Aufstand in El Salvador verantwortlich zu machen und sie der Unterstützung des internationalen
Terrorismus zu bezichtigen. Verhandlungen waren auch für ihn
erst nach einer energischen Aufrüstungsanstrengung angebracht
und davon abhängig, daß die Sowjetführung »Wohlverhalten«
zeigte.

Entsprechend konzentrierte sich die Reagan-Administration
zunächst auf öffentliche Attacken gegen die Sowjetunion und
Aufrüstungsmaßnahmen. Knapp zwei Wochen nach seiner
Amtsübernahme billigte Reagan eine Steigerung des laufenden
Verteidigungsetats von 200,3 Milliarden Dollar um weitere 32,6
Milliarden Dollar oder 16 Prozent, und das, nachdem Carter
schon eine Steigerung um 26,4 Milliarden Dollar oder 15 Prozent
gegenüber dem Vorjahr durchgesetzt hatte. Insgesamt stiegen die
Verteidigungsausgaben von 1981 bis 1985 real um 51 Prozent,
also um mehr als die Hälfte.[19] Richtlinien des Pentagons, die in
eine Präsidenten-Direktive vom Mai 1982 mündeten (NSDD
32), verlangten die Fähigkeit, sowohl einen konventionellen als
auch einen anhaltenden atomaren Krieg mit der Sowjetunion zu
führen und dabei die Oberhand zu behalten (»to prevail«). Dazu
sollten die USA in der Lage sein, »Enthauptungsschläge« gegen
die sowjetische Führung durchzuführen und regionalen Offensiven des Gegners mit »horizontaler Eskalation« auf anderen
Kriegsschauplätzen zu begegnen. Außerdem nahm man sich vor,
neue Waffensysteme zu entwickeln, bei denen die Sowjetunion
nicht mithalten konnte. Ausdrücklich sollten dazu auch Weltraumwaffen gehören.

Finanziell ging Reagans Aufrüstungsprogramm nur wenig
über das hinaus, was schon in der letzten Phase der Carter-Administration an Rüstungssteigerungen angekündigt worden war.
Vorerst überstieg die Dislozierung neuer Waffen auch noch nicht
den Rahmen dessen, was nach dem SALT-II-Vertrag erlaubt war.
Hinsichtlich der neuen Interkontinentalraketen vom Typ MX
blieb die Reagan-Administration sogar hinter den Möglichkeiten
des Vertrags zurück. Widerstand in den für die Stationierung
vorgesehenen Bundesstaaten Utah und Nevada und technische

Schwierigkeiten führten dazu, daß vorhandene Raketensilos für die Stationierung genommen wurden, statt, wie ursprünglich vorgesehen, unterirdische Laufgänge zu bauen, in denen die Raketen hin- und herbewegt werden konnten. Statt der zweihundert Raketen, die Carter vorgesehen hatte, beantragte Reagan als eine Interimsmaßnahme im Frühjahr 1983 nur einhundert, und der Kongreß genehmigte schließlich – im Mai 1985 – nur die Stationierung von fünfzig MX-Raketen.

Reagan zögerte nicht, das Getreideembargo gegen die Sowjetunion wieder aufzuheben, das Carter nach dem Einmarsch sowjetischer Truppen in Afghanistan verfügt hatte. Die Interessen seiner Wähler, in diesem Fall der amerikanischen Farmer, waren ihm im Zweifelsfall wichtiger als ideologische Grundsätze. Dagegen wies er Verhandlungsinitiativen der Sowjetführung, die schon im Februar 1981 Interesse an einem neuen Gipfel zeigte, kontinuierlich zurück. Die Reagan-Administration ließ keinerlei Bemühungen erkennen, in der Rüstungskontrolle voranzukommen und über das vertragliche Ende 1985 hinaus an den SALT-II-Regelungen festzuhalten. Die prinzipiellen Gegner jeder Rüstungskontrolle schienen sich durchgesetzt zu haben und mit ihnen die Anwälte eines Rüstungswettlaufs, der die Sowjetunion schließlich in die Knie zwingen sollte. Die permanente militante Rhetorik gab sogar zu der Vermutung Anlaß, daß man in Washington dabei war, die Sowjetführung leichtfertig in eine globale atomare Konfrontation zu treiben.

Entsprechend entwickelte sich aus dem Unbehagen der Europäer am Verfall der Entspannung eine breite Friedensbewegung mit antiamerikanischer Stoßrichtung, und auch in den USA führte das Erschrecken über die Perspektiven einer solchen Aufrüstungspolitik und ihrer Kosten zur Entstehung einer Gegenbewegung. In Europa entwickelte sie im Hauptstationierungsland Bundesrepublik die stärkste Zugkraft. Am 10. Oktober 1981 demonstrierten 250 000 Menschen im Bonner Hofgarten gegen den Nachrüstungsbeschluß; Schmidt fiel es immer schwerer, ein Votum seiner Partei gegen die Durchführung des Beschlusses zu verhindern. In den USA artikulierte sich die Bewegung vornehmlich in Resolutionen, die ein Einfrieren der Atomwaffen auf dem gegenwärtigen Stand verlangten. Im Februar und März 1982 wurden entsprechende »Freeze«-Entschließungen in beide Häuser des Kongresses eingebracht. Die Administration konnte sie nur mit einer knappen Mehrheit abwehren, und auch nur dadurch, daß sie eine Alternativ-Resolution unterstützte, die substantielle Rüstungskürzungen vor dem Einfrieren verlangte.

Die Bewegung wurde dadurch gefördert, daß die Sowjetführung in ihren Zugeständnissen hinsichtlich der SS-20-Stationierung nun zunehmend weiterging. Im Februar 1981 erklärte Breschnew sich bereit, die Stationierung der SS-20-Raketen zu stoppen, wenn die NATO die Vorbereitungen zur Dislozierung der neuen Mittelstreckenraketen einstellte. Im Juni, als zunächst Bahr und dann Brandt nach Moskau fuhren, wurde daraus das Angebot, während der Verhandlungen über die Mittelstreckenproblematik beiderseits nur auf neue Stationierungen zu verzichten; die Produktion der Pershing II und Cruise missiles durfte danach weitergehen – also genau das, was Schmidt ein Jahr zuvor noch vergeblich verlangt hatte. Am 23. Oktober kündigte Breschnew bei seinem nächsten Besuch in Bonn zudem an, die Sowjetführung werde im Falle eines beiderseitigen Stationierungsstopps einen Teil ihrer SS-20-Raketen aus dem europäischen Teil der Sowjetunion abziehen.

Angesichts des inneren und äußeren Drucks, der auf diese Weise entstand, kam die Reagan-Administration nicht umhin, der Bundesregierung auf einer NATO-Ratstagung am 4./5. Mai 1981 die Fortsetzung der Verhandlungen über die Mittelstreckenwaffen zuzugestehen. Sie ließ sich aber für die Eröffnung der nächsten Verhandlungsrunde, jetzt INF-Verhandlungen genannt (Verhandlungen über »Intermediaterange Nuclear Forces« ohne räumliche Begrenzung), bis zum 30. November Zeit. Dann präsentierte sie einen Verhandlungsvorschlag, von dem kaum jemand annahm, daß er für die sowjetische Seite akzeptabel sein würde: die sogenannte »Null-Lösung«, das heißt den Verzicht auf die Stationierung der neuen Pershing-II-Raketen und Cruise missiles gegen den Abbau aller SS-4-, SS-5- und SS-20-Raketen. Das war noch mehr an Gegenleistung für einen Verzicht auf die »Nachrüstung«, als Schmidt ursprünglich im Sinn gehabt hatte, und wurde von Weinberger gerade deswegen propagiert, weil es für die Europäer attraktiv aussah, von den Sowjets aber abgelehnt zu werden versprach. Haig, der eine Verhandlungslösung im Interesse der Stabilisierung des NATO-Bündnisses wollte, lehnte den Vorschlag ab, drang damit aber nicht durch.

In der Tat wies die Sowjetführung die Null-Lösung ohne Berücksichtigung der see- und luftgestützten amerikanischen Systeme und der Mittelstreckenraketen Frankreichs und Großbritanniens, von Reagan am 18. November vorab der Öffentlichkeit publikumswirksam präsentiert, als unausgewogen ab. Der sowjetische Delegationsleiter Julij Kwizinskij bot nur eine gewisse Reduzierung der SS-20-Raketen (Beschränkung auf dreihundert Systeme bis 1990) als Gegenleistung für einen Verzicht auf die Nachrüstung an. Das war nicht genug, um die Reagan-Administration zu einem seriöseren Angebot zwingen zu können. Folglich schleppten sich die Verhandlungen in Genf ohne jede Annäherung der Standpunkte dahin.

Im Juli 1982 ging der amerikanische Delegationsleiter Paul Nitze auf einen Vorschlag Kwizinskijs ein, auf inoffiziellem Weg die Möglichkeit eines tatsächlichen Kompromisses zu erkunden. Im Hinblick auf die Stabilität des NATO-Bündnisses an einem Verhandlungserfolg interessiert, schlug er Kwizinskij bei einem vertraulichen Waldspaziergang vor, die Zahl der SS-20-Raketen in Europa auf 75 mit je drei Sprengköpfen zu beschränken und gleichzeitig 75 Startrampen für je vier Cruise missiles aufzustellen. Auf die Stationierung der Pershing II sollte danach verzichtet werden, und die SS-20-Raketen im asiatischen Teil der Sowjetunion sollten beim gegenwärtigen Stand von neunzig Stück erhalten bleiben. Kwizinskij drängte daraufhin in Moskau auf einen Gegenvorschlag, der auf einen Abbau der SS-20 im Umfang des Nachrüstungsprogramms hinauslief. Jedoch drangen weder Nitze noch Kwizinskij zu Hause mit ihren Vorschlägen durch. Reagan ließ sich von seinen Sicherheitsexperten überzeugen, daß die Aufstellung der Pershing II unverzichtbar sei, während in Moskau Generalstabschef Ogarkow so heftig gegen eine Reduzierung der SS-20-Raketen Einspruch erhob, daß Breschnew mit dem Vorschlag erst gar nicht ernsthaft befaßt wurde.[20]

Noch weniger verhandlungsbereit zeigte sich die Reagan-Administration hinsichtlich der strategischen Atomrüstung. Nachdem über ein Jahr weitgehender Untätigkeit vergangen war, ließ der Einfluß, den die Friedensbewegung unterdessen auf den Kongreß gewonnen hatte, im Frühjahr 1982 endlich die Festlegung auf eine Verhandlungsposition geboten erscheinen. Der Vorschlag, den Reagan nach heftigem Gerangel zwischen Pentagon und State Department am 9. Mai 1982 auf einer Entlassungsfeier seines früheren Colleges in Eureka präsentierte, implizierte dann aber eine so weitgehende Benachteiligung der sowjetischen Seite, daß an ernsthaftes Verhandeln auch auf längere Sicht nicht zu denken war. Die USA schlugen eine Reduzierung der erlaubten Sprengköpfe um etwa ein Drittel auf 5 000 für jede Seite vor, dazu aber eine Beschränkung auf 2 500 Sprengköpfe auf landgestützten Raketen, 850 Abschußrampen, 210 »mittelschwere« Raketen (wie die MX) und 110 »schwere« Raketen (wie die SS-18). Angesichts der Konzentration der sowjetischen Rüstung auf schwere landgestützte Raketen (die Reagan freilich nicht geläufig war) bedeutete dies die Aufforderung zu drastischen Kürzungen des sowjetischen Bestands an Interkontinentalraketen, während die USA alle ihre strategischen Modernisierungsprogramme weiterführen konnten. Im Ergebnis hätten die amerikanischen Systeme ihre Verwundbarkeit verloren, während die Verwundbarkeit der sowjetischen Installationen stark zugenommen hätte; bei den strategischen Waffen hätten die USA eine dreifache Überlegenheit an Sprengköpfen erlangt.

In Moskau reagierte man auf diese provozierende Initiative nach der ersten Aufregung mit Gegenvorschlägen, die auf eine Verstärkung des öffentlichen Drucks auf die Reagan-Administration zielten. Breschnew erklärte sich am 26. Mai öffentlich bereit, »dem sofortigen Einfrieren der strategischen Arsenale der Sowjetunion und der Vereinigten Staaten zuzustimmen«, einem »quantiativen Einfrieren, wobei die Modernisierung auf das Allernotwendigste beschränkt bleiben müßte«[21]. In den Verhandlungen über die strategische Rüstung, die am 29. Juni in Genf wiederaufgenommen wurden – die Reagan-Administration nannte sie jetzt propagandistisch »Strategic Arms Reduction Talks« (START) –, bot die sowjetische Delegation darüber hinaus an, die Gesamtzahl der strategischen Trägersysteme von 2 250 auf 1 800 zu verringern, wenn sich beide Seiten gleichzeitig verpflichteten, keine neuen Vorfeldsysteme zu installieren. Das bedeutete eine proportionale Reduzierung im strategischen Bereich (wobei sich die Sowjets hinsichtlich der Anteile der einzelnen Waffengattungen vorerst bedeckt hielten), verbunden mit einem Einfrieren der Forward Based Systems und der SS-20-Raketen sowie einem Verzicht auf die eurostrategische Nachrüstung der NATO. Mit der Verwirklichung des Vorschlags wäre der amerikanische Vorsprung bei der Entwicklung der Cruise missiles gekappt worden, im übrigen aber wäre das bestehende Kräfteverhältnis auf etwas niedrigerem Niveau erhalten geblieben.

Da die Reagan-Regierung dies explizit nicht wollte, war auch der sowjetische Vorschlag nicht verhandlungsfähig. Eine Annäherung der Standpunkte kam nicht zustande, weil Weinberger und sein abrüstungspolitischer Mentor Perle jede Modifizierung der amerikanischen Ausgangsposition blockierten. George P. Shultz, der vier Tage vor Verhandlungsbeginn den allzu eigenständigen Haig als Außenminister abgelöst hatte, zeigte keine Neigung, sich mit Weinberger anzulegen, und der erklärte SALT-II-Gegner Edward Rowny, dem man die Leitung der amerikanischen Verhandlungsdelegation übertragen hatte, gefiel sich in der Rolle des Neinsagers. Der Widerstand des Kongresses gegen die Finanzierung der MX-Raketen ließ die Diskussion innerhalb der Reagan-Administration im Frühjahr 1983 heftiger werden, führte vorerst aber nicht zu einer wirklichen Modifikation der amerikanischen Verhandlungsposition.

Statt dessen überraschte Reagan die Weltöffentlichkeit und große Teile seiner eigenen Administration am 23. März 1983 mit der Ankündigung, ein System zur Verteidigung der USA gegen Fernlenkraketen im Weltraum errichten zu wollen. Diese »Strategische Verteidigungsinitiative« (»Strategic Defense Initiative« oder SDI), die ihm vom »Vater der Wasserstoffbombe« Edward Teller nahegebracht worden war, kam einer Aufkündigung des Abschreckungssystems gleich. In seinem – subjektiv durchaus ehrlichen – Bemühen, die eigene Bevölkerung endlich wirkungsvoll vor einer atomaren Bedrohung zu schützen, läutete Reagan eine neue Dimension des Wettrüstens ein. Gleichzeitig strebte er, ohne es recht zu begreifen, einen Zustand an, in dem die USA die Sowjetunion mit einem atomaren Erstschlag bedrohen konnten, ohne einen Vergeltungsschlag befürchten zu müssen. Für die europäischen Verbündeten der USA ergab sich daraus einmal mehr der Effekt der Abkoppelung. Die Mittelstreckenraketen, die dem Nachrüstungsbeschluß gemäß in Europa stationiert werden sollten, erschienen im Kontext einer funktionierenden Raketenabwehr definitiv als Offensivwaffen, die einen auf Europa beschränkten Nuklearkrieg auslösen konnten.

Nicht nur in Teilen der Friedensbewegung, auch im Kreml wuchs daraufhin die Sorge, Reagan könne tatsächlich aktiv einen Krieg gegen die Sowjetunion vorbereiten. Der KGB wurde angewiesen, auf Anzeichen für die Vorbereitung eines amerikanischen Erstschlags zu achten und sie detailliert nach Moskau zu melden.[22] Andropow meinte im Gespräch mit Averell Harriman Anfang Juni 1983, es sei »eine Situation entstanden, die Alarm hervorrufen« müsse. In der traditionellen Rede zum Jahrestag der Oktoberrevolution am 5. November 1983 erklärte Grigori Romanow im Namen des Politbüros, die internationale Situation sei »gegenwärtig weißglühend, ganz und gar weißglühend«; die Atmosphäre in der Welt sei »vielleicht noch nie in den Dekaden seit dem Krieg so gespannt gewesen wie sie jetzt ist«[23]. Die Sowjetführer ließen sich durch die amerikanische Offensive nicht dazu verleiten, ihrerseits weiter aufzurüsten[24]; sie blickten aber mit wachsender Sorge in die Zukunft.

Deutsch-deutscher Dialog und Polen-Krise

Unterdessen versuchte die Regierung Schmidt/Genscher in Bonn, von der Entspannung in Europa zu retten, was zu retten war. »Nichts, aber auch gar nichts wollen wir aufgeben von dem,« erklärte Außenminister Genscher emphatisch, »was für Berlin, seine Sicherheit, die Bewegungsmöglichkeit der Berliner, was an Reisemöglichkeiten in die DDR und was an Ausreisemöglichkeiten für Deutsche aus Osteuropa möglich geworden ist. Im Gegenteil, alles das muß mit Zähnen und Klauen verteidigt werden.«[25] Schmidt schwebte dazu vor, die wirtschaftliche Kooperation mit der DDR weiter auszubauen und sie als Partner im Entspannungsdialog zu profilieren. Das offenkundig existentielle Interesse der DDR-Führung an westlichen Devisen und ihr fortdauerndes Streben nach Anerkennung sollten dazu genutzt werden, die Öffnung nicht nur zu erhalten, sondern zu verbreitern und das Regime zumindest in der Art zu liberalisieren, wie es Kádár in Ungarn vorexerziert hatte.

Bis zu einem gewissen Grad fand er in dem SED-Chef auch tatsächlich einen Partner für eine solche Politik. Honecker hatte nicht nur verstanden, daß er internationale Anerkennung und wirtschaftliche Unterstützung durch die Bundesrepublik zur Sicherung seiner Machtstellung brauchte, er scheute auch die Verschlechterung der Sicherheitslage der DDR und die zusätzlichen finanziellen Belastungen, die sich aus einer weiteren Etappe des Wettrüstens in Europa ergeben mußten. So stimmte er Schmidts Forderung zu, »dafür einzutreten, daß von deutschem Boden nie mehr ein Krieg ausgeht«[26], und ließ seinen Unterhändler Alexander Schalck-Golodkowski im Februar 1980 ungeachtet des Nachrüstungsbeschlusses über neue, milliardenschwere Kooperationsprojekte sondieren: eine Elektrifizierung der Eisenbahnstrecken zwischen der Bundesrepublik und West-Berlin und den Bau eines Kohlekraftwerks in Leipzig oder Magdeburg.

Einen »Arbeitsbesuch« Schmidts in der DDR, den der Bundeskanzler im November 1979 angeregt hatte, mußte er Ende Januar 1980 allerdings verschieben – Moskau ließ ihn im Zuge der ersten demonstrativen Gesprächsverweigerung nach dem Nachrüstungsbeschluß vorerst nicht zu.[27] Doch wurden am 30. April 1980 Rahmenvereinbarungen über den Ausbau des Autobahnübergangs Wartha/Herleshausen, die Verbreiterung des Mittellandkanals und den zweigleisigen Ausbau der Eisenbahnstrecke Berlin – Helmstedt abgeschlossen, an deren Finanzierung sich die Bundesrepublik mit insgesamt 500 Millionen DM beteiligte. Und als der Besuch Schmidts dann für die zweite Augusthälfte konkret vorbereitet wurde, kündigte Honecker als Gegenleistung zur innenpolitischen Absicherung der neuen Großprojekte in der Bundesrepublik eine Reihe von Reiseerleichterungen im wechselseitigen Besuchsverkehr an. Bundesbürger sollten länger in der DDR bleiben und sich dort frei bewegen können, und DDR-Bürgern sollten Reisen aus »dringenden Familienangelegenheiten« auch bei Geburtstagen, Kommunion- und Konfirmationsfeiern genehmigt werden.[28]

Jetzt bekam aber Schmidt kalte Füße. In Polen weitete sich eine Streikbewegung gegen die Erhöhung der Verbraucherpreise, die im Juli auf der Danziger Leninwerft begonnen hatte, über das ganze Land aus; von Bürgerrechtlern und katholischer Kirche unterstützt begann sich eine unabhängige Gewerkschaftsorganisation zu formieren, die das kommunistische Machtmonopol in Frage stellte. Das ließ die DDR-Behörden sehr auf eine Abschirmung des Staatsgastes aus der Bundesrepublik von der Bevölkerung bedacht sein. Das Treffen wurde von Dierhagen bei Rostock, wohin Schmidt kommen wollte, nach Hubertusstock in der Schorfheide verlegt, und dann entwickelte das Ministerium für Staatssicherheit einen umfassenden Einsatzplan zur Vermeidung jeder »Störung« während des Besuchs. Schmidt glaubte sich die Brüskierung, die in der Verlagerung des Treffens lag, innenpolitisch nicht leisten zu können, und fürchtete wohl insgeheim auch, unfreiwilliger Komplize einer Repression zu werden. Als die DDR-Führung ihm nicht wenigstens einen Kurzbesuch in Rostock zugestand, sagte er die Begegnung am 22. August kurzfristig ab.

Honecker stand bei der Streichung des Rostock-Besuchs, wie aus diversen Signalen im vertraulichen Kontakt mit Schmidt hervorgeht[29], unter dem Druck von Staatssicherheitchef Erich Mielke und anderen Vertretern des Apparats, die ein Übergreifen der polnischen Bewegung auf die DDR fürchteten. Er wurde noch größer, als die Streikbewegung in Polen in eine offenkundige Liberalisierung des kommunistischen Regimes mündete. Am 30. August schlossen Vertreter der polnischen Regierung und Streikführer auf der Danziger Werft ein Abkommen, das den Arbeitern das Streikrecht ausdrücklich zugestand und die Bildung unabhängiger Gewerkschaften erlaubte. Am 5. September wurde Partei- und Regierungschef Gierek durch Stanisław Kania abgelöst, und am 17. September wurde die unabhängige Gewerkschaft »Solidarność« unter dem Vorsitz des Danziger Streikführers Lech Wałesa offiziell konstituiert.

Honecker reagierte, indem er vier Tage nach der Bundestagswahl vom 5. Oktober eine drastische Erhöhung der Mindestumtauschsätze für DDR-Besucher aus dem Westen ankündigen ließ. Für Besuche in der DDR stiegen sie mit 25 DM fast auf das Doppelte, für Tagesaufenthalte in Ost-Berlin auf das Vierfache; Rentner und Jugendliche wurden nicht länger ausgenommen. Am 13. Oktober trug Honecker in einer Rede in Gera scharfe Angriffe gegen die angebliche Beteiligung der Bundesrepublik an der »Droh- und Boykottpolitik« der USA und »einem Hetzfeldzug ohnegleichen gegen das sozialistische Polen« vor. Gleichzeitig forderte er die Bonner Regierung auf, sich »endlich auf die Realitäten« zu besinnen – nicht nur hinsichtlich der Regelung des Grenzverlaufs auf der Elbe, sondern auch in bezug auf die Anerkennung der DDR-Staatsbürgerschaft und, daraus folgend, die Umwandlung der Ständigen Vertretungen zwischen beiden deutschen Staaten in Botschaften. Außerdem verlangte er, die Zentrale Erfassungsstelle der westdeutschen Landesjustizbehörden in Salzgitter aufzulösen, die Gewaltakte in der DDR registrierte.[30]

Da eine Anerkennung der DDR-Staatsbürgerschaft spätestens am Bundesverfassungsgericht scheitern mußte und ein Verzicht auf die Registrierung der Unrechtstaten in der DDR innenpolitisch wie moralisch höchst fragwürdig war, wirkten die Geraer Forderungen in der westlichen Öffentlichkeit wie eine kalte Dusche. Intern versicherte Honecker Schmidt jedoch, »von einem Kurswechsel könne keine Rede sein«; er habe nur den gesamtdeutschen Nebel lichten müssen, den der Bundeskanzler im Wahlkampf verbreitet habe. Gegenwärtig sei ein Treffen »nicht realistisch«, »da sich die Beziehungen inzwischen zugespitzt haben«; er sei jedoch bereit, »sich zum gegebenen Zeitpunkt mit Bundeskanzler Schmidt zu treffen«. Nach Mielke fügte er hinzu, »er hoffe, daß es mit den deutsch-deutschen Beziehungen bald wieder so weitergehen kann wie zuvor!«[31]

Als der Oberste Gerichtshof der Volksrepublik Polen am 11. November die Rechtmäßigkeit von Solidarność bestätigte, obwohl die Gewerkschaft die »führende Rolle der Vereinigten Arbeiterpartei« nicht anzuerkennen bereit war, war für Honecker allerdings der Zeitpunkt gekommen, selbst eine Maßnahme zu betreiben, die die Entspannung zwischen Ost und West weiter belasten mußte: die militärische Intervention der »befreundeten« Warschauer Paktstaaten in Polen. Am 26. November schrieb er Breschnew mit »einmütiger« Unterstützung des Politbüros, daß jetzt dringend »kollektive Hilfsmaßnahmen für die polnischen Freunde bei der Überwindung der Krise« ausgearbeitet werden müßten; andernfalls drohe der »Tod des sozialistischen Polen«[32]. Den wollte er nicht kampflos hinnehmen, weil dann, wie er ganz richtig erkannte, auch der westliche Vorposten des Realsozialismus in der DDR in unmittelbare Gefahr geriet.

Husák und Schiwkow schätzten die Lage ähnlich ein. In Moskau schreckte man jedoch vor einer Intervention zurück. So unakzeptabel ein Verlust des »sozialistischen« Charakters Polens auch hier erschien, unter strategischen Gesichtspunkten wie im Hinblick auf die ansteckende Wirkung auf die benachbarten Länder einschließlich der Sowjetunion selbst – ein militärisches Eingreifen nach dem Muster der Niederschlagung des Prager Frühlings wurde erst recht als »eine Katastrophe« angesehen, wie Suslow als Vorsitzender einer Sonderkommission zur Behandlung der Polenfrage im Politbüro erklärte.[33] Erstens erschien es, zumal nach den Erfahrungen in Afghanistan, höchst ungewiß, ob dem polnischen Volk mit seiner traditionell antisowjetischen Einstellung mit militärischer Gewalt beizukommen war. Zweitens scheute man die enormen finanziellen Belastungen, die mit einer solchen Operation notwendigerweise verbunden sein mußten. Und drittens fürchetete man, auch in dieser Hinsicht durch die Erfahrung mit Afghanistan sensibilisiert, um die Entspannung: »Ein Eingreifen in der gegenwärtigen internationalen Lage geht nicht.«[34]

So wurden die Truppen in und um Polen wohl schon Ende August in Alarmbereitschaft versetzt und verstärkt, es wurden Manöver veranstaltet, und der Generalstab arbeitete einen Einsatzplan aus, der auch Einheiten aus der Tschechoslowakei und der DDR einbezog. Ob er zur Ausführung kommen sollte, blieb jedoch ungewiß. Am 3. Dezember bat der Oberkommandierende des Warschauer Pakts, Marschall Viktor Kulikow, den polnischen Verteidigungsminister Wojciech Jaruzelski um die Zustimmung zum Einmarsch alliierter Truppen am 8. Dezember. Als Parteichef Kania daraufhin Breschnew am 5. Dezember erklärte, eine Invasion werde zum »nationalen Aufstand« führen und »die sozialistischen Ideen« würden dann »im Blut schwimmen«, blies dieser die Aktion jedoch ab.[35] Die polnische Führung sollte die

»Normalisierung« der Lage jetzt selbst in die Hand nehmen. Dazu übernahm Jaruzelski am 10. Februar 1981 das Amt des Ministerpräsidenten, und die Verhängung des Kriegsrechtes wurde vorbereitet.

Daß Kania und Jaruzelski Ende März vor der Verhängung des Kriegsrechts zurückschreckten, änderte an der Moskauer Zurückhaltung nichts mehr. Die Sowjetführung blieb auch dann noch bei der Ablehnung einer Intervention, als Mitglieder und Funktionäre der »Polnischen Vereinigten Arbeiterpartei« unter dem Eindruck fortdauernder Streiks und politischer Forderungen in ihrer großen Mehrheit einen sozialdemokratischen Kurs einschlugen und seit dem Spätsommer 1981 die Bildung einer Koalitionsregierung mit Vertretern von Solidarność und der Kirche diskutiert wurde. Suslow erklärte im Politbüro, »ein paar Sozialdemokraten in der Regierung« seien immer noch besser als der Einsatz sowjetischer Truppen[36], und Breschnew drohte im Gespräch mit Kania und Jaruzelski allein mit wirtschaftlichen Sanktionen: »Wird Polen sozialistisch sein, werden diese Beziehungen internationalistisch sein. Wird es einen anderen Weg gehen, so wird auch der Charakter dieser Beziehungen sowohl auf staatlichem als auch politischem und auf dem wirtschaftlichen Gebiet anders sein.«[37]

Das Politbüro bestätigte diese Position noch einmal, als Jaruzelski, unterdessen auch Ministerpräsident und seit Mitte Oktober Parteichef, Anfang Dezember 1981 Hoffnung auf militärische Unterstützung »von anderen Ländern« äußerte, falls die polnischen Sicherheitskräfte mit Solidarność nicht allein fertig werden sollten. Obwohl sie große Zweifel hatten, ob Jaruzelski überhaupt zum Mittel des Kriegsrechts greifen würde, erklärten Suslow, Andropow und Gromyko am 10. Dezember übereinstimmend, daß »eine Entsendung von Truppen überhaupt nicht in Betracht gezogen« werden könne. Andropow fügte hinzu: »Wir müssen bis zum Schluß an dieser Position festhalten. Ich weiß nicht, wie die Dinge in Polen ausgehen werden, aber selbst wenn Polen unter die Kontrolle von Solidarność fällt, dann wird es eben so sein. [...] Wir müssen uns in erster Linie um unser eigenes Land und um die Stärkung der Sowjetunion kümmern. Das ist unsere Hauptlinie.«[38]

Die Entscheidung zur Niederschlagung der Demokratiebewegung mit Hilfe polnischer Sicherheitskräfte traf danach
Jaruzelski allein. Nicht nur, daß keine Interventionsdrohungen
zu erkennen waren; es wurde ihm sogar ausdrücklich gesagt, daß
es »keinen Einmarsch von Truppen nach Polen geben *kann*«[39].
Dagegen drängten die Sicherheitskräfte, jetzt loszuschlagen.
»Jetzt könne man eine Konfrontation noch gewinnen«, erklärte
General Michal Atlas, der Leiter der polnischen Sicherheitsor-
gane am 4. Dezember. »Im Januar und Februar wird das nicht
mehr möglich sein, weil die ›Solidarność‹ unter Ausnutzung der
Losung ›freier Wahlen‹ und ›Kampf gegen die Preiserhöhung‹ erneut die Massen voll hinter sich hätte und den letzten Schritt der
Machtergreifung gehen wird.« Am 12. Dezember gab Jaruzelski
diesem Drängen nach – offensichtlich aus Furcht, ansonsten für
»die Niederlage des Sozialismus in Polen« verantwortlich zu
sein.[40]

Helmut Schmidt reagierte auf die Nachricht von der Verhängung des Kriegsrechts in Polen sichtlich erleichtert. Er hatte befürchtet, daß die Sowjetarmee einmarschieren würde und daß die
Verbündeten ihn dann drängen würden, die Zusammenarbeit mit
der DDR einzuschränken. Dem Drängen auf neue Sanktionen
gegen die Sowjetunion, mit denen die Reagan-Administration
auf Jaruzelskis Coup antworten wollte, konnte er leichter widerstehen. Der Gedanke an einen Abbruch der Genfer Verhandlungen über die Mittelstreckenraketen wurde nach einem Besuch
Schmidts bei Reagan Anfang Januar 1982 rasch verworfen, wirtschaftliche Sanktionen verhängten schließlich die USA allein. Als
sie im Juni auf technische Ausrüstungen ausgedehnt wurden, mit
denen die Europäer eine Gas-Pipeline von Sibirien bauen wollten, kam es zu einer heftigen Auseinandersetzung unter den Verbündeten.

Schmidt erreichte die Nachricht von der Verhängung des
Kriegsrechts in Polen, als er gerade bei dem seit langem geplanten
Besuch bei Honecker war; er fand vom 11. bis 13. Dezember 1981
am Werbellinsee statt. Daß er nicht aus Protest abreiste, sondern
statt dessen noch mit Honecker das von der Stasi abgeriegelte
Güstrow besuchte, hat ihm viel Kritik eingetragen, von der Opposition wie im westlichen Ausland und später auch von Polen.

Schmidt ging es jedoch darum, den deutsch-deutschen Dialog über die Belastung durch die Polen-Krise hinwegzuretten. Darin war er erfolgreich, auch wenn er wie die meisten Anhänger der Entspannungspolitik nicht erfaßte, welche Chancen die polnische Demokratiebewegung damals tatsächlich hatte, und folglich Jaruzelskis Rolle ebenso falsch einschätzte wie diejenige Honekkers.

Da Honecker, solange »Ansteckung« vom demokratischen Virus in Polen drohte, keine großen Zugeständnisse hinsichtlich der Öffnung seines Regimes machen konnte oder wollte und Schmidt ohne solche Zugeständnisse neue Finanzierungen innenpolitisch nicht durchsetzen konnte, blieb der große Sprung nach vorn, der sich im Sommer 1980 im deutsch-deutschen Verhältnis abgezeichnet hatte, vorerst aus. Schmidt und Honecker versicherten sich aber nicht nur beständig, die Beziehungen auszubauen zu wollen, sobald dies möglich sei; bei dem Treffen am Werbellinsee gestand Honecker einige kleinere Reiseerleichterungen zu, während Schmidt zusammen mit weiteren Verhandlungen die Verlängerung des zinslosen Überziehungskredits um ein halbes Jahr anbot. Nachdem das Innenministerium der DDR am 11. Februar 1982 hohe Geburtstage, Kommunion- und Konfirmationsfeiern, kirchliche Trauungen und Jubiläen zu »dringenden Familienangelegenheiten« erklärt hatte, zu denen DDR-Bürgern Westreisen gestattet werden konnten, wurde am 18. Juni eine Vereinbarung geschlossen, mit der der Überziehungskredit, geringfügig reduziert, bis 1985 fortgeschrieben wurde. Eine Verordnung vom 21. Juni sicherte ehemaligen DDR-Bürgern, die ihren Staat vor dem 1. Januar 1981 »ungesetzlich« verlassen hatten, Straffreiheit zu und ermöglichte ihnen damit die Benutzung der Transitstrecken und Besuche in der alten Heimat.

Das beharrliche Ausbauen der deutsch-deutschen Beziehungen trug dazu bei, daß es bei dem Regierungswechsel in Bonn am 1. Oktober 1982 keinerlei Kurskorrektur gab. Nicht nur, daß der FDP-Vorsitzende Hans-Dietrich Genscher, der die »Wende« mit dem Wechsel des Koalitionspartners herbeigeführt hatte, in der Regierung des CDU-Vorsitzenden Helmut Kohl Außenminister blieb und fortan dezidiert Kontinuität demonstrierte. Kohl, den Konfrontationskurs seiner Fraktionsmehrheit angesichts der

Ostverträge immer schon für problematisch gehalten hatte, versicherte Honecker alsbald, daß »er auf Kontinuität und Dialog Wert lege«[41]. Sodann bestätigte er die Einladung Honeckers zu einem baldigen Gegenbesuch in der Bundesrepublik, die Schmidt ausgesprochen hatte, und bekundete seinen »festen Willen, die Möglichkeiten des Grundlagenvertrags auszuschöpfen«: Die Entwicklung der deutsch-deutschen Beziehungen »sollte positive Impulse für Dialog und Zusammenarbeit in Europa geben«[42]. Die Verhandlungen über finanzielle Großprojekte und menschliche Erleichterungen liefen auf den vertraulichen Kanälen nahezu bruchlos weiter.

Nach den Bundestagswahlen vom 6. März 1983 geriet dieser Kurs in die Schußlinie der Traditionalisten in der CDU/CSU-Fraktion. Als ein Transitreisender während einer Vernehmung durch DDR-Zollbeamte einen tödlichen Herzanfall erlitt, glaubte sich Kohl genötigt, ein Gespräch mit Günter Mittag über Kreditgewährung und Reiseerleichterungen öffentlich abzusagen. Honecker quittierte das mit einer Stornierung seines Besuchs in der Bundesrepublik. Gleichzeitig ging er aber auf Franz Josef Strauß zu, der sich einmal mehr als Sprecher der Traditionalisten zu profilieren suchte. Vom 5. Mai an verhandelte Schalck-Golodkowski mit Strauß über den Großkredit, von dem seit 1980 immer wieder die Rede war. Der CSU-Vorsitzende gefiel sich in der Rolle des Vermittlers und brachte bis Ende Juni ein Arrangement zustande, bei dem westdeutsche Banken der DDR eine Milliarde DM zu günstigsten Bedingungen liehen. Die Bundesregierung garantierte den Kredit, ohne auf unmittelbaren politischen Gegenleistungen zu bestehen.

Damit bewahrheitete sich, was CDU-Emissär Ottfried Hennig dem für Westkontakte zuständigen ZK-Abteilungsleiter Herbert Häber im Sommer 1978 prophezeit hatte: daß die DDR mit einer CDU-geführten Regierung »letztendlich besser zurechtkommen [werde] als mit der labilen sozial-liberalen Koalition«, weil sie eben weniger innenpolitische Rücksichten zu nehmen habe.[43] Strauß machte im Juli zunächst Jaruzelski und anschließend auch Honecker seine Aufwartung. Dabei präsentierte er sich als realistischer Anwalt der Entspannung, der einer »Normalisierung der Lage« in Polen ebenso das Wort redete wie einer verstärkten Kooperation angesichts der »Rüstungspolitik beider Pakte und Blöcke, beider Hauptmächte«[44]. Die Traditionalisten in CDU und CSU hatten endgültig das Nachsehen.

Das Ende der Verhandlungen

Der Ausbau der deutsch-deutschen Beziehungen konnte freilich die Aufstellung neuer Raketen in Europa nicht verhindern. Dazu war der Einfluß Honeckers in Moskau viel zu gering und die Position der Bundesregierung nicht konsequent genug. In der SPD wuchs zwar die Neigung, die mangelnde Verhandlungsbereitschaft der Reagan-Administration mit einer Verweigerung der Nachrüstung zu beantworten; Schmidt schreckte jedoch vor einer Beschädigung des westlichen Bündnisses zurück, und sein liberaler Koalitionspartner war dazu ebensowenig bereit. Die neue Koalition, die Genscher nicht zuletzt wegen der Infragestellung des Nachrüstungsbeschlusses durch die SPD-Mehrheit einging, drängte zwar in Washington auf Kompromisse jenseits der Null-Lösung bei Mittelstreckenraketen; sie machte ihre Zustimmung zur Aufstellung der neuen Raketen aber nicht vom amerikanischen Verhalten in den Verhandlungen abhängig.

In die sowjetische Position kam etwas Bewegung, nachdem Breschnew am 10. November 1982 überraschend gestorben war. Andropow, der mit der Ernennung zum ZK-Sekretär im Mai zuvor praktisch schon als Nachfolger designiert worden war, konnte als neuer Generalsekretär einen höheren Preis für den Verzicht auf die Stationierung der amerikanischen Mittelstreckenraketen durchsetzen. Am 21. Dezember 1982 bot er in einer Fernsehansprache an, sich innerhalb der Obergrenze von dreihundert Systemen (Raketen und Bomber) auf 162 Raketen zu beschränken – so viele, wie Briten und Franzosen zusammen besaßen. Am 26. August 1983 präzisierte er, die danach abzuziehenden Raketen (das waren immerhin schon 81) sollten alle »liquidiert« und nicht etwa in den asiatischen Teil der Sowjetunion verlegt werden. Am 26. Oktober reduzierte er die Zahl der Raketen auf »etwa 140«, was nach sowjetischer Zählung eine Parität der Sprengköpfe zwischen Briten/Franzosen und Sowjets ergab.

Außerdem erklärte er seine Bereitschaft, die Zahl der SS-20-Raketen im asiatischen Raum nach Abschluß der Verhandlungen einzufrieren.

Bei einer Verwirklichung dieser Vorschläge hätte sich die Zahl der sowjetischen Sprengköpfe, die gegen das westliche Europa gerichtet waren, gegenüber dem Zustand vor Beginn der Umrüstung von SS-4/SS-5- auf SS-20-Raketen verringert (von etwa sechshundert auf 486 bzw. 432). Die Fähigkeit zur Erstschlagsdrohung gegen die NATO-Einrichtungen auf dem europäischen Kontinent, die den objektiven Grund für die Beunruhigung über die Aufstellung der SS-20-Raketen bildete, wäre preisgegeben worden. Informell ging Kwizinskij sogar noch weiter. In vertraulichen Gesprächen mit Nitze im Juli und im Herbst 1983 warb er für die Möglichkeit, die SS-20-Raketen in dem Maße zu reduzieren, wie die NATO nachrüsten wollte – um 572 Sprengköpfe auf 122 oder 127 Raketen. Am 12. November wurde dieses Angebot, das einem Vorschlag des vormaligen SALT-II-Delegationsleiters Paul Warnke entsprach, auch offiziell vorgelegt.[45]

In Washington blieb man jedoch bei der Linie, auf der Stationierung von Pershing-II-Raketen zu bestehen, wenn das sowjetische Mittelstreckenarsenal nicht vollständig beseitigt würde. Reagan gab am 30. März bekannt, daß er auch mit einer »Zwischenlösung« einverstanden wäre, bei der Amerikaner und Sowjets über die gleiche, nicht näher bezifferte Zahl von Sprengköpfen verfügen würden. Im September präzisierte er, es sollten vierhundertzwanzig Sprengköpfe global für jede Seite sein, wobei mit Rücksicht auf die sowjetischen Raketen in Asien nicht alle amerikanischen Raketen in Europa stationiert werden müßten. Das entsprach einer Reduzierung der Nachrüstung um etwa ein Viertel als Gegenleistung für einen Abbau der in Europa stationierten SS-20-Raketen auf etwa fünfzig. Mehr glaubte man nicht zugestehen zu müssen, um die Europäer bei der Stange zu halten und dann nach einem Vollzug der Nachrüstung aus einer Position der Stärke heraus weiterzuverhandeln.

In der Tat kam die Reagan-Administration damit durch. Da Andropows Kompromißvorschläge unter anderem darauf hinausliefen, die gerade beginnende Ausstattung der britischen und französischen Raketen mit Mehrfachsprengköpfen zu stoppen, setzte sich François Mitterrand, seit Mai 1981 Nachfolger Giscard d'Estaings als französischer Staatspräsident, seit Beginn des Jahres 1983 massiv für die Verwirklichung des Nachrüstungsbeschlusses ein. Bei einem Gastauftritt vor dem Deutschen Bundestag am 20. Januar forderte er Solidarität gegenüber der Bedrohung durch die sowjetischen Mittelstreckenraketen ein, und beim Weltwirtschaftsgipfel in Williamsburg am 30./31. Mai setzte er eine Erklärung durch, die die Einbeziehung der Atomwaffen von »Drittstaaten« in die amerikanisch-sowjetischen Verhandlungen ausschloß. Kohl wagte es nicht, sich etwa den Warnke-Vorschlag zu eigen zu machen; und die Regierungsfraktionen in Bonn akzeptierten die Erklärung, daß sich die sowjetische Seite nicht genügend verhandlungsbereit gezeigt habe. Am 22. November stimmte die Mehrheit des Bundestages der Stationierung der Pershing-II-Raketen zu.

Die Sowjetführung brach daraufhin, wie sie es zuvor angedroht hatte, die Mittelstreckenraketen-Verhandlungen in Genf ab und zog sich auch aus den START-Verhandlungen zurück, ohne einen neuen Sitzungstermin zu vereinbaren. Gleichzeitig gab sie »Gegenmaßnahmen« zur Stationierung der Pershing-II und Cruise missiles bekannt: die Aufstellung von Marschflugkörpern im europäischen Teil der Sowjetunion und die Verlegung von taktisch-operativen Raketen in das Grenzgebiet der DDR und der Tschechoslowakei zur Bundesrepublik. Seit Shultz und Reagan den Abschuß einer nicht identifizierten koreanischen Passagiermaschine über sowjetischem Territorium in der Nacht zum 1. September 1983 zu heftigen Angriffen gegen die sowjetische »Barbarei« nutzten[46], fürchtete Andropow, daß mit dieser Administration wirklich keine Vereinbarungen getroffen werden konnten. Weitere Verhandlungen erschienen ihm schlicht sinnlos und in gewisser Weise sogar kontraproduktiv. Sie drohten weiterhin illusionäre Hoffnungen auf ein Einlenken der Reagan-Administration zu nähren und damit der Protestbewegung gegen das Wettrüsten die nötige Schärfe zu nehmen.[47]

Andropow beging damit, über die Ausweglosigkeit der Lage zutiefst deprimiert, den gleichen taktischen Fehler, vor dem er im Spätherbst 1979 gewarnt hatte. Statt die öffentliche Meinung im Westen wachzurütteln, erlaubte es der sowjetische Rückzug vom

Verhandlungstisch der Reagan-Administration, die Sowjetführung für das Scheitern der Verhandlungen verantwortlich zu machen. Reagan ergriff diese Gelegenheit um so behender, als die Stimmung im Lande unterdessen umgeschlagen war und er, um seine Wiederwahl im November 1984 zu sichern, die Fähigkeit zur Kooperation mit der Sowjetunion unter Beweis stellen mußte. Mit einer Rede am 16. Januar 1984 begann er, sich als engagierter Anwalt eines neuen Ost-West-Dialogs zu präsentieren: »Wir müssen und werden die Sowjets zu einem Dialog bewegen, der so ernsthaft und konstruktiv wie nur möglich ist – einem Dialog, der dazu dienen wird, Frieden in die Krisenregionen der Welt zu bringen, das Rüstungsniveau zu senken und eine konstruktive Arbeitsbeziehung aufzubauen.« Die Argumente der Friedensbewegung aufgreifend, fügte er hinzu: »Die Tatsache, daß keiner von uns das andere System mag, ist kein Grund, das Gespräch zu verweigern; Leben in diesem Atomzeitalter macht es zwingend erforderlich, miteinander zu reden.«[48]

Die sowjetische Führung antwortete darauf, daß sie niemand von der »Nützlichkeit und Zweckmäßigkeit des Dialogs zu überzeugen« brauche, doch müßten den Worten auch Taten folgen, und die seien bei der US-Regierung nach wie vor nicht zu erkennen. Reagans Rede enthalte »keine einzige neue Idee, keinen einzigen neuen Vorschlag«[49]. Das war zwar richtig; es änderte aber nichts daran, daß die Schuldzuweisung an die Adresse Moskaus soviel Druck von Reagan nahm, daß er nicht konkret zu werden brauchte. Entsprechend ließ wohl mit den neuen Tönen aus Washington die Kriegsangst im Kreml wie in der Bevölkerung des Sowjetimperiums wieder nach; ein tatsächlicher Dialog kam aber auch weiterhin nicht zustande.

Während die Sowjetführung konkrete Angebote einforderte, achtete sie gleichzeitig darauf, daß nicht ein Schein von Normalität in den Ost-West-Beziehungen entstand, der Reagan bei der Wiederwahl auch noch half. So durfte eine hochrangige Delegation sowjetischer Wissenschaftler im Frühjahr 1984 eine Einladung in die USA nur unter der Bedingung annehmen, daß sie keine Gespräche mit Regierungsvertretern führen würde. Am 8. Mai sagte die Sowjetunion die Teilnahme an den Olympischen Sommerspielen in Los Angeles ab, nachdem hinreichend deutlich geworden war, daß sie zu einem Forum für antisowjetische Demonstrationen zu werden drohten. Die Warschauer Pakt-Staaten, Rumänien ausgenommen, schlossen sich dem Boykott notgedrungen an; Kuba und Vietnam nutzten die Gelegenheit, mit ihrem Fernbleiben revolutionäre Solidarität zu bekunden. Im August wurde Honecker gezwungen, seinen Besuch in der Bundesrepublik, der jetzt konkret für Ende September geplant war, vorerst abzusagen. Die »Koalition der Vernunft«, die Honecker seit dem Vollzug des Nachrüstungsbeschlusses predigte (zur Erleichterung Kohls, der ihm mit der Formel von der »Verantwortungsgemeinschaft« der »beiden Staaten in Deutschland« sekundierte), durfte sich nicht allzu deutlich zeigen.[50]

Formuliert wurde diese Linie von einer Führungsgruppe, der neben Gromyko und Ustinow auch Konstantin Tschernenko und Michail Gorbatschow angehörten. Andropow konnte die Staatsgeschäfte praktisch nicht mehr wahrnehmen, seit ihn ein Nierenleiden Ende November 1983 definitiv ans Bett fesselte; am 9. Februar 1984 starb er. Nachfolger wurde in einem Akt der Verlegenheit der bisherige zweite Sekretär und ehemalige Breschnew-Vertraute Tschernenko. Gorbatschow, den Andropow ob seiner Tatkraft zum »zweiten Mann« aufbauen wollte, erwies sich als noch nicht durchsetzbar. Ustinow schlug ihn wohl vor, stieß damit aber bei einigen Vertretern der nunmehr »alten Garde« auf Bedenken.[51] Da Tschernenko aber bereits gesundheitliche Probleme hatte und ohnehin kein starker politischer Kopf war, nahm Gorbatschow ebenfalls Führungsfunktionen wahr. Wie schon in den letzten Monaten Andropows leitete er die meisten Sitzungen des Politbüros.

Seit Reagans Wiederwahl abzusehen war, hielt die Moskauer Führung auch wieder nach Gelegenheiten Ausschau, doch noch zu Vereinbarungen mit dem Präsidenten der konservativen Revolution zu gelangen. Als Reagan Gromyko Ende August zu einem Gespräch anläßlich der nächsten UN-Vollversammlung einlud (eine Initiative von Außenminister Shultz, die Reagan vor seiner konservativen Umgebung geheimzuhalten suchte!), sagte sie nicht nein. Nach dem Gespräch, das am 28. September stattfand, erklärte Tschernenko, wenn Reagan wirklich zu Verhandlungen bereit sei, werde »die Sowjetunion gewiß zur Stelle sein«[52]. Und nachdem Reagan am 7. November eine persönliche Botschaft an Tschernenko gerichtet hatte, stimmte das Politbüro neuen Verhandlungen »über nukleare und Weltraumwaffen« zu.[53] Am 22. November wurde vereinbart, daß sich Shultz und Gromyko zu Beginn des Jahres 1985 in Genf treffen sollten, um eine Tagesordnung für die neuen Verhandlungen auszuarbeiten.

Große Hoffnungen hat man in Moskau mit dieser Wiederaufnahme des Gesprächsfadens nicht verbunden. Dazu war die amerikanische Initiative inhaltlich zu unbestimmt und die antisowjetische Rhetorik aus Washington nach wie vor zu heftig. Bei einem Mikrofontest während des Wahlkampfs sagte Reagan im Scherz, er werde »in fünf Minuten mit der Bombardierung [Rußlands] beginnen«; und unmittelbar vor Gromykos Besuch im Weißen Haus wurde der Presse ein geheimes CIA-Memorandum zugespielt, in dem behauptet wurde, das Sowjetimperium sei »in seiner Endphase angelangt« und daher gefährlicher denn je.[54] Gromyko wollte aber nach der Begegnung mit Reagan zumindest nicht ausschließen, daß man nach der Wiederwahl zu Vereinbarungen mit ihm kommen könnte. Diese Möglichkeit galt es auszuloten.

Kapitel 8

Das Ende des Ost-West-Konflikts

Tschernenko und seine Politbüro-Kollegen waren gut beraten, auf Reagans Verhandlungsofferten einzugehen. Seit dem Sommer 1984 war der Präsident der konservativen Revolution davon überzeugt, genug für die Wiederherstellung von Amerikas Stärke getan zu haben. Das versetzte ihn in die Lage, nicht nur Verhandlungsbereitschaft zu demonstrieren, sondern nunmehr tatsächlich neue Vereinbarungen mit der sowjetischen Führung anzustreben. Und es erleichterte es ihm auch, dabei Positionen zu vertreten, die verhandlungsfähig waren. Bis es soweit war, verging allerdings noch einige Zeit. Die Administration war auf ernsthafte Verhandlungen nicht vorbereitet, und angesichts der fortdauernden konzeptionellen und personellen Rivalitäten fiel es ihr auch schwer, kohärente Positionen zu entwickeln.

Schwieriger Start

Schon die Eröffnung der Verhandlungen erwies sich als außerordentlich schwierig. Die Moskauer Führung bestand darauf, daß die Weltraumwaffen in die Gespräche einbezogen wurden. Sie zu verhindern, war ihr erstes Ziel, und sie maß auch die Ernsthaftigkeit von Reagans Offerten an der Gesprächsbereitschaft in dieser Frage. Demgegenüber lehnte Verteidigungsminister Weinberger Verhandlungen über das SDI-Programm kategorisch ab. Shultz mußte ohne ein klares Verhandlungsmandat nach Genf fahren und suchte darum in den Gesprächen mit Gromyko am 7. und 8. Januar 1985 eine Festlegung auf Verhandlungen über Weltraumwaffen nach Möglichkeit zu vermeiden. Nach langwierigen Auseinandersetzungen einigte man sich schließlich darauf, daß die Verhandlungen in drei Gruppen geführt werden sollten. Eine sollte sich mit strategischer Verteidigung und Weltraumwaffen befassen, die zweite mit der Reduzierung der strategischen Offensivwaffen und die dritte mit den Mittelstreckenwaffen. Diese drei Komplexe sollten, wie es in dem Kommuniqué des Treffens hieß, »in ihrem wechselseitigen Verhältnis in Erwägung gezogen und gelöst werden«[1].

Damit blieb der Status der neuen Verhandlungsrunde unklar. Reagan machte vier Wochen nach dem Treffen von Shultz und Gromyko deutlich, daß sich die USA auf keinerlei Vereinbarungen über die Weltraumwaffen einlassen würden, solange die Forschungsarbeiten zum SDI-Programm nicht abgeschlossen seien. Die sowjetische Seite machte dagegen geltend, daß Reduzierungen der Offensivwaffen solange nicht möglich seien, wie man nicht wisse, ob die USA mit ihrem SDI-Programm nicht doch eine einseitige Unverletzlichkeit anstrebten. Folglich waren die Verhandlungen, die am 12. März 1985 in Genf begannen, vorerst akademischer Natur. In den drei Gruppen konnten Vorschläge diskutiert werden, ohne daß abzusehen war, unter welchen Bedingungen Vereinbarungen in dem einen oder anderen Bereich wirklich verbindlich werden würden.

Zwei Tage vor Beginn der Verhandlungen starb Tschernenko. Sein Tod bedeutete insofern keinen großen Einschnitt, als Gorbatschow angesichts des zunehmenden Verfalls des Generalsekretärs ohnehin schon die Geschäfte mehr und mehr an sich gezogen hatte. Versuche von Apparatschiks wie Viktor Grischin, den offensichtlich unbequemen Gorbatschow als Nachfolger zu verhindern, scheiterten daran, daß Tschernenko seit Dezember 1984 ganz ausgefallen war. Gromyko, nach dem Tod Ustinows Ende 1984 der letzte Überlebende der Troika, die unter dem späten Breschnew die Geschäfte geführt hatte, optierte für den Kandidaten Andropows und Ustinows. Danach wagte niemand mehr zu widersprechen, so daß Gorbatschow am 11. März 1985 vom Politbüro einstimmig nominiert wurde. Die Ersten Sekretäre im Zentralkomitee stimmten dem Vorschlag begeistert zu – sichtlich erleichtert, daß ihnen das Politbüro nicht abermals einen handlungsunfähigen Kandidaten präsentierte.[2]

Gorbatschow kündigte allerdings »mehr Dynamik« in der Außenpolitik an[3], und er hielt sich auch daran. Als Reagan ihn sogleich zu einem Besuch in die USA einlud – davon überzeugt, daß er mit diesem Generalsekretär länger zu tun haben werde –, beharrte Gorbatschow nicht, wie bislang üblich, auf der vorherigen Fixierung von Verhandlungsergebnissen. »Wenn wir das zur Regel machen,« wandte er gegen Gromyko ein, »wird der Gipfel frühestens in zwei oder drei Jahren stattfinden.« Das könne man sich nicht leisten, da die Zeit knapp sei. »Wir brauchen ein Gipfeltreffen, um Reagan und seine Pläne kennenzulernen und, was am wichtigsten ist, um einen persönlichen Dialog mit dem amerikanischen Präsidenten zu beginnen.«[4] So ließ er Reagan in einem ersten persönlichen Brief wissen, daß ein erstes Treffen nicht notwendigerweise schon zur Unterzeichnung wichtiger Abkommen führen müsse, und nachdem Reagan ebenso konziliant seine Bereitschaft bekundet hatte, über alle strittigen Fragen zu sprechen, gab er am 8. April bekannt, daß beide Seiten für ein baldiges Treffen seien.

Gorbatschow bestand nur darauf, daß das Treffen in Moskau stattfinden sollte, ersatzweise an einem dritten Ort in Europa. Ein Treffen in Washington, ließ er Reagan Mitte Mai durch Gromyko ausrichten, würde ihn so kurz nach seinem Amtsantritt in unangemessener Weise als Bittsteller erscheinen lassen. Reagan stimmte dem nach einigem Zögern zu und schlug am 17. Juni Genf als Konferenzort vor. Am 3. Juli konnte bekanntgegeben werden, daß sich beide Seiten auf ein Treffen am Genfer See geeinigt hatten. Als Termin waren der 19. und 20. November vereinbart worden.

Reagan hatte darüber hinaus angeregt, das Treffen durch vertrauliche Gespräche zwischen Shultz und Dobrynin vorzubereiten, die parallel zu den Genfer Rüstungskontrollverhandlungen stattfinden sollten. Unter dem Einfluß Gromykos, der dabei einmal mehr übergangen zu werden drohte, lehnte Gorbatschow diesen Vorschlag ab. Zugleich leitete er aber auch eine Maßnahme ein, die ihn künftig flexibler machen sollte. Er bot Gromyko an, das Amt des Vorsitzenden des Obersten Sowjets zu übernehmen, das seit Breschnew immer in Personalunion mit dem Amt des Generalsekretärs verbunden war. Gromyko konnte ein solch ehrenvolles Angebot nicht ablehnen, auch wenn es mit der Notwendigkeit verbunden war, nach 28 Jahren auf die operative Leitung der Außenpolitik zu verzichten. Gorbatschow aber befreite sich damit nicht nur von möglicher Bevormundung durch den außenpolitischen Senior. Er sicherte sich auch den Zugriff auf den Apparat des Außenministeriums, in dessen Routine neuartige Initiativen steckenzubleiben drohten. Zum neuen Außenminister wurde am 2. Juli Eduard Schewardnadse ernannt, ein persönlicher Vertrauter des Generalsekretärs, der als Erster Sekretär in Georgien außerhalb des Moskauer Establishments stand.

Der Gewinn an Handlungsfähigkeit, den Gorbatschow damit verzeichnen konnte, war um so bedeutsamer, als sich Weinberger weiter gegen jedes Arrangement sperrte, das das kostenintensive SDI-Programm zu beeinträchtigen drohte. Auch wenn Shultz unterdessen öfter das Ohr des Präsidenten hatte, war der Einfluß des Verteidigungsministers immer noch groß genug, um eine Festlegung auf eindeutige Verhandlungspositionen zu verhindern. Sicherheitsberater Robert McFarlane machte daraufhin schon einmal prophylaktisch die sowjetische Seite für das Scheitern des Dialogs verantwortlich, indem er in einer Rede am 19. August eine gründliche Abkehr der Sowjetunion von ihrem angeblichen Hochrüstungskurs einforderte. Reagan kündigte am 17. September an, daß eine Kürzung des SDI-Programms als Preis für sowjetische Raketenreduzierungen nicht in Frage komme. Zwei Tage später ließ McFarlane bei der Presse durchsickern, daß die sowjetische »Hochrüstung« den Wert des ABM-Vertrags »sehr in Frage« stelle und es daher vielleicht angebracht sein könnte, ihn in Zukunft zu »modifizieren«[5].

Gorbatschow ließ sich jedoch nicht dazu verleiten, die Vorwürfe mit gleicher Münze zu beantworten. Statt dessen konfrontierte er Reagan mit einem Angebot, das ihn unter Druck setzen mußte. Am 27. September überreichte Schewardnadse Reagan einen Brief, in dem Gorbatschow als Gegenleistung für einen beiderseitigen Verzicht auf Weltraumwaffen eine Halbierung der strategischen Offensivwaffen vorschlug. Außerdem regte er gesonderte Verhandlungen über die eurostrategischen Raketen an, an denen Frankreich und Großbritannien beteiligt sein sollten. Schließlich kündigte er an, die 27 SS-20-Raketen wieder einzumotten, die nach dem Vollzug der westlichen Nachrüstung im europäischen Bereich der Sowjetunion zusätzlich aufgestellt worden waren. Der Reduzierungsvorschlag wurde gleich der Presse zugespielt, die anderen Punkte verdeutlichte Gorbatschow noch einmal bei einem Staatsbesuch in Paris am 3. Oktober.

Angesichts der Star-Wars-Kritik im eigenen Land konnte Reagan es nicht wagen, Gorbatschows Angebot offen zurückzuweisen. Während Weinberger sogleich erklärte, die Administration könne mit der Sowjetunion nicht über SDI verhandeln, blieb der Präsident auffallend stumm. Am 1. November legte die amerikanische Delegation in Genf einen Gegenvorschlag vor, der die Reduzierung um 50 Prozent aufgriff, dabei aber etwas anders zählte, so daß statt 6000 nur noch 4500 Sprengköpfe für jede Seite übrigblieben, und der Sowjetunion größere Einschnitte bei den Interkontinentalraketen zumutete. Eine Verbindung dieser Reduzierung mit dem Verzicht auf Weltraumwaffen wurde abgelehnt. Mehr war von Reagan im Vorfeld des Gipfeltreffens nicht zu hören. Shultz durfte noch nicht einmal die Arbeiten am Entwurf einer gemeinsamen Abschlußerklärung zu Ende führen, die er mit Dobrynin begonnen hatte.

In Genf bekräftigte Reagan noch einmal sein Einverständnis mit der 50-Prozent-Reduzierung sowie mit einer Interimslösung bei den Mittelstreckenraketen. Dann lud er die Sowjetunion zu einer Art Kooperation bei der Verwirklichung der »Defensivsysteme« ein, wie er die weltraumgestützte Raketenabwehr euphemistisch nannte. Das war für Gorbatschow nicht akzeptabel, implizierte es doch eine Billigung des SDI-Programms durch die sowjetische Seite. Nach vergeblichen Versuchen, sich wechselseitig zu überzeugen, konnte daher in der Abschlußerklärung nur eine Verständigung über »das Prinzip einer 50prozentigen Kürzung der Nuklearwaffen« und »die Idee eines Interims-INF-Abkommens« festgehalten werden. Nur mit Mühe konnte die sowjetische Delegation erreichen, daß in der Erklärung auch auf das Agreement zwischen Shultz und Gromyko vom 8. Januar 1985 Bezug genommen wurde; der Hinweis auf das »wechselseitige Verhältnis« von Offensiv- und Weltraumwaffen, der dort festgehalten worden war, wurde nicht wiederholt.[6]

Oberflächlich betrachtet, war das nicht viel. Gorbatschow

konnte auch eine gewisse Enttäuschung nicht verbergen. Tatsächlich hatte Reagan aber nicht nur dem Grundsatz zugestimmt, »daß ein Atomkrieg nicht gewonnen werden kann und nie geführt werden darf«. Er sah sich in der Erwartung bestätigt, daß man mit diesem Generalsekretär »ins Geschäft kommen kann«[7], und schlug daher von sich aus gleich weitere Gipfeltreffen vor: 1986 in Washington und 1987 in Moskau. Darüber hinaus verpflichtete er sich, »keine militärische Überlegenheit anzustreben«, und er erklärte sich zu Rüstungskürzungen in einem Maß bereit, das weit über alle bisherigen Festlegungen der amerikanischen Seite hinausging. In einem handgeschriebenen Brief nach der Rückkehr nach Washington billigte er Gorbatschow die gleiche Entschlossenheit, für den Frieden zu arbeiten, zu, die er für sich selbst in Anspruch nahm, und er betonte die persönliche Verantwortung der beiden Führer »für die Bewahrung des Friedens und den Ausbau der Zusammenarbeit«[8]. Daran ließ sich anknüpfen.

Gorbatschows Offensive

Während Gorbatschow und Schewardnadse mit dem Gipfel in Genf beschäftigt waren, arbeitete Generalstabschef Sergej Achromejew an einem Abrüstungsvorschlag, der in einem Zeitraum von fünfzehn Jahren, also bis zum Jahr 2000, zu einer atomwaffenfreien Welt zu führen versprach. In einer ersten Etappe sollten danach alle taktischen Atomwaffen vernichtet werden, in einer zweiten die Mittelstreckenraketen und in der dritten die strategischen Interkontinentalwaffen, und Weltraumwaffen sollte es natürlich überhaupt nicht geben. Der Plan beschrieb detailliert, welche Waffen zu welchem Zeitpunkt abgebaut werden sollten, und er enthielt auch Vorschläge zur Reduzierung der konventionellen Rüstung. Damit stellte er eine brauchbare Diskussionsgrundlage dar und zeugte auch davon, daß Achromejew sich mit dem Gedanken vertraut gemacht hatte, daß Sicherheit auch und vielleicht sogar eher auf niedrigerem Rüstungsniveau erreichbar war. Allerdings lag er auch quer zur Tagesordnung von Genf, wo eine Erörterung der taktischen Atomwaffen überhaupt nicht vorgesehen war, und konnte daher auch als ein Versuch gelesen werden, konkrete Vereinbarungen fürs erste zu torpedieren.

Von den Genfer Unterhändlern – Viktor Karpow, Julij Kwizinskij und anderen – auf diese Gefahr aufmerksam gemacht, setzte Schewardnadse durch, daß der Achromejew-Plan auf die laufenden Verhandlungen abgestimmt wurde. Der Vorschlag einer fünfzigprozentigen Reduzierung der strategischen Offensivwaffen bis Mitte der neunziger Jahre rückte wieder an die erste Stelle. Dann wurden zwei Elemente zusätzlich aufgenommen, die auf Schewardnadse oder Gorbatschow persönlich zurückgingen: die Versicherung, zu »beliebigen zusätzlichen Kontrollmaßnahmen« bereit zu sein, darunter auch zu Inspektionen vor Ort, und der Vorschlag eines vollständigen Abbaus der amerikanischen und sowjetischen Mittelstreckenraketen in Europa. Gorbatschow war unterdessen bereit, diesen Teil des sowjetischen Arsenals vollständig zu opfern, wenn dafür ein Verzicht auf die Weltraumrüstung erreicht werden konnte. Nur ein Einfrieren der französischen und britischen Raketen machte er noch zur weiteren Bedingung. Über »heftigen Widerspruch«, den dieses gewaltige Zugeständnis im Generalstab auslöste[9], ging er entschlossen hinweg.

Die Verbindung konkreter Zugeständnisse mit dem utopisch klingenden Ziel einer Abschaffung aller Atomwaffen, brachte den Plan, der von Gorbatschow am 15. Januar 1986 in Form einer »Erklärung« bekanntgegeben wurde[10], allerdings weitgehend um seine Wirkung. Gegner einer Verständigung konnten ihn leicht als bloße Propaganda abtun und damit in den Hintergrund treten lassen, welchen Preis die Sowjetunion unterdessen für die Verhinderung der Weltraumrüstung zu zahlen bereit war. Da half es auch nicht, daß Gorbatschow bei einem Empfang für den Generalsekretär der italienischen Kommunisten, Alessandro Natti, die Erklärung nachschob, man müsse die eurostrategischen Raketen unverzüglich abziehen und dürfe die Lösung dieser Frage nicht mit anderen Problemen belasten. Reagan konnte den Plan mit Gegenvorschlägen wie einer Beseitigung der Mittelstreckenraketen auch in Asien oder einem Abbau des konventionellen Übergewichts der Sowjetunion in Europa beantworten[11], ohne befürchten zu müssen, wegen des weiteren Beharrens auf dem SDI-Programm unter allzu großen Druck zu geraten.

Da Reagan jedem konkreten Zugeständnis auswich, rückte der Termin für den nächsten Gipfel, der ursprünglich für den Juni 1986 vorgesehen war, immer weiter in die Ferne. Statt dessen leistete sich die Reagan-Administration so provokative Akte wie die Ausweisung von mehr als einem Drittel des sowjetischen Botschaftspersonals bei den Vereinten Nationen in New York und das Passieren zweier Kriegsschiffe durch sowjetische Hoheitsgewässer im Schwarzen Meer. Reagan forderte vom Kongreß gewaltige finanzielle Unterstützung und Waffenlieferungen für »Freiheitskämpfer« in Nicaragua und anderswo und bemühte dazu stärker denn je das Klischee vom brutalen sowjetischen Expansionismus als Ursache aller »linken« Regime in der Dritten Welt. Am 27. Mai erklärte er, daß er die in SALT II festgelegten Obergrenzen nicht als bindend betrachtete und sie bei der Ausstattung von B-52-Bombern mit Cruise missiles demnächst überschreiten werde, falls die Sowjetunion nicht zu massiven Zugeständnissen bereit sei.

Gorbatschow begegnete der amerikanischen Verweigerung mit weiteren Zugeständnissen. Am 18. April bot er in einer Rede in Ost-Berlin Verhandlungen über eine »substantielle Reduzierung« der konventionellen Waffen in Europa an, in die der gesamte Raum »vom Atlantik bis zum Ural« einbezogen werden sollte – also auch der europäische Teil der Sowjetunion, der in den Wiener Verhandlungen über Truppenreduzierungen in Mitteleuropa immer ausgespart geblieben war. Auch hier sollten Kontrollen kein Problem mehr darstellen, Vor-Ort-Inspektionen sollten zur Vertrauensbildung beitragen. Bis zum 11. Juni wurde daraus ein formeller Vorschlag des Warschauer Pakts. Bei einem Treffen in Budapest riefen die Vertreter der Paktstaaten dazu auf, im Rahmen der KSZE eine »Konferenz über Abrüstung in Europa« abzuhalten, die über ein »militärisches Gleichgewicht auf möglichst geringem Niveau« beraten sollte.[12]

Am 16. Juni ergänzte Gorbatschow seinen Vorschlag zum Abbau der Mittelstreckenraketen in Europa in einer Rede vor dem Zentralkomitee durch das Angebot, gleichzeitig die sowjetischen Mittelstreckenraketen in Asien einzufrieren. Weiter präzisierte er, daß über die Mittelstreckenraketen unabhängig von einer Einigung über die Interkontinentalsysteme entschieden werden könne. Schließlich nahm er sogar Abstriche an seiner Forderung nach einem Verbot der Entwicklung von Weltraumwaffen vor: Forschung im Laboratorium wollte er jetzt zugestehen, und eine Garantie für die Einhaltung des ABM-Vertrags – der im Prinzip zeitlich unbegrenzt galt – sollte nur noch für fünfzehn Jahre gegeben werden.

Im Juli wurde das neue Entgegenkommen der sowjetischen Seite in der Inspektionsfrage auch auf der Konferenz über Vertrauensbildende Maßnahmen und Abrüstung in Europa (KVAE) deutlich, die im Rahmen des KSZE-Prozesses seit Januar 1984 in Stockholm tagte. Weiterhin verzichteten die Warschauer-Pakt-Staaten auf die Einbeziehung von reinen See- und Luftwaffen-Manövern in die wechselseitige Überwachung. Daraufhin konnte am 22. September ein Abschlußdokument unterzeichnet werden, das Manöver von Landstreitkräften in Europa einschließlich des europäischen Teils der Sowjetunion einer umfassenden Kontrolle unterwarf: Militärische Aktivitäten mit über 13 000 Mann oder mehr als dreihundert Panzern mußten fortan 42 Tage im voraus angekündigt werden, bei Manövern mit über 17 000 Mann waren Beobachter aus allen 35 KSZE-Staaten einzuladen, und falls Verdacht bestand, daß sich jemand nicht an diese Vereinbarungen hielt, konnten Inspektionen vor Ort und aus der Luft vorgenommen werden.[13]

Als Reagan auf die Zentralkomitee-Vorschläge grundsätzlich positiv reagierte, dann aber wieder mit Kompromiß-Papieren der Administration antwortete, die wenig praktikabel waren, entschloß sich Gorbatschow, in seinen Zugeständnissen noch etwas weiter zu gehen, die neuen Vorschläge aber dem Präsidenten direkt zu präsentieren. Aus seinem Urlaub auf der Krim schrieb er Reagan, man müsse sich dringend zu einem »Vorgipfel« treffen, »da die Genfer Abrüstungsverhandlungen in eine Sackgasse geraten und zur Farce verkommen seien«. Reagan und er persönlich müßten »dem Prozeß neue Impulse geben«; dazu könne man sich möglicherweise in Großbritannien oder auf Island treffen.[14] Reagan reagierte auf diesen Appell an seine persönliche Verantwortung nach kurzer Bedenkzeit positiv; dabei dürfte nachgeholfen haben, daß er unter dem Druck eines Kongresses stand, der ihm die Stationierung weiterer Raketen zu streichen drohte, wenn er nicht Verhandlungsbereitschaft demonstrierte. Als Ort der Begegnung wählte er Reykjavík. Am 30. September, nach der Regelung einiger Querelen wegen angeblicher Spionagefälle, gab er einer überraschten Weltöffentlichkeit bekannt, daß er sich dort am 11. und 12. Oktober mit Gorbatschow treffen werde.

In Reykjavík präzisierte Gorbatschow zunächst, daß das Angebot einer Halbierung der strategischen Offensivwaffen in gleicher Weise für bodengestützte Interkontinentalraketen wie für seegestützte Raketen und strategische Bomber gelten sollte; auch die »schweren« Interkontinentalraketen vom Typ SS-18 sollten in die Reduzierung einbezogen werden. Dann gestand er zu, daß die Forward Based Systems bei der Berechnung des strategischen Gleichgewichts außer Betracht bleiben sollten, und er verlangte auch kein Einfrieren der britischen und französischen Systeme mehr – eine erhebliche Konzession, die Achromejew viel Überwindung kostete; bevor das Politbüro am 8. Oktober einstimmig einen entsprechenden Beschluß faßte, dachte er zeitweilig an Rücktritt.[15] Die Mittelstreckenraketen in Asien sollten nicht einfach eingefroren werden, wie noch im Juni vorgeschlagen; vielmehr bot Gorbatschow jetzt auch hierzu Verhandlungen an. Schließlich reduzierte Achromejew als Leiter der Expertengruppe, die Gorbatschow begleitete, die Zeit, für die die Verpflichtung auf den ABM-Vertrag gelten sollte, von fünfzehn auf zehn Jahre.

Reagan war auf solch ein umfassendes Angebot nicht vorbereitet und reagierte zunächst ziemlich hilflos. Shultz aber, der ihn begleitete, war beeindruckt. So konnte über Gorbatschows Vorschläge tatsächlich verhandelt werden. Über Nacht brachten die Experten beider Seiten eine Einigung in der Frage der Interkontinentalsysteme zustande, die eine fünfzigprozentige Kürzung in allen Teilbereichen in einem Zeitraum von fünf Jahren vorsah. In der Frage der Mittelstreckenraketen schreckten die Amerikaner zunächst vor der Verwirklichung ihres eigenen Vorschlags einer Null-Lösung zurück. Den Experten war deutlich, daß sie die Glaubwürdigkeit der »flexible response« in Europa beeinträchtigte, und manche wollten auch einfach nur der Rüstungsindustrie keinen Stop der gerade stattfindenden Aufstellung zumuten. Nach langwierigen Verhandlungen und vielen Telefonaten mit Washington gelang dann aber eine Einigung über den Verzicht auf alle eurostrategischen Raketen der USA und der UdSSR. Für den asiatischen Bereich wurde der sowjetischen Seite das Recht zugestanden, hundert Mittelstrecken-Sprengköpfe zu behalten; dafür sollten die Amerikaner eine entsprechende Anzahl von Mittelstreckenraketen außerhalb Europas neu aufstellen dürfen.

Um die Mittagszeit des zweiten Verhandlungstags brachte Richard Perle als Mitglied der amerikanischen Delegation in taktischer Absicht ein zusätzliches Element in die Vertragskonstruktion ein: den Vorschlag, in den fünf Jahren nach der Halbierung der strategischen Arsenale alle ballistischen Raketen abzuschaffen. Gorbatschow lehnte jedoch nicht etwa ab, sondern erweiterte den Vorschlag: Wenn schon Abschaffung aller Raketen, dann auch Abschaffung der Cruise missiles und der Bomber, bei denen die USA im Vorteil waren, also aller strategischen Atomwaffen. Das wiederum brachte Reagan dazu, spontan noch einen Schritt weiter zu gehen: »Alle Atomwaffen? Well, Michail, das ist genau das, wovon ich die ganze Zeit geredet habe. Alle Atomwaffen abschaffen, das ist schon immer mein Ziel gewesen.« »Warum einigen wir uns dann nicht darauf?«, reagierte Gorbatschow· ebenso spontan. »Das sollten wir«, sagte Reagan. »Das war es, was ich Ihnen sagen wollte.«[16]

Die Verständigung über die Abschaffung aller Atomraketen in einem Zeitraum von zehn Jahren brachte die beiden freilich in der akuten Frage des Umgangs mit dem ABM-Verbot einander nicht näher. Die amerikanische Delegation beharrte darauf, daß sich beide Seiten das Recht zubilligen sollten, nach der zehnjährigen Fortdauer des ABM-Vertrages antiballistische Verteidigungssysteme zu installieren. Das aber wollte Gorbatschow nicht zugestehen; schließlich war die Verhinderung von SDI sein strategisches Ziel, das ihn überhaupt erst zu den weitreichenden Zugeständnissen hinsichtlich der Mittelstreckenraketen und der Forward Based Systems veranlaßt hatte. In der Schlußphase des Treffens versuchte er, moralischen Druck auf Reagan auszuüben. Doch damit erreichte er nur, daß sich der Präsident erneut auf

SDI versteifte und mögliche Chancen für einen Kompromiß in der Frage der Tests von Abwehrsystemen ungeklärt blieben. Schließlich brach Reagan ziemlich aufgebracht das Gespräch ab – und ließ damit offen, was denn nun als vereinbart gelten konnte und ob überhaupt etwas vereinbart worden war.

Gorbatschow war über den Abbruch so knapp vor einem gewaltigen Durchbruch zunächst fürchterlich enttäuscht. Nur mit Mühe konnte ihn seine Umgebung davon abbringen, auf einer mitternächtlichen Pressekonferenz über die Sturheit des Präsidenten herzuziehen. Als die Pressekonferenz vierzig Minuten nach dem Ende des Treffens begann, hatte er aber schon verstanden, daß er gleichwohl ein wesentliches Stück vorangekommen war. Die Reagan-Administration hatte sich hinsichtlich der Reduzierung der strategischen Systeme und des Abbaus der Mittelstreckenraketen auf konkrete Regelungen eingelassen, auf die man sich in Zukunft berufen konnte; und niemand konnte nun noch länger in Zweifel ziehen, daß er tatsächlich bereit war, seine vielen Zugeständnisse in die Tat umzusetzen, wenn Reagan nur seine SDI-Pläne zurückstellte. Damit aber wurde dem SDI-Programm die argumentative Grundlage entzogen, und Reagan sah sich mit der Forderung konfrontiert, die Aussicht auf eine umfassende Abrüstung nicht länger durch sein Festhalten an einem Projekt zu blockieren, das ohnehin in vielerlei Hinsicht fragwürdig war. Diesen Druck galt es zu erhalten, ohne die Arbeitsbeziehung zu dem eigenwilligen Präsidenten zu beschädigen. Gorbatschow qualifizierte das Treffen von Reykjavík daher als einen »Durchbruch« und fügte nur zurückhaltend hinzu, daß die Völker der Welt es nicht akzeptieren würden, wenn die beiden »politischen Führer« bei der Klärung der verbliebenen Fragen versagten.[17]

In der Tat war Reagan nicht gewillt, sich von den prinzipiellen Abrüstungsgegnern in seinem Apparat wieder von dem abbringen zu lassen, was er mit Gorbatschow schon vereinbart hatte. »Mit Gorbatschow waren wir ganz nahe an einem Abkommen«, sagte er ziemlich erschüttert auf der Rückfahrt zum Flughafen zu seinem Stabschef. »Es ist eine Schande.«[18] Als John Poindexter, für kurze Zeit McFarlanes Nachfolger als Sicherheitsberater, ihn nach der Rückkehr nach Washington mahnte, daß »wir diese Sache aufklären müssen, daß Sie der Abschaffung aller Atomwaffen zugestimmt haben sollen«, demonstrierte er, daß er wirklich weiter zu gehen bereit war als seine Umgebung: »Aber John,« antwortete er, »ich habe dem wirklich zugestimmt.« – »Nein.« beharrte Poindexter. »Das kann nicht sein.« – »John,« sagte der Präsident, »ich bin dort gewesen, und ich habe zugestimmt.«[19]

Um die Abrüstung tatsächlich in Gang zu bringen, mußte Gorbatschow allerdings noch einen Schritt weiter gehen. Die europäischen Alliierten waren ziemlich entsetzt über die Aussicht, den atomaren Schutz durch die USA zu verlieren. Großbritanniens Premierministerin Margaret Thatcher reiste nach kurzer Absprache mit Mitterrand nach Washington, um Reagan einzuschärfen, daß es »kein zweites Reykjavík« geben dürfe; Kohl mahnte den Präsidenten, bevor die strategischen Raketen über 50 Prozent hinaus vermindert werden, müßte erst ein konventionelles Gleichgewicht in Europa erreicht sein. Die amerikanischen Unterhändler in Genf zogen daraufhin den Vorschlag einer Abschaffung aller ballistischen Offensivwaffen in einer zweiten Phase des Abrüstungsprozesses wieder zurück. Im übrigen trafen sie keine Anstalten, sich auf eine Begrenzung des SDI-Programms einzulassen, und versuchten statt dessen, bei der Kürzung der strategischen Waffen präzise Untergrenzen für die einzelnen Systeme durchzusetzen, die die qualitative Überlegenheit des amerikanischen Arsenals besser zur Geltung kommen ließen.

Als Anfang Februar 1987 durch eine Indiskretion bekannt wurde, daß Reagan nahe daran war, die Aufstellung eines ersten Teilstücks der Raketenabwehr anzuordnen, entschloß sich Gorbatschow zu dem entscheidenden nächsten Schritt: Er setzte im Politbüro durch, daß der vollständige Abbau der Mittelstreckenraketen in Europa auch ohne den Verzicht auf SDI angeboten wurde. Am 28. Februar schlug er in einer Fernsehansprache vor, das Abkommen über die Beseitigung der eurostrategischen Raketen unabhängig von den Verhandlungen über strategische Waffen, SDI und britische und französische Systeme zu schließen. Um möglichen Einwänden hinsichtlich der Rolle der dann noch verbleibenden Raketen kürzerer Reichweite zu begegnen (insbesondere der Raketen vom Typ SS-23, die als Antwort auf die westliche »Nachrüstung« aufgestellt worden waren), kündigte er an, daß die SS-23 in der DDR und der Tschechoslowakei bei Vertragsabschluß sogleich mitbeseitigt würden; über die restlichen Raketen kürzerer Reichweite sollte alsbald weiter verhandelt werden.

Für sich allein genommen, lief dieses Angebot auf eine einseitige Schwächung der sowjetischen Position hinaus, bedeutete es doch ein Nachgeben in der Auseinandersetzung um die Mittelstreckenraketen in Europa, das weit hinter den Stand vor Beginn des Übergangs von SS-4/SS-5- zu SS-20-Raketen zurückging. Viele Militärs und nicht wenige Diplomaten hatten denn auch Schwierigkeiten, mit dieser Konzession zurechtzukommen. Indessen konnte Gorbatschow ziemlich sicher sein, daß nach einem Durchbruch bei den Mittelstreckenraketen auch der Rüstungskontrollprozeß im strategischen Bereich wieder in Gang kommen und dabei auch das SDI-Projekt auf der Strecke bleiben würde. Zudem hatte er besser als seine Vorgänger verstanden (und er sagte es unterdessen auch allenthalben), daß die Sicherheit durch militärische Drohung doch sehr relativer Natur war. Insofern gewann das Ziel der allgemeinen Abrüstung für ihn noch an Dringlichkeit, während der Einsatz, den er dafür zu leisten hatte, an Bedeutung verlor.

In der Tat war Reagan sogleich bereit, die Null-Lösung bei den eurostrategischen Raketen zum Abschluß zu bringen. Damit kamen die Verhandlungen auf höchster Ebene wieder in Gang, und sie waren auch nicht mehr zu stoppen. Die NATO-Strategen versuchten zwar noch, den drohenden Verlust der Mittelstreckenraketen durch ein Recht zur Aufstellung von Raketen kürzerer Reichweite zu kompensieren, doch bot Gorbatschow daraufhin bei einem Besuch von Shultz am 13. und 14. April kurzerhand die Vernichtung auch der restlichen sowjetischen Raketen kürzerer Reichweite an, die nach einer Beseitigung der Bestände in der DDR und der Tschechoslowakei übrig blieben – eine doppelte Null-Lösung also, die den sowjetischen Strategen ebensowenig behagte.[20] Als das Pentagon und die europäischen Verbündeten zögerten, sich darauf einzulassen, dehnte Gorbatschow das Angebot auf den asiatischen Bereich aus. Das beinhaltete zwar kein weiteres Zugeständnis der sowjetischen Seite mehr, da die globale Doppel-Null der Sowjetunion auch die Aufstellung amerikanischer Cruise missiles in Alaska ersparte, doch fand Reagan den Vorschlag in seiner Radikalität jetzt so einleuchtend, daß er ihn gegen die Bedenkenträger in den eigenen Reihen durchsetzte. Zuletzt überredete er Mitte August Helmut Kohl, im Interesse der Abrüstung auch auf die alten Pershing-Ia-Raketen zu verzichten, die die Bundesregierung als eurostrategische Minimalausstattung behalten wollte.[21]

Ähnlich ging es dem Versuch, den Abbau der Mittelstreckenraketen durch die Forderung nach strenger Kontrolle zu erschweren. Mitte März verlangten die amerikanischen Unterhändler das Recht auf Inspektionen »an jedem Ort und zu jedem Zeitpunkt«. Beobachter sollten bei der Zerstörung der Raketen und Startanlagen zugegen sein und die Produktionsstätten fortan überwachen. Die sowjetische Delegation wies diesen Angriff auf die militärische Geheimhaltung jedoch nicht, wie bislang üblich, entrüstet zurück. Vielmehr beantwortete sie ihn im April mit einem noch radikaleren Gegenvorschlag. Die Produktionsbetriebe sollten nicht nur überwacht werden, sondern jederzeit für Inspektionen zugänglich sein, und dieses Recht auf Inspektion sollte auch für Anlagen und Stützpunkte in Drittländern gelten. So genau wollten die amerikanischen Experten die Kontrollen freilich gar nicht haben. Erschreckt über die Aussicht, daß sowjetische Teams die neuesten Fortschritte in der Rüstungstechnologie auskundschafteten, begannen sie zurückzurudern. Mitte September einigte man sich schließlich auf eine begrenzte Anzahl von Anlagen – dreißig im Westen und achtzig im Osten –, die für die Inspektion durch die Gegenseite freigegeben wurden. Drei Jahre lang sollten diese Anlagen nach kurzfristiger vorheriger Anmeldung bis zu zwanzigmal pro Jahr besucht werden können, danach fünf Jahre lang bis zu fünfzehnmal und dann noch einmal fünf Jahre lang bis zu zehnmal.

Wenige Wochen nachdem sich die Einigung über einen INF-Vertrag abzeichnete, reduzierte der Senat die Anforderungen für das SDI-Programm für das Haushaltsjahr 1988 um ein Drittel und strich dabei alle Gelder für Testvorhaben, die gegen den ABM-Vertrag in seiner restriktiven Auslegung verstoßen hätten. Weinberger, dem die strategische Bedeutung dieser Entscheidung nicht verborgen blieb, reichte Mitte Oktober enttäuscht seinen Rücktritt ein. Nachfolger wurde mit Frank Carlucci ein Politiker, der Rüstungskontrollabkommen befürwortete. Auch Generalleutnant Colin Powell, Carluccis Nachfolger als Sicherheitsberater, lag auf dieser Linie. Beide arbeiteten eng mit Shultz zusammen und gaben dem Präsidenten damit in der Operationalisierung der Sicherheitspolitik zum ersten Mal eine eindeutige Orientierung.

Gorbatschow verstärkte sogleich den Druck in der SDI-Frage. Am 15. September forderte er Reagan in einem Brief auf, nach dem erfolgreichen INF-Abschluß auch eine Übereinstimmung bei den »strategischen Offensivwaffen im Weltraum« anzustreben.[22] Unmittelbaren Erfolg hatte er damit nicht. Nachdem er mehrere Wochen vergeblich versucht hatte, eine Verpflichtung auf die Einhaltung des ABM-Vertrags noch vor der ausstehenden Gipfelbegegnung zustande zu bringen, willigte er am 26. Oktober ein, auch ohne ein solches Ergebnis nach Washington zu kommen. Während des Treffens vom 7. bis 10. Dezember einigte man sich in der Frage der Weltraumrüstung lediglich auf die gewundene Erklärung, die beiden Führer hätten »ihre Delegationen in Genf angewiesen, ein Abkommen auszuarbeiten, das beide Seiten verpflichtet, den ABM-Vertrag wie 1972 unterzeichnet einzuhalten, wobei sie ihre Forschungs-, Entwicklungs- und Testvorhaben wie erforderlich durchführen, welche nach dem ABM-Vertrag erlaubt sind, und für eine bestimmte Zeit nicht aus dem ABM-Vertrag auszusteigen«[23].

Im übrigen brachte der Washingtoner Gipfel aber nicht nur die feierliche Unterzeichnung des INF-Abkommens über die vollständige Beseitigung der destabilisierenden Mittelstreckenraketen (am 8. Dezember um 13.15 Uhr, exakt zu dem Zeitpunkt, den Nancy Reagans Astrologin für optimal hielt!). Es wurden auch reale Fortschritte in der Frage der fünfzigprozentigen Reduzierung der strategischen Offensivwaffen erzielt. Nitze und Achromejew führten ihren Dialog von Reykjavík weiter und einigten sich schließlich auf eine Obergrenze von 4900 Sprengköpfen auf ballistischen Raketen im Rahmen der Gesamtzahl von 6000 Sprengköpfen. Davon durften nur 1540 Sprengköpfe auf schweren landgestützten Raketen disloziert werden, was einer

Reduzierung der SS-18-Raketen mit je zehn Sprengköpfen auf 154 gleichkam. Achromejew erklärte sich damit einverstanden, die seegestützten Cruise missiles bei der Gesamtzahl von 6000 nicht mitzuzählen; dafür sicherte Nitze zu, diese, soweit mit Atomwaffen bestückt, in Zukunft ebenfalls einvernehmlich zu begrenzen. Ebenso wurden Verifikationsmaßnahmen vereinbart, die sich an den INF-Vertrag anlehnten. Reagan und Gorbatschow kamen überein, intensiv weiter zu verhandeln und sich vor Mitte 1988 in Moskau wieder zu treffen, unabhängig davon, ob ein START-Vertrag bis dahin unterschriftsreif sein würde oder nicht.

Damit stand die Rüstungskontrolle, von der sich Carter 1980 verabschiedet hatte, nicht nur wieder auf der Tagesordnung, sie war auch schon viel weiter vorangekommen, als man vor dem Verfall der Entspannung hatte hoffen dürfen. Die Halbierung der strategischen Arsenale lag in greifbarer Nähe, über eine deutliche Reduzierung der konventionellen Streitkräfte in Europa wurde auch schon gesprochen, und die Verwirklichung des SDI-Programms war mehr als fraglich geworden. Gorbatschow konnte es sich erlauben, Reagan beinahe schon lakonisch auf die technischen Schwierigkeiten hinzuweisen, die ihm im Wege standen: »Mr. President, tun Sie, was Sie für Ihre Pflicht halten. Und wenn Sie irgendwann meinen, sie hätten jetzt ein System, das Sie dislozieren können, dann dislozieren Sie es. Wer bin ich denn, Ihnen Vorschriften zu machen? Ich bin der Ansicht, Sie verschwenden Ihr Geld. Ich glaube nicht, daß es funktioniert. Aber wenn Sie es tun wollen, dann tun Sie es.«[24]

Kooperation und Perestroika

Begleitet wurde die Rückführung der USA auf die Rüstungskontrolle durch eine stärkere Akzentuierung des kooperativen Moments in der außenpolitischen Programmatik der Sowjetunion. In seinem ersten Bericht an das ZK-Plenum vom 23. April 1985 ergänzte Gorbatschow das Bekenntnis zur friedlichen Koexistenz und zum Ausbau der Beziehungen gemäß der Schlußakte von Helsinki, damals wenig beachtet, schon um ein Plädoyer für

»zivilisierte zwischenstaatliche Beziehungen, die auf der echten Respektierung der Völkerrechtsnormen basieren«[25]. In seinem Bericht für den 27. Parteitag der KPdSU am 25. Februar 1986 trat der Gegensatz zwischen dem Imperialismus und den sozialistischen Ländern dann gegenüber dem Bemühen um »das Fortbestehen der Zivilisation« in den Hintergrund. Gorbatschow betonte die »wechselseitige Abhängigkeit der Staaten der Weltgemeinschaft« in einer »in hohem Maße ganzheitlichen Welt« und kündigte einen »Wettbewerb« um menschenwürdige Lebensverhältnisse »unter den Bedingungen eines dauerhaften Friedens« an. Von einer Unterstützung »progressiver« Revolutionen war nicht mehr die Rede; die Pflicht zur internationalen Solidarität wurde praktisch auf das »erfolgreiche Voranschreiten« der Revolution im eigenen Land reduziert.

Sodann formulierte Gorbatschow, Argumente Bahrs und der Friedensbewegung aufgreifend[26], daß militärische Abschreckung den Frieden nicht dauerhaft sichern könne: »Die Gewährleistung der Sicherheit nimmt immer mehr den Charakter einer politischen Aufgabe an, deshalb kann sie nur mit politischen Mitteln gelöst werden.« Als wesentliche Elemente einer solchen Friedensstrategie bezeichnete er »ein zurückhaltendes und umsichtiges Verhalten auf der internationalen Szene« und das Prinzip der gleichen Sicherheit: »Die höchste Weisheit liegt nicht darin, ausschließlich an sich selbst zu denken, noch dazu zum Nachteil der anderen Seite. Alle müssen sich gleich sicher fühlen, denn die Ängste und Befürchtungen des nuklearen Zeitalters bewirken Unkalkulierbarkeit in Politik und konkretem Handeln.« Folglich sollte die Sowjetunion im militärischen Bereich »so handeln, daß niemand mehr Grund zur Angst um die eigene Sicherheit, und sei es eine imaginäre Angst, hat«[27].

Mit der Orientierung an diesen Prinzipien wurde nicht nur im sicherheitspolitischen Bereich Ernst gemacht. Gorbatschow drängte seit seinem Amtsantritt darauf, die Verhandlungen über eine politische Lösung des Afghanistan-Konflikts zu beschleunigen. Im November 1986 legte sich das Politbüro darauf fest, die sowjetischen Truppen innerhalb eines, maximal innerhalb von zwei Jahren aus dem Land zurückzuziehen. Karmal, der sich als unfähig erwiesen hatte, eine breite Regierungskoalition um sich zu sammeln, wurde durch Mohammed Nadjibullah abgelöst. Am 8. Februar 1988 gab Gorbatschow bekannt, daß mit dem Inkrafttreten eines Abkommens zwischen Afghanistan und Pakistan am 15. Mai 1988 der Abzug der sowjetischen Truppen beginnen und innerhalb von zehn Monaten abgeschlossen würde. Nachdem das Abkommen, ergänzt durch sowjetische und amerikanische Garantien, am 14. April unterzeichnet worden war, verließ die Hälfte der sowjetischen Truppen sogleich das Land, die letzten zogen im Februar 1989 ab. Nadjibullah konnte sich immerhin drei weitere Jahre an der Macht halten, so daß die sowjetische Niederlage zunächst weit weniger dramatisch aussah als sie tatsächlich war.[28]

Langfristig bedeutsamer war, daß die Selbstverantwortlichkeit auch für die Regime des Warschauer Pakts gelten sollte. Nach längerer kontroverser Diskussion setzte Gorbatschow im Herbst 1986 im Politbüro ein Memorandum durch, das eine »Umstrukturierung« der sowjetischen Osteuropapolitik verlangte. Den osteuropäischen Parteiführern sollte die Freiheit zu eigener Entscheidung gegeben werden, die sie immer verlangten; dafür durften sie aber in Krisensituationen nicht mehr mit der Unterstützung durch sowjetische Truppen rechnen. Am Rande einer Routinesitzung des RGW am 10. und 11. November 1986 in Bukarest setzte Gorbatschow die osteuropäischen Führer von dieser Umorientierung in Kenntnis. Er ermahnte sie, ihre Politik so zu führen, daß sie Legitimität aus eigener Kraft gewannen, und gab ihnen klar zu verstehen, daß sie sich nicht darauf verlassen dürften, daß die Sowjetunion sie an der Macht halten würde.[29] Im April 1987 bekannte er sich dann aus Anlaß eines Besuchs in Prag öffentlich zum Prinzip der Gleichberechtigung in der sozialistischen Welt: »Die Unabhängigkeit jeder Partei, ihre Verantwortlichkeit vor ihrem Volk, das souveräne Recht, über Fragen der Entwicklung des Landes zu entscheiden – das alles sind für uns unabdingbare Prinzipien.«[30]

Hinsichtlich des Staatsbesuchs Honeckers in der Bundesrepublik war Gorbatschow nicht sogleich bereit, sie gelten zu lassen. Dagegen sprach zunächst das Interesse, Kohl vor der Bundestagswahl vom Januar 1987 nicht aufzuwerten[31], und seit Oktober 1986 auch die persönliche Verärgerung des Generalsekretärs über ein Interview, in dem Kohl Gorbatschows Fähigkeiten als »Experte für Öffentlichkeitsarbeit« mit den Qualitäten von Joseph Goebbels verglichen hatte.[32] Erst nachdem ein Besuch des Bundespräsidenten Richard von Weizsäcker in Moskau im Juli 1987 das diplomatische Porzellan wieder gekittet hatte, erhielt Honecker grünes Licht für seinen Besuch in Bonn.[33] Der fand dann vom 7. bis 11. September 1987 statt und führte zur Bekräftigung einer deutsch-deutschen Zusammenarbeit, deren Kern in der finanziellen Unterstützung der DDR im Austausch zu einer Ausweitung der Reisefreiheiten der DDR-Bürger bestand. 1987 durften 1,2 Millionen DDR-Bürger unterhalb des Rentenalters in die Bundesrepublik reisen, fünfmal soviel wie im Jahr zuvor.

Selbstverantwortlichkeit statt administrativer Gängelung und Gewaltdrohung war schließlich auch der Kern der inneren Umgestaltung des Sowjetsystems, die Gorbatschow von 1986 an, sich pragmatisch vorantastend, in Angriff nahm. Zunächst verordnete er den Sowjetbürgern »Glasnost« – Mut zur Wahrheit anstelle des permanenten ideologischen Selbstbetrugs, Transparenz und Öffentlichkeit. Die Zensur wurde gelockert; kritische Romane, die sich mit den dunklen Seiten der sowjetischen Geschichte beschäftigten, durften zum ersten Mal erscheinen; die Wissenschaft wurde von politischen Rücksichtnahmen befreit; Funktionsträger sahen sich zunehmend offener Kritik ausgesetzt. Im Dezember 1986 wurde die Verbannung Andrej Sacharows nach Gorki aufgehoben, die die Parteiführung nach dessen Kritik an der Afghanistan-Invasion im Januar 1980 angeordnet hatte; Anfang 1987 wurden fast alle politischen Dissidenten aus der Haft entlassen.

Als Ziel der »Perestroika« (Umgestaltung), wie das Reformprogramm vieldeutig genannt wurde, schwebte Gorbatschow eine Art demokratischer Kommunismus vor – »freie Arbeit und freies Denken in einem freien Land«, wie er vor einem ZK-Plenum im Januar 1987 erläuterte, allerdings »selbstverständlich« *ohne* »Umbruch in unserem politischen System«[34]. Er verfolgte damit ähnliche Vorstellungen, wie sie sein Studienfreund Zdenek Mlynár 1968 Alexander Dubček nahegebracht hatte. Von einem westlichen Journalisten befragt, was denn der Unterschied zwischen dem Prager Frühling und der Perestroika sei, antwortete

Schewardnadses Pressesprecher Gennadij Gerassimow im April 1987 lakonisch: »19 Jahre«.

Der logisch nächste Schritt, die Demokratisierung der Parteistrukturen, stieß allerdings auf erhebliche Widerstände. Obwohl von 1985 bis 1987 etwa die Hälfte aller Führungspositionen bis hinunter zu den Stadt- und Rayon-Sekretären neu besetzt wurden (wobei die Überalterung in der späten Breschnew-Periode die Ablösung unfähiger und korrupter Funktionäre sehr erleichterte), konnte Gorbatschow erst nach mehreren vergeblichen Anläufen im Januar 1987 einem ZK-Plenum vorschlagen, die Funktionsträger in Zukunft aus einer Vielzahl von Kandidaten geheim wählen zu lassen. Durchgesetzt wurde dieses Prinzip erst auf einer Parteikonferenz im Juni 1988 und nur in verwässerter Form. Für Wahlen in der Partei blieb es bei einer Kann-Bestimmung, während die Sowjets künftig geheim gewählt werden sollten. Die Kompetenzen der Sowjets wurden gestärkt, doch wurde gleichzeitig festgelegt, daß die Ersten Sekretäre für die Wahl zum Vorsitzenden des jeweiligen Sowjet vorgeschlagen werden sollten. Beschlüsse zur Stärkung der Eigenverantwortlichkeit der Betriebe, die Gorbatschow auf einem weiteren Plenum im Juli 1987 vorgeschlagen hatte, blieben infolge des Widerstands des Regierungsapparats ganz aus.

Trotz des Widerstands, den ideologische Borniertheit und mehr noch der drohende Machtverlust im Parteiapparat hervorriefen, trugen die Reformen der Perestroika natürlich dazu bei, das Feindbild von der aggressiven und freiheitsbedrohenden Sowjetmacht abzubauen, das die westliche Entspannungspolitik, wenn auch in unterschiedlichem Ausmaß, immer noch beeinträchtigte. Das galt um so mehr, als Gorbatschow es verstand, der westlichen Öffentlichkeit gegenüber innere Reformen und das Werben um ein »neues Denken« in der internationalen Politik im Zusammenhang darzustellen. Dazu verließ er sich nicht wie seine Vorgänger auf die Wirkung seiner Reden und Erklärungen, sondern griff zu so unkonventionellen Mitteln wie der Organisation von Konferenzen mit Vertretern des außenpolitischen Establishments und kritischen Intellektuellen und der Publikation einer umfangreichen Programmschrift. Im November 1987 erschien ›Perestroika und das neue Denken für unser Land und die Welt‹

nicht nur in der Sowjetunion, sondern auch in einer amerikanischen, einer französischen und einer deutschen Ausgabe; weitere Übersetzungen folgten.[35] Ende 1987, nach seinem offenen Auftreten am Rande des Washingtoner Gipfels, wählte das ›Time‹-Magazin Gorbatschow zum »Mann des Jahres«.[36]

Selbst Reagan ließ sich davon überzeugen, daß die Sowjetunion ein Partner war, mit dem man zum wechselseitigen Vorteil zusammenarbeiten konnte und sollte. Während das offizielle Washington noch vor einem Gegner warnte, der den Beweis für die »Preisgabe expansionistischer Hoffnungen« noch nicht angetreten habe und durch »größere politische Vitalität« sogar gefährlicher zu werden drohe[37], gewann der Präsident während des Moskauer Gipfels vom 28. Mai bis 2. Juni 1988 den Eindruck, daß sich die Verhältnisse wirklich geändert hätten. Bei einer Begegnung mit Kreml-Besuchern gefragt, ob er in der Sowjetunion immer noch das »Reich des Bösen« sehe, antwortete er: »Nein – damals habe ich über eine andere Zeit gesprochen, eine andere Ära.« Zum Abschied versicherte er Gorbatschow, daß die Reagans ihn und seine Frau Raissa »als Freunde betrachteten«, und bat ihn, »dem sowjetischen Volk auszurichten, daß wir und unser Land uns ihm in tiefer Freundschaft verbunden fühlen«.[38] In seinen Memoiren schrieb er: »Ich wußte, daß die Welt sich änderte, als wir mit den Gorbatschows in unserer Loge [des Bolschoi-Theaters] standen, mit der sowjetischen Flagge auf der einen Seite und unserer auf der anderen, und ›The Star-Spangled Banner‹ gespielt wurde.«[39]

Bei allem Geschick, sich selbst als den eigentlichen Urheber dieses Wandels darzustellen, war Reagan allerdings unfähig, ihn zu beschleunigen. Die Verhandlungen über die Halbierung der strategischen Offensivwaffen kamen nur mühsam voran, weil die Stabschefs darum konkurrierten, wer bei den Kürzungen am glimpflichsten davonkommen würde, und Reagan jeder Entscheidung aus dem Weg ging. »Selbst wenn die Sowjets zu uns kämen und sagten, ›Ihr schreibt es, und wir unterzeichnen es‹, könnten wir es nicht schreiben«, beklagte sich ein Beamter des State Department vor dem Moskauer Gipfel.[40] Außerdem waren die Experten jetzt mit dem Problem der Balance zwischen Verifikation und Schutz der eigenen Geheimnisse endgültig überfordert, und auch in dieser Frage war niemand da, der politische Entscheidungen traf. Die Reagan-Administration konnte sich auch nicht darauf verstehen, die seegestützten Cruise missiles zu begrenzen, und sie hielt auch weiterhin an ihrer Weigerung fest, das SDI-Programm einschränken zu lassen.

Da Gorbatschow wußte, daß das SDI-Projekt mit dem Ende der Amtszeit Reagans ohnehin sterben würde, sah er keine Notwendigkeit, hinsichtlich des ABM-Vertrags nachzugeben. Statt dessen drängte er, erstmals auf dem Washingtoner Gipfel, auf eine Verständigung über drastische Reduzierungen der konventionellen Streitkräfte, insbesondere in Europa. Dabei erklärte er sich auch zu »asymmetrischen Kürzungen« bereit, und auf dem Moskauer Gipfel präsentierte er einen detaillierten Drei-Stufen-Plan. Zunächst sollten »mit Hilfe von Inspektionen vor Ort die Ausgangswerte überprüft und auf diese Weise die Differenzen in den Bewertungen beseitigt« werden. Mißverhältnisse und Asymmetrien, die dabei festgestellt würden, sollten sogleich »ausgeglichen« werden. In einer zweiten Phase, nach der Bereinigung der Asymmetrien, sollten beide Seiten ihre Streitkräfte »um je etwa 500000 Mann« reduzieren, also um etwa 25 Prozent der in Europa stationierten Truppen. Schließlich sollte die militärische Struktur beider Seiten so verändert werden, »daß sie zu Angriffsoperationen nicht in der Lage sind«. Offensivwaffen sollten kontinuierlich abgebaut werden, und möglicherweise sollten auch atomwaffenfreie Zonen und andere Entflechtungs-Korridore vereinbart werden.[41]

Gorbatschow hoffte, auf diese Weise den Sicherheitsbedürfnissen der westlichen Europäer weiter entgegenzukommen und so Abrüstung und Zusammenarbeit in Europa einen entscheidenden Schritt voranzubringen. Beides schien ihm notwendig, um den Erfolg der inneren Reformen zu sichern und die osteuropäischen Regime auf eigene Füße zu stellen. Daß dazu das traditionelle Übergewicht der Sowjetunion im konventionellen Bereich aufgegeben werden mußte, stellte für ihn kein Problem dar. Achromejew hatte ihm im Zuge seiner Bestandsaufnahme deutlich gemacht, daß dieses Übergewicht ein Relikt aus der Zeit der atomaren Überlegenheit der USA darstellte, das in bürokratischer Trägheit fortgeschleppt worden war, obwohl es seine Abschreckungsfunktion längst verloren hatte.[42] Die Kontrollfunktionen im östlichen Europa, die die sowjetischen Truppen darüber hinaus wahrnahmen, entsprachen nicht mehr seinem Verständnis von den Interessen des Sowjetstaats.

Reagan war jedoch nicht darauf vorbereitet, über diese Thematik zu verhandeln. Bei der Begegnung in Washington war sie für ihn so neu, daß er das Gespräch darüber Shultz überlassen mußte, und bis zum Gipfel von Moskau war trotz konstanten Drängens Gorbatschows immer noch keine Verständigung mit den NATO-Partnern erfolgt. So verweigerte Reagan auch jetzt, sehr zur Enttäuschung seines Gastgebers, jede Verpflichtung und jede Direktive und verwies die Angelegenheit nur allgemein auf die Vorgespräche über eine neue Verhandlungsrunde über konventionelle Abrüstung in Europa, die NATO und Warschauer Pakt im Februar 1987 in Genf begonnen hatten. In materieller Hinsicht blieb der Moskauer Gipfel auf die Unterzeichnung kleinerer Abkommen wie einer Vereinbarung über die vorherige Ankündigung von Interkontinentalraketen-Tests und einer Ausweitung der Abkommen über wissenschaftliche Zusammenarbeit und kulturellen Austausch beschränkt.

Ende September 1988 nützte Gorbatschow die Implementierung der Beschlüsse der 19. Parteikonferenz zu einer Stärkung seiner Machtstellung. Gromyko wurde mit 79 Jahren in den Ruhestand geschickt (er verabschiedete sich mit einem Plädoyer für die Perestroika) und Gorbatschow entsprechend der neuen Regel zum Präsidenten des Obersten Sowjet gewählt. Jegor Ligatschow, der sich in den letzten Monaten zum Wortführer der Bremser im Apparat entwickelt hatte, mußte die Leitung der Ideologischen Abteilung des ZK mit einer neugeschaffenen Kommission für Agrarpolitik tauschen; Gorbatschows Vordenker Alexander Jakowlew und Wadim Medwedew rückten in Schlüsselpositionen auf. Gleichzeitig wurden die Zuständigkeiten und das Personal der ZK-Abteilungen beschnitten und eine Verfassungsreform vorbereitet, die dem Obersten Sowjet künftig einen Volkskongreß voranstellte, der zu zwei Dritteln von der Bevölkerung zu wählen war.

Derart gestärkt, konnte Gorbatschow eine weitere strategische Vorleistung an die westliche Sicherheitspolitik durchsetzen:

die Reduzierung der sowjetischen Truppenbestände um 500000 Mann in einem Zeitraum von zwei Jahren unabhängig von Kürzungen der NATO-Bestände. Sie wurde unter Federführung von Achromejew nach der 19. Parteikonferenz vorbereitet und am 7. Dezember von Gorbatschow vor dem Forum der Vereinten Nationen in New York bekanntgegeben. Der Beschluß schloß die Vereinbarung mit den Warschauer-Pakt-Staaten ein, bis Ende 1990 sechs Panzerdivisionen mit insgesamt 50000 Mann und 5000 Panzern aus der DDR, der Tschechoslowakei und Ungarn abzuziehen. Im europäischen Teil der Sowjetunion sollten in der gleichen Zeit 10000 Panzer, 8500 Artilleriegeschütze und achthundert Kampfflugzeuge ausgemustert werden. Die Angriffsfähigkeit der Sowjetarmee wurde damit erheblich beeinträchtigt, auch wenn ihr Personalbestand insgesamt nur um 10 Prozent sank.

Gorbatschow verband die Ankündigung dieser Kürzungen mit einem flammenden Appell für eine neue Struktur der internationalen Beziehungen und ein neues Sicherheitskonzept in einer interdependenten Welt. Er gestand Fehler und Mängel in der sowjetischen Politik der Vergangenheit ein und bekannte sich zur »zwingenden Notwendigkeit des Prinzips der Freiheit der Wahl« – einem »universalen Prinzip, von dem es keine Ausnahme geben darf«. Sodann plädierte er für eine Stärkung der Vereinten Nationen, für einen verpflichtenden Charakter der Urteile des Internationalen Gerichtshofs, für die Einrichtung eines Zentrums für ökologische Soforthilfe und für eine kollektive Anstrengung zur Lösung der Schuldenkrise der Entwicklungsländer.[43] Nach seiner Rede traf er sich noch einmal mit Reagan und dessen designiertem Nachfolger George Bush und unterstrich so die Entschlossenheit beider Seiten, die amerikanisch-sowjetischen Beziehungen weiter zu verbessern.

Die neue Vorleistung brachte die Bestrebungen des NATO-Establishments zu Fall, die Beseitigung der Mittelstreckenraketen durch eine Modernisierung der Kurzstreckenraketen auszugleichen. Trotz heftigen Drängens von Genscher und Strauß hatte Kohl bislang gezögert, sich diesem Begehren zu verweigern. Nachdem aber ein Abbau der konventionellen Bedrohung in so greifbare Nähe gerückt war, war es in der Bundesrepublik nicht mehr durchsetzbar, und Kohl trat nun entschlossen für eine Null-Lösung auch bei den Kurzstreckenraketen ein, verbunden mit dem Abbau der konventionellen Asymmetrien. Nach turbulenten Auseinandersetzungen mit Washington und London, in denen die Verbündeten die Deutschen eines allzu vertrauensseligen »Genscherismus« bezichtigten, wurde auf einem Treffen der Staats-und Regierungschefs der NATO am 29. und 30. Mai 1989 beschlossen, die Modernisierungsfrage erst einmal drei Jahre zu verschieben. Gleichzeitig bot die NATO, einer Vorgabe Bushs folgend, eine Reduzierung der konventionellen Waffen beider Bündnisse um 15 Prozent sowie einen Abbau der amerikanischen und sowjetischen Mannschaftsstärken in Europa um 20 Prozent an.

Damit stand die konventionelle Abrüstung endlich auf der Tagesordnung. Kohl machte bei einem Besuch Gorbatschows in der Bundesrepublik vom 12. bis 15. Juni 1989 deutlich, daß er sich für noch radikalere Schnitte in den Rüstungsbeständen beider Seiten einsetzen würde, und versicherte seinem Gast, daß die Frage der Modernisierung von taktischen Nuklearwaffen »bei den ersten Anzeichen für ernstzunehmende Fortschritte« in den Verhandlungen über konventionelle Streitkräfte in Europa (die nach dem Abschluß der Vorgespräche seit dem 9. März 1989 in Wien geführt wurden) endgültig vom Tisch kommen würde.[44] In einer gemeinsamen Erklärung trat er als Partner Gorbatschows bei der Verwirklichung des »gemeinsamen europäischen Hauses« auf (ein Begriff, den Gorbatschow 1985 im Gespräch mit französischen Journalisten geprägt hatte) und übernahm hinsichtlich der »Einhaltung des ABM-Vertrages« auch öffentlich die sowjetische Position.[45] Getragen von einem breiten Konsens – und hoffnungsvoller Begeisterung für »Gorbi« – arbeitete die Bundesregierung jetzt wieder aktiv an der Schaffung blockübergreifender und -überwindender Sicherheitsstrukturen mit.

Im Herbst 1989 bekannte sich schließlich auch die Bush-Administration zu einem Ausbau der Ost-West-Kooperation. Der neue Präsident hatte, weniger euphorisch als Reagan in seinen letzten Amtsmonaten, lange gezögert, den Dialog mit Gorbatschow fortzusetzen, und dabei die START-Verhandlungen ein halbes Jahr pausieren lassen. Nachdem Schewardnadse aber seinen neuen amerikanischen Kollegen James Baker bei einem Besuch im September von der Aufrichtigkeit der sowjetischen Haltung überzeugen konnte, wurde ihm klar, daß die Perestroika eine außerordentliche Chance zur Sicherung des Friedens bot und daß es sie zu nutzen galt. Der Präsident und er seien zu dem Schluß gekommen, daß Gorbatschows Erfolg im amerikanischen Interesse liege, erklärte Baker am 16. Oktober. »Wir haben die Chance, die Nachkriegsperiode mit den Aufs und Abs des Kalten Krieges hinter uns zu lassen. Wir können über die Eindämmung hinaus gehen und den Wandel der Supermacht-Beziehungen zum Besseren sicherer und weniger umkehrbar machen.«[46] Als Bush und Gorbatschow sich am 2. und 3. Dezember auf Malta trafen, konnte der sowjetische Präsident feststellen, »daß wir endlich den Rubikon überschritten hatten«[47].

Die Auflösung des Ostblocks

Unterdessen war allmählich deutlich geworden, daß die Völker des Sowjetimperiums, wenn sie denn die »Freiheit der Wahl« hatten, keineswegs am Kommunismus festzuhalten gedachten – anders, als Gorbatschow und seine Mitstreiter dies erwartet oder doch zumindest erhofft hatten. Im Kongreß der Volksdeputierten, der im März 1989 gewählt worden war, formierte sich eine Minderheit von radikalen Reformern (bis zu seinem Tod im Dezember 1989 geführt von Andrej Sacharow), die den Übergang zum Mehrparteiensystem und zur Marktwirtschaft verlangten und offensichtlich für eine breite Koalition gesellschaftlicher Kräfte sprachen. Die Parlamente von Litauen, Lettland und Estland votierten für die »Souveränität« ihrer Republiken; in Georgien, Turkmenistan, Usbekistan und Kasachstan brachen national gefärbte Unruhen aus.

In Polen führte ein Wahlkompromiß, den das Jaruzelski-Regime – nach neuen Arbeiterunruhen dem Beispiel der Perestroika folgend – im April 1989 mit den Vertretern von Solidarność am »Runden Tisch« ausgehandelt hatte, zu einer eklatanten Niederlage der Kommunisten: Von den 35 Prozent der Sitze des Sejm, die danach frei vergeben wurden, gingen in den Wahlen vom 3.

und 4. Juni 1989 nahezu alle an Kandidaten der Opposition; der neugeschaffene Senat, ohne jede Restriktion gewählt, aber nur mit geringen Kompetenzen, wurde zu 99 Prozent von Oppositionskandidaten besetzt; von den 35 prominenten Kandidaten der nationalen Regierungsliste erreichten nur zwei die im ersten Wahlgang nötige Mehrheit.

Diese niederschmetternden Ergebnisse änderten freilich nichts an der Einsicht, daß es »keine Alternative zur Perestroika« mehr gab, wie die Gorbatschow-Equipe im April 1988 geschrieben hatte.[48] Gorbatschow und seine Mitstreiter ließen sich durch die alten ideologischen Gewißheiten nicht mehr den Blick dafür verstellen, daß die Krankheiten der Sowjetunion und ihrer Bruderregime, ihre notorische Ressourcenvergeudung und die immer dramatischer werdende ökonomische Rückständigkeit nur noch unter den Bedingungen von individueller Freiheit und Rechtsstaatlichkeit überwunden werden konnten. Gewalt gegen Freiheitsbewegungen konnte der Sowjetunion nicht mehr helfen, im Gegenteil: Sie drohte den einzig aussichtsreichen Rettungsversuch der Perestroika zunichte zu machen.[49] »Wenn wir gezwungen sein sollten, Gewalt anzuwenden,« vertraute Schewardnadse am 29. Juli 1989 Baker an, »wäre dies das Ende der Perestroika. Wir wären gescheitert. Es wäre das Ende all unserer Hoffnungen auf die Zukunft, das Ende von allem, was wir zu erreichen versuchen – nämlich ein neues System zu schaffen, das auf Menschlichkeit basiert. Die Anwendung von Gewalt würde bedeuten, daß die Feinde der Perestroika den Sieg errungen hätten. Denn wir würden uns dann nicht von unseren Vorgängern unterscheiden. Aber es gibt keinen Weg zurück.«[50]

Wenn sich daraus ergeben sollte, »daß Osteuropa wahrscheinlich ›gehen‹ würde«, wie nach den polnischen Wahlen zumindest im engsten Beraterkreis von Schewardnadse gemutmaßt wurde[51], mußte man das in Kauf nehmen. Andropows Diktum von 1981, daß die Interessen der Sowjetunion im Zweifelsfall wichtiger seien als das Schicksal der Bruderparteien des Ostblocks, galt mehr denn je. Gorbatschow bestärkte daher in einem Telefongespräch mit Parteichef Miecyslaw Rakowski am 22. August die polnische Parteiführung in ihrer Entscheidung, eine Allparteien-Regierung unter einem Vertreter von Solidarność zu akzeptie-

ren.[52] Am 24. August wurde Wałesas Berater Tadeusz Mazowiecki für das Amt des Ministerpräsidenten nominiert, am
12. September wurde sein Kabinett vom Sejm bestätigt.

Gorbatschow nahm es auch ohne Einwände hin, daß der Prozeß der Erneuerung der ungarischen Partei, der im Mai 1988
schon zum Rücktritt Kádárs vom Amt des Ersten Sekretärs geführt hatte, im Laufe des Jahres 1989 in ihren Abschied von der
Macht mündete. Nachdem die Reformer um Imre Poszgay Ende
Februar im Zentralkomitee einen Verfassungsentwurf durchgesetzt hatten, der Ungarn freie Wahlen verhieß, emanzipierte sich
die Regierung unter dem Technokraten Miklós Németh von der
Parteiführung, und Teilwahlen im Juli brachten einen Sieg der
oppositionellen Kandidaten. Ende Juni, nach einer höchst ein-
drucksvollen Ehrenbestattung für Imre Nagy und andere Opfer
der Niederschlagung des Aufstands von 1956, trat ein »Runder
Tisch« mit Vertretern der Oppositionsgruppen zusammen. Am
29. November setzten die radikalen Demokraten um János Kis in
einem Referendum die Wahl des Präsidenten durch das künftige
Parlament durch; damit war den Reformkommunisten die Aussicht genommen, sich wenigstens durch die Direktwahl des po-
pulären Poszgay noch einen Anteil an der Macht zu sichern.

Bezeichnend und folgenreich war auch die Entscheidung der
ungarischen Regierung vom 2. Mai, die Stacheldraht-Barrieren
an der Grenze zu Österreich abzubauen. Als sich daraufhin im
Laufe des Sommers Tausende von Flüchtlingen aus der DDR in
Ungarn sammelten, in der Hoffnung, von da aus in den Westen
gelangen zu können, faßte die Regierung Németh Ende August
den Beschluß, den DDR-Bürgern den Grenzübertritt nach
Österreich auch offiziell zu gestatten. Gorbatschow meldete
zwar Bedenken an, ließ den Ungarn aber ausdrücklich freie
Hand. Dringende Appelle der SED-Führung, die ungarischen
Genossen zu disziplinieren, führten nur zu verbaler Solidarisie-
rung Schewardnadses mit der Kritik an der Bonner Politik in der
Flüchtlingsfrage.[53] Vom 11. September an konnten DDR-Bürger
über Ungarn legal in Drittstaaten ausreisen. Etwa 15 000 Ausrei-
sewillige nutzten in den nächsten Tagen diese Möglichkeit, bevor
die DDR-Behörden Reisen nach Ungarn nicht mehr zuließen.

Die Reformer in Moskau begriffen durchaus, daß der Strom

der Ausreisenden und Flüchtlinge aus der DDR, der von Monat zu Monat stärker anschwoll, Ausdruck einer Regimekrise war, die daraus resultierte, daß Honecker alle Aufforderungen zur Perestroika altersblind in den Wind schlug. Gorbatschow wagte es jedoch nicht, den ablösungsreifen SED-Chef offen zu delegitimieren. So nahm er eine Einladung zur Feier des 40. Jahrestags der DDR-Gründung am 6./7. Oktober nach kontroverser Diskussion im Politbüro schließlich doch an und kritisierte die Reformunwilligkeit Honeckers dort nur in allgemeiner Form: »Wer zu spät kommt, den bestraft das Leben.«[54]

Immerhin wurde Egon Krenz, langjähriger Kronprinz des SED-Regimes, der jetzt seine Chancen schwinden sah, durch Gorbatschows Auftreten ermutigt, den Sturz Honeckers zu organisieren. Am 17. Oktober setzte das Politbüro Honecker zusammen mit Günter Mittag und Joachim Herrmann ab und bestimmte Krenz zum Nachfolger. Der neue Generalsekretär konnte jedoch nicht verhindern, daß sich Demonstrationen, die am 25. September in Leipzig begonnen hatten, zu einer revolutionären Bewegung auswuchsen, die mit der Parole »Wir sind das Volk« die Demokratisierung der DDR einforderte. Als Günter Schabowski als Sprecher des Politbüros am Abend des 9. November eine unter chaotischen Bedingungen zustande gekommene Liberalisierung der Reiseregelungen bekanntgab und mißverständlich hinzufügte, sie gelte »ab sofort«, wollten Zehntausende von Ost-Berlinern sogleich die Grenze nach West-Berlin passieren. Um 22.30 Uhr gab der diensthabende Stasi-Offizier am Übergang Bornholmer Straße unter wachsendem Druck dem Begehren nach (»Wir fluten jetzt.«), die anderen folgten, und dann feierten die Berliner den Fall der Mauer.[55] Das SED-Regime war damit praktisch am Ende.

Das ging vielen Angehörigen des Moskauer Apparats nun doch zu weit. Den Zusammenbruch des Warschauer Pakts vor Augen rieten sie, »Divisionen und Sperranlagen aufzustellen und die Triebwerke der Panzer anzukurbeln«[56]. Gorbatschow entschied sich freilich einmal mehr zur Flucht nach vorn. Er begrüßte die vermeintliche Entscheidung von Krenz ohne Rücksprache im Politbüro als »mutigen Schritt« und ließ sie in einem Pressekommentar als Beitrag zum »Bau des europäischen Hauses« feiern. In einer mündlichen Botschaft an Kohl fügte er allerdings hinzu, er möge dafür Sorge tragen, daß es nicht zu gewaltsamen Zusammenstößen mit unabsehbaren Folgen käme. Und in gleichlautenden Botschaften an Bush, Thatcher und Mitterrand warnte er vor den destabilisierenden Folgen von »Erklärungen, die auf ein Anheizen der Emotionen im Geiste der Unversöhnlichkeit gegenüber den Nachkriegsrealitäten, d. h. der Existenz zweier deutscher Staaten, abzielen«[57]. Noch hoffte er, eine demokratisierte DDR in einem pluralistischen Warschauer Pakt erhalten zu können.

Bis zum Januar 1990 erwies sich auch diese Hoffnung als trügerisch. Am 28. November preschte Kohl, selbst für Genscher überraschend, mit einem »Zehn-Punkte-Plan« vor, der in bewußt undeutlicher Form und ohne zeitliche Fristen zu nennen »konföderative Strukturen zwischen beiden deutschen Staaten in Deutschland« verhieß, »mit dem Ziel, eine Föderation, das heißt eine bundesstaatliche Ordnung zu schaffen«[58]. Er wollte damit anderen Initiativen (etwa von Genscher oder Brandt) zuvorkommen und die in ihren Einstellungen ambivalente DDR-Bevölkerung auf das Ziel der Wiedervereinigung hin orientieren sowie Widerstände bei den Verbündeten beseitigen, ehe sie sich verdichten konnten. Die Gefahr, Gorbatschow damit zu destabilisieren, hielt er für nicht mehr gegeben, seit Nikolaj Portugalow am 21. November im Auftrag Falins die Haltung der Bundesregierung zu Schritten in Richtung auf eine Föderation zu eruieren gesucht hatte. Daß er dies ohne Gorbatschows Wissen und in der Absicht getan hatte, eine Preisgabe der DDR nach Möglichkeit zu verhindern, bekam man im Bonner Kanzleramt nicht mit.

Tatsächlich trug Kohls Initiative dazu bei, daß sich die DDR-Bürger im Laufe der nächsten zwei Monate immer stärker auf einen Beitritt zur Bundesrepublik hin orientierten. Hinzu kamen die deprimierenden Gefühle, die die Aufdeckung der Verrottung und Verlogenheit des SED-Regimes auslösten, und in scharfem Kontrast dazu die überwältigenden Eindrücke, die Millionen von DDR-Bürgern gewannen, die jetzt zum ersten Mal den Westen Deutschlands besuchten. Mitte Dezember machten sich die Christdemokraten der DDR den Ruf nach Wiedervereinigung zu eigen, Mitte Januar auch die Sozialdemokraten, und am 1. Februar 1990 trat selbst Hans Modrow, Ministerpräsident der SED-geführten Übergangsregierung, mit einem Vereinigungsplan hervor. Kohl sah sich bestätigt und gleichzeitig zu viel größerer Eile gedrängt. Ende November war er noch davon ausgegangen, bis zum Zusammenschluß der beiden deutschen Staaten würden noch fünf, vielleicht sogar zehn Jahre vergehen; Anfang Februar sah er sich genötigt, den DDR-Bürgern, die immer noch zu Zehntausenden in die Bundesrepublik übersiedelten, die alsbaldige Währungsunion anzubieten.

Zudem brach das kommunistische Machtmonopol jetzt auch noch in den restlichen Staaten des Warschauer Pakts zusammen. Am 10. November setzten Gorbatschow-Anhänger in der Parteiführung Bulgariens Todor Schiwkow ab, und nach einer Großdemonstration am 18. November wurde ein »Runder Tisch« vereinbart, der freie Wahlen vorbereiten sollte. Am 28. November, nach elf Tagen anschwellender Demonstrationen, vereinbarten die Repräsentanten der tschechoslowakischen Opposition mit Regierungschef Ladisław Adamec die Bildung einer Koalitionsregierung und die Demokratisierung der Verfassung. Am 11. Dezember wurde eine Regierung gebildet, in der die Kommunisten nur noch eine Minderheit darstellten, am 29. Dezember wählte das Parlament den Dissidentenführer Václav Havel zum Staatspräsidenten. Am 21. Dezember wurde Rumäniens Alleinherrscher Ceauşescu in einer offiziellen Massenveranstaltung vor dem Präsidentenpalast ausgepfiffen, tags darauf wurde er von der aufgebrachten Volksmasse buchstäblich aus dem Palast verjagt. Eine moderatere Fraktion des Staatsapparats, die ideologisch nicht mehr auf den Kommunismus festgelegt war, übernahm die Macht.

Nach dem Verlust des Machtmonopols hatten die kommunistischen Parteien dramatische Mitgliederverluste zu verzeichnen. Zum Teil spalteten sie sich, und die assoziierten »Massenorganisationen« gingen eigene Wege. Die neue tschechoslowakische Regierung forderte sogleich den Abzug aller Truppen des Warschauer Pakts. Im Januar schloß sich ihr die ungarische Regierung an. Gleichzeitig demonstrierten in Georgien, in der Ukraine und in Litauen Hunderttausende für die nationale Unabhängigkeit ihrer Republiken. In der sowjetischen Öffentlichkeit wurde der Ruf nach einem Mehrparteiensystem auch in der Sowjet-union immer dringlicher.

Für Gorbatschow (aber nicht nur für ihn) war dies eine »Zeit, in der wir es nicht nur auf politischer Ebene kaum schaffen, die Erscheinungen gedanklich zu verarbeiten«[59]. Anfang Januar wurde ihm klar, daß das Mehrparteiensystem auch in der Sowjet-union nicht länger aufgehalten werden durfte. Nach heftigsten Diskussionen im Politbüro wurde dem ZK-Plenum vom 5. bis 7. Februar eine »Plattform« vorgelegt, die die Streichung des Machtmonopols der KPdSU aus der Verfassung vorsah. Mit ih-rer Annahme ging die Perestroika prinzipiell über das sozialisti-sche System hinaus.

Fast gleichzeitig realisierte Gorbatschow, daß der zweite deutsche Staat nicht mehr zu halten war. Als Modrow ihm am 30. Januar seinen Vereinigungsplan vorlegte, zögerte er noch; nachdem ihm aber auch der neue SED-PDS-Vorsitzende Gregor Gysi bei einem Besuch am 2. Februar deutlich gemacht hatte, wie stark unterdessen das Drängen der DDR-Bevölkerung auf einen raschen Beitritt zur Bundesrepublik war, begriff er, daß er nicht länger warten durfte. Als Baker ihm am 9. Februar eine Vereini-gung vorschlug, bei der die Bundesrepublik in der NATO blei-ben, die »NATO-Jurisdiktion für Streitkräfte der NATO« aber nicht auf die bisherige DDR ausgedehnt würde (eine Idee, die Genscher einige Tage zuvor weniger verklausuliert vorgetragen hatte), stimmte er grundsätzlich zu: »Was Sie mir da über Ihre Herangehensweise und Ihre Präferenzen gesagt haben, ist sehr realistisch. Lassen Sie uns also darüber nachdenken.« Ebenso ak-zeptierte er Bakers Vorschlag, auf einer »Zwei-plus-Vier«-Kon-ferenz (der beiden deutschen Staaten und der vier Siegermächte) über die äußeren Aspekte einer Vereinigung zu verhandeln.[60] Tags darauf sagte er Kohl, über die Frage einer Vereinigung und ihrer Form müßten die Deutschen selbst befinden; über den in-ternationalen Status eines vereinten Deutschlands müsse aller-dings noch »weiter nachgedacht« werden.[61]

Friedensregelungen

Für Gorbatschows Einlenken in der deutschen Frage war wichtig, daß Bush ihm in Malta versichert hatte, er werde »nicht auf der Berliner Mauer tanzen«, die Wiedervereinigung nicht künstlich vorantreiben und auch sonst nichts tun, was die Perestroika gefährden könne; statt dessen wolle er die Abrüstungsverhandlungen beschleunigen und der Sowjetunion auch wirtschaftlich entgegenkommen.[62] Beeindruckt war Gorbatschow auch von Genschers Werben für »kooperative Strukturen der Sicherheit« für ganz Europa und die Resonanz, die der Außenminister damit in der Bundesrepublik fand.[63] Für ihn kam es darauf an, durch einen kooperativen Zugang auf die unvermeidlich gewordenen Verhandlungen über die deutsche Vereinigung soviel Sicherheitsgarantien wie möglich zu erhalten und überhaupt die Aussichten auf einen Ausbau der Kooperation mit den Westmächten nicht zu verbauen. Ein Auftreten mit Maximalforderungen (etwa nach einer Neutralisierung eines vereinten Deutschlands), wie es die meisten seiner Diplomaten rieten, hielt er zu Recht für kontraproduktiv. Anders als es Bush und auch Kohl befürchteten, wäre sie bei den Deutschen auch nicht mehrheitsfähig gewesen.

Mit Gorbatschows grundsätzlicher Bereitschaft, über ein vereintes Deutschland jenseits der alten Neutralitätsformel zu reden, war der Durchbruch in der deutschen Frage aber noch nicht erreicht. Bush schränkte Bakers Angebot einer »Beschränkung der NATO-Jurisdiktion« auf das Gebiet der bisherigen Bundesrepublik dahingehend ein, daß der bisherigen DDR nur ein nicht näher definierter »besonderer militärischer Status« innerhalb der NATO zugestanden werden sollte. Bei einem Treffen mit Kohl am 24. und 25. Februar stimmte auch der Bundeskanzler dieser Formel zu; Anfang April fügte er hinzu, daß das DDR-Gebiet nicht entmilitarisiert werden dürfe.

Die Verhärtung des westlichen Standpunkts hatte zur Folge, daß sich Gorbatschow ebenfalls wieder verschloß. Das Nachdenken über eine Kompromißlösung kam nicht recht in Gang beziehungsweise zu keinem klaren Ergebnis. Nur zögernd und in allgemeiner Form brachte Gorbatschow den Gedanken vor, die Vereinigung Deutschlands mit der Schaffung eines neuen Sicherheitssystems zu verknüpfen, in dem die bisherigen Bündnisse aufgehen sollten.[64] Statt einen plausiblen Vorschlag zur Handlungsfähigkeit eines solchen Sicherheitssystems zu entwikkeln, betonten die sowjetischen Vertreter in den nächsten Wochen nur immer wieder, daß eine NATO-Mitgliedschaft des vereinten Deutschlands nicht hingenommen werden könne. Die Sympathie der Deutschen für eine Ablösung der Militärorganisationen ließ sich auf diese Weise nicht gegen Bush und Kohl mobilisieren. Genscher mußte in der Frage der NATO-Ausdehnung nachgeben und sprach vom April an auch nicht mehr von einem Aufgehen der Bündnisse in der europäischen Sicherheitsstruktur.

Der erste, der daraus Konsequenzen zog, war Eduard Schewardnadse. Ende April ließ er sich von Sergej Tarassenko einen Vertragsentwurf erarbeiten, der eine NATO-Mitgliedschaft eines vereinten Deutschlands zumindest für eine Übergangszeit bis zur Schaffung gesamteuropäischer Strukturen vorsah. Er gewann dafür die Zustimmung von Verteidigungsminister Dimitrij Jasow und KGB-Chef Wladimir Krjutschkow.[65] In einer Politbüro-Sitzung am 3. Mai, in der der Vorschlag abgesegnet werden sollte, machte jedoch nicht nur Ligatschow gegen das »Heranrücken der NATO an die Grenzen der Sowjetunion« Front. Auch Gorbatschow sprach sich vehement gegen eine NATO-Mitgliedschaft Deutschlands aus: »Eher nehme ich das Scheitern der Wiener KSZE-Verhandlungen und des START-Vertrags in Kauf, aber das lasse ich nicht zu.«[66] Schewardnadse mußte beim ersten Ministertreffen der »Zwei plus Vier« am 5. Mai in Bonn darauf beharren, daß in der Übergangsperiode bis zur Etablierung des neuen Sicherheitssystems die alliierten Rechte in Deutschland aufrecht erhalten werden sollten.

Nachdem Schewardnadse in Bonn keine verbindliche Zusage erreichen konnte, daß im Rahmen der »Zwei-plus-Vier«-Verhandlungen ein gesamteuropäisches Sicherheitssystem vorbereitet würde, kamen jedoch auch Gorbatschow Zweifel, ob die bisherige Linie noch aufrecht erhalten werden konnte. Sie verstärkten sich, als Kohl Mitte Mai für gesamtdeutsche Wahlen vor Jahresende plädierte und dann das Inkrafttreten der Währungsunion mit der DDR bereits zum 1. Juli beschlossen wurde. Als auch noch der tschechoslowakische Außenminister Jiri Dienstbier für eine vorläufige Mitgliedschaft Deutschlands in der NATO plädierte, wenig später gefolgt von Polens Premier Mazowiecki und Ungarns Außenminister Gyula Horn, war endgültig klar, daß sich die Sowjetunion in der Defensive befand.

Als Bush beim nächsten amerikanisch-sowjetischen Gipfeltreffen am 31. Mai in Washington auf der NATO-Mitgliedschaft beharrte, ließ Gorbatschow mit einem Mal deutlich werden, daß er seine Position revidieren konnte. Seine Forderung, Vereinigung und Etablierung des neuen Sicherheitssystems synchron zu organisieren, reduzierte er schon im Laufe des Gesprächs auf die Bedingung, »eine Reformierung der Blöcke selbst in organischer Verknüpfung mit dem Wiener und dem gesamteuropäischen Prozeß *folgen*« zu lassen. Und als Bush ihn mit dem Vorwurf konfrontierte, den Deutschen nicht genügend zu vertrauen, erklärte er zum Entsetzen seiner Mitarbeiter plötzlich, Deutschland solle »selbst entscheiden, in welchem Bündnis es sein möchte«[67]. Den Vorschlag, diesen Grundsatz in einer gemeinsamen Erklärung festzuhalten, nahm er nach einer Besprechung der sowjetischen Delegation wieder zurück. Er erhob aber keinen Einwand, als Bush dies in einer anschließenden Pressekonferenz als gemeinsame Überzeugung bezeichnete.

Am 5. Juni, zwei Tage nach Abschluß des Washingtoner Gipfels, bestätigte Schewardnadse Baker am Rande eines KSZE-Treffens in Kopenhagen, die Sowjetunion könne sich auf eine Wiedervereinigung bei freier Bündniswahl bis Ende des Jahres einlassen, wenn die USA die unterdessen angebotenen Sicherheitsgarantien kodifizierten: Stärkung des KSZE-Prozesses und Verhandlungen über Truppenabbau und Kurzstreckenraketen, »Überprüfung« der NATO-Strategie, Übergangsphasen für den Abzug der sowjetischen und das Nachrücken der NATO-Truppen, Beschränkung der künftigen deutschen Armee und wirtschaftliche Unterstützung für die Sowjetunion, nicht zuletzt bei der Rückführung ihrer Truppen.[68] Gorbatschow hatte erkannt, daß mehr nicht herauszuholen war, wenn er die langfristige Kooperation mit den westlichen Demokratien nicht gefährden wollte. Am 11. Juni wurde Kohl zu einem Besuch in der zweiten Julihälfte eingeladen. Bis dahin, so sein Kalkül, wäre der bevorstehende 28. Parteitag der KPdSU vorüber, mögliche Kritik am Einlenken in der NATO-Frage wäre abgebogen, und er würde dann den Bundeskanzler mit seiner definitiven Einwilligung stärker verpflichten können.

Nach außen wurde der Eindruck des Einlenkens bis zum Besuch Kohls sorgsam verwischt. Beim nächsten Treffen der »Zwei-plus-Vier«-Außenminister am 22. Juni im Ost-Berliner Schloß Niederschönhausen legte die sowjetische Delegation sogar einen Vertragsentwurf vor, der die Aufhebung der alliierten Rechte noch einmal an eine spätere Verständigung über die neue Friedensordnung binden wollte und für fünf Jahre eine Doppelmitgliedschaft Deutschlands in beiden Bündnissen vorsah.[69] Schewardnadse erklärte aber gleich, daß dies »nicht der Weisheit letzter Schluß« sei; und nach der einmütigen Zurückweisung durch die westlichen Außenminister konnte er den Maximalisten in Moskau sagen, daß größere Zugeständnisse unumgänglich waren.

Sodann setzte Kohl mit starker Unterstützung Bushs auf dem Londoner NATO-Gipfel vom 5. und 6. Juli gegen den Widerstand von Thatcher und Mitterrand eine Reihe von Beschlüssen durch, die dem Reformbedürfnis Gorbatschows entgegenkamen: Die NATO erklärte sich zum Austausch einer multilateralen Gewaltverzichtserklärung und der Aufnahme von diplomatischen Beziehungen mit den Staaten des Warschauer Pakts bereit; sie kündigte eine »neue Strategie« an, die Nuklearwaffen zu »Waffen des letzten Rückgriffs« machte und die Vorneverteidigung durch die Aufstellung mobiler Einsatztruppen ersetzte; sie versprach Truppenreduzierungen bis 1992 und einen Abzug der nuklearen Artillerie im Vorgriff zu Verhandlungen über eine Reduzierung der nuklearen Kurzstreckensysteme; und sie stimmte einer Stärkung der KSZE durch jährliche Gipfeltreffen, ein Sekretariat, Zentren zur Wahlbeobachtung und Konfliktverhütung und ein parlamentarisches Gremium zu.

Weniger Erfolg hatte Kohl bei seinem Bemühen, der Perestroika mit einer umfassenden Wirtschaftshilfe unter die Arme zu greifen. Er selbst brachte bis Mitte Juni einen deutschen Bankenkredit in Höhe von 5 Milliarden DM zustande, von der Bundesregierung verbürgt, mit einer Laufzeit von zwölf Jahren und erst ab dem siebten Jahr zurückzuzahlen. Bush fand sich jedoch lediglich zur Unterzeichnung des ausstehenden Handelsabkommens mit der Sowjetunion auf dem Washingtoner Gipfel bereit, mehr konnte er innenpolitisch nicht durchsetzen. Thatcher lehnte Wirtschaftshilfen ohne substantielle marktwirtschaftliche Reformen als sinnlos ab. Auf dem Weltwirtschaftsgipfel von Houston vom 9. bis 11. Juli kam daher nur eine Erklärung zustande, die der Sowjetunion in vager Form westliche Wirtschaftshilfe für den Fall radikaler Reformen und politischen Wohlverhaltens in Aussicht stellte.

Gleichwohl und wider Erwarten konnte sich Gorbatschow auf dem 28. Parteitag vom 2. bis 14. Juli hervorragend behaupten. Es gelang ihm, die heftig umstrittene Reform des Parteistatuts durchzusetzen, die die Wahl der Spitzenämter vom Zentralkomitee auf den Parteitag verschob und das Politbüro zu einem Parteigremium ohne Regierungsfunktionen degradierte. Ligatschow, der zuvor vor einer Unterminierung des Sozialismus gewarnt hatte, scheiterte kläglich bei der Kandidatur zu dem neugeschaffenen Amt des Stellvertretenden Generalsekretärs. Das bisherige Politbüro trat komplett zurück, in dem neuen saß außer Gorbatschow kein Mitglied der Regierung oder des Obersten Sowjets mehr. Als Präsident konnte Gorbatschow jetzt seine Amtsgeschäfte endgültig ohne ständige Absprache mit dem Politbüro wahrnehmen.

Entsprechend souverän (und ohne die einschlägigen Dienststellen vorher auch nur informiert zu haben) präsentierte er dem überraschten Bundeskanzler, der zur Beendigung des Parteitags in Moskau eintraf, am 15. Juli seine Zugeständnisse: Mitgliedschaft Deutschlands in der NATO, das Stationierungsverbot für NATO-Truppen auf dem bisherigen Gebiet der DDR auf eine Übergangsperiode beschränkt, Aufhebung der alliierten Rechte schon zum Zeitpunkt des Inkrafttretens des »Zwei-plus-Vier«-Vertrags.[70] Tags darauf wurden im nordkaukasischen Erholungsort Archys weitere Einzelheiten ausgehandelt. Nach Einwänden Schewardnadses gegen die von Gorbatschow großzügig offerierte Begrenzung der Sonderregelung für das DDR-Territorium auf eine Übergangszeit gestanden Kohl und Genscher zu, daß westalliierte Truppen und Nuklearwaffen dort auch später nicht stationiert werden sollten. Bundeswehr-Einheiten, die nicht dem NATO-Kommando unterstanden, durften sofort nach der Wiedervereinigung in das ostdeutsche Gebiet einrücken, die NATO-Garantien sollten sogleich für das gesamte deutsche Territorium gelten. Die Übergangszeit bis zum vollständigen Abzug der sowjetischen Truppen wurde auf drei bis vier Jahre verkürzt, nachdem Kohl beträchtliche Mittel zur Finanzierung des Abzugs und der Rückkehr der Soldaten ins Zivilleben in Aussicht gestellt hatte. Hinsichtlich der künftigen Obergrenze der deutschen Armee akzeptierte Gorbatschow Kohls Eingangsvorschlag von 370000 Mann – 300000 weniger, als Bundeswehr und Nationale Volksarmee bislang zusammen aufwiesen, aber auch etwa 150000 mehr, als das sowjetische Verteidigungsministerium wünschte.

Da die Volkskammer der DDR am 23. August den Beitritt zur Bundesrepublik bereits zum 3. Oktober beschloß, mußten die Verträge, die sich aus dieser Absprache ergaben, nun unter großem Zeitdruck ausgehandelt werden. Dabei setzte die sowjetische Seite durch, daß der Truppenabzug erst Ende 1994 abgeschlossen sein mußte. Die Bundesrepublik bekräftigte noch einmal ihren Verzicht auf ABC-Waffen und erkannte die Oder-Neiße-Grenze als endgültig an. In einem Überleitungsabkommen gestand die deutsche Seite nach heftigem Ringen 12 Milliarden DM für Unterhalt und Abzug der sowjetischen Truppen zu, dazu noch einmal einen zinslosen Kredit von 3 Milliarden DM (was einem Zinsverlust von 1 Milliarde entsprach). Ein deutsch-sowjetischer Generalvertrag versprach intensive Zusammenarbeit und (weitgehend symbolisch) Verweigerung der Unterstützung eines Aggressors gegen den Partnerstaat. Der »Zwei-plus-Vier«-Vertrag wurde am 12. September in Moskau unterzeichnet, der »Vertrag über gute Nachbarschaft, Partnerschaft und Zusammenarbeit« und der Überleitungsvertrag wurden am 13. September paraphiert. Die DDR trat mit Wirkung zum 3. Oktober aus dem Warschauer Pakt und dem RGW aus und der Bundesrepublik bei.

Bei den Verhandlungen über konventionelle Abrüstung in Europa konnte man mit dem Zerfall des Warschauer Pakts kaum Schritt halten. Gorbatschow stimmte zwar am 13. Februar einem

Vorschlag Bushs zu, die amerikanischen und sowjetischen Truppen in Mitteleuropa auf je 195000 Mann zu beschränken und den USA weitere 30000 Mann im weiteren westlichen Europa zuzugestehen; der Abzug der Sowjettruppen aus der Tschechoslowakei, Ungarn und der DDR machte es jedoch schwierig, sinnvolle Obergrenzen für beide Bündnissysteme festzulegen. Nach dem Abschluß der »Zwei-plus-Vier«-Verhandlungen verlangte auch Polen einen Abzug der sowjetischen Truppen, und Ungarn gab bereits sein Interesse an einem Austritt aus dem Warschauer Pakt zu erkennen. Bis zum November gelang es immerhin, ein Gleichgewicht bei den Waffensystemen zu vereinbaren, die für Offensiveinsätze maßgeblich sind. Nach dem VKE-Vertrag vom 20. November 1990 durfte jede Seite nur noch 20000 Kampfpanzer, 30000 gepanzerte Fahrzeuge, 20000 Artilleriegeschütze, 6800 Kampfflugzeuge und 2000 Kampfhubschrauber behalten, gestaffelt in vier unterschiedlich definierten Zonen vom Atlantik bis zum Ural. Für die NATO bedeutete dies die Verschrottung von 2100 Panzern bis 1994, für die Sowjetunion die Verschrottung von fast 12000 Panzern.

Der Vertrag wurde auf einem Gipfeltreffen der Staats- und Regierungschefs der KSZE-Teilnehmer vom 19. bis 21. November in Paris unterzeichnet. Weiterhin billigte der Gipfel das zwei Tage zuvor verabschiedete »Wiener Dokument« der Konferenz über vertrauensbildende Maßnahmen, das die Verpflichtung zum Informationsaustausch über Streitkräfte und militärische Aktivitäten erheblich verstärkte. In einer gemeinsamen Erklärung stellten die Staaten der NATO und des Warschauer Pakts fest, »daß sie in dem anbrechenden neuen Zeitalter nicht mehr Gegner sind, sondern neue Partnerschaften aufbauen und einander die Hand zur Freundschaft reichen wollen«. Schließlich vereinbarten die Staats- und Regierungschefs in einer »Charta von Paris für das neue Europa« die Einrichtung der neuen KSZE-Institutionen, wie sie vom Londoner NATO-Gipfel akzeptiert worden waren.[71]

Bis zur Unterzeichnung des START-Vertrags über die Halbierung der strategischen Rüstung dauerte es dagegen noch erheblich länger. Zwar hatte Schewardnadse bei einem Treffen mit Baker vom 16. bis 19. Mai einer Ausweitung der luftgestützten

Cruise missiles und der Nichtanrechnung der seegestützten Cruise missiles auf die vereinbarten Obergrenzen zugestimmt, doch blieben danach immer noch eine Reihe von Berechnungsproblemen. Insbesondere sperrte sich die amerikanische Seite gegen ein Abrüsten durch Reduzierung der Sprengköpfe pro Rakete (mit der Begründung, daß es jederzeit unterlaufen werden konnte). Erst im Juli 1991 setzte Baker gegen Sicherheitsberater Brent Scowcroft durch, daß den Sowjets gestattet wurde, die Kürzung von 1250 Sprengköpfen auf diese Weise vorzunehmen. Auf dem Moskauer Gipfeltreffen von Bush und Gorbatschow am 30. und 31. Juli 1991 konnte daraufhin der START-Vertrag unterzeichnet werden. Infolge der »großzügigen« Zählweisen bei strategischen Bombern und Marschflugkörpern fiel der Abbau nicht so radikal aus, wie von Reagan und Gorbatschow angestrebt; gleichwohl war damit der Einstieg in eine substantielle strategische Abrüstung geschafft.

Im weiteren Verlauf des Gipfels kündigte Bush die Gewährung der Meistbegünstigungsklausel im Handel mit der Sowjetunion an, und bei einem anschließenden Besuch in der ukrainischen Hauptstadt Kiew warnte er, daß »Freiheit nicht gleichbedeutend mit Unabhängigkeit« ist.[72] Mit letzterem kam er freilich zu spät. Am 18. August 1991 unternahm eine Gruppe von hochrangigen Funktionären um KGB-Chef Wladimir Krjutschkow und Verteidigungsminister Dmitrij Jasow, den drohenden Machtverlust vor Augen, einen Putschversuch gegen Gorbatschow, der zur endgültigen Auflösung der Sowjetunion führte.

Bilanz:
Die Angst und die Wege der Freiheit

Mit dem Ost-West-Konflikt war auch die Entspannungspolitik zu Ende. Das hat viele Zeitgenossen dazu verführt, ihre Leistungen alsbald zu vergessen. Manche meinten auch, die westliche Entspannungspolitik hätte das Ende des Ost-West-Konflikts unnötig hinausgezögert, die Herrschaft des kommunistischen Systems in unverantwortlicher Weise stabilisiert und damit verlängert. Insbesondere erklärte Gegner der Entspannungspolitik fügten hinzu, erst das harte Auftreten des Westens in der Nachrüstungskrise, Reagans Kampfansage an das »Reich des Bösen« und seine Aufrüstungspolitik habe die sowjetische Führung zum Einlenken gezwungen. »Die Hardliner hatten Recht«, brachte Richard Pipes diese Auffassung auf den Punkt.[1]

Nichts kann falscher sein als diese nachträgliche Selbstbeweihräucherung hartnäckiger Entspannungskritiker. Tatsächlich wich Gorbatschow nicht westlichem Druck, er handelte vielmehr aus eigener Einsicht: Einsicht in die Unhaltbarkeit eines Kommandosystems, das die Entfaltung der gesellschaftlichen Kräfte immer stärker behinderte, Einsicht in die wachsende Kontraproduktivität militärischer Machtentfaltung, Einsicht in die Dringlichkeit blockübergreifender Friedenssicherung. Daß sich diese Einsichten an der Spitze des Sowjetsystems durchsetzten, war die entscheidende Voraussetzung für die Preisgabe der leninistischen Ideologie und den Rückzug der militärischen und polizeilichen Macht des sowjetischen Imperiums. Die Aneignung westlicher Prinzipien war in erster Linie ein Akt der Selbstbefreiung, schmerzlich zwar, aber im Interesse der Gesellschaften und Nationen, für die die kommunistischen Reformer Verantwortung trugen.

Diese Einsichten kamen nicht von heute auf morgen. Daß Reformen nötig waren, spürten schon Stalins unmittelbare

Nachfolger; und daß die Sowjetunion tunlichst einen großen Krieg mit dem Westen vermeiden mußte, wußte auch der Sowjetdiktator selbst. Gewachsen sind nur mit der Zeit der Problemdruck (infolge fortschreitender Industrialisierung und Perfektionierung der Nuklearwaffen-Technologie), die Folgerichtigkeit im Handeln und der Respekt vor den »allgemein-menschlichen Werten«, den Gorbatschow schließlich über den angemaßten »Klassenstandpunkt« stellte. Chruschtschow kam sein revolutionäres Temperament in die Quere, Breschnew seine wachsende Selbstgefälligkeit. Dennoch sind bei den beiden langjährigen Führern des Sowjetimperiums und erst recht in ihrem Umkreis pragmatische Distanzierungen von den klassenkämpferischen Grundmustern zu verzeichnen. Gorbatschow handelte aus der Kontinuität der sowjetischen Führung heraus. Seine Politik wurde anfangs von dem Kollektiv mitgetragen, das ihn als den geeignetsten Nachfolger Tschernenkos mit der Führung des Sowjetstaates beauftragt hatte, und selbst diejenigen, die sich mit der Zeit von ihm distanzierten, weil er ihnen zu radikal wurde, wollten nicht einfach die alten Verhältnisse wieder restaurieren.

Der Westen konnte diese Einsichten nicht erzwingen; insofern ist sein Anteil an der Perestroika und dem daraus resultierenden Sieg der westlichen Prinzipien durchaus begrenzt. Er konnte sie allerdings fördern: indem er erstens über die ideologischen und realen Sperren hinweg soviel wie möglich von der Realität des westlichen Lebens übermittelte, zweitens den kommunistischen Machthabern durch kooperatives Verhalten den Abschied von den alten Einkreisungsängsten erleichterte, drittens bei der Senkung des Rüstungsniveaus half und viertens auch in den wirtschaftlichen Austausch investierte. So verstanden war Wandel durch Annäherung durchaus möglich und erwies sich dieses Konzept auch als außerordentlich erfolgreich. Es lebte von der Überzeugung, daß der Westen von einer offenen Systemkonkurrenz und möglichst intensiven Kontakten nichts zu befürchten, vielmehr alles zu erhoffen hatte. Westliche Entspannungspolitik war danach ein Ausdruck westlichen Selbstbewußtseins und westlicher Stärke, während die Verweigerung von Kooperation nicht zuletzt aus einem Mangel an Selbstvertrauen resultierte.

Gewiß hat die westliche Kooperation auch das Bedürfnis der

östlichen Machthaber nach Anerkennung befriedigt. Das war jedoch kein entscheidender Beitrag zur Systemstabilisierung, sondern im Gegenteil eine notwendige Voraussetzung für seinen Wandel. Lautstarkes Deklamieren westlicher Prinzipien aus der Distanz war noch keine Politik. Damit konnte man teilweise Wahlen gewinnen, nicht aber die Verhältnisse ändern; in der Regel wirkte es sogar kontraproduktiv. Daß Kontakte umgekehrt die Durchsetzung kommunistischer Ordnungsvorstellungen im Westen beschleunigen würden, gehörte zwar zu den ursprünglichen Erwartungen der Kommunisten, hatte aber mit der Realität so wenig zu tun, daß bald und für lange Jahre die Praxis der Abschirmung an ihre Stelle trat. Als Ulbricht in Reaktion auf Brandts Ostpolitik eine »neue Westpolitik« entwickeln wollte, »um die Massen in Westdeutschland [...] dafür zu gewinnen, daß sie den demokratischen Fortschritt durchsetzen«[2], betrachteten ihn seine Politbüro-Kollegen als übergeschnappt, und Breschnew schärfte Honecker ein, es dürfe »zu keinem Prozeß der Annäherung zwischen der BRD und der DDR kommen«[3].

Im übrigen gab es über das Interesse an Anerkennung hinaus durchaus genuine Entspannungsmotive der kommunistischen Führer, an die die westliche Entspannungspolitik anknüpfen konnte: das Interesse an der Verhinderung eines Krieges, für den die Sowjetunion nicht gerüstet war, das Interesse an Sicherheit vor Deutschland und an wirtschaftlicher Zusammenarbeit, seit Malenkow die Furcht vor einer atomaren Katastrophe, seit Chruschtschow, wenn auch nicht immer gleichmäßig durchgehalten, das Interesse an einer Senkung der Rüstungslasten zugunsten des wirtschaftlichen und sozialen Fortschritts. Die kommunistischen Führer blieben zwar – mit abnehmender Intensität – davon überzeugt, daß dem Sozialismus auch in den westlichen Ländern die Zukunft gehören würde. Das hinderte sie jedoch nicht daran, die Interessen ihrer Staaten in der Gegenwart weitgehend realistisch zu vertreten.

Der sowjetischen Entspannungspolitik, die daraus resultierte, mangelte es vielfach an angemessener Operationalisierung. Chruschtschows atomares Säbelrasseln lief ihr ebenso zuwider wie die opportunistische Inanspruchnahme von Befreiungsbewegungen in der Dritten Welt oder das lethargische Fortschreiben von Rüstungsprogrammen in der späten Breschnew-Ära. Gleichwohl ist ein durchgehendes Interesse der Sowjetunion an der Entspannung zu verzeichnen. Es war nicht zu allen Zeiten gleich stark, aber auf weite Strecken stärker ausgeprägt als die Entspannungsbereitschaft des Westens. Es hielt, anders als es das geläufige Bild vom »Zweiten Kalten Krieg« suggeriert, unverändert an, als sich die USA zu Beginn der achtziger Jahre von der Entspannung verabschiedeten; und es wurde unter Gorbatschow so stark, daß der sowjetischen Politik schließlich gelang, was die Europäer nur halbherzig angestrebt hatten: den amerikanisch-sowjetischen Dialog wieder in Gang zu bringen und den Entspannungsprozeß zu dynamisieren.

Je länger der Entspannungsprozeß andauerte, desto mehr sahen sich die kommunistischen Führer gehalten, westliche Prinzipien zu beachten. Mit den internationalen Vereinbarungen entstand ein Vorrat gemeinsamer Grundsätze, an denen sie sich messen lassen mußten, seit der Verabschiedung der Schlußakte von Helsinki zunehmend auch von der eigenen Bevölkerung. Gleichzeitig stieg der Preis, der für eine Verletzung dieser Prinzipien gezahlt werden mußte. 1968 gab Breschnew dem Drängen des kommunistischen Apparats auf Niederschlagung einer Freiheitsbewegung noch nach. 1981 tat er das schon nicht mehr, und 1986 machte Gorbatschow den Führern der »Bruderparteien« deutlich, daß sie generell keine bewaffnete Hilfe mehr zu erwarten hatten. Das Interesse an der Aufrechterhaltung und Weiterentwicklung der Kooperation mit dem Westen war schließlich so stark, daß Gorbatschow sogar bereit war, dafür die Mitgliedschaft eines vereinten Deutschlands in der NATO in Kauf zu nehmen. Für ihn war das Einlenken in der deutschen Frage eine Investition in die Zukunft. Was er an strategischem Aufmarschgebiet in einem militärisch ohnehin überholten Szenario verlor, sollte durch die dauerhafte Verpflichtung potenter Kooperationspartner mehr als wettgemacht werden.

Gorbatschow ließ sich dabei von Einsichten in die Begrenztheit militärischer Macht leiten, die zuvor im Westen artikuliert worden waren. Er konnte sie umsetzen, weil er auf der westlichen Seite Partner fand, die im entscheidenden Moment bereit waren, über die Strukturen des Kalten Krieges hinauszugehen.

Insofern haben nach den Ideengebern wie de Gaulle und Bahr und Pionieren wie Brandt und Olof Palme auch Reagan, Genscher und Kohl, Baker und Bush ihren Anteil an der Überwindung der bipolaren Blockstruktur. Daß sie, mit Abstufungen, nicht immer konsequent genug agierten, schlug sich in den Unvollkommenheiten der Friedensordnung nieder, die die Welt des Kalten Krieges abgelöst hat. Die Kritik an den Halbheiten der OSZE und der »Partnerschaft für den Frieden« sollte freilich nicht vergessen machen, daß das Wesentliche in gemeinsamer Anstrengung gelang: eine allseitige Orientierung am Prinzip der Partnerschaft.

Ronald Reagan war zu solcher Kooperation fähig, nachdem er seine Ängste eingedämmt und das Selbstvertrauen einer Gesellschaft wiederhergestellt hatte, die durch die Niederlage in Vietnam und das Geiseldrama in Teheran traumatisiert worden war. Das war der wesentliche Effekt seiner Aufrüstungspolitik, nicht die Wiederherstellung ausreichender Verteidigungsfähigkeit, die nie in Frage stand. Reagans Entwicklung verdeutlicht damit an einem Extrembeispiel die Funktion militärischer Rüstung im Ost-West-Konflikt: Sie war notwendig, um sich in einer grundsätzlich ungewissen Situation rückzuversichern und der Gegenseite keinen Anlaß zu bieten, sich präventiv einseitige Sicherheitsvorteile zu verschaffen oder ihren Ordnungsvorstellungen durch militärischen Druck Vorschub zu leisten. Dazu bedurfte es freilich nie des Ausmaßes an Rüstungsanstrengungen, das überhöhte Bedrohungsvorstellungen, ein mechanisches Gleichgewichtsdenken und die Logik des Wettrüstens nahelegten. Angst war ein schlechter Ratgeber, der die Wahrnehmung von Verständigungsmöglichkeiten oft verhindert hat.

Reagan ist auch ein extremes Beispiel für den Wandel an Einstellungen, der bei den meisten Protagonisten der Entspannung zu verzeichnen ist. Entspannungspolitiker wurde man in der Regel im Ergebnis von Lernprozessen, ob in der Verbindung mit der Abwicklung von Eindämmungsprogrammen wie bei Churchill und Reagan oder durch einen neuen Blick auf die Realitäten wie im Falle von Kennedy und Brandt. Manche blieben auch in den Widersprüchen zwischen alten Ängsten und neuen Einsichten stecken, so bis auf wenige Momente der späte Adenauer und trotz bemerkenswerter Erfolge auch Kissinger; und manche hielten an Nebenzielen fest, die der Entspannung zuwiderliefen, so Johnson im Hinblick auf Vietnam und de Gaulles Nachfolger Georges Pompidou, später auch Mitterrand im Hinblick auf eine Eindämmung der Deutschen. Die Bandbreite an Einstellungen und Entwicklungen war wesentlich umfangreicher, das Maß an Übereinstimmung wesentlich größer, als es die innenpolitisch bedingte Polarisierung zwischen Entspannungsbefürwortern und Entspannungsgegnern glauben machen möchte.

Daß die Entspannungspolitik trotz aller Anfeindungen langfristig an Boden gewann, ergab sich aus ihren unmittelbaren Wirkungen. Sie konnte den Ost-West-Konflikt nicht auf Anhieb überwinden, aber entschärfen und zurückdrängen. Das Wettrüsten wurde nicht beendet, aber begrenzt; die Grenzen wurden nicht aufgehoben, aber durchlässiger gemacht; die Lage im geteilten Deutschland normalisierte sich nicht, aber sie verlor viel von ihrer unmenschlichen Härte. All das waren Leistungen der Entspannungspolitik, die niemand missen mochte, der sie wahrnahm. Sie legitimierten sie auch unabhängig von der Einschätzung der Möglichkeit und Wahrscheinlichkeit einer Überwindung des Konflikts.

Daß der weitgehenden Eindämmung des Ost-West-Konflikts 1987/88 schließlich 1989/90 die Aufhebung des Ost-West-Gegensatzes folgte, ist den Aktivisten der Demokratiebewegungen in den Ländern des sowjetischen Machtbereichs zu verdanken und den Demonstranten, die ihnen folgten. Sie, die in unsicheren Zeiten viel riskiert und zum Teil gelitten haben, sind neben und vor den Akteuren der Entspannungspolitik die eigentlichen Helden dieser Geschichte.

Anmerkungen

Helsinki, 1. August 1975

1 Europa-Archiv 20 (1965), S. D 210 ff.
2 Europa-Archiv 24 (1969), S. D 151 ff.
3 Text in: Europa-Archiv 30 (1975), S. D 437–484.
4 Auszüge aus den Erklärungen in: Europa-Archiv 30 (1975), S. D 539 ff.
5 Gerald R. Ford, A Time to Heal. The Autobiography of Gerald R. Ford. London, New York 1979, S. 303 f.
6 Gesprächsaufzeichnungen in: Heinrich Potthoff, Bonn und Ost-Berlin 1969–1982. Dialog auf höchster Ebene und vertrauliche Kanäle. Darstellung und Dokumente. Bonn 1997, S. 329–355.
7 Zit. n. Der Spiegel 28. 7. 1975.
8 Ford, A Time to Heal, S. 300.
9 Umfrage in Newsweek 11. 8. 1975.
10 Verhandlungen des Deutschen Bundestages 25. 7. 1975.
11 Anatoly Dobrynin, In Confidence. Moscow's Ambassador to America's Six Cold War Presidents (1962–1986). New York 1995, S. 346.

Kapitel 1

1 Vgl. Wilfried Loth, Die Teilung der Welt. Geschichte des Kalten Krieges 1941–1955. 8. Aufl. München 1990, S. 234 f.
2 Vgl. Wilfried Loth, Stalins ungeliebtes Kind. Warum Moskau die DDR nicht wollte. Berlin 1994, S. 174 f.; Vojtech Mastny, The Cold War and Soviet Insecurity. The Stalin Years. New York, Oxford 1996, S. 111 f.
3 Beispielsweise in einer Unterredung mit den SED-Führern am 18. 12. 1948, dokumentiert bei Rolf Badstübner u. Wilfried Loth (Hg.), Wilhelm Pieck – Aufzeichnungen zur Deutschlandpolitik 1945–1953. Berlin 1994, S. 259–263.
4 Neues Deutschland 22. 10. u. 15. 11. 1950.
5 Neues Deutschland 15. 9. u. 4. 11. 1951.
6 Ermittelt von Gerhard Wettig, Die Deutschland-Note vom 10. März 1952 auf der Basis diplomatischer Akten des russischen Außenministeriums. In: Deutschland-Archiv 26 (1993), S. 786–805.
7 Text u. a. in: Eberhard Jäckel (Hg.), Die deutsche Frage 1952–1956. Notenwechsel und Konferenzdokumente der vier Mächte. Frankfurt, Berlin 1957, S. 23 f.
8 Memoranden vom 12. u. 14. 3. 1952, ermittelt von Reinhard Neebe, Wahlen als Text. Eine gescheiterte Initiative des Politischen Planungsstabs im

State Department zur Stalin-Note vom 10. März 1952. In: Militärgeschichtliche Mitteilungen 45 (1989), S. 139–162.

[9] Jäckel, Die deutsche Frage, S. 24 f.

[10] Hanns Jürgen Küsters (Bearb.), Adenauer. Teegespräche 1950–1954. Berlin 1984, S. 526.

[11] So vor dem Vorstand der CDU-Bundestagsfraktion am 25. 3. 1952, berichtet von Hermann Pünder, Von Preußen nach Europa. Lebenserinnerungen. Stuttgart 1968, S. 488.

[12] Jäckel, Die deutsche Frage, S. 27.

[13] Ebd., S. 32 f.

[14] Sowjetisches Protokoll. Archiv des Präsidenten der Russischen Föderation. Fond 45, Abt. 1, Bd. 303, Teil 179.

[15] Zit. n. Loth, Stalins ungeliebtes Kind, S. 190.

[16] Jäckel, Die deutsche Frage, S. 31.

[17] Khrushchev Remembers. The Last Testament. Boston 1974, S. 220.

[18] Prawda 10. 3. 1953.

[19] Documents on International Affairs 1953. London 1956, S. 12 f.

[20] Memorandum ca. 28. 4. 1953. Archiv des Außenministeriums der Russischen Föderation. Fond 082, Abt. 41, Bd. 271, Teil 18, S. 44–47; die Erwartungen hinsichtlich der Vier-Mächte-Konferenz in einem von Jakov Malik und Georgij Puschkin verfaßten Memorandum vom 24. 4. 1953, ebd., Teil 19, S. 2–12.

[21] Zitiert bei Lew Besymenski, 1953 – Berija will die DDR beseitigen. In: Die Zeit 15. 10. 1993, S. 81–83. Sudoplatows Bericht ist insofern glaubwürdig, als Chruschtschow auf dem ZK-Plenum vom 2. bis 7. Juli 1953 berichtete, Berija habe am 27. Mai im Präsidium des Ministerrats angekündigt, einen »Vertrag« mit den Westmächten schließen zu sollen, der »ein neutrales demokratisches Deutschland« garantiere. Vgl. Loth, Stalins ungeliebtes Kind, S. 200.

[22] Veröffentlicht in: Istoritscheskii archiw, Nr. 2 (1994), S. 88. Vgl. auch den Bericht Molotows vor dem ZK-Plenum 2. 7. 1953; Der Fall Berija. Protokoll einer Abrechnung. Berlin 1993, S. 78.

[23] Über die Maßnahmen zur Gesundung der politischen Lage in der DDR, Präsidiumsbeschluß 1. 6. 1953. Archiv des Außenministeriums der Russischen Föderation, Fond 06. Abt. 12, Bd. 16, Teil 263; eine deutsche Übersetzung im Zentralen Parteiarchiv der SED, Nl. 90/699, Bl. 27–33, veröffentlicht in: Beiträge zur Geschichte der Arbeiterbewegung 32 (1990), S. 651–654.

[24] Veröffentlicht in Neues Deutschland 11. 6. 1953.

[25] Zit. n. Loth, Stalins ungeliebtes Kind, S. 206.

[26] Wie er seinem Mitarbeiter Pierson Dixon am 16. 5. 1953 sagte: Aktennotiz Dixons 19. 5. 1953. Zit. n. Josef Foschepoth, Churchill, Adenauer und

die Neutralisierung Deutschlands. In: Deutschland-Archiv 17 (1984), S. 1286–1301, hier S. 1292.

27 Churchill an Salisbury 6. 7. 1953. Zit. n. Foschepoth, ebd.

28 Churchill an Eisenhower 11. 3. 1953. Zit. n. Peter G. Boyle (Hrsg.), The Churchill-Eisenhower Correspondence, 1953–55. Chapel Hill / N.C. 1990, S. 31.

29 House of Commons, Parl. Deb. 11. 5. 1953, Sp. 883–898.

30 Vorschlag vom 4. 2. 1954. Dokumente zur Deutschlandpolitik der Sowjetunion. Bd. 1. Berlin 1957, S. 449 ff.

31 Unterredung mit Eden am Abend des 2. 2. 1954. Zit. n. Hermann-Josef Rupieper, Die Berliner Außenministerkonferenz von 1954. In: Vierteljahrshefte für Zeitgeschichte 34 (1986), S. 427–453, hier S. 449.

32 So der amerikanische Außenminister John Foster Dulles bei einem Vorbereitungsgespräch im Weißen Haus. Zit. n. Klaus Larres, Politik der Illusionen. Churchill, Eisenhower und die deutsche Frage 1945–1955. Göttingen, Zürich 1995, S. 242.

33 Die Ausführungen, die Molotow dazu in der Sitzung vom 15. 2. 1954 machte, wurden in den zeitgenössischen Konferenzdokumentationen nicht veröffentlicht; siehe Nikolaus Katzer, »Eine Übung im Kalten Krieg«. Die Berliner Außenministerkonferenz von 1954. Köln 1994, S. 224.

34 Protokoll der Verhandlungen des IV. Parteitages der Sozialistischen Einheitspartei Deutschlands, 30. März bis 6. April 1954. Bd. 1. Berlin 1954, S. 193.

35 Europa-Archiv 9 (1954), S. 7209, u. 10 (1955), S. 7345 f.

36 Dokumente zur Deutschlandpolitik. Bd. 3.1. Bonn 1955, S. 76–80.

37 Vgl. Rolf Steininger, Zwischen Pariser Verträgen und Genfer Gipfelkonferenz. Großbritannien und die deutsche Frage 1955. In: Ders. u. a. (Hg.), Die doppelte Eindämmung. Europäische Sicherheit und deutsche Frage in den Fünfzigern. München 1993, S. 177–211, hier S. 204 f.

38 Bericht Wladimir Semjonows, damals Stellvertreter Außenminister der UdSSR, bei Oleg Grinevskij, Tauwetter. Entspannung, Krisen und neue Eiszeit. Berlin 1996, S. 212.

39 Europa-Archiv 10 (1955), S. 8061.

40 Ebd., S. 8121.

Kapitel 2

1 Grinevskij, Tauwetter, S. 153.

2 Zit. n. Yuri Smirnov u. Vladislav Zubok, Nuclear Weapons after Stalin's Death. Moscow Enters the H-Bomb Age. In: CWIHP-Bulletin, Nr. 4, Herbst 1994, S. 14–18, hier S. 14 f.

3 Prawda 13. 3. 1954.

4 Iswestija 27. 4. 1954.

5 Mohammed Heikal, Sphinx and Commissar. The Rise and Fall of Soviet Influence in the Arab World. London 1978, S. 129.

6 XX s"ezd KPSS. Bd. 1. Moskau 1956, S. 36.

7 Documents on International Affairs 1955. London 1958, S. 110–121.

8 Vgl. Saki Dockrill, Eisenhower's New-Look National Security Policy, 1953–61. London, New York 1996, S. 145 ff.; David Holloway, Stalin, and the Bomb. The Soviet Union and Atomic Energy, 1939–1956. New Haven, London 1994, S. 341 f.

9 Konrad Adenauer, Erinnerungen 1953–1955. Frankfurt a. M. 1968, S. 459 f.; ders., Erinnerungen 1955–1959. Frankfurt a. M. 1969, S. 33 ff., 37 f.

10 Aus Chruschtschows Erinnerungen. Voprosi istorii 8–9 (1992), S. 76.

11 Anthony Eden, Full Circle. London 1960, S. 306.

12 Vgl. Pierre Guillen, Le problème allemand dans les rapports Est-Ouest de 1955 à 1957. In: Relations Internationales, Nr. 71, Herbst 1992, S. 299–209, hier S. 303.

13 in einer Rede in Dallas am 27. 10. 1956, FRUS 1955–1957, Bd. 25, S. 317 f.

14 Protokollaufzeichnungen des ZK-Beamten Wladimir N. Malin, vorgestellt von Mark Kramer auf der Konferenz »Hungary and the World 1956. The New Archival Evidence«, Oktober 1996 in Budapest.

15 Ermittelt von Hans-Peter Schwarz, Adenauer. Der Staatsmann: 1952–1967. Stuttgart 1991, S. 321–327.

16 So Verteidigungsminister Franz-Josef Strauß auf der NATO-Ratstagung vom 11.–14. 12. 1956. Zit. n. ebd., S. 331.

17 Vgl. Ernest May, John Steinbrunner u. Thomas Wolfe, History of the Strategic Arms Competition, 1945–1972. (Interne Pentagon-Studie März 1981), S. 315–333.

18 Guillen, Le problème allemand, S. 307 f.

19 Grinevskij, Tauwetter, S. 221 f.

20 Archiv der Gegenwart 27 (1957), S. 6385.

21 FRUS 1958–1960. Bd. 7/2, S. 802.

22 Adenauer an von Brentano 17. 2. 1958. Zit. n. Schwarz, Adenauer. Der Staatsmann, S. 383.

23 Vgl. Grinevskij, Tauwetter, S. 58–73.

24 Verhandlungen des Deutschen Bundestages 1958, Bd. 40, S. 1160.

25 Michael Lemke, Die Berlinkrise 1958 bis 1963. Interessen und Handlungsspielräume der SED im Ost-West-Konflikt. Berlin 1995, S. 99.

26 Schreiben vom 13. 6. 1958, ebd., S. 98.

27 Gespräch mit Sowjetbotschafter Michail Perwuchin 23. 6. 1958, Tagebuch Perwuchin. Zit. bei Alexei M. Filitov, The Cold War. What Was It, Why and When? In: Gustav Schmidt (Hg.), Ost-West-Beziehungen. Konfrontation und Détente 1945–1989. Bd. 1. Bochum 1993, S. 229–236, hier S. 233.

28 Gespräch Perwuchin 5. 10. 1958, Tagebuch Perwuchin. Zit. bei Hope M. Harrison, Ulbricht and the Concrete »Rose«. New Archival Evidence on the Dynamics of Soviet-East German Relations and the Berlin Crisis, 1958–1961. CWIHP-Working Paper, Nr. 5, Mai 1993, S. 14.

29 Vgl. James G. Richter, Khrushchev's Double Bind. International Pressures and Domestic Coalition Politics. Baltimore 1994.

30 Zeugnis von Andrej Alexandrow-Agentow, damals Stellvertretender Leiter der III. Europäischen Abteilung des Außenministeriums und wichtigster Redenschreiber Gromykos, bei Grinevskij, Tauwetter, S. 23 f.

31 So Georgij Puschkin, langjähriger Botschafter in der DDR und jetzt Leiter der Informationsabteilung des ZK, berichtet von seinem Mitarbeiter Valentin Falin, Politische Erinnerungen. München 1993, S. 336.

32 Grinevskij, Tauwetter, S. 24.

33 Hans Kroll, Lebenserinnerungen eines Botschafters. Köln 1967, S. 389–392.

34 Dokumente zur Berlin-Frage 1944–1966. München 1966, S. 301–319.

35 Vgl. William Burr, Avoiding the Slippery Slope. The Eisenhower Administration and the Berlin Crisis, November 1958 – January 1959. In: Diplomatic History 18 (1994), S. 177–205, hier S. 182.

36 Victor Maurer, Macmillan und die Berlin-Krise 1958/59. In: Vierteljahrshefte für Zeitgeschichte 44 (1996), S. 229–256, Zitat S. 234.

37 Text in: Die Bemühungen der deutschen Bundesregierung und ihrer Verbündeten um die Einheit Deutschlands 1955–1966. Bonn 1966, S. 287 f.

38 Maurer, ebd., S. 255.

39 Vgl. Schwarz, Adenauer. Der Staatsmann, S. 482, 498 f.

40 Dokumente zur Berlin-Frage, S. 402 f.

41 Grinevskij, Tauwetter, S. 231.

42 Ebd., S. 273 f.

43 Ebd., S. 295 f.

44 So im Gespräch mit Macmillan Ende März 1960. Zit. n. Michael Jochum, Eisenhower und Chruschtschow. Gipfeldiplomatie im Kalten Krieg 1955–1960. Paderborn 1996, S. 139.

45 Präsidiumssitzung vom 7. 4. 1960, rekonstruiert bei Grinevskij, Tauwetter, S. 324–327.

46 So im Vier-Augen-Gespräch mit Botschafter Thompson. Zit. n. Michail R. Beschloss, Mayday. Eisenhower, Khrushchev and the U-2-Affair. New York 1986, S. 257.

47 Entwurf vom 11. 5. 1960. Zit. n. Lemke, Berlinkrise, S. 149.

48 Erklärung des State Department vom 9. 5. 1960. Zit. n. Beschloss, Mayday, S. 257 f.

49 Kommuniqué der drei Westmächte. Zit. n. Grinevskij, Tauwetter, S. 425.

50 Harold Macmillan, Pointing the Way. 1959–61. London 1972, S. 212.

[51] Felix von Eckardt, Ein unordentliches Leben. Lebenserinnerungen. Düsseldorf, Wien 1967, S. 614.

Kapitel 3
[1] Dokumente zur Deutschlandpolitik. IV. Reihe. Bd. 4. Frankfurt a. M. 1972, S. 1077.
[2] Vgl. Lemke, Berlinkrise, S. 120.
[3] Unterredung vom 24. 5. 1960. Zit. n. Grinevskij, Tauwetter, S. 432.
[4] Michael R. Beschloss, Powergame. Kennedy und Chruschtschow. Die Krisenjahre 1960–1963. Düsseldorf 1991, S. 53 ff., 59.
[5] Anatoly Dobrynin, In Confidence. Moscow's Ambassador to America's Six Cold War Presidents (1962–1986). New York 1995, S. 44.
[6] Amerikanische Gesprächsaufzeichnungen. Zit. n. Beschloss, Powergame, S. 218 f.
[7] Ebd., S. 219 f.
[8] Vgl. Harrison, Ulbricht, S. 27–36.
[9] Beschloss, Powergame, S. 223.
[10] Ebd., S. 228.
[11] Ebd., S. 230.
[12] Vgl. Grinevskij, Tauwetter, S. 490 f.
[13] Botschafter Perwuchin an Gromyko 19. 5. 1961. Zit. n. Harrison, Ulbricht, S. 36; vgl. ebd., S. 31.
[14] Offensichtlich bewußt – anders ist die in den DDR-Medien groß herausgestellte Botschaft nicht zu erklären.
[15] So in einem sorgfältig vorbereiteten Gespräch mit Botschafter Perwuchin, mitgeteilt bei Julij A. Kwizinskij, Vor dem Sturm. Erinnerungen eines Diplomaten. Berlin 1993, S. 179.
[16] Bericht an Ulbricht 15. 7. 1961. Zit. n. Lemke, Berlinkrise, S. 164.
[17] Hans Kroll, Lebenserinnerungen eines Botschafters. Köln 1967, S. 512. Kroll gibt nur »Herbst 1961« als Datum des Gesprächs an; eine genauere Zeitangabe fehlt.
[18] Nach dem Zeugnis des stellvertretenden tschechoslowakischen Verteidigungsministers Jan Sejna, ausgewertet bei Peter S. Wyden, Wall. The Inside Story of Divided Berlin. New York 1989, S. 85–90, 116–121, 132, 139–145, 154–161. Vgl. auch Beschloss, Powergame, S. 269 ff. – Nach Kwizinskij, Vor dem Sturm, S. 180 wurde Ulbricht Chruschtschows Einwilligung schon vor seinem Abflug nach Moskau am 31. Juli mitgeteilt. Dabei mag es sich jedoch ebenfalls um eine konditionierte Zustimmung gehandelt haben.
[19] Neues Deutschland 14. 8. 1961.
[20] Walt W. Rostow, The Diffusion of Power. An Essay in Recent History. New York 1972, S. 231.

21 Kennedys Terminsekretär Kenneth P. O'Donnell im Interview des Zweiten Deutschen Fernsehens 10.8.1976. Zit. n. Peter Bender, Neue Ostpolitik. Vom Mauerbau bis zum Moskauer Vertrag. München 1986, S. 221 f., sowie in Kenneth P. O'Donnell, David F. Powers und Joe McCarthy, »Johnny, We Hardly know You«. Memories of John Fitzgerald Kennedy. Boston 1972, S. 303.

22 Brandt an Brentano 14. 8. 1961. Zit. bei Hanns Jürgen Küsters, Adenauer und Brandt in der Berlin-Krise 1958–1963. In: Vierteljahrshefte für Zeitgeschichte 40 (1992), S. 484–542, hier S. 528.

23 So Außenminister Dean Rusk im Gespräch mit Gromyko 21.9.1961. Zit. n. Beschloss, Powergame, S. 309.

24 FRUS, Berlin Crisis, S. 468–480.

25 Ulbricht an Chruschtschow 15. 9. 1961. Veröffentlicht bei Harrison, Ulbricht, Appendix I.

26 Gromyko an Zentralkomitee (undatiert). Zit. bei Vladislav M. Zubok, Khrushchev's Motives and Soviet Diplomacy in the Berlin Crisis, 1958–1962. Papier zur Konferenz »Soviet Union, Germany, and the Cold War, 1945–1962. New Evidence from Eastern Archives«. Essen 28.–30. 6. 1994, S. 33 f.

27 Ulbricht an Chruschtschow 30.10.1961. Veröffentlicht bei Harrison, Ulbricht, Appendix K.

28 Beschloss, Powergame, S. 331.

29 Schwarz, Adenauer. Der Staatsmann, S. 743 ff., 748.

30 Beschloss, Powergame, S. 326.

31 Stewart Alsop, Kennedy's Grand Strategy. In: Saturday Evening Post 31. 3. 1962.

32 Khrushchev Remembers, Boston 1970, S. 493 ff.

33 Zeugnis von Mikojans Sohn Sergo auf den Zeitzeugen-Konferenzen in Cambridge/Mass. Oktober 1987 und Moskau Januar 1989; siehe James G. Blight u. David A. Welch (Hg.), On the Brink. American and Soviets Reexamine the Cuban Missile Crisis. New York 1989, und Bruce J. Allyn, James G. Blight, David A. Welch (Hg.), Back to the Brink. Proceedings of the Moscow Conference on the Cuban Missile Crisis, January 27–28, 1989. London 1992.

34 Khrushchev Remembers, S. 494. Die gleiche Formulierung bei der Instruktion der Delegation, die Castro das Vorhaben übermitteln sollte, mitgeteilt bei Aleksandr Fursenko u. Timothy Naftali, »One Hell of a Gamble«. Khrushchev, Castro, and Kennedy, 1958–1964. London, New York 1997, S. 182.

35 Angaben von Anatolij Gribkow, an der Operation beteiligter General, auf der Zeitzeugen-Konferenz in Havanna Januar 1992. In: Bruce J. Allyn, James G. Blight u. David A. Welch (Hg.), Cuba on the Brink. Fidel Castro,

the Missile Crisis and the Collapse of Communism. New York 1993. Vgl. auch Anatoli I. Gribkov u. William Y. Smith, Operation ANADYR. U.S. and Soviet Generals Recount the Cuban Missile Crisis, Chicago 1994.

[36] Zeugnis Sergo Mikojans. Zit. n. Beschloss, Powergame, S. 378.

[37] Ebd., S. 399.

[38] Dokumente zur Deutschlandpolitik. IV. Reihe. Bd. 8, Frankfurt a. M. 1977, S. 625.

[39] Abendsitzung vom 16. 10. 1962. Zit. n. Beschloss, Powergame, S. 427.

[40] So Kennedy-Berater McGeorge Bundy im Interview mit Beschloss, ebd., S. 404.

[41] Ebd., S. 428.

[42] Schwarz, Adenauer. Der Staatsmann, S. 773.

[43] So die Formulierung seines Bruders Robert. Zit. n. Beschloss, Powergame, S. 454.

[44] Zit. n. Robert F. Kennedy, Dreizehn Tage. Darmstadt 1974, S. 167–177.

[45] Zeugnis Sergo Mikojans auf dem Moskauer Zeitzeugentreffen.

[46] Oleg Trojanowski, Karibskii Krisi – Vzglyad iz Kremlya [Die Kuba-Krise – Die Sicht des Kremls]. In: Mezhdunarodnaja Zhizn 3–4 (1992), S. 172.

[47] Präsidium 25. 10. 1962, Sitzungsmitschrift von Wladimir Malin. Zit. bei Fursenko, Naftali, »One Hell«, S. 259.

[48] Vgl. Fursenko, Naftali, »One Hell«, S. 262 f.

[49] FRUS 1960–1963, Bd. 6, S. 172–177.

[50] Ebd., S. 178–181.

[51] Mikojan zur kubanischen Führung 4. 11. 1962. Protokoll in CWIHP-Bulletin, Nr. 5, Frühjahr 1995, S. 98.

[52] Dobrynin an Außenminister 27.10.62. Veröffentlicht bei Richard Ned Lebow u. Janice Gross Stein, We All Lost the Cold War. Princeton/ N.J. 1994, S. 523–526; die Formulierung »drastische Konsequenzen« in der Gesprächsversion Robert F. Kennedys, Memorandum für Dean Rusk 30. 10. 1962. Veröffentlicht in CWIHP-Bulletin, Nr. 8/9, Winter 1996/97, S. 346 f.

[53] Wie sich aus einem Vergleich der beiden Gesprächsversionen ergibt, hat Robert Kennedy systematisch alle Spuren des »Quidproquo« verwischt.

[54] Zeugnis Dean Rusks auf der Konferenz in Cambridge. Veröffentlicht in: Blight u. Welch, On the Brink, S. 82 ff.

[55] Vgl. die Wiedergabe von Dobrynins Bericht in Khrushchev Remembers, S. 497 f.

[56] Gromyko an Dobrynin 28. 10. 1962. Veröffentlicht in CWIHP-Bulletin Nr. 5, Frühjahr 1995, S. 76.

[57] FRUS 1961–1963, Bd. 6, S. 183–187.

[58] Dobrynin an Gromyko 30. 10. 1962. Veröffentlicht in CWIHP-Bulletin Nr. 8/9, Winter 1996/97, S. 304.

[59] Alekseev an Gromyko 31.10.1962, ebd., S.306.

[60] FRUS 1961–1963, Bd. 6, S.234–237.

[61] Arthur M. Schlesinger, A Thousand Days. John F. Kennedy in the White House. Boston 1965, S.895f.

[62] Vgl. Michel Tatu, Power in the Kremlin. New York 1969, S.298–351.

[63] Gesprächsaufzeichnung 26.4.1963. In: FRUS 1961–1963/XV, S.510f.

[64] Chruschtschow an Kennedy 8.5.1963. In: FRUS 1961–1963/VI, S.279–286.

[65] Zit. n. Beschloss, Powergame, S.589.

[66] Dokumente zur Deutschlandpolitik. IV. Reihe. Bd.9. Frankfurt a.M. 1978, S.572ff.

[67] Tischrede 5.8.1963. Zit. n. Beschloss, Powergame, S.621.

[68] Lemke, Berlinkrise, S.214.

[69] Treffen Rusk-Gromyko 2.10.1963, zit. n. Beschloss, Powergame, S.633f.

[70] FRUS 1961–1963, Bd. 6, S.309ff.

[71] Anatoly Dobrynin, In Confidence, S.107.

[72] Beschloss, Powergame, S.664.

Kapitel 4

[1] Zeugnis Mikojans auf der Moskauer Konferenz über die Kubakrise 27./28.1.1989. Zit. n. Beschloss, Powergame, S.679.

[2] Vgl. Dobrynin, In Confidence, S.117.

[3] So McGeorge Bundy beim Antrittsbesuch von Bundeskanzler Erhard in Washington 29.12.1963. In: AAPD 1963/III, Dok. 490.

[4] Interview in Quick 3.5.1964.

[5] So Semjonow im Gespräch mit seinem DDR-Kollegen Otto Winzer 16.5. 1964. Zit. n. Daniel Korsthorst, Sowjetische Geheimpolitik in Deutschland? Chruschtschow und die Adschubej-Mission 1964. In: Vierteljahrshefte für Zeitgeschichte 44 (1996), S.257–293, hier S.269; Ulbrichts Forderungen vom 9.4.1964, ebd., S.268.

[6] Bericht des Korrespondenten Heinz Lathe, ebd., S.274.

[7] Roy Medwedjew, Chruschtschow. Eine politische Biographie. Stuttgart, Herford 1984, S.324. Das Originalmanuskript der Rede Suslows wurde auf ausdrücklichen Beschluß des Zentralkomitees aus den Akten genommen.

[8] Bericht von Chruschtschows Sohn Sergej in New York Times 23.10.1988.

[9] Dobrynin, In Confidence, S.128, 133.

[10] Memorandum vom 13.1.1967. Veröffentlicht ebd., S.640ff.

[11] Vgl. Stanley Karnow, Vietnam. A History. New York 1984, S.328.

[12] Dobrynin, In Confidence, S.138f.

[13] Nach David Holloway, The Soviet Union and the Arms Race. New Haven 1983, S.58ff. Die Angaben beruhen auf westlichen Schätzungen und gehen vermutlich noch etwas über die tatsächlichen Kapazitäten hinaus.

[14] Dobrynin, In Confidence, S. 148–153.

[15] Ebd., S. 155 f.

[16] Ebd., S. 162–167.

[17] Charles de Gaulle, Memoiren der Hoffnung. Die Wiedergeburt 1958–1962. Wien u. a. 1971, S. 275.

[18] So im Gespräch mit den Sowjetführern am 23. 6. 1966. Zit. n. Ernst Weisenfeld, Charles de Gaulle. Der Magier im Elysee. München 1990, S. 57.

[19] »Friedensnote« vom 25. 3. 1966. Dokumente zur Deutschlandpolitik. IV. Reihe. Bd. 12/1. Frankfurt a. M. 1981, S. 384 f.

[20] Ebd., Bd. 12/2, S. 1064, 1948.

[21] Zit. n. Peter Bender, Episode oder Epoche? Zur Geschichte des geteilten Deutschland. München 1996, S. 173.

[22] Die Zeit 8. 4. 1966; Dokumente zur Deutschlandpolitik. IV. Reihe. Bd. 12/1. Frankfurt a. M. 1981, S. 439 f.

[23] Regierungserklärung vom 13. 12. 1966. In: Dokumente zur Deutschlandpolitik. V. Reihe. Bd. 1/1. Frankfurt a. M. 1984, S. 56–62.

[24] So ein Kommentar von Außenminister Otto Winzer zu Bahrs Konzept des »Wandels durch Annäherung«; vgl. Andreas Vogtmeier, Egon Bahr und die deutsche Frage. Zur Entwicklung der sozialdemokratischen Ost- und Deutschlandpolitik vom Kriegsende bis zur Vereinigung. Bonn 1996, S. 64.

[25] Dokumente zur Deutschlandpolitik. V. Reihe. Bd. 1/1. Frankfurt a. M. 1984, S. 537 ff.

[26] Jean Lacouture, De Gaulle. Bd. 3: Le souverain 1959–1970. Paris 1986, S. 540 ff.

[27] Dobrynin. In Confidence, S. 169.

[28] Protokoll im Archiv der KPČ. Zit. n. Mark Kramer, The Prague Spring and the Soviet Invasion of Czechoslovakia. New Interpretations. In: CWIHP-Bulletin, Nr. 3, Herbst 1993, S. 2–13, hier S. 5.

[29] Protokolle im Archiv der ČSFR-Untersuchungskommission für die Jahre 1967–1970; vgl. ebd. S. 13.

[30] Notizen von Gomułkas Dolmetscher in Erwin Weit, Dans l'ombre de Gomulka. Paris 1971, S. 268–304.

[31] Veröffentlicht in Prawda 4. 8. 1968. Zum Ablauf der Verhandlungen Dubčeks Berater Zdenek Mlynar, Nachtfrost. Erfahrungen auf dem Weg vom realen zum menschlichen Sozialismus. Köln 1978, S. 194–198.

[32] Veröffentlicht in CWIHP-Bulletin, Nr. 2. Herbst 1992, S. 35.

[33] Kramer, Prague Spring, S. 3, 6 f.

[34] Valentin Falin, Politische Erinnerungen. München 1993, S. 369.

[35] Nach Mlynar, der dafür sichere Indizien zu haben glaubt: Nachtfrost, S. 214 f.

[36] Dobrynin, In Confidence, S. 179 ff.

[37] Prawda 26. 9. 1968.

[38] Angaben nach Holloway, Soviet Union, S. 58 ff.

[39] Henry A. Kissinger, Memoiren 1968–1973. München 1979, S. 145 f.

[40] Protokoll der Koalitionsrunde vom 23. 8. 1968. Zit. n. Klaus Hildebrand, Von Erhard zur Großen Koalition 1963–1969. Stuttgart, Wiesbaden 1984, S. 337.

[41] So die Formulierung in seiner Antrittsrede vom 20. 1. 1969.

[42] Dobrynin, In Confidence, S. 186.

[43] Ebd., S. 184.

Kapitel 5

[1] Weekly Compilation of Presidential Documents. Bd. 5 (3. 2. 1969), S. 177.

[2] Dobrynin, In Confidence, S. 200.

[3] Andropow am 13. 2. 1968 zu dem Deutschland-Experten Wjatscheslaw Keworkow, den er mit dem Aufbau eines »direkten Drahts« zur Bonner Regierung beauftragte. Zit. n. Wjatscheslaw Keworkow, Der geheime Kanal. Moskau, der KGB und die Bonner Ostpolitik. Berlin 1995, S. 29 f. Vgl. auch ebd., S. 24 f.

[4] Appell der Budapester Konferenz vom 17. 3. 1969. In: Hans-Adolf Jacobsen, Wolfgang Mallmann u. Christian Meier (Hg.), Sicherheit und Zusammenarbeit in Europa (KSZE). Analyse und Dokumentation. Bd. 2. Köln 1973, S. 120 ff.

[5] Entschließung vom 21. 3. 1968. Zit. n. Heinrich von Siegler (Hg.), Dokumentation zur Deutschlandfrage. Bd. 5. Bonn u. a. 1970, S. 91–94.

[6] Zit. n. Arnulf Baring, Machtwechsel. Die Ära Brandt-Scheel. Stuttgart 1982, S. 243.

[7] Egon Bahr, Zu meiner Zeit. München 1996, S. 243–247; vgl. auch Timothy Garton Ash, Im Namen Europas. Deutschland und der geteilte Kontinent. München 1993, S. 104 ff.

[8] Siegler, Dokumentation zur Deutschlandfrage, Bd. 5, S. 713–717.

[9] Brandt an Kossygin 19. 11. 1969. Faksimile in: Keworkow, Der geheime Kanal, S. 50–53.

[10] Zu den Machtverhältnissen im Hinblick auf die Hinwendung zur Bundesrepublik ebd., S. 82.

[11] Bahr, Zu meiner Zeit, S. 305.

[12] Vgl. den von Bahr bestätigten Bericht Keworkows, Der geheime Kanal, bes. S. 45–62.

[13] Vgl. die Formulierung in der Planungsstudie vom September 1969 ebd., S. 247.

[14] Zit. n. Bender, Neue Ostpolitik, S. 233–236.

[15] Bahr, Zu meiner Zeit, S. 316.

[16] Protokollaufzeichnungen einer Unterredung Breschnews mit Honecker

am 28.7.1970. Veröffentlicht bei Peter Przybylski, Tatort Politbüro. Die Akte Honecker. Berlin 1991, S. 280–288.

17 Bahr, Zu meiner Zeit, S. 321. Andropows Intervention schildert Keworkow, Der geheime Kanal, S. 76 ff.

18 Text mit Anlagen u. a. in: Dokumentation zur Entspannungspolitik der Bundesregierung, hg. v. Presse- und Informationsamt der Bundesregierung. 7. Aufl. Bonn 1979, S. 21–31.

19 So Scheel zu Gromyko. Zit. n. Baring, Machtwechsel, S. 348.

20 Bahr, Zu meiner Zeit, S. 331; das Zitat aus einem Bericht Breschnews beim Treffen mit einer SED-Delegation am 21.8.1970, Protokoll bei Przybylski, Tatort, S. 289–295.

21 Text des Vertrages u. a. in: Dokumentation zur Entspannungspolitik, S. 32 ff., die »Information« ebd., S. 42 ff.

22 Vgl. Dobrynin, In Confidence, S. 209 f., 217 f.

23 Bahr, Zu meiner Zeit, S. 363.

24 Text des Berlin-Abkommens mit Anlagen u. a. in: Dokumentation zur Entspannungspolitik, S. 95–117.

25 Vgl. Falin, Politische Erinnerungen, S. 172 ff.

26 So Brandt in gleichlautenden Berichten an Edward Heath, Georges Pompidou und Richard Nixon 19.9.1971. Zit. n. Vogtmeier, Egon Bahr, S. 175.

27 Baring, Machtwechsel, S. 354.

28 Dobrynin, In Confidence, S. 225.

29 Ebd., S. 242.

30 Vgl. ebd., S. 245–249 sowie die Informationen bei Raymond L. Garthoff, Détente and Confrontation. American-Soviet Relations from Nixon to Reagan. Washington 1985, S. 100 f.

31 Text der Vereinbarungen in Europa-Archiv 27 (1972), S. D 396 ff.

32 Ebd., S. D 289 ff.

33 Dobrynin, In Confidence, S. 260.

34 Nach einer Unterredung Honeckers mit Bahr; vgl. Bahr, Zu meiner Zeit, S. 389 ff., sowie das DDR-Protokoll der Unterredung bei Heinrich Potthoff, Bonn und Ost-Berlin 1969–1982. Bonn 1997, S. 194–198.

35 Auf einem Treffen der Parteiführer des Warschauer Pakts am 31.7.1972 auf der Krim. Zit. n. Potthoff, Bonn und Ost-Berlin, S. 216.

36 Vgl. Bahr, Zu meiner Zeit, S. 416–421.

37 Vertragstext mit Anlagen u. a. in: Dokumentation zur Entspannungspolitik, S. 190–220.

38 Europa-Archiv 28 (1973), S. D 418 f.

39 Vermerk Bahrs für Brandt 17.5.1973. Zit. n. Vogtmeier, Egon Bahr, S. 186.

40 Vermerk Bahrs für Brandt 15.4.1973, ebd., S. 178.

41 Kissinger, Memoiren 1968–1973, S. 570.

42 Dokumentation der Vorschläge in: SIPRI Yearbook 1974, S. 30 ff.

[43] Bahr, Zu meiner Zeit, S. 459.
[44] Keworkow, Der geheime Kanal, S. 174–177.
[45] Ebd., S. 174.
[46] Dobrynin, In Confidence, S. 304 f., 310 f.
[47] Ebd., S. 330, 333.

Kapitel 6

[1] Zit. n. Paula Stern, Water's Edge. Domestic Politics and the Making of American Foreign Policy. Westport / Conn. 1979, S. 163 f.
[2] Zit. n. Dobrynin, In Confidence, S. 337.
[3] Vgl. Garthoff, Détente, S. 464 f.
[4] Text der Schlußakte von Helsinki. In: Europa-Archiv 30 (1975), S. D 437–484.
[5] Berichtet bei Dobrynin, In Confidence, S. 346.
[6] So Ford zu Dobrynin am 7. 10. 1975, ebd., S. 350.
[7] Vgl. Piero Gleijeses, Havana's Policy in Africa, 1959–76. New Evidence from Cuban Archives. In: CWIHP-Bulletin, Nr. 8 / 9, Winter 1996 / 97, S. 5–18; Odd Arne Westad, Moscow and the Angolan Crisis. A New Pattern of Intervention, ebd., S. 21–32.
[8] Stenographisches Protokoll des 25. Parteitags der KPdSU 24. 2.–5. 3. 1976. Zit. n. Garthoff, Détente, S. 532.
[9] Rekonstruktion der Verhandlungen, ebd., S. 540–543; vgl. auch Ford, A Time to Heal, S. 353–359.
[10] Presidential Documents, Bd. 12 (15. März 1976), S. 350.
[11] Rede vom 11. 3. 1976. In: State Bulletin, Bd. 74 (5. April 1976), S. 428.
[12] So im Gespräch mit Dobrynin 1. 2. 1977. Zit. n. Dobrynin, In Confidence, S. 384 f.
[13] Zeugnis des Ersten Stellvertretenden Außenministers Georgij M. Kornienko in: CWIHP-Bulletin, Nr. 5, Frühjahr 1995, S. 141 ff.
[14] Roy Medwedew, On Soviet Dissent. New York 1980, S. 68.
[15] Bahr, Zu meiner Zeit, S. 475.
[16] Pressekonferenz vom 31. 3. 1977. Zit. n. Prawda 1. 4. 1977.
[17] Breschnew an Carter 4. 4. 1977. Zit. n. Dobrynin, In Confidence, S. 394.
[18] Ebd., S. 404 f.
[19] Zbigniew Brzezinski, Power and Principle. Memoirs of the National Security Adviser, 1977 1981. New York 1983, S. 188.
[20] Time 5. 2. 1979 (vorab veröffentlicht am 29. 1. 1979).
[21] Presidential Documents, Bd. 15 (4. Februar 1979), S. 213.
[22] Dobrynin, In Confidence, S. 417.
[23] Informationen über den Verlauf der Verhandlungen bei Garthoff, Détente, S. 732–740, und Dobrynin, In Confidence, S. 423–427.
[24] Brzezinski, Power and Principle, S. 317.

291

[25] Text der SALT-II-Vereinbarungen in: Europa-Archiv 34 (1979), S. D 367–400.

[26] Henry Kissinger, L'OTAN – Les trente prochaines années. In: Politique étrangère, Dezember 1979, S. 264 (Rede in Brüssel 1. 9. 1979).

[27] Nach Holloway, Soviet Union, S. 58 ff.

[28] Ernst-Otto Czempiel. Machtprobe. Die USA und die Sowjetunion in den achtziger Jahren. München 1989, S. 26.

[29] Nach Schätzungen der CIA seit 1983. Zit. bei Garthoff, Détente, S. 795 f.

[30] Presseerklärung vom 7. 9. 1979. In: State Bulletin, Bd. 79 (Oktober 1979), S. 63 f.

[31] Valéry Giscard d'Estaing, Démocratie française. Paris 1976, S. 164.

[32] So vor dem außerordentlichen Parteitag der SPD in Köln am 10. 12. 1978, Protokoll S. 75.

[33] Zit. n. Außenpolitik der Bundesrepublik Deutschland. Dokumente von 1949 bis 1994. Köln 1995, S. 425.

[34] Vgl. Dominik Geppert, Störmanöver. Berlin 1996.

[35] Veröffentlicht bei Potthoff, Bonn und Ost-Berlin, S. 393 ff.

[36] Kwizinski, Vor dem Sturm, S. 261.

[37] Giscard speeks out. Newsweek 25. 7. 1977.

[38] Brzezinski, Power and Principle, S. 167, 307.

[39] Vgl. dazu übereinstimmend die Indizien bei Garthoff, Détente, S. 877 f., und das Zeugnis von Dobrynin, In Confidence, S. 432.

[40] Helmut Schmidt, Menschen und Mächte. Berlin 1987, S. 64; Keworkow, Der geheime Kanal, S. 189.

[41] Keworkow, Der geheime Kanal, S. 223; vgl. ebd., S. 200, 211 ff., 224.

[42] Dobrynin, In Confidence, S. 431.

[43] Ebd., S. 543.

[44] Europa-Archiv 34 (1979), S. D 556–560.

[45] Süddeutsche Zeitung 24./25. 11. 1979.

[46] Jahrbuch der Sozialdemokratischen Partei Deutschlands 1979–1981. Bonn 1981, S. 400 f.

[47] Europa-Archiv 35 (1980), S. D 35 f.; das umfassende Entscheidungsdokument ebd., S. 99–110.

Kapitel 7

[1] Protokoll der Politbüro-Sitzung vom 17.–19. 3. 1979. In: CWIHP-Bulletin, Nr. 8/9, Winter 1996/97, S. 136–145.

[2] Aleksandr Liakhowskii, Tragediia i doblest' afghana. Moskau 1995, S. 109.

[3] Vgl. Odd Arne Westad, Concercing the situation in »A«. New Russian Evidence on the Soviet Intervention in Afghanistan. In: CWIHP-Bulletin, Nr. 8/9, Winter 1996/97, S. 128–132.

[4] Keworkow, Der geheime Kanal, S. 247.

5 CWIHP-Bulletin, Nr. 8/9, Winter 1996/97, S. 160 f.

6 Jimmy Carter, Keeping Faith. Memoirs of a President. New York 1982, S. 472.

7 Zit. nach Garthoff, Détente, S. 950.

8 State Bulletin, Bd. 80 (April 1980), S. 12.

9 Presidential Documents, Bd. 16 (28. Januar 1980), S. 197.

10 Ebd., S. 106 sowie in weiteren Erklärungen dieser Tage.

11 Dobrynin, In Confidence, S. 452; vgl. ebd., S. 448 sowie Erklärungen Breschnews und Gromykos vor dem Zentralkomitee der KPdSU 23.6. 1980. In: CWIHP-Bulletin, Nr. 8/9, Winter 1996/97, S. 175 f.

12 Gemeinsame deutsch-französische Erklärung 5.2.1980. In: Europa-Archiv 35 (1980), S. D 166.

13 Interview 16.10.1981. In: Presidential Documents, Bd. 17 (26. Oktober 1981), S. 1160 f.

14 Ansprache 8.3.1983. In: Presidential Documents, Bd. 19 (14. März 1983), S. 369.

15 Wie Anm. 13.

16 Reagan an Breschnew 25.4.1981. Zit. n. Dobrynin, In Confidence, S. 492 f.

17 Ebd., S. 490.

18 Sample of Haig's Views. In: New York Times 18.12.1981.

19 Czempiel, Machtprobe, S. 153.

20 Nitzes Schilderung des Vorgangs findet sich bei Strobe Talbott, Raketenschach. München, Zürich 1984, S. 197–253; ähnlich auch Paul M. Nitze, From Hiroshima to Glasnost. New York 1989, S. 366–398. Die Darstellung bei Kwizinskij, Vor dem Sturm, S. 291–319, enthält neben Ergänzungen zum Entscheidungsprozeß in Moskau einige Korrekturen an Nitzes zeitgenössischer Darstellung.

21 Zit. n. Talbott, Raketenschach, S. 461.

22 Bericht des KGB-Überläufers Oleg Gordiewski in: Washington Post 8. 6. 1986; vgl. auch Dobrynin, In Confidence, S. 522 ff.

23 Zit. n. Raymond L. Garthoff, The Great Transition. American-Soviet Relations and the End of the Cold War. Washington 1994, S. 113, 136.

24 Vgl. Czempiel, Machtprobe, S. 218–225.

25 Rede auf dem Landesparteitag der bayerischen FDP am 26.4.1980. Zit. n. Werner Link, Außen- und Deutschlandpolitik in der Ära Schmidt 1974–1982. In: Wolfgang Jäger u. Werner Link, Republik im Wandel 1974–1982. Die Ära Schmidt. Stuttgart, Mannheim 1987, S. 273–432, hier S. 371.

26 Telefonat Schmidt-Honecker 28.11.1979. In: Potthoff, Bonn und Ost-Berlin, S. 473.

27 Vgl. Garton Ash, Im Namen Europas, S. 245.

28 So Honecker in einem »Non-paper«, das Wolfgang Vogel Schmidt am 21.8.1980 übermittelte; veröffentlicht ebd., S. 540–543.

[29] Ebd., S. 67, 544 f. Vgl. auch eine von Werner Krolikowski gefertigte »Information über ein Gespräch zwischen W. Stoph und E. Mielke am 13.11.80« bei Przybylski, Tatort Politbüro, S. 345–348.

[30] Veröffentlicht in: Neues Deutschland 14.10.1980.

[31] Gesprächsaufzeichnung Honecker-Gaus 3.11.1980. Veröffentlicht bei Potthoff, Bonn und Ost-Berlin, S. 548–561; Mielke zu Stoph 13.11.1980 (»Die Niederschrift, die EH über dieses Gespräch im PB verteilt hat, enthält nicht die ganze Wahrheit«) lt. Przybylski, Tatort Politbüro, S. 345; die Formulierung »gesamtdeutscher Nebel« in einem weiteren Gespräch Honeckers mit Gaus am 19.12.1980. Zit. n. Link, Außen- und Deutschlandpolitik, S. 375.

[32] Veröffentlicht bei Michael Kubina u. Manfred Wilke (Hg.), »Hart und kompromißlos durchgreifen«. Die SED contra Polen 1980/81. Berlin 1995, S. 122 f.

[33] Sitzung vom 10.12.1981. Zit. n. Mark Kramer, Poland 1980–81. Soviet Policy During the Polish Crisis. In: CWIHP-Bulletin, Nr. 5, Frühjahr 1995, S. 1, 116–126, hier S. 121.

[34] So Ministerpräsident Nikolai Tichonow in einer Besprechung der Sowjetführung mit Honecker und Husák 16.5.1981. Protokoll bei Kubina u. Wilke, »Hart durchgreifen«, S. 270–291, hier S. 283.

[35] Zeugnis Kanias auf der internationalen Konferenz zur Polen-Krise 1980–1982 in Jachranka, 8.–10.11.1997.

[36] Nach Dobrynin, In Confidence, S. 500.

[37] Vertrauliche Information für Honecker, abgezeichnet 22.8.1981. Zit. n. Kubina u. Wilke, »Hart durchgreifen«, S. 39.

[38] Auszüge aus dem Sitzungsprotokoll in: CWIHP-Bulletin, Nr. 5, Frühjahr 1995, S. 121, 134–137.

[39] Andropow ebd., S. 136: Der Botschafter solle Jaruzelski dies mitteilen.

[40] Atlas zu DDR-Botschaftsrat Ullmann 4.12.1981, Kubina u. Wilke, »Hart durchgreifen«, S. 390.

[41] Gespräch Carstens-Genscher-Honecker am 14.11.1982 in Moskau (aus Anlaß der Beisetzungsfeierlichkeiten für Breschnew). Veröffentlicht bei Heinrich Potthoff, Die »Koalition der Vernunft«. Deutschlandpolitik in den 80er Jahren. München 1995, S. 94–100.

[42] Kohl an Honecker 29.11.1982, ebd., S. 101.

[43] Gespräch Hennig-Häber 27.6.1978, ebd., S. 18.

[44] Gespräch Strauß-Honecker 24.7.1983, ebd., S. 145–159, Zitate S. 148.

[45] Vgl. Talbott, Raketenschach, S. 333–336, und Kwizinskij, Vor dem Sturm, S. 327 f., 332, 341 ff.

[46] So Reagan in einer Rundfunkansprache vom 5.9.1983. In: Presidential Documents, Bd. 19 (12. September 1983), S. 1199 f.

[47] Argumente aus einer Besprechung bei Andropow am 9.11.1983. Berich-

tet bei Garthoff, Great Transition, S. 132 f. und Dobrynin, In Confidence, S. 542 f.

48 Presidential Documents, Bd. 20 (23. Januar 1984), S. 41–45.

49 Interview mit Andropow. In: Prawda 25.1.1984.

50 Honecker in Moskau 17.8.1984 lt. Garton Ash, Im Namen Europas, S. 250 f., und Fred Oldenburg u. Gerd-Rüdiger Stephan, Honecker kam nicht bis Bonn. Neue Quellen zum Konflikt zwischen Ost-Berlin und Moskau 1984. In: Deutschland-Archiv 28 (1995), S. 791–805.

51 Hinweise dazu bei Michail Gorbatschow, Erinnerungen. Berlin 1995, S. 240 f.

52 Interview in Washington Post 17.10.1984.

53 Dobrynin, In Confidence, S. 559.

54 Zit. n. Garthoff, Great Transition, S. 159 f., 163 f.

Kapitel 8

1 Europa-Archiv 40 (1985), S. D 60.

2 Vgl. Gorbatschow, Erinnerungen, S. 253–261; Zitate aus dem Protokoll der Politbüro-Sitzung vom 11.3.1985 auch bei David Remnick, Lenin's Tomb. The Last Days of the Soviet Empire. New York 1993, S. 519 f.

3 Ebd., S. 520.

4 Dobrynin, In Confidence, S. 569.

5 Garthoff, Great Transition, S. 227.

6 Text u. a. in: State Bulletin, Bd. 86 (Januar 1986), S. 8 f.

7 So sein Fazit im Gespräch mit seiner engeren Umgebung, berichtet nach Shultz bei Dobrynin, In Confidence, S. 596.

8 Reagan an Gorbatschow 28.11.1985, ebd., S. 595.

9 So Kwizinskij, Vor dem Sturm, S. 388. Der Vorschlag war erstmals in einem »Merkblatt« enthalten, den Gorbatschow den Unterhandlern in einer Politbüro-Sitzung am 2.1.1986 übergab; ebd., S. 387.

10 Michail Gorbatschow, Reden und Aufsätze zu Glasnost und Perestroika. Moskau 1989, S. 180–191.

11 Brief vom 22.2.1986 in: Ronald Reagan, An American Life. New York 1990, S. 652–659.

12 Prawda 12.6.1986.

13 Vgl. John Borawski, From the Atlantic to the Urals. Negotiating Arms Control at the Stockholm Conference. Washington 1988.

14 Gorbatschow, Erinnerungen, S. 590.

15 Wie er in seinen posthum erschienenen Memoiren berichtet: Sergej F. Achromejew u. Georgi M. Kornienko, Glazami marshala i diplomata [Aus der Sicht eines Marshalls und eines Diplomaten]. Moskau 1992, S. 108 f.

16 Berichtet von Donald Regan, der als Reagans Stabschef an dem Gespräch

teilnahm: Donald Regan, For the Record. From Wall Street to Washington. New York 1988, S. 350. Vgl. auch die sowjetische Mitschrift der Gespräche zwischen Reagan und Gorbatschow in: Mirovaja ekonomika i mezhdunarodnije otnoshenija [Weltwirtschaft und Internationale Beziehungen] Nr. 4, 5, 7, 8, April, Mai, Juli, August 1993.

[17] Prawda 14.10.1986.

[18] Regan lt. Dobrynin, In Confidence, S. 622.

[19] Berichtet bei Jane Mayer u. Doyle McManus, Landslide. The Unmaking of the President 1984–1988. Boston 1988, S. 283.

[20] Niederschrift des Gesprächs Shultz-Gorbatschow bei Gorbatschow, Erinnerungen, S. 599–613.

[21] Reagan, An American Life, S. 686.

[22] Veröffentlicht ebd., S. 689 ff.

[23] Presidential Documents, Bd. 23 (14. Dezember 1987), S. 1495.

[24] Time 21.12.1987, S. 19.

[25] Michail Gorbatschow, Reden und Aufsätze zu Glasnost und Perestroika. Moskau 1989, S. 3–24, hier S. 19.

[26] 1981 im Rahmen der Arbeit der Palme-Kommission für Abrüstung und Sicherheit formuliert, an der mit Georgij Arbatow auch ein sowjetischer Vertreter teilnahm; vgl. Vogtmeier, Bahr, S. 241–249.

[27] Ebd., S. 192–294, Zitate S. 210 f., 267, 258 f., 261.

[28] Vgl. Garthoff, Great Transition, S. 722–730, 735–738; und Diego Cordovez u. Selig S. Harrison, Out of Afghanistan. The Inside Story of the Soviet Withdrawal. New York 1995.

[29] Ermittelt von Garthoff, Great Transition, S. 573 f.; vgl. auch Garton Ash, Im Namen Europas, S. 679 f., und Daniel Küchenmeister u. Gerd-Rüdiger Stephan, Gorbatschows Entfernung von der Breschnew-Doktrin. Die Moskauer Beratung der Partei- und Staatschefs des Warschauer Vertrages vom 10./11. November 1986 (Dokumentation). In: Zeitschrift für Geschichtswissenschaft 42 (1994), S. 713–721.

[30] Prawda 11.4.1987.

[31] Gorbatschow im Politbüro 27.3.1986 lt. Kwizinskij, Vor dem Sturm, S. 397.

[32] Newsweek 27.10.1986.

[33] Hermann Axen (nach einer »Konsultation« in Moskau) an Erich Honekker 29.7.1987, ermittelt von Garton Ash, Im Namen Europas, S. 253.

[34] Referat auf dem ZK-Plenum 27.1.1987, Gorbatschow, Reden, S. 351–407, hier S. 369 f.

[35] Deutsche Fassung: Perestroika. Die zweite russische Revolution. Eine neue Politik für Europa und die Welt. München 1987.

[36] Präsentiert auf dem Titel von Time 4.1.1988.

[37] Strategie-Erklärung des Präsidenten bzw. Rede des stellvertretenden

CIA-Direktors Robert Gates Ende Januar 1988, beide zitiert bei Garthoff, Great Transition, S. 339 f.

38 Presidential Documents, Bd. 24 (6. Juni 1988), S. 734.

39 Reagan, An American Life, S. 711.

40 John Newhouse, Krieg und Frieden im Atomzeitalter. Von Los Alamos bis SALT. München 1990, S. 593.

41 Gorbatschow, Erinnerungen, S. 678 f.

42 Dobrynin, In Confidence, S. 525.

43 Prawda 8. 12. 1988.

44 Gorbatschow, Erinnerungen, S. 709 f.

45 Außenpolitik der Bundesrepublik Deutschland. Dokumente von 1949 bis 1994. Köln 1995, S. 587–590.

46 State Bulletin, Bd. 89 (Dezember 1989), S. 10–14.

47 Gorbatschow, Erinnerungen, S. 700.

48 In einer Antwort auf den Anti-Perestroika-Leserbrief der Nina Andrejewa, Prawda 5. 4. 1988.

49 Vgl. als zeitgenössische Situationsanalyse Wilfried Loth, Die Sowjetunion zwischen zwei Revolutionen. In: Blätter für deutsche und internationale Politik 34 (1989), S. 1169–1172.

50 Michael R. Beschloss u. Strobe Talbott, Auf höchster Ebene. Das Ende des Kalten Krieges und die Geheimdiplomatie der Supermächte 1989–1991. Düsseldorf 1993, S. 128.

51 Bericht von Schewardnadses Mitarbeiter Sergej Tarasenko über ein Gespräch nach den Juni-Wahlen in Polen. Zit. bei Garton Ash, Im Namen Europas, S. 185 f.

52 Erinnerungen Rakowskis. Zit. bei Dan Oberdorfer, The Turn. From the Cold War to a New Era. The United States and the Soviet Union, 1983–1990. New York 1991, S. 360 f.

53 Rafael Biermann, Zwischen Kreml und Kanzleramt. Wie Moskau mit der deutschen Einheit rang. Paderborn 1997, S. 170–173.

54 Formulierung des Dolmetschers für ein Bild, das Gorbatschow in unterschiedlichen Varianten achtmal gebrauchte; vgl. die Aufzeichnung der internen Gespräche bei Daniel Küchenmeister (Hg.), Honecker-Gorbatschow. Vieraugengespräche. Berlin 1993, S. 240–266.

55 Vgl. Hans-Hermann Hertle, Chronik des Mauerfalls. Die dramatischen Ereignisse um den 9. November 1989. Berlin 1996, das Zitat S. 166.

56 Zeugnis von Schewardnadse im April 1991. Zit. bei Biermann, Kreml, S. 235 f.

57 Botschaften vom 10. 11. 1989, Gerd-Rüdiger Stephan (Hg.), »Vorwärts immer, rückwärts nimmer!« Interne Dokumente zum Zerfall von SED und DDR 1988 / 89. Berlin 1994, S. 241 ff.

58 Außenpolitik der Bundesrepublik, S. 632–637.

[59] So sein Eingeständnis auf einer Pressekonferenz in Mailand am 1. 12. 1989. Zit. n. Biermann, Kreml, S. 344.

[60] Amerikanische Mitschrift. Zit. bei Philip Zelikow u. Condoleeza Rice, Germany Unified and Europe Transformed. A Study in Statecraft. Cambridge/Mass. 1995, S. 182 ff.

[61] Horst Teltschik, 329 Tage. Innenansichten der Einigung. Berlin 1991, S. 141.

[62] Sowjetisches Protokoll des Vier-Augen-Gesprächs 2. 12. 1989. Zit. bei Anatolij Tschernjajew, Shest' let s Gorbachevym po dnevikovym zapisyam, Moskau 1993, S. 309 f.

[63] Vgl. seine Beschreibung der Diskussion in der Bundesrepublik im Gespräch mit Baker 9. 2. 1990. In: Zelikow u. Rice, Germany Unified, S. 183.

[64] Erstmals in einem Telefongespräch mit Bush am 28. 2. 1990, öffentlich in der Prawda 6. 4. 1990. In: Zelikow u. Rice, Germany Unified, S. 217, 225.

[65] Bericht von Gorbatschows Chefberater Anatolij Tschernjajew 14. 4. 1994 bei Biermann, Kreml, S. 562 f.; vgl. auch Tarassenkos Äußerungen in: Die Zeit 4. 5. 1990.

[66] Anatolij Tschernjajew, Die letzten Jahre einer Weltmacht. Der Kreml von innen. Stuttgart 1993, S. 297. Gemeint sind die KSZE-Verhandlungen.

[67] Gorbartschow, Erinnerungen, S. 723.

[68] Beschloss u. Talbott, Auf höchster Ebene, S. 304.

[69] Text in: Kwizinskij, Vor dem Sturm, S. 41–45.

[70] Gesprächsprotokoll in: Michail Gorbatschow (Hg.), Gipfelgespräche. Geheime Protokolle aus meiner Amtszeit. Berlin 1993, S. 162–177.

[71] Außenpolitk der Bundesrepublik, S. 750–767.

[72] Presidential Documents, Bd. 27 (5. August 1991), S. 1093 ff.

Bilanz:

[1] Richard Pipes, Misinterpreting the Cold War. The Hard-Liners Had It Right. In: Foreign Affairs 74 (1995), S. 154–160.

[2] Mitschrift der Sitzung des Politbüros der SED 30. 10. 1969. Zit. n. Jochen Stelkens, Machtwechsel in Ost-Berlin. Der Sturz Walter Ulbrichts 1971. In: Vierteljahrshefte für Zeitgeschichte 45 (1997), S. 503–533, hier S. 522.

[3] Protokoll einer Unterredung Breschnew–Honecker 28. 7. 1970. In: Przybylski, Tatort Politbüro, S. 280–288.

Abkürzungen

AAPD	Akten zur Auswärtigen Politik der Bundesrepublik Deutschland
ABM	Antiballistic Missile
BRD	Bundesrepublik Deutschland
CDU	Christlich Demokratische Union
CIA	Central Intelligence Agency
ČSFR	Československá Federalistická Republika (Tschechoslowakische Föderalistische Republik)
ČSSR	Československá Socialistická Republika (Tschechoslowakische Sozialistische Republik)
CSU	Christlich Soziale Union
CWIHP	Cold War International History Project
DDR	Deutsche Demokratische Republik
EPZ	Europäische Politische Zusammenarbeit
EVG	Europäische Verteidigungsgemeinschaft
EWG	Europäische Wirtschaftsgemeinschaft
FDP	Freie Demokratische Partei
FRUS	Foreign Relations of the United States
INF	Intermediate-range Nuclear Forces
KGB	Komitet Gossudarstwennoj Besopasnosti (Komitee für Staatssicherheit)
KPČ	Kommunistische Partei der Tschechoslowakei
KPdSU	Kommunistische Partei der Sowjetunion
KSZE	Konferenz über Sicherheit und Zusammenarbeit in Europa
KVAE	Konferenz über Vertrauensbildende Maßnahmen und Abrüstung in Europa
MAD	Mutual Assured Destruction
MBFR	Mutual and Balanced Force Reduction
MIRV	Multiple Independently Targetable Reentry Vehicle
MLF	Multilaterale NATO-Atomstreitmacht für Europa
MPLA	Movimento Popular de Libertação de Angola
NATO	North Atlantic Treaty Organization
NSDD	National Security Decision Directive
NVA	Nationale Volksarmee
OSZE	Organisation für Sicherheit und Zusammenarbeit in Europa
PLO	Palestine Liberation Organization
RGW	Rat für gegenseitige Wirtschaftshilfe

SALT	Strategic Arms Limitation Talks
SDI	Strategic Defense Initiative
SED	Sozialistische Einheitspartei Deutschlands
SLBM	Submarine Launched Ballistic Missile
SPD	Sozialdemokratische Partei Deutschlands
START	Strategic Arms Reduction Talks
TNF	Thermonuclear Forces
UNO	United Nations Organization
USA	United States of America
UdSSR	Union der Sozialistischen Sowjetrepubliken
VKE	Verhandlungen über konventionelle Streitkräfte in Europa
WEU	Westeuropäische Union
ZK	Zentralkomitee

Literatur

1. Memoiren

Achromejew, Sergej u. Georgi M. Kornienko, Glazami marshala i diplomata [Aus der Sicht eines Marshalls und eines Diplomaten]. Moskau 1992.

Adenauer, Konrad, Erinnerungen 1945–1953. Stuttgart 1966; Erinnerungen 1953–1955. Stuttgart 1966; Erinnerungen 1955–1959. Stuttgart 1967; Erinnerungen 1959–1963. Fragmente. Stuttgart 1968.

Baker, James A., Drei Jahre, die die Welt veränderten. Berlin 1996.

Bahr, Egon, Zu meiner Zeit. München 1996.

Brzezinski, Zbigniew, Power and Principle. Memoirs of the National Security Adviser, 1977–1981. New York 1983.

Carter, Jimmy, Keeping Faith. Memoires of a President. New York 1982.

Dobrynin, Anatoly, In Confidence. Moscow's Ambassador to America's Six Cold War Presidents (1962–1986). New York 1995.

Eckardt, Felix von, Ein unordentliches Leben. Lebenserinnerungen. Düsseldorf, Wien 1967.

Falin, Valentin, Politische Erinnerungen. München 1993.

Ford, Gerald R., A Time to Heal. The Autobiography of Gerald R. Ford. New York 1979.

Genscher, Hans-Dietrich, Erinnerungen. Berlin 1995.

Gorbatschow, Michail, Erinnerungen. Berlin 1995.

Gribkow, Anatoli I., Der Warschauer Pakt. Geschichte und Hintergründe des östlichen Militärbündnisses. Berlin 1995.

Gribkow, Anatoli I. u. William Y. Smith, Operation ANADYR. US and Soviet Generals Recount the Cuban Missile Crisis. Chicago 1994.

Gromyko, Andrej, Erinnerungen. Düsseldorf u. a. 1989.

Haig, Alexander M., Jr., Caveat. Realism, Reagan, and Foreign Policy. London, New York 1984.

Jaruzelski, Wojciech, Mein Leben für Polen. Erinnerungen. München 1993.

Kennedy, Robert F., Dreizehn Tage. Darmstadt 1974.

Keworkow, Wjatscheslaw, Der geheime Kanal. Moskau, der KGB und die Bonner Ostpolitik. Berlin 1995.

Kissinger, Henry A., Memoiren 1968–1973. München 1979.

Kissinger, Henry A., Memoiren 1973–1974. München 1982.

Kohl, Helmut, Ich wollte Deutschlands Einheit (dargestellt von Kai Diekmann und Ralf Georg Reuth). Berlin 1996.

Kroll, Hans, Lebenserinnerungen eines Botschafters. Köln 1967.

Khrushchev Remembers. Boston 1970.

Khrushchev Remembers, The Last Testament. Boston 1974.

Khrushchev Remembers, The Glasnost Tapes. Boston 1990.

Kwizinskij, Julij A., Vor dem Sturm. Erinnerungen eines Diplomaten. Berlin 1993.

MacMillan, Harold, Memoirs. Band 4: Riding the Storm 1956–1959. London 1971; Band 5: Pointing the Way, 1959–1961. London 1972; Band 6: At the End of the Day, 1961–1963. London 1973.

Molotow, Wjatscheslaw M., Molotow Remembers. Inside Kremlin Politics. Conversations with Felix Chuev. Chicago 1993.

Mlynar, Zdenek, Nachtfrost. Erfahrungen auf dem Weg vom realen zum menschlichen Sozialismus. Köln 1978.

Nitze, Paul M., From Hiroshima to Glasnost. At the Center of Decision. A Memoir. New York 1989.

O'Donnell, Kenneth P., David F. Powers u. Joe McCarthy, »Johnny, We Hardly know You.« Memories of John Fitzgerald Kennedy. Boston 1972.

Reagan, Ronald, An American Life. New York 1990.

Regan, Donald, For the Record. From Wall Street to Washington. New York 1988.

Schmidt, Helmut, Menschen und Mächte. Berlin 1987.

Shultz, George P., Turmoil and Triumph. My Years as Secretary of State. New York 1993.

Teltschik, Horst, 329 Tage. Innenansichten der Einigung. Berlin 1991.

Tschernjajew, Anatoli, Shest' let s Gorbachevym: po dnevikovym zapisyam. Moskau 1993.

Tschernjajew, Anatoli, Die letzten Jahre einer Weltmacht. Der Kreml von innen. Stuttgart 1993.

Trojanowskij, Oleg, Tscheres gody i rasstojanija. Moskau 1997.

Vance, Cyrus, Hard Choices. Critical Years in America's Foreign Policy. New York 1983.

Weit, Erwin, Dans l'ombre de Gomulka. Paris 1971.

2. Quelleneditionen

Akten zur Auswärtigen Politik der Bundesrepublik Deutschland 1963–1966. München 1994–1997.

Außenpolitik der Bundesrepublik Deutschland. Dokumente von 1949 bis 1994. Köln 1995.

Badstübner, Rolf u. Wilfried Loth (Hg.), Wilhelm Pieck – Aufzeichnungen zur Deutschlandpolitik 1945–1953. Berlin 1994.

Boyle, Peter G. (Hg.), The Churchill-Eisenhower Correspondence, 1953–55. Chapel Hill/N.C. 1990.

Der Fall Berija. Protokoll einer Abrechnung. Das Plenum des ZK der KPdSU Juli 1953. Stenographischer Bericht. Berlin 1993.

Die Bemühungen der deutschen Bundesregierung und ihrer Verbündeten um die Einheit Deutschlands 1955–1966. Bonn 1966.

Documents on International Affairs. London 1951 ff.

Dokumentation zur Entspannungspolitik der Bundesregierung. Herausgegeben vom Presse- und Informationsamt der Bundesregierung. 7. Aufl. Bonn 1979.

Dokumente zur Deutschlandpolitik. Frankfurt a.M. 1961 ff.

Foreign Relations of the United States 1952 ff. Washington D.C. 1983 ff.

Gorbatschow, Michail, Reden und Aufsätze zu Glasnost und Perestroika. Moskau 1989.

Hartmann, Rüdiger, Wolfgang Heydrich u. Nikolaus Meyer-Landrut, Der Vertrag über konventionelle Streitkräfte in Europa. Vertragswerk, Verhandlungsgeschichte, Kommentar, Dokumentation. Baden-Baden 1994.

Jäckel, Eberhard (Hg.), Die deutsche Frage 1952–1956. Notenwechsel und Konferenzdokumente der vier Mächte. Frankfurt, Berlin 1957.

Jacobsen, Hans-Adolf, Wolfgang Mallmann u. Christian Meier (Hg.), Sicherheit und Zusammenarbeit in Europa (KSZE). Analyse und Dokumentation, 2 Bde. Köln 1973–1978.

Jacobsen, Hans-Adolf u. Mieczyslaw Tomala (Hg.), Bonn – Warschau 1945–1991. Die deutsch-polnischen Beziehungen. Analyse und Dokumentation. Köln 1991.

Kubina, Michael u. Manfred Wilke (Hg.), »Hart und kompromißlos durchgreifen«. Die SED contra Polen 1980/81. Berlin 1995.

Küchenmeister, Daniel (Hg.), Honecker – Gorbatschow. Vieraugengespräche. Berlin 1993.

Küchenmeister, Daniel u. Gerd-Rüdiger Stephan, Gorbatschows Entfernung von der Breschnew-Doktrin. Die Moskauer Beratung der Partei- und Staatschefs des Warschauer Vertrages vom 10./11. November 1986 (Dokumentation). In: Zeitschrift für Geschichtswissenschaft 42 (1994), S. 713–721.

Mastny, Vojtech, Helsinki, Human Rights, and European Security. Analysis and Documentation. Durham/N.C. 1986.

Mastny, Vojtech, The Helsinki Process and the Reintegration of Europe, 1986–1991. Analysis and Documentation. New York, London 1992.

Materialien der Enquete-Kommission »Aufarbeitung von Geschichte und Folgen der SED-Diktatur in Deutschland«, 9 Bde. in 18 Teilbänden. Baden-Baden 1995.

Meissner, Boris (Hg.), Die deutsche Ostpolitik 1961–1970. Dokumentation. Köln 1970.

Meissner, Boris (Hg.), Moskau – Bonn. Die Beziehungen zwischen der Sowjetunion und der Bundesrepublik Deutschland 1955–1973. Dokumentation, 2 Bde. Köln 1975.

Potthoff, Heinrich, Die »Koalition der Vernunft«. Deutschlandpolitik in den 80er Jahren. München 1995.

Potthoff, Heinrich, Bonn und Ost-Berlin 1969–1982. Dialog auf höchster Ebene und vertrauliche Kanäle. Darstellung und Dokumente. Bonn 1997.

Rupieper, Hermann-Josef, Die Berliner Außenministerkonferenz von 1954. In: Vierteljahrshefte für Zeitgeschichte 34 (1986), S. 427–453.

Siegler, Heinrich von (Hg.), Dokumentation zur Deutschlandfrage. 10 Bde. Bonn u. a. 1970–1977.

Stephan, Gerd-Rüdiger (Hg.), »Vorwärts immer, rückwärts nimmer!« Interne Dokumente zum Zerfall von SED und DDR 1988/89. Berlin 1994.

Stockholm International Peace Research Institute (Hg.), SIPRI Yearbook of World Armaments and Disarmament. Stockholm u. a. 1969 ff.

3. Darstellungen

Allyn, Bruce J., James G. Blight u. David A. Welch (Hg.), Back to the Brink. Proceedings of the Moscow Conference on the Cuban Missile Crisis, January 27–28, 1989. London 1992.

Allyn, Bruce J., James G. Blight u. David A. Welch (Hg.), Cuba on the Brink. Fidel Castro, the Missile Crisis and the Collapse of Communism. New York 1993.

Ambrose, Stephen E., Eisenhower. Bd. 2: The President, 1952–1969. London 1984.

Baring, Arnulf, Machtwechsel. Die Ära Brandt-Scheel. Stuttgart 1982.

Bender, Peter, Neue Ostpolitik. Vom Mauerbau bis zum Moskauer Vertrag. München 1986.

Beschloss, Michael R., Mayday. Eisenhower, Khrushchev and the U-2-Affair. New York 1986.

Beschloss, Michael R., Powergame. Kennedy und Chruschtschow. Die Krisenjahre 1960–1963. Düsseldorf 1991.

Beschloss, Michael R. u. Strobe Talbott, Auf höchster Ebene. Das Ende des Kalten Krieges und die Geheimdiplomatie der Supermächte 1989–1991. Düsseldorf 1993.

Biermann, Harald, John F. Kennedy und der Kalte Krieg. Die Außenpolitik der USA und die Grenzen der Glaubwürdigkeit. Paderborn 1997.

Biermann, Rafael, Zwischen Kreml und Kanzleramt. Wie Moskau mit der deutschen Einheit rang. Paderborn 1997

Blight, James G. u. David A. Welch (Hg.), On the Brink. American and Soviets Reexamine the Cuban Missile Crisis. New York 1989.

Bluth, Christoph, Soviet Strategy Arms Policy before SALT. Cambridge/
Mass. 1992.

Borawski, John, From the Atlantic to the Urals. Negotiating Arms Control
at the Stockholm Conference. Washington 1988.

Bredow, Wilfried von, Der KSZE-Prozeß. Von der Zähmung bis zur Auflösung des Ost-West-Konflikts. Darmstadt 1992.

Brown, Archie, The Gorbachev Factor. Oxford, New York 1996

Burr, William, Avoiding the Slippery Slope. The Eisenhower Administration
and the Berlin Crisis, November 1958 – January 1959. In: Diplomatic History 18 (1994), S. 177–205.

Callahan, David, Dangerous Capabilities. Paul Nitze and the Cold War.
New York 1990.

Cohen, Warren I. u. Nancy Bernkopf Tucker (Hg.), Lyndon Johnson Con-
fronts the World. American Foreign Policy, 1963–1968. Cambridge/
Mass. 1994.

Cordovez, Diego u. Selig S. Harrison, Out of Afghanistan. The Inside Story
of the Soviet Withdrawal. New York 1995.

Czempiel, Ernst-Otto, Machtprobe. Die USA und die Sowjetunion in den
achtziger Jahren. München 1989.

Davy, Richard (Hg.), European Détente. A Reappraisal. London 1992.

Dittgen, Herbert, Deutsch-amerikanische Sicherheitsbeziehungen in der
Ära Helmut Schmidt. Vorgeschichte und Folgen des NATO-Doppelbeschlusses. München 1991.

Divine, Robert A., Eisenhower and the Cold War. Oxford 1981.

Dockrill, Saki, Eisenhower's New-Look National Security Policy, 1953–61.
London, New York 1996.

Evangelista, Matthew, Innovation and the Arms Race. How the United
States and the Soviet Union develop New Military Technologies. Ithaca
1988.

Fejtö, François u. Ewa Kulesza-Mietkowski, La fin des démocraties popu-
laires. Les chemins du post-communisme. Paris 1992.

Felken, Detlef, Dulles und Deutschland. Die amerikanische Deutschlandpolitik 1953–1959. Bonn 1993.

Fontaine, André, Un seul lit pour deux rêves. Histoire de la »détente« 1962–
1981. Paris 1982.

Fontaine, André, L'un sans l'autre. Paris 1991.

Freedman, Lawrence, The Evolution of Nuclear Strategy. 2. Aufl. Hounds-
mills 1989.

Fursenko, Aleksandr u. Timothy Naftali, »One Hell of a Gamble«. The Se-
cret History of the Cuban Missile Crisis. New York, London 1997.

Gaddis, John Lewis, Strategies of Containment. A Critical Appraisal of
Postwar American National Security Policy. New York 1982.

Gaddis, John Lewis, We Now Know. Rethinking Cold War History. Oxford, New York 1997.

Garthoff, Raymond L., Détente and Confrontation. American-Soviet Relations from Nixon to Reagan. Washington D.C. 1985, 2. Aufl. 1994

Garthoff, Raymond L., The Great Transition. American-Soviet Relations and the End of the Cold War. Washington D.C. 1994.

Garton Ash, Timothy, Im Namen Europas. Deutschland und der geteilte Kontinent. München 1993.

Gratchev, Andrej, La Chute du Kremlin. L'Empire du non-sens. Paris 1994.

Grinevskij, Oleg, Tauwetter. Entspannung, Krisen und neue Eiszeit. Berlin 1996.

Gromyko, Anatoly, Andrei Gromyko v labirintakh Kremlia [Andrej Gromyko im Labyrinth des Kremls]. Moskau 1997.

Grosser, Pierre, Les temps de la guerre froide. Réflexions sur l'histoire de la guerre froide et sur les causes de sa fin. Brüssel 1995.

Guillen, Pierre, Le problème allemand dans les rapports Est-Ouest de 1955 à 1957. In: Relations Internationales, Nr. 71, Herbst 1992, S. 299–309.

Hacke, Christian, Zur Weltmacht verdammt. Die amerikanische Außenpolitik von Kennedy bis Clinton. Berlin 1997.

Hacker, Jens, Der Ostblock. Entstehung, Entwicklung und Struktur 1939–1980. Baden-Baden 1983.

Haftendorn, Helga, Das doppelte Mißverständnis. Zur Vorgeschichte des NATO-Doppelbeschlusses von 1979. In: Vierteljahrshefte für Zeitgeschichte 33 (1985), S. 244–287.

Haftendorn, Helga, Sicherheit und Stabilität. Außenbeziehungen der Bundesrepublik zwischen Ölkrise und NATO-Doppelbeschluß. München 1986.

Harrison, Hope M., Ulbricht and the Concret »Rose«. New Archival Evidence on the Dynamics of Soviet-East German Relations and the Berlin Crisis, 1958–1961. CWIHP-Working Paper Nr. 5, Mai 1993.

Haslam, Jonathan, The Soviet Union and the Politics of Nuclear Weapons in Europe 1969–1987. London 1989.

Herring, George C., L.B.J. and Vietnam. A Different Kind of War. Austin 1994.

Hertle, Hans-Hermann, Chronik des Mauerfalls. Die dramatischen Ereignisse um den 9. November 1989. Berlin 1996.

Hildebrand, Klaus, Von Erhard zur Großen Koalition 1963–1969. Stuttgart, Wiesbaden 1984.

Holloway, David, The Soviet Union and the Arms Race. New Haven 1983.

Holloway, David, Stalin and the Bomb. The Soviet Union and Atomic Energy, 1939–1956. New Haven, London 1994.

Hubel, Helmut, Das Ende des Kalten Krieges im Orient. Die USA, die Sowjetunion und die Konflikte in Afghanistan, am Golf und im Nahen Osten, 1979–1991. München 1995.

Immermann, Richard H. (Hg.), John Foster Dulles and the Diplomacy of the Cold War. Princeton/N.J. 1990.

Jochum, Michael, Eisenhower und Chruschtschow. Gipfeldiplomatie im Kalten Krieg 1955–1960. Paderborn 1996.

Katzer, Nikolaus, »Eine Übung im Kalten Krieg«. Die Berliner Außenministerkonferenz von 1954. Köln 1994.

Keliher, John G., The Negotiations on Mutual and Balanced Force Reductions. The Search for Arms Control in Central Europe. London 1980.

Korsthorst, Daniel, Sowjetische Geheimpolitik in Deutschland? Chruschtschow und die Adschubej-Mission 1964. In: Vierteljahrshefte für Zeitgeschichte 44 (1996), S. 257–293.

Kunz, Diane B. (Hg.), The Diplomacy of the Crucial Decade. American Foreign Relations during the 1960's. New York 1994.

Küsters, Hanns Jürgen, Adenauer und Brandt in der Berlin-Krise 1958–1963. In: Vierteljahrshefte für Zeitgeschichte 40 (1992), S. 484–542.

Larres, Klaus, Politik der Illusionen. Churchill, Eisenhower und die deutsche Frage 1945–1955. Göttingen, Zürich 1995.

Lebow, Richard Ned u. Janice Gross Stein (Hg.), We All Lost the Cold War. Princeton N.J. 1994.

Lemke, Michael, Die Berlinkrise 1958 bis 1963. Interessen und Handlungsspielräume der SED im Ost-West-Konflikt. Berlin 1995.

Levesque, Jacques, The Enigma of 1989. The USSR and the Liberation of Eastern Europe. Berkeley 1997.

Liakhowskii, Aleksandr, Tragediia i doblest' afghana. Moskau 1995.

Link, Werner, Außen- und Deutschlandpolitik in der Ära Brandt 1969–1974. In: Bracher, Karl Dietrich, Wolfgang Jäger u. Werner Link, Republik im Wandel 1969 1974. Die Ära Brandt. Stuttgart, Mannheim 1986, S. 161–282.

Link, Werner, Außen- und Deutschlandpolitik in der Ära Schmidt 1974–1982. In: Jäger, Wolfgang u. Werner Link, Republik im Wandel 1974–1982. Die Ära Schmidt. Stuttgart, Mannheim 1987, S. 275–432.

Loth, Wilfried, Die Teilung der Welt. Geschichte des Kalten Krieges 1941–1955. München 1980, 8. Aufl. 1990.

Loth, Wilfried, Ost-West-Konflikt und deutsche Frage. Historische Ortsbestimmungen. München 1989.

Loth, Wilfried, Stalins ungeliebtes Kind. Warum Moskau die DDR nicht wollte. Berlin 1994.

Löwenthal, Richard, Vom Kalten Krieg zur Ostpolitik. In: Löwenthal, Richard u. Hans-Peter Schwarz (Hg.), Die zweite Republik. 25 Jahre Bundesrepublik Deutschland – Eine Bilanz. Stuttgart 1974, S. 604–699.

Mahnke, Dieter, Nukleare Mitwirkung. Die Bundesrepublik in der atlantischen Allianz 1954–1970. Berlin 1972.

Maresca, John J., To Helsinki. The Conference on Security and Cooperation in Europe, 1973–1975. Durham/N.C. 1985.

Mastny, Vojtech, The Cold War and Soviet Insecurity. The Stalin Years. New York, Oxford 1996.

Maurer, Victor, Macmillan und die Berlin-Krise 1958/59. In: Vierteljahrshefte für Zeitgeschichte 44 (1996), S. 229–256.

May, Ernest, Die Grenzen des »Overkill«. Moral und Politik in der amerikanischen Nuklearrüstung von Truman zu Johnson. In: Vierteljahrshefte für Zeitgeschichte 36 (1988), S. 1–40.

Medwedjew, Roy, Chruschtschow. Eine politische Biographie. Stuttgart, Herford 1984.

Meimeth, Michael, Frankreichs Entspannungspolitik der 70er Jahre. Zwischen Status quo und friedlichem Wandel. Baden-Baden 1990.

Moseleit, Klaus, Die »Zweite« Phase der Entspannungspolitik der SPD 1983–1989. Frankfurt a. M. 1991.

Newhouse, John, Cold Down. The Story of SALT. New York 1973.

Newhouse, John, Krieg und Frieden im Atomzeitalter. Von Los Alamos bis SALT. München 1990.

Oberdorfer, Dan, The Turn. From the Cold War to a New Era. The United States and the Soviet Union, 1983–1990. New York 1991.

Planck, Charles F., Sicherheit in Europa. Die Vorschläge für Rüstungsbeschränkung und Abrüstung 1955–1965. München 1968.

Pond, Elizabeth, Beyond the Wall. Germany's Road to Unification. Washington D.C. 1993.

Przybylski, Peter, Tatort Politbüro. Die Akte Honecker. Berlin 1991.

Reiss, Edward, The Strategic Defense Initiative. Cambridge/Mass. 1992.

Remnick, David, Lenin's Tomb. The Last Days of the Soviet Empire. New York 1993.

Rey, Marie-Pierre, La tentation du rapprochement. France et URSS à l'heure de la détente, 1964–1974. Paris 1991.

Richter, James G., Khrushchev's Double Bind. International Pressures and Domestic Coalition Politics. Baltimore 1994.

Risse-Kappen, Thomas, Null-Lösung. Entscheidungsprozesse zu den Mittelstreckenwaffen 1970–1987. Frankfurt 1988.

Rosenberg, David Allan, The Origins of Overkill. Nuclear Weapons and American Strategy, 1945–1960. In: Stephen E. Miller (Hg.), Strategy and Nuclear Deterrence. Princeton 1984, S. 149–181.

Rostow, Walt W., The Diffusion of Power. An Essay in Recent History. New York 1972.

Rupieper, Herrmann-Josef, Der besetzte Verbündete. Die amerikanische Deutschlandpolitik 1949–1955. Opladen 1991.

Salewski, Michael (Hg.), Das Zeitalter der Bombe. Die Geschichte der atomaren Bedrohung von Hiroshima bis heute. München 1995.

Schlesinger, Arthur M., A Thousand Days. John F. Kennedy in the White House. Boston 1965.

Schmidt, Gustav (Hg.), Ost-West-Beziehungen. Konfrontation und Détente 1945–1989. 3 Bde. Bochum 1993–1995.

Schöllgen, Gregor, Geschichte der Weltpolitik von Hitler bis Gorbatschow 1941–1991. München 1996.

Schröder, Hans-Henning, Sowjetische Rüstungs- und Sicherheitspolitik zwischen »Stagnation« und »Perestrojka«. Eine Untersuchung der Wechselbeziehung von auswärtiger Politik und innerem Wandel in der UdSSR (1979–1991). Baden-Baden 1995.

Schwarz, Hans-Peter, Die Ära Adenauer. Gründerjahre der Republik 1949–1957. Stuttgart, Wiesbaden 1981.

Schwarz, Hans-Peter, Die Ära Adenauer. Epochenwechsel 1957–1963. Stuttgart, Wiesbaden 1983.

Schwarz, Hans-Peter, Adenauer. Der Aufstieg 1876–1952. Stuttgart 1986.

Schwarz, Hans-Peter, Adenauer. Der Staatsmann. 1952–1967. Stuttgart 1991.

Sodaro, Michael J., Moscow, Germany and the West from Khrushchev to Gorbachev. Ithaca/N.J. 1990.

Soutou, Georges-Henri, L'attitude de Georges Pompidou face à l'Allemagne. In: Georges Pompidou et l'Europe. Kolloquium am 25./26. November 1993. Brüssel 1996, S. 267–313.

Steininger, Rolf (Hg.), Die doppelte Eindämmung. Europäische Sicherheit und deutsche Frage in den Fünfzigern. München 1993.

Stern, Paula, Water's Edge. Domestic Politics and the Making of American Foreign Policy. Westport/Conn. 1979.

Subok, Wladislaw u. Konstantin Pleschakow, Der Kreml im Kalten Krieg. Von 1945 bis zur Kubakrise. Hildesheim 1997.

Talbott, Strobe, Endgame. The Inside Story of SALT II. New York 1979.

Talbott, Strobe, Raketenschach. München, Zürich 1984.

Tatu, Michel, Power in the Kremlin. New York 1969.

Trachtenberg, Mark, History and Strategy. Princeton/N.J. 1991.

Tuschhoff, Christian, Der Genfer »Waldspaziergang« 1982. Paul Nitzes Initiative in den amerikanisch-sowjetischen Abrüstungsgesprächen. In: Vierteljahrshefte für Zeitgeschichte 38 (1990), S. 289–328.

Vogtmeier, Andreas, Egon Bahr und die deutsche Frage. Zur Entwicklung der sozialdemokratischen Ost- und Deutschlandpolitik vom Kriegsende bis zur Vereinigung. Bonn 1996.

Wenger, Andreas, Living with Peril. Eisenhower, Kennedy, and Nuclear Weapons. Lanham 1997.

Wenger, Andreas, Der lange Weg zur Stabilität. Kennedy, Chruschtschow und das gemeinsame Interesse der Supermächte am Status quo in Europa. In: Vierteljahrshefte für Zeitgeschichte 46 (1998), S. 69–99.

Westad, Odd Arne (Hg.), The Fall of Detente. Soviet-American Relations in the Carter Years. Oslo 1997.

Wettig, Gerhard, Die Deutschland-Note vom 10. März 1952 auf der Basis diplomatischer Akten des russischen Außenministeriums. In: Deutschland-Archiv 26 (1993), S. 786–805.

Wettig, Gerhard, Entmilitarisierung und Wiederbewaffnung in Deutschland 1943–55. München 1967.

Wyden, Peter S., Wall. The Inside Story of Divided Berlin. New York 1989.

Young, John W. (Hg.), The Foreign Policy of Churchill's Peacetime Government, 1951–55. Leicester 1988.

Zaloga, Steven, Target America. The Soviet Union and the Strategic Arms Race, 1945–1964. Novato/Ca. 1993.

Zelikow, Philip u. Condoleeza Rice, Germany Unified and Europe Transformed. A Study in Statecraft. Cambridge/Mass. 1995.

Zimmer, Matthias, Nationales Interesse und Staatsräson. Zur Deutschlandpolitik der Regierung Kohl 1982–1989. Paderborn 1992.

Register

Der Autor

Wilfried Loth, geboren 1948, war Professor für Politikwissenschaft an der Freien Universität Berlin und an der Universität Münster und ist seit 1986 Inhaber des Lehrstuhls für Neuere Geschichte (19. und 20. Jahrhundert) an der Universität Essen. Von 1993 bis 1997 war er Präsident des Kulturwissenschaftlichen Instituts im Wissenschaftszentrum Nordrhein-Westfalen.

Zahlreiche Veröffentlichungen zur Geschichte des 19. und 20. Jahrhunderts, u. a.: ›Sozialismus und Internationalismus. Die französischen Sozialisten und die Nachkriegsordnung Europas 1940–1950‹ (1977); ›Die Teilung der Welt. Geschichte des Kalten Krieges 1941–1955‹ (1980, 8. Aufl. 1990); ›Katholiken im Kaiserreich. Der politische Katholizismus in der Krise des wilhelminischen Deutschlands‹ (1984); ›Geschichte Frankreichs im 20. Jahrhundert‹ (1987, 3. Aufl. 1995); ›Ost-West-Konflikt und deutsche Frage. Historische Ortsbestimmungen‹ (1989); ›Der Weg nach Europa. Geschichte der europäischen Integration 1939–1957‹ (1990, 3. Aufl. 1996); ›Stalins ungeliebtes Kind. Warum Moskau die DDR nicht wollte‹ (1994, 2. Aufl. 1996); ›Das Kaiserreich. Obrigkeitsstaat und politische Mobilisierung‹ (1996, 2. Aufl. 1997).

20 Tage im 20. Jahrhundert

Herausgegeben von Norbert Frei, Klaus-Dietmar Henke und Hans Woller

20 Tagesereignisse aus den letzten hundert Jahren bilden den Ausgangspunkt für eine umfassende Darstellung der historischen, gesellschaftlichen und kulturellen Entwicklung vom Beginn des Jahrhunderts bis zum Ende des Jahrtausends. Als Ergebnis liegt damit eine Bilanz des 20. Jahrhunderts vor.

Brigitte Röthlein
Mare Tranquillitatis, 20. Juli 1969
Die wissenschaftlich-technische
Revolution
dtv 30613 (1997)

Wilfried Loth
Helsinki, 1. August 1975
Entspannung und Abrüstung
dtv 30614 (1998)

Harold James
Rambouillet, 15. November 1975
Die Globalisierung der Wirtschaft
dtv 30615 (1997)

Mária Huber
Moskau, 10. März 1985
Die Auflösung des sowjetischen
Imperiums
dtv 30616 (1999)

Franz J. Brüggemeier
Tschernobyl, 26. April 1986
Die ökologische Herausforderung
dtv 30617 (1998)

Klaus-Dietmar Henke
Berlin, 9. November 1989
Die deutsche Frage
dtv 30618 (1999)

Walther L. Bernecker
Port Harcourt, 10. November 1995
Aufbruch und Elend
in der Dritten Welt
dtv 30619 (1997)

Lutz Niethammer
Boston, 26. Dezember 2000
Schöne neue Welt: Erwartung
und Erfahrung
dtv 30620 (1999)